大道에 이르는 書

檀香

大道에 이르는 書

대도에 이르는 서

초판 발행 1997년 3월 31일
재판 발행 1999년 5월 20일
개정판 1쇄 인쇄 2013년 9월 10일
개정판 2쇄 인쇄 2020년 9월 30일

지은이 | 김준걸
펴낸이 | 기우근
펴낸곳 | k-books
출판등록 | 2000.6.12(제215-92-26359)
주소 | 서울시 송파구 송파동 오금로 188
홈페이지 | www.k-books.kr
전화번호 | (02)423-8411
팩스 | (02)423-8465
PAPER | 무림페이퍼 네오스타미색 100g/㎡
ISBN 979-11-85038-02-5 03110

국립중앙도서관 출판시도서목록(CIP)

대도에 이르는 서/(개정판)
지은이: 김준걸
서울 : k-books, 2013 p.556/(신국판)
표제관련정보: 空思想으로 푼 동양철학과 현대물리학
ISBN 979-11-85038-02-5 03110 : 값25,000원
철학(사상)[哲學]
우주[宇宙]
실존[實存]
110-KDC5
110-DDC21 CIP2013012566

taotao2@hanmail.net

서문

인간이 한평생 살아가면서 끊임없이 가지게 되는 의문이 하나 있다. 그것은 바로 '나는 누구인가?'에 대한 화두이다.

하지만 대부분 그 답을 찾을 길이 없어 잊고 지내기 일쑤이다. 일부는 종교나 철학의 가르침에 귀 기울여 보기도 하지만 역시 뾰족한 해답을 찾기란 쉽지 않다.

나는 누구인가?

이 화두를 풀기 위해서는 실로 우주의 시작과 끝을 알고 실존實存에 대한 해답을 찾아야 한다. 그래야만 겨우 '나'에 대한 이해에 접근할 수 있다. 그만큼 장구하고 복잡한 길이다. 시공時空이 사방에서 압박하고 온갖 분별의 함정이 숱하게 도사리고 있는 험난한 여정인 것이다.

하지만 이 길을 회피해서는 어디에도 구원의 길은 없다. 스스로 구원이라 착각하는 길만 있을 뿐이다.

나를 찾아가는 길, 이것이 **道**이다.

그런데 세상에는 **道**를 자처하는 길이 너무나 많다. 그러다 보니 제대로 된 길이란 의미에서 正道, 大道라는 수식어가 따라붙는다. 그만큼 외도外道나 사도邪道가 뿌리 깊고 그 갈래가 많다는 것을 의미한다.

함정의 위험이 도처에 널렸어도 우리는 이 길을 가야 하고, 그래야만 존재로서의 가치가 있게 된다. 포기하는 순간 바람에 밀려 이리저리 떠도는 부평초처럼 덧없고 허망한 인생이 되고 말 것이다.

구도求道에는 사전 준비운동이 필요하다. 그것은 사유를 냉철하고 정확하게 해줄 수 있는 훈련이어야 하는데, 고맙게도 철학哲學이 그런 역할을 대신해 준다. 철학적 사고에 익숙해져 논리와 분석의 힘이 생기면 은연중에 격물치지格物致知가 이루어지게 된다. 사물을 보는 눈이 틔어 혜명慧明이 되고 나아가 자유자재로 정명正名이 가능해진다.

여기서 진일보하려면 인간이 지닌 차원次元의 한계를 뛰어넘어야 한다. 그래서 이 시점부터 道學이 출발한다. 철학적 토대 위에 인간의 직관直觀을 더해 의식을 무한히 확장시키는 것, 그래서 道學은 제 궤도를 이탈하지 않는 한 저절로 깨달음을 향해 흘러간다.

그렇다면 道學의 목적지는 어디일까?

그것은 바로 全知이다. 道學적 깊이가 全知에 다가서면 실존에 대한 깨달음이 열리면서 '나'에 대한 화두가 풀어지게 된다.

따라서 哲學에서 道學, 그리고 全知로 이어지는 것이 바로 大道에 이르는 길이다. 이 三位가 곧 본서의 구조이면서도 주제이다.

본서가 1996년에 씌어졌으니 백구과극白駒過隙이 실로 남의 말 같지가 않다. 당시엔 대부분의 시간을 계룡산과 함께했는데, 여러 날을 문필봉과 수정봉을 오가면서 虛空 수행을 해서인지 空에 대한 글을 써야겠다는 생각이 들었다. 마침 계룡산 한 자락에 암자가 있던 터라 그곳에 눌러앉아 펜을 들게 되었고, 꼬박 두 달이 걸려 탈고가 된 것이 본서였다.

17년의 세월을 거슬러 책장을 넘기니 감회도 감회지만 손 볼 구절이 이만저만한 것이 아니다. 마침 망중한忙中閑의 짬이 나서 개정改訂의 펜을 들었는데, 이곳저곳 손을 대다 보니 불가피하게 현대 과학의 난제들까지 꺼내 들게 되었다. 대부분 독자의 이해를 돕고자 예문으로 덧붙인 것들인데, 그 분량이 많다 보니 책의 구성이 마치 현대 물리학의 새로운 설계도처럼 비춰질 수도 있겠다.

大道와 동양철학을 論하는 자리에 과학이라는 불청객이 찾아들었으니 자칫하다간 삼천포로 빠질 수도 있는 노릇이다. 허나 그런 샛길이 形而上의 안개를 흩어 시야를 틔워주는 一風이 되어 준다면 나름대로의 가치는 있을 것이다.

전작前作에 비해 보강된 과학적 논제論題들을 살펴보면 대략 다음과 같다.

1. 뉴턴의 만유인력이 생성되는 원리를 제시한다. 중력은 단순한 구조에서 발생하는 힘 같지만, 사실 오늘날까지 그것에 대한 정확한 원리가 규명糾明되지 못하고 있다. 필자의 양손이론을 통해 중력의 생성과 원운동, 그리고 질서 유지의 방향성을 알아본다.

2. 과학계에 일대 혁명을 일으킨 광속불변의 법칙을 바로잡는다. 아인슈타인은 「특수 상대성이론」에서 광속불변을 우주 상수로 삼아 상대적 시간을 제시했고, 그것은 이미 관측을 통해 밝혀진 사실이기도 하다. 하지만 본서에서는 그것의 한계점을 짚고 새로운 해석을 시도한다.

3. 아인슈타인의 「일반 상대성이론」을 보완할 공간 이론을 제시한다. 아인슈타인은 휘어진 공간으로써 뉴턴의 중력을 설명했지만, 본서는 그것의 허점을 짚고 정보를 활용한 새로운 모델을 밝힌다.

4. 강한핵력·약한핵력·전자기력·중력이 어떻게 해서 생겨나는지를 밝히고 아울러 네 힘의 근본 속성과 통일의 가이드라인을 제시한다.

5. 표준모형과 초대칭 이론의 한계를 짚고 새로운 대통일 이론(grand unified theory/GUT)의 방향을 모색한다. 특히 힉스 입자의 실체와 질량이 생겨나는 원리를 고차원 모델로써 설명한다.

6. 미시세계와 거시세계를 통틀어 어떻게 원운동을 하며 질서를 유지하게 되는지, 그리고 차원과 우주가 어떻게 분화되어 변화해 나가는지에 대해 '율려律呂의 역학적力學的 원리'를 잣대로 삼아 풀어낸다.

7. 빅뱅이 발생하기 이전의 우주 모형을 상세히 밝혀 고차원 세계에 대한 표준모형을 제시하고, 아울러 제1원인과 실존의 화두를 던진다. 특히 제3의 존재 형태인 空을 심층적으로 해부한다.

8. 원초블랙홀 이론을 통해 특이점을 비롯한 빅뱅의 전개 과정을 살펴보고, 하도河圖와 낙서洛書를 풀어 훗날 우주의 운명이 어떻게 귀결될지에 대한 새로운 열역학적 모델을 제시한다.

9. 양자역학에 등장하는 소립자들의 이중성 문제를 짚고, 양자전송이나 상태공존과 같은 현상이 어떻게 발생하는지에 대해 알아본다.

10. 생명과학을 세부적으로 해부하여 생명의 정신 현상을 정보적 관점에서 풀어내고, 아울러 의식의 실체를 규명함으로써 인간 존재의 가치와 의미, 나아가 인류원리(anthropic principle)에 대한 답을 찾는다.

이상에 열거한 과학적 해석은 한결같이 「E=대차항수」라는 너무나 간단한 공식으로써 행해진다.

사실 우주의 숨겨진 비밀을 풀기 위해서는 이처럼 단순한 열쇠여야만 한다. 열쇠가 복잡할수록 지엽에 얽매여 근본 구조를 놓치게 되는 까닭인데, 이런 기준에 가장 적합한 key는 단연코 空이다.

空을 사용하면 열리지 않는 자물쇠가 없기에 실로 만능키라 할 수 있다. 空을 알고 空을 쓸 수 있으면 실존과 창조의 섭리를 어렵지 않게 밝히고 인간 지성知性의 완성을 이루어낼 수 있다.

하지만 空을 그대로 현대 과학에 투영하기엔 시대적 괴리가 너무나 크다. 적어도 수백 년 이상은 과학이 진보해야 그것의 활용이 가능해질 것이다. 따라서 空을 현 시대에 맞춰야 할 필요가 있고, 그래서 차선책으로 등장한 것이 「E=대차항수」이다. 이것은 매우 단순한 구조로 이루어져 있지만 우주를 바라보는 관점을 근본적으로 바꿔줌으로써 과학적 난제들을 차곡차곡 풀어주는 열쇠가 되어 줄 것이다.

그림자의 문제는 평면에서 해결할 수 없다. 그렇듯 3차원에서 발생하는 제반의 문제는 동일 차원에서 구할 수 없다. 차원을 높여 고차원에서 바라볼 때 비로소 그 전모가 드러나고, 그런 연후에 다시 3차원으로 돌아와서 현실과 연결지어야 한다.

그런데 필자는 形而下의 존재 원리를 연구하는 과학자도 아니고 그렇다고 數理를 다룰 줄 아는 수학자도 아니다. 학창시절을 돌이켜 보면 과학과 수학에 남다른 재주를 보인 적도 없었고, 무엇보다도 필자의 道學적 성향과는 거리가 멀다 할 것이다.

하지만 과학과 수학을 외면한 道學은, 심하게 말하면 절름발이일 수 있다. 우리가 形而上을 궁구하는 목적은 결국 形而下의 삶에 있다. 현실을 무시한 피안의 무지개는 그저 허상일 뿐이다. 모든 학문의 궁극은 현실에 그 초점이 모아져야 하고, 그래야만 외도外道나 사도邪道로의 변질을 막고 굳건히 大道의 길로 나아갈 수 있다.

이런 연유로 필자는 과학과 수학의 두 짐을 내려놓지 않고 道學의 세계를 풀어나갔다. 道學적 견지를 배경에 깔고 그 사례로써 과학적 해석을 시도했고, 그렇기에 적잖은 곳에서 현실과의 괴리가 발생할 수 있다. 허나 그 간극은 과학이 발전하면서 조금씩 메워질 것으로 기대한다.

의식의 時空이 넓어지면 문제라고 여기던 것들이 저절로 사라지고 통합과 창조의 길로 들어서게 된다. 그 길이 바로 大道에 이르는 길이다.

본서는 시종일관 그 길을 제시하는 구조로 짜여져 있다. 지금껏 形而上의 베일에 싸여 있던 大道의 세계를 인간 理性의 영역으로 끌어와 남김없이 펼쳐 놓았다. 그렇기에 숙독熟讀하다 보면 부지불식중 일취월장한 의식을 느끼게 될 것이다. 마음 저변에 꼭꼭 감춰졌던 실존의 영성靈性이 기지개를 켤 때 大道의 앞날엔 보람과 가치, 그리고 창조의 꽃이 찬연하게 피어날 것이다.

모쪼록 독자들이 본서를 통해 실존과 우주를 바라보는 눈을 근본적으로 틔우고, 이로써 깨달음에 한 걸음 더 다가서는 계기가 됐으면 하는 바람을 가져 본다.

2013年 광복절을 맞으며,

檀齋 金俊傑 合掌

목차

계界를 수시로 바꿔가면서 고차원에서 관찰하는 것이 道學의 입장이다. 이런 道學의 관점은 과학의 입장에서 보면 비판받을 소지가 다분하다. 왜냐하면, 과학은 우리가 현재 살고 있는 계界 너머의 세상엔 관심이 없기 때문이다.

과학자들은 우리와 상관없는 것들을 끌어와서 논점을 흐리는 것을 못마땅하게 여긴다. 4차원에서 광자를 보든, 아니면 우주 밖에서 광속을 측정하든… 그런 것들은 우리의 실생활에 아무런 의미가 없다고 그들은 말한다. 이런 비판적 시각은 과학자의 입장에선 지극히 자연스럽고 당연하다. 필자가 서두부터 「3차원의 계界를 넘어서는 道學의 관점」이라는 점을 전제로 깐 이유가 여기에 있다.

– 중략 –

폐쇄된 입장이란 有의 관점이다. 우주를 有로 보면 결코 안 된다. 有란 것은 여태껏 존재한 적이 없고 존재할 수도 없다. 그렇다고 과학자들에게 이런 有의 입장을 버리고 空을 취하라는 말은 결코 아니다. 만일 그렇게 되면 과학 자체가 성립되지 않을 것이다. 다만 지금처럼 有의 입장만 견지堅持하지 말고 다각도로 우주를 바라보는 것이 필요하다.

– 중략 –

우주는 다양한 차원에 색다른 모습으로 존재할 수 있지만 변하지 않는 것은 「E=대차항수」에 의해 설계됐다는 사실이다. 「E=대차항수」, 이것은 우연이 아닌 필연이다. 우리는 「E=대차항수」를 통해 조각난 이론들을 하나로 연결하여 우주의 전체상을 그려볼 수 있다.

– p441~442 본문 중에서 –

| 본서를 읽기에 앞서 |

제1장 총론에서는 무한대의 시공간을 넘나들며 우주의 모형을 그렸고, 그 과정에 독자의 의식을 최대한 넓히는 데 주안을 두었다.

그리고 제2장에서는 우주 삼라만상의 원인자인 제1원인을 규명하여 道學의 대간을 세웠고, 제3장에서는 천지창조의 과정을 조목조목 짚으며 실존과 창조의 원리를 풀어냈다.

그리고 4장~7장까지 고차원 세계와 3차원 물질계의 존재 원리, 나아가 생명의 化生에 대해 기술했고, 마지막으로 8장에 이르러 道만을 집중적으로 다루면서 깨달음의 지도를 그려냈다.

· · · · ·

道, 그것을 풀어내기 위해 필자가 선택한 것은 空이었다. 그리고 空을 이해시키고자 정보라는 제3의 존재 형태를 내세웠다.

정보는 有力과 無力을 조합하여 象과 形을 만들고, 이것들은 각기 차원을 달리하여 4차원과 3차원 시공을 그려낸다.

4차원 象界는 精·氣·神을 질료로 삼아 五運六氣 운동이 펼쳐지고, 3차원 形界는 물질을 재료로 삼아 「E=대차항수」에 의해 둥글어 가게 된다. 그리고 마지막으로 이러한 천지자연의 설계도를 통해 「나는 누구인가?」의 화두를 풀도록 초점이 모아진다.

· · · · ·

이것이 본서의 전체 구조이다. 따라서 독자는 우주와 생명의 지도를 그리고, 나아가 「나를 찾아 道를 깨치겠다」는 발심에서 본서를 정독해 나가기 바란다.

제1장

총론總論

제1절. 우주의 모형

지구상에 기적적으로 생명이 탄생된 이래 수십 억 년이 흘러 영장류가 출현했고, 여기서 한 발 더 나아가 마침내 인간이 등장하게 됐다.

인간?

복잡한 사고 체계를 지닌 흥미로운 동물임에 틀림없다.

그런데 무엇이 인간을 다른 동물과 구별되게 만든 것일까?

우리는 그것을 한마디로 理性이라 부른다.

理性이란 존재하는 모든 것에 의문을 품고 그 답을 구하려는 정신활동을 말한다. 다시 말해 오감을 통해 들어오는 정보를 일일이 분석하고 조합하여 양질의 정보를 얻으려는 일체의 행위라 할 수 있다. 理性이 있기에 인간은 놀라운 문명의 금자탑을 쌓았고, 지금도 그 끝을 알 수 없는 이상향을 향해 한 발 한 발 나아가고 있다.

그렇다면 왜 인간에게만 유독 理性이 발달되어 있는가?

우리는 그 원인을 조심스럽게 '생존과 선택'에서 찾아볼 수 있다.

만일 인간이 도구를 다룰 줄 몰랐다고 가정해 보면 어떨까? 약육강식의 생태계 속에서 털 없는 원숭이가 맨발로 뛰어다니며 생존을 위해 몸부림

Charles Darwin.

치는 상황을 상상해 보면 그다지 달갑지 않을 것이다.

물론 원시인, 유인원으로 거슬러 올라가면 좀 더 환경에 유리한 신체적 구조를 지녔을 것이다. 하지만 맹수들에 비해 턱없이 약했고, 초식동물들처럼 뛰어난 방어능력을 지니고 있지도 않았다. 그래서 택할 수 있는 것이라고는 거주지를 나무 위나 바위 동굴로 옮기는 것이었고, 경우에 따라선 수중생활까지 해야만 했다.

인간은 적자생존을 위해서 선택을 해야만 했고, 선택은 자연히 두뇌의 활성으로 이어졌다. 그리고 선택의 정확도를 높이기 위해서 더 많은 정보의 수집과 계산이 필요했고, 여기서 대뇌피질을 확대하고 주름을 접게 하는 방향으로 점진적으로 진화하게 되었다.

그리고 마침내 커다란 뇌를 활용하여 도구를 쓰고 불을 지피는 법을 터득할 수 있었다. 선천적으로 지닌 신체적 약점을 도구로써 메워나가게 된 것이다. 게다가 「뭉치면 살고 흩어지면 죽는다」는 말처럼, 무리생활을 하면 할수록 안전에 유리하다는 사실도 깨닫게 된다. 여기서 소통의 편리를 위해 언어가 발달하게 되었다. 언어는 구성원끼리 소통을 원활히 하고 질서를 유지케 하여 집단 형성에 기여하였다. 마침내 인간은 집단에서 오는 강력한 힘을 이용해 생태계의 약자에서 강자로 부상하게 된 것이다.

그런데 언어란 것은 단순히 소통과 질서 유지의 역할에서만 그치는 것이 아니다. 이것은 마치 마른 섶에 불을 붙인 것처럼 인간의 정신활동을 연쇄적으로 타들어 가게 하였다.

집을 짓기 위해서는 반듯한 벽돌이 있어야 하듯, 생각에 생각을 쌓아 양질의 정보를 얻기 위해서는 언어가 절대적이다. 언어가 없이는 사고 자체가 심화될 수 없고, 그저 본능을 충족하기 위한 단순한 생각만 뒤죽박죽 일어나다 허망하게 꺼지고 말 뿐이다.

이렇듯 인간은 언어를 쓰게 되면서 사유작용이 급속도로 발달하게 되었고, 마침내 동물과 뚜렷이 구별해주는 理性이라는 품질 보증서를 획득하기에 이르렀다.

理性은 이제 적자생존의 문제를 넘어 존재의 본질로까지 의심의 영역을 확대했다. 이것은 생존의 문제에서 가치 창조로의 전환이 이루어진 것을 의미한다.

여기서 태동한 것이 바로 철학哲學이다. 이제 인간은 철학을 통해 미지의 영역을 두드리며 진리의 완성을 향해 나아가게 되었다. 철학에서 처음으로 대두된 것, 그것은 나와 우주에 관한 근본적 의문이다.

나는 누구이고 우주는 무엇인가?

이 간단한 명제가 철학의 목표가 되었고, 여기서 비롯한 것이 우주론(cosmology)이다. 이것은 우주의 모형을 예측하여 그려보는 것인데, 정확한 형태의 우주를 찾아낼 때 비로소 인간 존재의 비밀 또한 밝혀낼 수 있을 것으로 생각한 것이다.

고대 사람들에게 있어서 우주란 - 신화의 영향을 받아서인지 - 거북을 층층이 쌓아놓은 것이나, 두 마리 커다란 코끼리 위에 얹혀 있는 것으로 여겨졌다. 그러다가 평평한 대지 위에 둥근 반구형의 하늘을 매달은 것으로 추론하기 시작했다.

이런 관념들은 동양의 전통적 우주관인 개천설蓋天說의 태동을 불러왔다. 개천설이란 평평한 땅 위에 우산처럼 둥근 하늘이 덮여 있는 우주 모형을 말한다.

이런 천원지방天圓地方의 우주론이 동서양에 걸쳐 한동안 대세를 이루다

Aristoteles

가 기원전 4세기 무렵에 마침내 기발한 생각을 품은 사람이 나타난다. 바로 아리스토텔레스(Aristoteles)이다. 그는 냉철한 분석을 통해 지구가 둥글다는 증거를 찾아냈다. 그래서 둥근 지구를 중심으로 천체가 운행하는 「원형지구 천동설」을 주창하기에 이른다.

그리고 2세기 중엽, 그리스의 천문학자인 프톨레마이오스(Ptolemios)[1]가 피타고라스의 등속원等速圓 운동과 아폴로니오스의 주원전周圓轉을 결합해 주전원설周轉圓說이라는 우주모형을 만든다. 이로써 천동설의 이론적 토대가 닦이고, 이후로 무려 1400년 동안이나 서양의 우주관을 지배하게 되었다.

그런데 천동설만 있었던 것은 아니다. BC 281년경에 아리스타르코스(Aristarchos)가 천동설을 뒤엎는 색다른 이론을 들고 나왔다. 그것은 태양을 하나의 항성으로 보고, 지구의 자전과 공전 가설을 제시한 지동설이었다. 놀랍고 획기적인 발상이지만 당시 종교인들의 반발에 부닥쳐 오랜 세월 동안 世人들의 기억에서 묻히고 말았다.

ptolemios

이 무렵 동양에서도 개천설을 뛰어넘어 지구와 하늘을 구형으로 생각하는 풍토가 자리 잡게 된다. 달걀의 껍데기가 노른자를 둘러싸고 있듯 하늘 역시 땅을 둘러싼 모습으로 되어 있다는 설, 바로

1) 100(生)~170(死) 추정. 알렉산드리아의 천문학자/수학자. 124~142년경 이집트의 알렉산드리아에서 천체를 관측하면서 [알마게스트/Almagest]를 저술하여 천동설을 주장함. 그의 저서가 그리스의 천문학자 히파르코스의 연구 결과를 도용한 것이라는 주장도 있다.

혼천설渾天說이다.

이 설의 기원은 확실치 않으나, 후한後漢의 장형張衡의 저서《혼천의주渾天儀註》에서 비롯한 것으로 보인다.

이 당시에 동서양에 걸쳐 여러 우주론이 등장했지만, 대세는 역시 천동설이었다. 종교의 사회적 영향력이 점점 더 커지면서 천동설은 부정할 수 없는 확고한 진리로서 자리매김하게 되었다.

Nikolaus Kopernikus.

그런데 16세기에 이르러 지구가 우주의 중심이 아니라는 주장이 다시금 고개를 들게 된다. 그것은 1543년, 바로 코페르니쿠스(Copernicus)의《천구天球의 회전에 대하여》라는 초판 인쇄본이 나오면서부터이다.

코페르니쿠스는 아리스타르코스의 지동설에 무한 개념을 도입했고, 행성 간의 상대거리에 대한 측정을 시도했다. 이것은 닫힌 세계에서 열린 세계로의 인식 전환을 불러왔고, 수학을 비롯해 케플러 제3법칙과 뉴턴역학 등에 지대한 영향을 끼치게 된다. 그야말로 우주관·세계관에 일대 전환이 일어난 것이고, 그래서 흔히「코페르니쿠스 혁명」이라 일컬어진다.

Galileo Galilei.

Johannes Kepler.

당시는 종교가 지배하는 사회였기에 극심한 마찰을 초래할 것은 불을 보듯 뻔했다. 그런데 불행 중 다행으로 예전과 달라진 점이 한 가지 있었다. 그것은 바로 인쇄 매체의 발달이다. 이것 때문에 코페르니쿠스의 지동설은 쉽게 잦아들지 않았다.

그러다가 17세기 초에 갈릴레오(Galileo)가 고성능 망원경을 발명함으로써 지동설이 탄력을 받게 된다. 천체의 관측이 보다 정교해지면서 지동설에 대한 증거들이 속속 나오게 되자, 마침내 지동설은 설득력 있는 우주론으로 자리 잡게 되었다.

그런데 당시의 지동설은 행성들이 태양을 정원正圓 궤도로 돌고 있는 것으로 설정했다. 그래서 관측하면 실제 현상과 맞지 않는 부분이 적잖게 나왔다.

이것에 의문을 품고 연구하던 케플러는 마침내 그 해답을 타원궤도 지동설에서 찾게 된다. 그가 행성들의 공전궤도를 타원으로 설정하자 실측과 일치하는 결과가 나오게 되었다. 당시의 사람들은 무슨 이유로 神이 완벽한 정원을 놔두고 타원으로 우주를 설계했는지에 대해 꺼림칙하게 생각했지만, 어쨌든 우주 모형은 케플러(Kepler)에 의해 「정원궤도 지동설」에서 「타원궤도 지동설」로 한 발짝 더 진화하게 되었다.

그런데 외형만 일치한다고 우주모형이 완성된 것일까?

Isaak Newton.

여기에는 중요한 것이 하나 빠져 있었다. 그것은 우주가 왜 지금의 모습을 하고 있는 지에 대한 뚜렷한 설계도이다.

그 설계도를 들고 혜성처럼 등장한 사람이 있었다. 바로 떨어지는 사과를 보고 만유인력(law of universal gravitation)의 진리를 깨달았다는 아이작 뉴턴(Isaac Newton)이다.

뉴턴은 행성들이 왜 지금과 같은 형태로 있는지에 대한 답을 내렸다. 우주모형에 설계도를 채워 넣은 것이다. 이로써 인류는 '우주가 어떤 원리로 변화하며 존재하는지'에 대한 깊은 이해를 구할 수 있게 되었다.

이제 우주의 외형에 내부 설계도까지 나왔으니 완성된 것인가?

그런데 뉴턴의 설계도로도 설명할 수 없는 것들이 있었다. 그것은 전자기와 빛의 세계이다. 이들의 세계는 놀랍게도 입자이면서 동시에 파동을 이루고 있다. 바꿔 말하면 입자도 아니고 파동도 아니라는 얘기다. 어떻게 이런 도깨비 같은 놈들이 존재할 수 있을까?

이 점에 대해 깊은 의문을 품은 사람이 있었으니 그는 바로 앨버트 아인슈타인(Albert Einstein)이다.

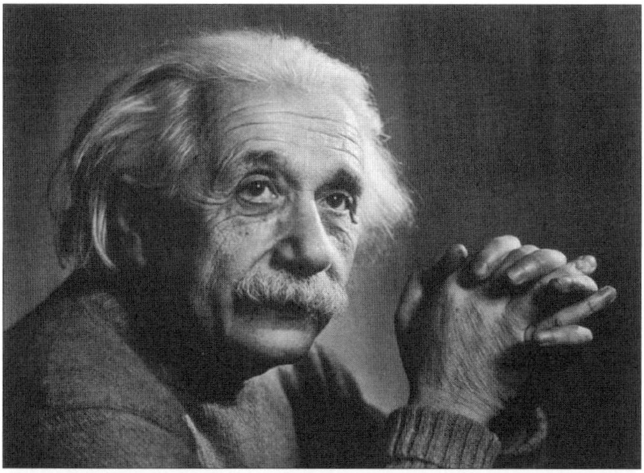

Albert Einstein

그는 전자기와 빛을 연구하다가 특수상대성이론을 찾아냈다. 놀랍게도 시간이 상대적이라는 것이다. 그리고 더 나아가 일반상대성이론(general theory of relativity)을 통해 공간이 휘어진다는 사실도 밝혀내게 되었다.

실로 뉴턴의 기계론적 우주론이 다시 한 번 그 모형을 바꾸게 되는 전기가 마련됐고, 이로써 아인슈타인의 상대적인 시공時空에 뉴턴의 역학이 결합된 우주 모형으로 거듭나게 됐다.

그렇다면 이제 우주 모형이 다 끝난 것인가?

오늘날에 이르러 첨단 과학의 발달은 지금까지 인류가 만든 모형이 먼지 수준에 불과하다는 사실을 밝혀냈다. 우주는 138억 광년에 이르는 거대한 몸집을 지녔고, 그 속의 태양은 무려 수천조 개나 된다. 지구상의 모든 모래알을 합친 것보다 훨씬 많은 수이다.

그래서 다시 우주 모형을 그리기 시작했고 현재까지 그린 것이 빅뱅론이다. 이것은 질량이 제로인 한 점에서 폭발해 현재의 우주를 만들었다는 가설이다.

하지만 아쉽게도 빅뱅 이전의 모형을 그릴 수 없다는 한계에 부닥쳐 있다. 특이점의 기원에 대해 밝히지 못한다면 빅뱅론은 그저 우주론의 한 단면에 불과하게 될 것이다. – 특이점 이전은 우리의 시공(space–time)을 벗어났기에 과학적 탐구 대상이 아니다. –

특이점(singularity)… 시공이 창조되기 이전의 상태! 여기에 대한 의문은 우주의 최초 질료에 대한 의문을 가속화시켰다. 다시 말해 철학에서 말하는 제1원인[2]의 문제가 자연스럽게 대두된 것이다.

시간을 무한대로 거슬러 올라가 우주의 최초 인자因子를 찾고 그 속성을 파악할 때 비로소 우주의 전체상이 그려지고 우주 모형이 완성될 것이다.

---

2) 우주를 이루는 최초의 질료. 더 이상 소급할 수 없는 지경에 이르러 존재하는 自存體.

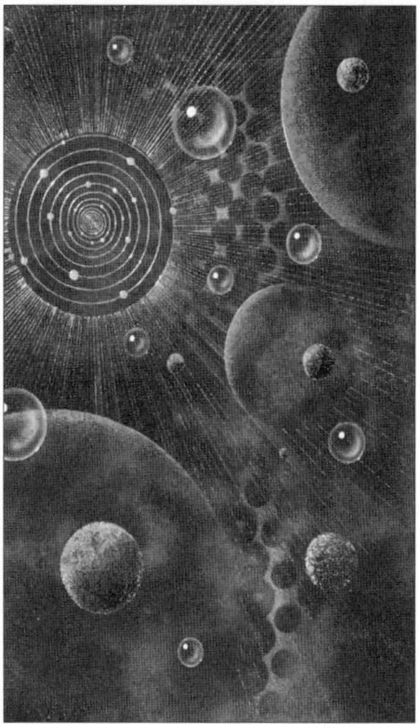

그리고 이즈음 돼야 비로소 '나는 누구인가?'에 대한 힌트도 더불어 얻게 될 것이다.

결국 '나'를 둘러싸고 있는 외계의 모형은 제1원인을 찾는 문제로 귀결된다. 제1원인이란 쉽게 말해 우주 삼라만상의 어머니 자리이다. 이것을 찾지 못한다면 그 어떤 우주론도 장님이 코끼리를 만지듯 단면의 한계를 넘지 못할 것이다.

그런데 제1원인은 오늘날의 과학적 한계를 크게 벗어나 있다. 차원次元을 달리하는 형이상학形而上學의 범주에 속하기 때문이다. 따라서 철학과 과학에 인간의 직관을 더해 사고로써 그려보는 수밖에 없다. 우리는 이것을 **道學**이라 부른다.

이제 어쩔 수 없이 보고 듣고 만질 수 없는 **道學**의 영역으로 넘어왔다. 만일 **道學**이 아닌 철학과 과학의 영역에서 우주모형을 완성하려 한다면 까마득한 세월 동안 인내해야 할 것이다.

수십 만 년이 흘러 과학이 최고도로 발달했다고 가정해도 우주모형의 완성은 생각처럼 쉽게 되지 않을 것이다. 왜냐, 과학의 힘으로 3차원 세계를 낱낱이 파헤친다 해도 우주는 3차원을 넘어 그 이상의 고차원 세계로 무한히 뻗어있기 때문이다.

따라서 차원을 넘나드는 인간의 의식, 즉 **道學**을 끌어다 우주를 바라보고, 이로써 **제1원인**과 **나**의 근본 문제에 다가설 필요가 있다.

나는 누구인가?

제2절. 분별의 시작

우주 삼라만상의 근원을 표현하는 말은 얼마든지 많다. 그 가운데 가장 대표적인 것을 보면 '절대絶對', '道', '제1원인'… 등을 꼽을 수 있다.

그런데 절대와 道는 삼라만상의 최초 인자因子라는 뜻 외에도 분별을 초월한다든지 진리를 터득한다든지 하는 여러 가지 다중적 의미를 지니고 있다. 따라서 이들 셋 가운데 하나를 추리라면 '제1원인'을 꼽을 수 있다. 그리고 이것을 道學적으로 다듬어 표현하면 太一이 된다.

이제 세월을 무한대로 거슬러 올라가 최초의 상태, 즉 自存하며 만물의 바탕이 되는 太一로 복귀해 보자.

이곳에서 어느 순간 분별分別[3]이 피어오르고 그와 동시에 시공時空이 창출될 것이다. 연이어 정보로 가득한 삼라만상이 들어서고, 정보의 차등에 따라 차원次元이 쭉쭉 갈라져 나갈 것이다. 그리고 마지막으로 분화되어 나온 3차원이란 공간에 물질이라는 폐쇄정보가 엉겨 붙으면서 天地가 생겨나고 생명이 化生되어 오늘에 이르게 된다.

3) 삼라만상을 단절된 것으로 보는 인식 방법. 다시 말해 有를 實在로 여기면서 비롯되는 폐쇄적 사유 체계를 말한다. 有力이 빚어내는 환유의 세계를 일컫기도 한다.

너무 쉽게 천지창조를 표현했나?

그렇다면 이번에는 타임머신을 타고 太一로 돌아가 창조의 여행을 떠나 보자. 물론 우리의 理性을 동력으로 삼아 상상 속에서만 움직이는 타임머신을 타고 말이다. 이 정도 타임머신이라면 우리 현생 인류의 수준으로도 어렵지 않게 만들 수 있을 것이다.

잠시 타임머신을 만들 시간을 가져보자. 마음을 가라앉히고 이성의 눈을 활짝 뜨고 상상력을 최대로 끌어올려 보자.

…….

준비되었으면 이제부터 타임머신을 타고 머나먼 과거로 되돌아가 보자. 더 이상의 과거가 존재하지 않는 시점, 바로 우주 삼라만상의 제1원인인 太一이다. 太一 ……

타임머신의 창밖을 통해 太一을 바라보자.

무언가 보이는 것이 있는가?

만일에 무언가 보인다면 목적지가 잘못된 것이다.

왜냐?… 太一은 분별이 시작되기 이전의 상태여서 그 어느 것도 볼 수 없어야 하기 때문이다. 터럭 하나라도 있으면 그것은 太一이라 할 수 없다. 그래서 太一을 달리 절대絶對라고 부르지 않던가.

아무것도 볼 수 없다면 실로 막막한 일이 아닐 수 없다. 관광의 목적은 뭐니 뭐니 해도 시각적 정보를 풍요롭게 하는 것이니 말이다.

보이지 않는다면 청각을 비롯한 모든 감각을 동원해서 살펴보자. 하지만 오감五感을 넘어 영감靈感까지 동원한다 해도 일모의 느낌조차 얻을 수 없을 것이다. 太一은 분별이 완전히 멈춘 절대 그 자체인 까닭이다.

절대絶對라는 말 한마디에 의해 太一에 대한 여행은 완전히 멈추고 말았다. 우리는 여기서 절대에 대해 알아볼 필요가 있게 된다.

이해를 돕기 위해 數理에 빗대어 절대의 상태를 알아보자.

절대를 數로 표현하면 무엇이 될까? 나 홀로 존재하고 있으니 숫자 1이 될까?

그런데 숫자 1은 절대가 아니다. 1 또한 비교할 대상인 0이 남아 있기 때문이다.

그렇다면 절대를 0으로 보면 어떨까?

0 역시 비교할 수 있는 1이 존재하게 됨으로써 절대성을 잃고 만다. 정리하면 1이나 0은 절대가 아닌 분별이다.

그렇다면 우리는 여기서 절대의 속성을 다음과 같이 어렴풋이나마 유추할 수 있다.

絶對 ≠ 1 & 絶對 ≠ 0
絶對 = 1 & 絶對 = 0

절대는 1도 아니고 0도 아닌 상태이며, 이것은 바꿔 말해 1이면서 동시에 0인 상태이다. 그래야만 분별이 완전히 정지되어 절대의 독존獨存이 성립된다.

太一 ……

이놈이 절대라는 것만 알 뿐 그 외의 신상정보는 알 길이 요원하다. 도대체 太一의 정체는 무엇일까?

그것을 알고자 한다면 먼저 太一이 무엇으로 만들어졌는지부터 살펴봐야 할 것이다.

太一은 과연 무엇으로 이루어져 있을까?

쉽게, 有인가 아니면 無인가?

여기에 대한 답은 이미 내려졌다. 1과 0을 동시에 만족하듯 有와 無의 속성을 함께 지니고 있어야 한다. 그러려면 非有非無한 제3의 존재 형태를 띠어야 하는데, 과연 그런 것이 존재할까?

이 부분도 잠시 생각만 하고 그냥 넘어가자. 이해를 구하다가는 얼마나 오랜 세월이 소요될지 모를 일이다. 사실 인류사를 통틀어 제대로 이해한 사람이 손가락에 꼽을 정도니 말이다. 한마디로 부처가 돼야 할 텐데, 그러다가는 관광이고 뭐고 다 물 건너가고 백골이 수만 번 진토 되도록 수행만 하고 있어야 할 판이다.

太一을 그냥 떠나려니 약간 섭섭한가? 그래도 이곳은 '나'를 비롯해 우주 삼라만상이 복귀할 영원한 안식처가 아니던가.

그렇다면 太一을 느낄 수는 없지만 이곳이 어떤 상태로 되어 있는지만 잠깐 상상해 보도록 하자.

太一 하면 가장 먼저 떠오르는 성질이 앞서 말한 절대絶對라는 것이다. 절대는 분별할 수 없는 상태를 말한다. 비교할 대상이 존재하지 않는 초월적 경지[4]로서, 그야말로 천상천하유아독존天上天下唯我獨尊이다.

그런데 변화[5]라는 것은 분별에서 비롯한다. 그렇기에 분별이 없는 太一에서 어떻게 변화를 일으켜 삼라만상을 창조했는지 의구심이 생기지 않을 수 없다.

---

4) 초월의 궁극을 해탈이라 한다. 그런데 해탈이 되면 해탈이 아니다. 해탈에 머무름이 생기기 때문이다. 머무름이 없으니 해탈이라 하는 것이 아닌가? 머무름이 없는 것이 또한 머무름이다. 절대를 일러 분별할 수 없는 상태라 하는데, 사실상 분별할 수 없어 절대가 되면 절대가 아니다.

5) 變이란 외부의 형태가 바뀌는 것을, 化란 이면의 성질이 바뀌는 것을 각각 말한다.

자꾸 의문만 던지고 시원한 답을 듣지 못하니 답답할 수도 있겠다. 그런데 답은 의외로 간단하다. 분별로써 보는 습성만 거둬내면 되니 말이다. 허나 분별에 길들여진 사고 체계를 단번에 벗어던질 수는 없는 노릇이다. 지금처럼 시간여행을 하다보면 점차 분별의 늪에서 빠져나오게 되지 않을까 기대해 볼 뿐이다.

아무튼 절대인 太一만 존재하다가 어느 순간 분별을 일으키게 된 것만은 사실이다. 그렇지 않다면 삼라만상 어느 것도 존재할 수 없고, 지금처럼 본서를 가지고 씨름하는 일도 없을 것이다.

그렇다면 太一에서 맨 처음 일어난 변화는 무엇일까?

그것을 알려면 이제 太一을 떠나 타임머신의 속도를 높여야 한다. 1초에 수천억 년이 미래로 흘러가게끔 속도를 올리고 한숨 푹 자고 일어나 보자. 그래도 타임머신의 창밖에 아무런 그림자도 보이지 않는다면 며칠만 더 기다려 보자.

얼마의 시간이 지난 뒤 창밖을 바라보니 과연 무언가 변화가 일어나는 듯하다. 암흑에 층이 갈리며 어떤 구분이 생긴 것인데, 순도 백프로의 암흑 속에 순도 99.999…%의 암흑이 수없이 겹쳐지며 파동을 이루고 있다.

이건 도대체 아무리 봐도 빛이라 할 수 없다. 하지만 암흑에 구분이 생긴 것을 보면 빛이 아니라고 부정할 수도 없다. 이렇게 뭐가 뭔지 알 수 없는 암흑의 물결이 꿈틀대는 상태, 이런 시기를 일러 無極이라 한다.

無極?… 요상한 시기임이 분명하다. 이놈의 정체를 좀 더 확인하기 위해 타임머신의 시간을 1초에 100만 년으로 대폭 낮춰서 관찰해 보자.

그런데 하루 이틀, 사흘이 흘러도 아무런 변화가 없다. 어쩌다 암흑이 뒤틀리며 소용돌이치긴 하지만 딱 거기까지이다. 더 이상의 변화는 찾아볼 수가 없다.

그렇다면 타임머신의 시간을 1초에 1000억 년까지 올려 보자. 그리고 며칠 기내에서 쉬다가 다시 창밖을 보자. 이제 무언가 변화가 보이는가?

그런데 어찌 된 일인지 아직도 암흑 상태에 머물러 있다. 사방을 아무리 둘러봐도 일모의 변화조차 없다.

변화가 정말로 없는 것인가? 혹시 변화를 못 찾고 있는 것은 아닐까?

우주 모형을 너무 크게 확대하다 보면 변화를 포착하지 못할 수 있다. 따라서 이번에는 시간의 속도를 올리는 대신 타임머신의 크기를 줄여 보자. 무한대에 가깝게 축소해보는 것이다.

대략 1초에 수천 조 분의 1로 줄어들게끔 하고 몇 시간 뒤에 창밖을 바라보자. 이제 무언가 보이는가?

극미하게 줄어들어서 보니 세상이 달라 보인다. 암흑 사이로 소용돌이치는 희미한 빛들이 보이기 시작한 것이다.

빛? …

이건 분명 변화의 조짐이 아닌가? 빛을 추적하다 보면 뭔가 새로운 세상을 발견하게 될 것이다.

빛의 창조! …

최초의 분별이 시작되는 경이로운 순간이 아닐 수 없다. 오랜 세월의 기다림 끝에 마침내 無極에서 벗어나 새로운 시간대로 넘어온 것이다.

무한의 시간 동안 잠자고 있던 太一의 극히 일부에서 절대성絶對性을 잃어 無極이 되었고, 이런 無極의 한 영역에서 분별이 시작되었다. 無極에 최초의 분별이 찍히는 시점, 이때를 일러 창조점創造點이라 한다.

창조점!

경이로운 시점이긴 한데 이 또한 의문투성이다. 절대絶對란 비교할 대상이 없기에 영원토록 변화가 일어날 수 없다. 그런데 어떻게 창조점이 찍히게 된 것인가?

'…….'

이것도 그냥 넘어가자. 그냥 궁금증만 한 번쯤 가져 보자. 본서를 숙독하다 보면 부지불식중 저절로 풀리게 될 것이다.

자, 다시 창밖을 보자.

시간과 공간이 존재하지 않는 無極의 한 영역에서 무언가 빛을 뿜으며 아지랑이처럼 피어오른다. 조금 피어오르다가는 이내 꺼지고, 잠잠하다가는 다시 피어오르기를 반복하고 있다.

도대체 이놈의 정체는 무엇일까?

질량을 지니고 있는 물질일까? 아니면 질량을 만들어낼 수 있는 에너지의 한 형태일까? – 이 부분부터는 다행히 언어로써 설명이 수월해진다. –

이것은 구체적으로 어떤 형태와 질량을 지닌 것이 아니다. 이것은 일종의 힘이다. 정확히는 '정보'라고 표현하는 것이 맞으리라.

이 힘을 일종의 에너지로 이해할 수도 있지만 사실상 에너지와는 근본적으로 다르다. 에너지는 일정한 조건을 갖추어 물질로 변환할 수 있지만, 힘은 그저 非有非無한 정보 상태로 머무르며 만물의 설계도가 된다. 힘은 크게 두 가지 방향으로 갈라지는데, 첫째는 무언가를 그려내려는 힘이고 둘째는 그려진 것을 지우려는 힘이다. 전자를 有力 후자를 無力이라 한다.

이제 太一은 창조점을 통해 有力과 無力이라는 두 가지 힘을 뿜어내고 있다. 이 힘의 충돌에서 빛이 창출되고, 빛이 퍼지는 반경까지 공간이 확장되었다. 그리고 빛의 변화에 의해 시간도 생겨났다. 이제 時空이라는 캔버스 안에서 有力과 無力이 온갖 빛을 뿌려대며 그림을 그리고 지우기를 반복하고 있다. 경이로운 순간이다!

창밖을 통해 창조가 일어나는 모습을 보니 볼만한가?

그런데 사실 무엇을 그리는지 도무지 알 수가 없다. 기운이 일어났다 꺼지고 다른 기운과 뒤섞이며 괴상한 문양만을 마구 그려대고 있으니 말이다. 한마디로 추상화이다.

추상화에도 일정한 주제가 있기 마련인데, 창밖에서 펼쳐지는 최초의 추상화에는 뚜렷한 주제가 없다. 그저 카오스 상태만을 보여줄 뿐이다. 이러니 재미도 없고 감상할 맛도 안 난다. 그래서 이런 시간대를 일러 혼극混極이라 한다.

혼극!

이런 곳에 머물러 관광을 하라고 하면 영 기분이 안 내킬 것이다. 그렇다면 다시금 시간이 빨리 흘러가게 해야 한다.

그럼 다시 1초에 수백억 년의 속도로 올려 볼까?

적당한 온도로 차茶를 우려내어 천천히 한잔 마시고는 다시 창밖을 바라보자.

아…, 드디어 카오스의 상태를 벗어난 것 같다. 그림마다 일정한 구도가 있고 여기저기 질서를 잡기 시작한다. 문양의 통일성이 생겨나니 조금은 감상할 맛이 난다. 시간과 공간이 구체적으로 윤곽을 잡게 됐으니 말이다. 그래서 이때부터를 우주宇宙라고 한다.

우리는 지금 이 시점에 이르러 여태까지 어느 곳을 여행했는지를 되짚어 보자. 맨 처음 도착한 곳은 太一이었고 그다음은 無極과 창조점이었다. 그리고 창조점에서 有力과 無力이 솟아나 빛을 토해내고 時空을 만들었다. 하지만 여전히 무질서한 변화로 가득 찼고, 이런 상태의 혼극混極을 지나 이제 막 질서를 잡기 시작한 지금의 시점으로 왔다.

질서의 출발점! 이 시점부터를 우리는 太極이라 부른다. 우리가 본격적으로 관광을 즐길 목적지이기도 하다.

그런데 太極은 그야말로 변화가 무쌍하다. 그만큼 볼거리가 쌓여 있을 테고 정신을 바짝 차리지 않으면 중요한 장면들을 놓치게 될 것이다.

자, 그럼 이제 본격적으로 우주여행을 시작해 볼까?

제3절. 태극의 세계

지금부터는 타임머신의 속도를 조금 낮춰 보자. 1초에 50억 년[6] 정도로 말이다. 그리고 천천히 시간을 돌리면서 太極의 단계에서 펼쳐지는 신비로운 변화들을 음미해 보자.

먼저 太極의 첫 단계인 太易(태역)으로 가보자. 太易이라는 말에서 알 수 있듯이, 무질서에서 질서로 바뀌게 된 최초의 시점이다.

太易에서는 有力과 無力이 어우러져 일정한 원운동을 하기 시작하였다. 有力이 흩어지려는 無力을 제어하면서 일정한 범위 안에 가두어 놓는다. 하지만 無力은 계속해서 탈출하여 흩어지려 하고 이에 반해 有力은 한시도 당기는 힘을 놓지 않는다.

이렇게 두 힘이 줄다리기를 하면서 수축과 팽창을 반복하고 있는 그림, 마치 들숨과 날숨을 번갈면서 헐떡이는 심장의 박동을 연상케 한다. 이런 것들이 한도 끝도 없이 펼쳐져 있다.

---

6) 본서에서 임의로 장구한 시간을 정해 서술하고 있는데, 사실상 시간은 존재한 적이 없다. 세월이 흐름에 따라 만물이 변하고 있음에도 시간이 없다. 우리 모두 늙어 죽는데도 시간이 없다. 그런데 달리 보면 시간이 있긴 하다. 결론적으로 관찰자가 보기 나름이다. 이것은 관찰자의 주관에 따라 시간의 有無가 생겨난다는 얘기가 아니라, 실제 객관의 세계가 그렇게 이루어져 있다. 이 이치를 깨달으면 생로병사에서 벗어나게 된다.

그런데 가만히 살펴보니 아쉬운 점이 하나 있다. 그것은 이런 일련의 질서가 오래가지 못하고 금세 붕괴되고 만다는 것이다. 무언가를 그려내려는 有力의 힘이 약하다 보니 無力을 끌어다 물감으로 쓸 수 없었던 것이다. 그러니 뭔가 그려질 듯하다가는 이내 지워져 백지가 되고 만다. 이런 아쉬움의 상태가 까마득한 세월 동안 지속되고 있다.

그렇다면 이 시기에서 좀 더 발전하면 어떤 그림이 될까?

다시 타임머신의 속도를 높여 며칠 동안 달린 후 창밖을 보자. 무엇이 보이는가?

그런데 별로 달라진 것이 없다. 둥글둥글한 기운들이 뭉쳐서 여전히 수축과 팽창을 반복하고 있을 뿐이다.

하지만 자세히 들여다보면 얘기는 달라진다. 어딘가 모르게 有力과 無力이 좀 더 정교해진 것이다.

유심히 살펴보니 有力과 無力 속에 일정한 정보가 집중되어 형성된 정핵精核이 하나씩 들어 있다. 이것에 의해 두 힘이 어느 정도 타협할 수 있게 된 것이다. 마치 인간의 두뇌처럼 정보의 저장창고를 하나씩 마련하게 된 有力과 無力, 이것을 일러 각각 坤極(곤극)과 乾極(건극)이라 한다. 그리고 坤極과 乾極에 의해 질서를 유지하고 있는 기운을 총칭하여 乾坤太極이라 한다.

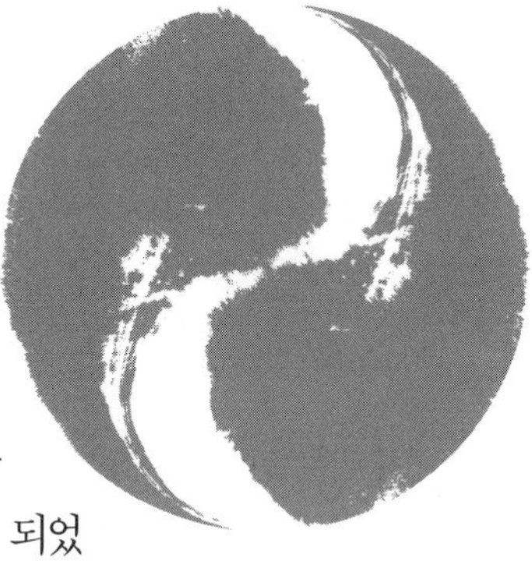

乾坤太極이 지배하는 세상, 이 시기를 일러 太初(태초)라 한다.

이제 乾坤太極에 이르러 수축과 팽창을 좀 더 오래도록 유지할 수 있게 되었다. 수명이 대폭으로 늘어나게 되었으니 뭔가 다른 변화를 꾀할 수도 있으리라.

그 변화를 보려면 또다시 먼 미래로 향해야 한다. 그런데 이런 자질구레한 변화들을 일일이 관찰하면서 어느 세월에 우주여행을 마칠 수 있을까?

빠른 속도로 대충대충 보면서 지나가다가 중요한 시점에만 멈춰 관찰하는 편이 나을 것이다. 그래서 이번에는 타임머신의 속도를 올리고 창밖으로 스치는 풍경을 슬쩍슬쩍 엿보기로 하자.

수천억 년이 흐르자 乾坤太極의 중심부에 중극체中極體라는 놈이 생겨나고, 이놈에 의해서 율려律呂라는 원운동이 구체화되니 이것을 일러 陰陽太極이라 한다. 그리고 陰陽太極이 지배하는 세상을 일러 太始(태시)라 한다.

陰陽太極! …

乾坤太極이 진화하여 陰陽太極이 되었는데, 구체적으로 무엇이 달라진 것인가?

乾坤太極은 乾極과 坤極이 서로의 이해관계에 따라 타협을 하고 있는 이체화용二體和用의 상태였다. 하지만 陰陽太極은 乾極과 坤極이 중극체에 의해 한 몸으로 바뀌면서 일체이용一體二用의 상태가 돼버렸다. 생명으로 치면 암수 한 몸의 상태라고나 할까.

둘에서 하나로!… 이것은 그야말로 기적과도 같은 사건이 아닐 수 없다. 불완전한 반쪽들이 하나로 합체하여 온전한 질서를 띠게 되었으니 말이다.

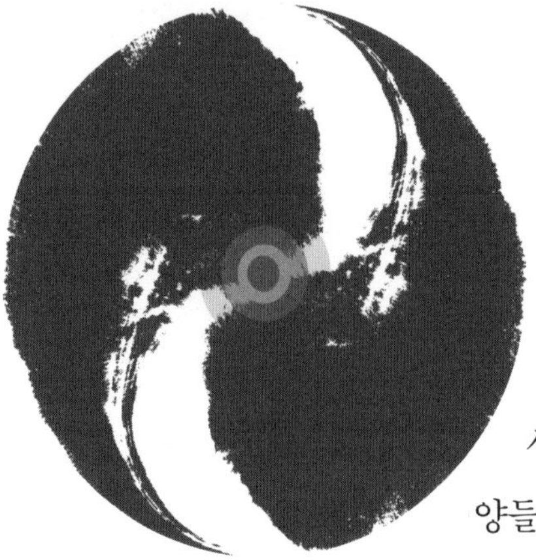

陰陽太極이 지배하는 세상이 도래하자 드디어 고도의 질서들이 하나둘씩 생겨나게 된다. 陰陽太極은 五行과 六氣 운동으로 발전하면서 정교하게 형상들을 그려내기 시작했고, 각 문양들마다 일정한 구조와 주제를 띠게 되면서부터 다시 太素(태소)의 단계로 넘어간다.

이렇게 해서 생겨난 우주는 비유하자면 수채화와 같다. 모든 것이 精과 氣로 이루어져 있기에 그 구조가 느슨하고 유연하여 외계와의 소통에 매우 자유롭다. 이런 열린 우주를 4차원이라 부르는데, 도학적 용어를 빌리면 象界(상계)[7]라고 한다.

맑고 깨끗하고 유연한 수채화의 세계! 보기만 해도 머리가 시원해지고 가슴이 따뜻해지는 그림들이 한없이 펼쳐져 있다.

그런데 옥에 티랄까, 한가지 아쉬운 점이 눈에 띈다. 그것은 이렇게 아름다운 풍광을 감상할 주체가 빠졌다는 것이다. 가령 미술 전시관이 있다고 치면, 아무리 아름다운 그림이 걸려 있어도 그것을 감상할 주체가 없으면 그 의미를 잃고 만다.

그렇다!… 생명체가 빠진 것이다.

생명체를 찾아 4차원 구석구석을 헤매다 보니 간간이 자율운동을 하는 기운들이 눈에 띈다. 바로 神들이다. 精氣에 神이 뒤섞이면서 스스로 반응할 줄 아는 양태를 띠게 된 것이다.

아무리 생각해도 신비롭기 짝이 없는 놈들이다. 그런데 뚱딴지 같이 왜

---

7) 4차원을 흔히 비물질의 세계라 한다. 그런데 과연 비물질을 이해하는 사람이 있을까? 물질과 에너지가 아닌 상태로 존재하는 세상! 그 열쇠는 정보에 있다. 정보란 쉽게 말해 어떤 내용을 담고 있는 생각이나 상상 같은 것을 말한다. 우리의 생각이 뇌라는 물질에 갇혀 있지 않다면 온전한 존재 형태가 된다. 그것을 우리는 神이라 부르고, 이런 정보들이 어우러져 존재하는 세상을 象界라 한다.

갑자기 神이 튀어나온 것인가?

神 또한 有力과 無力처럼 일종의 힘이다. 정확히 말하면 容力(용력)이다. 자율적으로 반응하며 무언가를 그려내려는 창조의 힘을 말한다. 도화지의 색이 은연중 그림에 배어 들어가듯, 神이란 太一의 창조성이 有力과 無力에 스며들어 방향을 설정한다. 이 힘이 보다 정교하게 다듬어지면 생명체가 된다.

어느 시점에 이런 神들이 생겨난 것인지는 확실치 않지만 4차원 세계를 더욱 가치 있게 할 존재들인 것만은 분명하다. 시간 여행을 하면서 이놈들의 변화에 더욱 집중해야 하리라.

어쨌든 어느 때부터 神이라는 자율반응체가 등장했고, 이것들은 기운의 수축과 팽창을 번갈아 가며 정보를 수집하고 득실을 따져 선택이란 것을 하게 된다.

이들의 모습? 그냥 둥글둥글하여 마치 축구공에 太極을 그려 넣은 것처럼 단순하게 생겼다. 훗날 3차원 생명체에 깃든 신들과 구분해 원시령元始靈이라 부른다.

원시령은 초보적 형태의 신뇌神腦[8]와 신설로神設爐[9]를 지니고 4차원에 일정 기간 동안 머물면서 나름대로의 문화를 이루게 된다.

4차원의 수채화 세계에 원시령까지 둥둥 떠 있게 되니 그림이 한결 멋져 보인다. 더군다나 원시령이 자율반응을 하면서 자기만의 그림을 그려대니 우주에 생동감이 살아 넘친다.

---

8) 외계의 정보를 授受하여 내적 판단과 선택을 하는 象界의 뇌.

9) 개체의 특성이 응집되어 후대로 전해질 수 있는 정보 코드. 神의 DNA 시스템.

이젠 제법 작품이라 할 만한다!

감상을 충분히 했으면 다시 타임머신을 움직여 보자.

까마득한 세월이 쏜살같이 흘러간다. 그런데 간간이 창밖을 봤지만 별다른 변화가 보이지 않는다. 수채화의 세계가 이제는 좀 지루해지는 느낌이다.

사방을 밝고 맑은 색채로 치장하고, 만지면 말랑하고 폭신한 느낌. 닫힌 듯 보이지만 자세히 보면 열려 있어 정보의 수수授受에 자유롭게 연결된 세상! 아무리 봐도 정교하게 잘 만들어진 세상임에 틀림없다.

하지만 아무리 좋은 육자배기도 한두 번이라고, 4차원 세계가 너무나 정교하다 보니 뭔가 다른 강렬한 자극이 있었으면 좋겠다. 흠집이라도 상관없다. 단조로운 그림에 변화를 일으켜 생동감을 더해 줄 무언가를 요망하게 된 것이다.

그런데 이런 기대 때문이었을까?

어느 시점부터 4차원의 곳곳에 예기치 못한 변종이 갑작스레 생겨나기 시작한다. 마치 암세포처럼 말이다.

처음에는 한 점에서 시작됐는데, 이것이 마치 폭발하듯 사방으로 퍼지면서 변종의 확산을 초래했다. 4차원 세계에 무슨 전염병이라도 발생한 걸까?

그건 수채화라고 볼 수 없을 정도로 찐득찐득하게 굳어 있는 폐쇄 공간이다. 마치 곰보딱지처럼 象界의 여기저기에 흩어져 생겨났는데 보기에 썩 좋지 않다.

뭐 저런 그림이 다 있지? 예전보다 더욱 흉하게 되지 않았는가!

이것은 有力이 지나치게 한쪽으로 기울면서 공간이 닫혀 생겨난 것들이다. 그래서 그곳에 너무 접근하면 강한 인력에 빨려 들어갈 수도 있다. 아무리 타임머신을 타고 있다고는 하지만 각별히 조심해야 한다.

이렇게 열린 수채화의 세계 구석구석에 닫힌 유화의 세계가 만들어졌다. 유화의 세계, 이것을 일러 3차원 물질계라 한다.

그런데 4차원 象界에서 추방되어 3차원으로 넘어온 에너지 다발은 낯선 상황에 그대로 주저앉아 움츠러 있게 된다. 이것이 암흑물질과 암흑에너지이다. 그 가운데 일부는 어둠을 뚫고 솟아나와 빛의 세계를 창조했고, 이것이 현재 우리가 보고 있는 3차원 우주이다.

사실 4차원의 그림이 너무 단조로워 새로운 변화를 기대했지만, 막상 3차원의 그림을 보니 그다지 눈에 차지 않는다. 사방이 폐쇄되어 마치 감옥처럼 답답해 보인다. 우주 전체의 작품을 훼손하게 되지나 않을까 심히 걱정이다.

그냥 지워버리면 어떨까? 말끔하게 대청소를 하는 것이다.

그러나 그것이 마음대로 되면 얼마나 좋을까! 太一은 무위자연無爲自然 그 자체이다. 無心으로 行하고, 그저 있는 그대로 감상할 뿐이다.

3차원!… 지울 수 없다면 어떤 그림인지 좀 더 알아봐야겠다.

힘이라는 관점에서 보면 좀 더 쉽게 보인다. 힘의 법칙, 즉 물리법칙은 4차원에 대한 저항 값에서 시작한다. 저항 값이 크면 질량이 커지고 공간이 휘어지고 시간이 더 천천히 흐른다. 그래서 실측을 하면 빛의 속도가 불변하는 것으로 나온다. 하지만 빛의 속도가 불변하는 것이 아니라 대차항수對次抗數 값이 높아져서 그렇게 보이는 것이다.

「에너지(E)=대차항수」

3차원은 이 공식으로부터 모든 물리법칙이 생겨나 존재하는 세계이다. 좀 어려운가? 4차원의 열린 힘에 역행해 생겨난 것이니, 모든 힘의 방향이 닫히는 쪽으로 향해 있다는 뜻이다.

어느 때부터인가 이런 3차원을 기웃거리는 놈들이 생겨났다. 바로 스스로 정보를 수집하여 운동의 방향을 판단할 수 있는 원시령들이다.

이들은 처음에는 3차원을 4차원 수채화의 세계에 생긴 얼룩쯤으로 생각했다. 그저 끈적한 늪처럼 피해야 할 대상으로만 여긴 것이다.

하지만 관찰에 관찰을 거듭하다 놀라운 특성을 발견하게 된다. 그것은 3차원이 원시령들이 지닌 수명을 연장해 줄 수 있다는 사실이다.

사실 원시령 또한 수명을 지니고 있다. 어느 무엇에 의해 만들어진 것은 예외 없이 소멸하는 것이 불변의 이치이다. 精과 氣에 容力(용력)이 실려 만들어진 神이기에, 일정 시간이 흐르면 精氣가 흩어지면서 사멸死滅하게 된다.

이것을 막을 방법은 어디에도 없다. 그런데 새로 만들어진 3차원이란 곳에서 일정 기간을 살게 되면 상황은 달라진다. 흐트러지던 精氣가 다시금 공고하게 다져짐으로써 수명이 연장되는 것이다. 이것은 3차원이 가지고 있는 폐쇄성이 느슨해진 精氣를 다시금 조여 단단하게 만들어주기 때문이다. 풀린 나사를 조여 준다고나 할까!

이런 놀라운 사실이 4차원 象界에 알려지자 그동안 무시해오던 3차원 물질계로 수많은 원시령들이 몰려들게 된다. 마치 황금을 찾아 엘도라도를 향하 듯, 生死 문제의 해법을 찾아 원시령들은 그렇게 모여들었다.

과연 3차원으로의 윤회輪廻를 통해 수명 연장의 꿈을 실현할 수 있을까? 불로장생, 나아가 영생永生!… 이것은 존재하는 모든 것들의 변함없는 소망이다.

별 볼일 없어 보이던 3차원. 겉보기엔 지저분하게 보이지만 그 내면에 새로운 예술적 가치가 숨어 있다. 그것은 뭉치고 조이고 두드리는 힘, 바로 폐쇄성이다.

고물로만 알았던 폐쇄성에 생명 연장의 가치가 숨어 있다는 사실이 알려지자, 바야흐로 새로운 문명이 3차원을 중심으로 펼쳐지게 되었다.

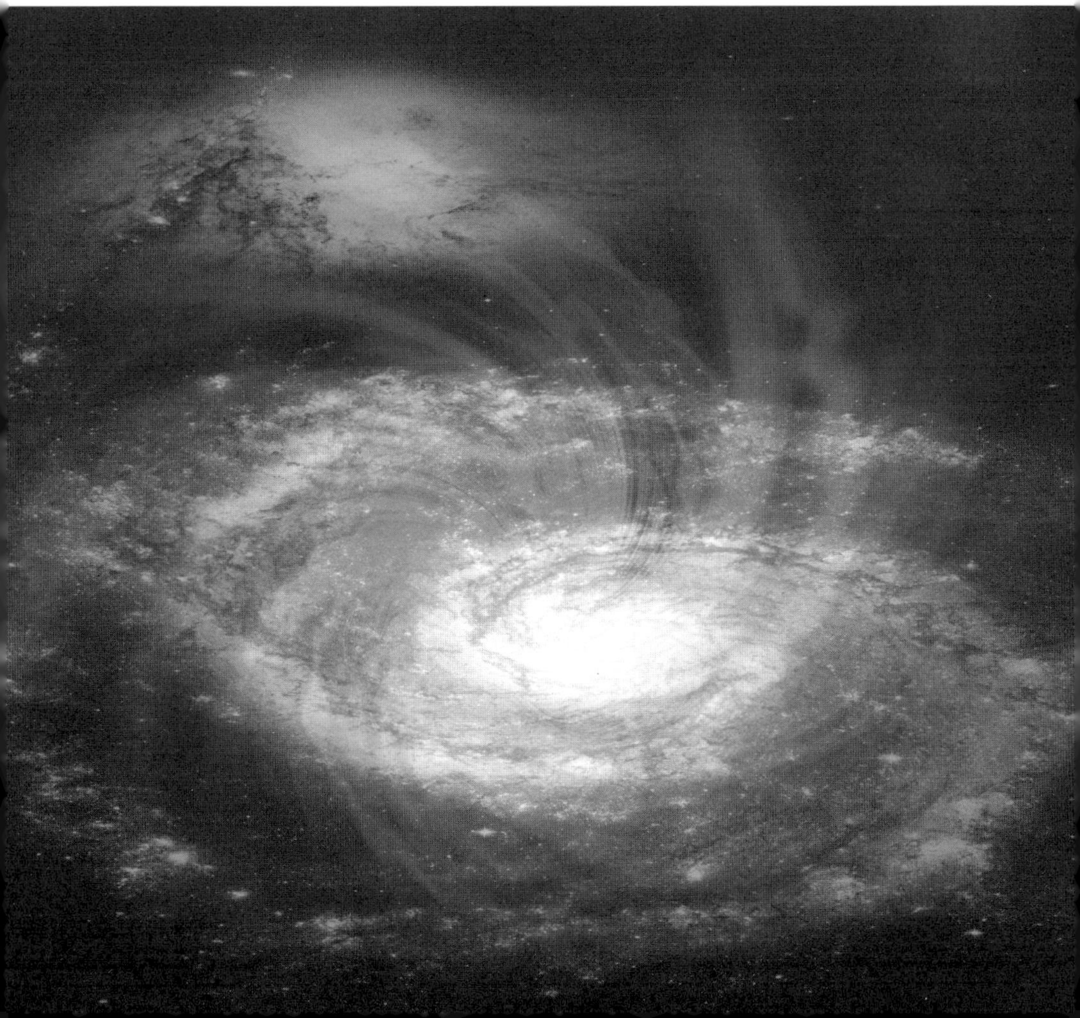

제4절. 3차원의 탄생과 종말

1. 술공과 원초블랙홀

이제 우리의 시간 여행에 있어서 주된 관심사는 3차원 물질계가 되었다. 담백하고 유연한 4차원의 수채화보다는 투박하고 묵직한 3차원의 유화가 우리에게 익숙해서인지 마음이 좀 더 끌리는 것만은 사실이다.

그런데 아쉽게도 타임머신을 빠르게 작동하는 바람에 3차원이 탄생되는 중요한 장면을 놓치고 말았다. 그래서 다시 시간을 되돌려 역사적인 순간을 살펴보자.

다시 4차원의 세계로 돌아왔다. **陰陽太極**이 수축과 팽창을 번갈면서 한창 율려律呂 운동을 하고 있다. 율려란 팽창하는 기운을 끌어모았다가 적기에 에너지로 쓰면서 변화하는 제반의 창조 활동을 말한다.

陰陽太極의 구조를 좀 더 들여다보면 탈출하려는 기운들을 잡아당기면서 조절하는 놈이 보일 것이다. 중앙에 떡하니 자리를 잡고 강력한 인력으로 질서를 조성하는 **精氣** 덩어리, 바로 土이다.

그리고 土의 인력引力에 영향을 받으며 연신 꿈틀대며 회전하고 있는 기

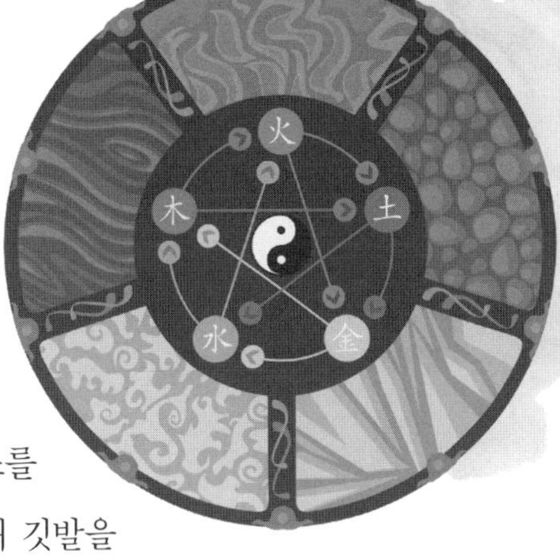

운들의 마디가 관찰되는데, 이것을 일러 각각 木·火·金·水라 한다.

사실 기운이란 것은 매 순간 머무름이 없기에 木·火·金·水라는 변화의 마디가 딱히 정해져 있는 것이 아니다. 그저 변화의 구조를 이해하기 위해서 사방에 교차점(+)을 정해 깃발을 꽂은 것뿐이다.

아무튼 중앙의 土에 임의로 정한 木·火·金·水를 합치자 다섯 개의 힘이 교차하며 흘러가기 시작했다. 바로 五行이다.

그러고 보니 陰陽太極의 구조는 단순히 陰과 陽으로만 이루어진 것이 아니었다. 겉보기와는 다르게 그 내부는 五行으로써 원운동을 하고 있었던 것이다.

혹시 五行을 더 쪼개 볼 수는 없을까? 이왕 陰陽太極을 관찰하는 김에 깊은 속까지 파헤쳐 보자.

五行을 좀 더 가까이서 관찰하니 木·火·土·金·水 각각이 파동을 치며 움직이고 있다. 하나하나 율려를 이루면서 운행하고 있는데, 이때 파동의 성질에 따라 陰陽으로 나누어 구분할 수 있다.

이렇게 되니 五行이 陰陽으로 갈라지고 모두 합쳐 열 개의 마디가 생겨나게 된다. 甲乙의 木, 丙丁의 火, 戊己의 土, 庚申의 金, 壬癸의 水로서, 이것을 일러 天干(천간)이라 한다.

이제 비로소 陰陽太極의 구조가 한눈에 들어온다. 五行이 陰陽의 파동을 이루면서 율려 운동을 하고 있는 것이다. 이런 陰陽太極이 4차원 우주 공간에 가득 쌓여 온갖 문양을 그려대고 있다.

그런데 언제까지 그림만 그리고 있을 것인가?

물론 그림의 형태는 제각각이지만 그 구조는 陰陽太極으로 동일하다. 그러니 시시각각 그려대는 그림들은 그놈이 그놈일 뿐이다.

이런 광경을 보면 처음에는 신비로운 색채와 문양에 시선이 끌리겠지만 계속해서 보다 보면 결국에는 지루해서 하품이 나오게 된다. 새로운 변화가 필요한 시점이 된 것이다.

타임머신을 좀 더 미래로 돌려 보자.

그러자 陰陽太極에 기이한 변화가 관찰된다. 약간 둔탁해진 느낌이랄까. 밝고 청명하기만 했던 陰陽太極 가운데 빛이 퇴색되며 무겁게 가라앉는 것들이 생겨난다.

그중 한 놈을 골라 속을 들여다 보니 여전히 수축과 팽창을 반복하면서 陰陽 운동을 하고 있다. 그런데 다른 점이 하나 눈에 띈다. 기운의 탈출 속도에 비해 인력引力이 매우 크다는 사실이다. 그러다 보니 기운의 운동성이 잦아들면서 안정은 이루었지만, 대신 가볍고 밝은 느낌은 꽤나 퇴색되었다.

어떻게 해서 인력이 강해진 것일까?

陰陽太極의 속을 더 파고들어가자 五行이 모습을 드러낸다. 그런데 자세히 보니 五行이 아니지 않은가! 이게 어떻게 된 일이지?

놀랍게도 土가 하나 더 있다. 다시 말해 쌍둥이 土를 지니고 있어서 모두 합쳐 여섯 개의 힘이 교차하고 있는 것이다. 그래서 이것을 일러 六氣라 한다.

六氣의 속을 들여다보면 五行과 마찬가지로 陰陽 운동을 하고 있다. 따라서 열두 마디로 나눌 수 있고, 이것을 일러 地支(지지)라 한다. 그리고 天干과 구분하기 위해 각각의 이름을 달리 붙이게 되니, 이름하여 子·丑·寅·卯·辰·巳·午·未·申·酉·戌·亥이다.

그런데 왜 이름을 地支라고 붙인 것일까? 아직은 땅이라고 할 만한 것들이 존재하고 있지 않은데 말이다.

그 답은 잠시 후에 밝혀지지만, 결론부터 말하자면 六氣 운동에서 4차원의 공지空地는 물론이고 3차원의 물질들이 생성되기 때문이다. 여기서 공지란 4차원의 일부가 굳어져 마치 땅처럼 터전이 생긴 곳을 말한다.

이제 4차원 세계에는 五行 운동을 하는 陰陽太極과 六氣 운동을 하는 陰陽太極의 두 종류로 나뉘었다. 이 둘이 명암明暗을 조성하며 4차원 캔버스에 그림을 그려대니 좀 더 다채로워 보기 좋아졌다.

그런데 어느 시점부터인가 해괴한 현상이 발생하기 시작했다. 六氣 운동을 하던 陰陽太極 가운데 일부가 고장이 났는지 숨을 제대로 못 쉬는 것이다. 팽창을 하지 못하고 계속해서 쭈그러들고만 있다.

틀림없이 무슨 사달이 난 것이 분명하다. 타임머신을 잠시 정지시키고 그 속으로 들어가 보자.

그런데 막상 병든 것처럼 보이는 陰陽太極 속으로 들어가니 六氣 운동에 특별한 문제를 찾아볼 수 없다. 그렇다면 도대체 뭐가 문제라는 건가?

좀 더 자세히 보니 土의 힘이 지나치게 큰 것을 알 수 있다. 그래서 六氣 운동이 전반적으로 수축 쪽으로 기울고 있다.

만일 이대로 계속해서 수축하면 어떻게 될까?

이제 다시 타임머신을 작동하여 시간을 미래로 돌려 보자. 그리고 조심스럽게 어떤 일이 발생하는지 관찰해 보자.

그런데 어느 시점이 되자 수축하던 陰陽太極이 정지하면서 죽어버리고 말았다. 거대한 인력에 눌려 숨을 제대로 쉬지 못하니 당연한 결과일 것이다. 陰陽太極의 시체는 검고 칙칙한 색채를 띠고 주변에 얼룩을 그리고 있다. 4차원 수채화에 불투명한 얼룩이 생김으로써 그림에 오점을 남기게 된 것이다.

사방을 둘러보니 이런 얼룩들이 도처에 널려 있다. 지저분한 얼룩을 어떻게 해야 지울 수 있을까?

마침 또 하나의 陰陽太極이 숨을 헐떡대며 죽어가고 있다. 좀 있으면 완전히 숨을 멈출 것만 같다. 이번에야말로 사인死因을 확실히 알 수 있는 천금 같은 기회이리라.

타임머신을 조심스럽게 이동하여 陰陽太極 속으로 들어가 보자. 六氣 운동이 간신히 흘러가며 목숨을 연명하고 있다. 그런데 회전을 하던 기운들이 유독 戌[10]의 위치에 왔을 때 정체되는 것을 볼 수 있다.

도대체 戌에 무슨 일이 발생한 것인가?

그쪽으로 이동하자 검은 구멍이 뚫려있는 것이 보인다.

이건 도대체 무슨 구멍이지?

그 속을 얼핏 보니 강력한 인력에 의해 폐쇄된 공간이 펼쳐지고 있다. 지금까지 봐왔던 4차원 세계와는 판이한 곳이다.

왜 이런 일이 발생하는지 생각해 보니, 그것은 有力과 無力의 균형이 완전히 깨지면서 次元이 뒤틀렸기 때문이다. 수축하는 힘이 과도하게 집중되면서 4차원이 지닌 속성과 전혀 다른 놈이 나타난 것이다. 마치 암세포가 덩어리를 이루듯 4차원의 한 지점에서 정보의 유연성이 줄어들고 결정화結晶化되기 시작한 것이다.

한쪽의 힘이 계속해서 우세하게 되면 질서는 깨진다. 팽창의 힘이 커지면

---

10) [6장/五運六氣論]에서 상세히 다룬다. 4차원의 일부 지점에 폐쇄성이 극한에 이르러 생겨난 3차원과의 통로를 말한다.

해체되어 소멸하고, 반대로 수축의 힘이 커지면 계속해서 쭈그러들 것이다. 이때 무한대로 줄어들다 보면 결국 0에 접근할 것이다. 그러다가 더는 수축할 수 없는 한계점에 도달하게 된다. 이때를 극한점極限點 또는 특이점特異點이라 한다.

이 상태가 되면 양자 선택의 기로에 서게 된다. 4차원의 설계도에 순종해 백기를 들고 제자리로 돌아오든지 아니면 4차원을 떠나 새로운 세계를 건설하는 것이다. 대부분은 4차원의 권력 앞에 꼬리를 내리고 다시금 팽창의 힘을 키워 원형을 회복하게 된다. 하지만 극히 일부지만 끝까지 저항하는 놈도 있으니, 결국 극한점을 초과하면서 새로운 차원을 뚫고 폭발하게 된다. 4차원의 한 공간에 신비로운 구멍이 뚫리는 것이다. 이것을 戍空이라 한다.

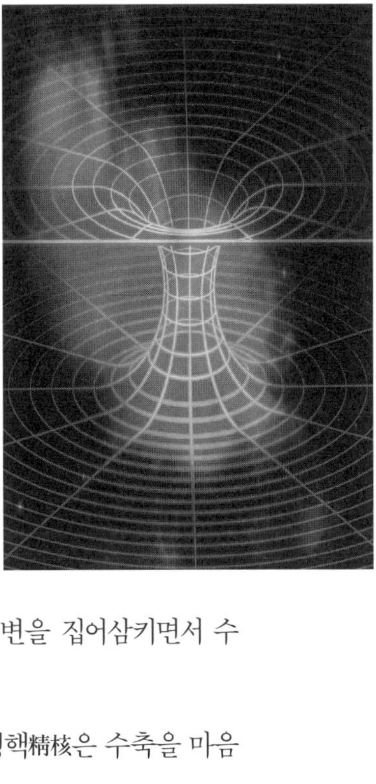

이제 타임머신의 시간을 정지시키고 戍空이 있는 곳으로 서서히 이동해 보자. 창문 밖으로 암흑의 구멍이 보이고 그 주변으로 마치 태풍의 눈처럼 기운들이 소용돌이치는 장면이 보일 것이다. 자칫 발을 잘못 들여놓으면 그대로 빨려 들어가 공중 분해돼버릴 것만 같다.

대관절 4차원의 한 지점에서 무슨 일이 벌어지고 있는 것인가?

타임머신의 시간을 아주 조금만 뒤로 돌리고 구멍이 뚫리기 바로 직전에 시간을 멈춰 보자. 창밖으로 구멍은 아니지만 무언가 시커먼 덩어리가 주변을 집어삼키면서 수축하고 있는 장면이 보일 것이다.

이제 4차원에서 압박을 받던 초고밀도 덩어리인 정핵精核은 수축을 마음껏 허락받은 새로운 세상으로 얼굴을 내민다. 더욱 수축해 0이 되겠다는 비장한 꿈을 품고 새로운 공간인 3차원으로 몸을 날리고 있다.

3차원에 나타난 정핵精核, 이것을 이곳에서는 블랙홀(black hole)이라 부른다. 블랙홀 중에서도 최초이며 최고 성능을 자랑하는 극한의 블랙홀, 이름하여 원초블랙홀이다.

원초블랙홀이 戌空이라 불리는 4차원의 구멍을 통해 엘도라도를 그리며 3차원에 모습을 드러내는 순간, 뜻밖의 일이 발생하고 만다. 온몸이 산산조각이 나면서 펑 터져버린 것이다.

3차원의 폐쇄성을 감안하면 더 강하고 빠른 수축이 일어나야 할 텐데 오히려 그 반대의 상황이 발생하였다. 도대체 무슨 일이 있었던 것인가?

4차원에서 수축함으로써 생긴 폐쇄성은 이곳 3차원에서 보면 그야말로 조족지혈鳥足之血일 뿐이다. 3차원으로 들어설 때 이곳의 무지막지한 폐쇄성을 알았다면 온 힘을 다해 몸을 바짝 조였을 것이다.

하지만 환대를 받을 줄로만 알고 방심하고 말았다. 차원의 괴리에서 오는 거대한 비틀림은 陰陽의 부호를 역전시킴으로써 원초블랙홀을 산산조각 내버렸다.

여기서 陰陽의 부호가 뒤바뀐다는 것이 무엇인가?

정핵으로 똘똘 뭉쳐진 陰陽太極의 성질은 陰이었다. 그런데 戌空을 통해 새롭게 조성된 차원으로 가면 陽이 돼버린다. 차원이 바뀔 때 陰陽의 성질 또한 바뀌게 된 것이다. 이렇게 되니 3차원에 나타난 원초블랙홀은 그야말로 무시무시한 핵폭탄인 셈이다.

원초블랙홀이 정신을 차렸을 때는 온몸이 이미 수천억 개의 파편이 되고 만 뒤였다. 이제 원초블랙홀은 사라지고 블랙홀 조각들만 빠른 속도로 튕겨 나가고 있다.

얼마의 시간이 흐른 뒤에 수천억 개의 블랙홀들이 제각기 정신을 차렸을 때는 이미 커다란 상처를 입은 뒤였다. 자신이 주변에 토해낸 음식물들이 한도 끝도 없이 널브러져 있고, 어떤 놈들은 벌써 수축을 했던지 가스 덩어리 속에서 반짝반짝 빛나고 있다. 바로 별들이다. 블랙홀로부터 탈출하기 위해 속도를 높였던 수소가스들의 온도가 상승함으로써 핵융합이 발생하고 여기서 별들이 탄생하게 되었다. 그리고 별들은 4차원 율려의 모형을 흉내 낸 것들을 쏟아내니 이것이 각종 원소들이다. 훗날 생명을 만드는 요긴한 재료가 된다.

블랙홀들이 드디어 정신을 차렸다. 차원이 바뀌면서 陰陽의 부호가 역전된 것을 깨달은 것이다. 여기서 블랙홀들은 다시 예전의 속성을 회복하고 자신이 토해낸 것들을 마구 먹어치우기 시작한다.

그런데 어느 정도 배를 채우자 거나하게 트림을 뱉으며 휴식을 취한다. 아무리 먹어도 굶주림으로만 가득하던 녀석들이 어떻게 된 것인가?

커다란 충격을 한번 겪은 뒤에 원초블랙홀이 지녔던 무한대로 수축하던 본성이 다소 희석돼버렸던 것이다. 그래서 은연중에 4차원에서 율려가 균형을 잡고 질서를 유지하던 상태를 흉내 내고 있다. 외곽의 별들이 너무 빠르게 멀어진다 싶으면 그때서야 다시 활동을 시작한다.

마치 씨눈을 중심으로 영양분이 감싸고 있는 사과처럼, 블랙홀을 중심으로 별들의 군집이 약 2천억 개나 생겨났으니, 이것을 일러 은하(galaxy)라고 한다.

은하의 씨눈이 된 블랙홀은 일정 기간 동안 숨 고르기를 하며 팽창하는 우주를 관망하고 있다. 언제까지 우주의 팽창을 바라만 보면서 내버려둘 것인가?

팽창하는 힘, 이것은 원초블랙홀이 3차원에 첫발을 내딛는 순간 차원의 괴리에서 발생한 律力(율력)이다. 이 힘을 달리 암흑에너지라고 한다.

律力은 무시무시할 정도로 강력했다. 블랙홀들은 이 힘에 대항해 우주를 다시 수축으로 되돌릴 엄두를 내지 못했다. 그래서 팽창을 방관하며 소극적으로 자신의 영역인 은하만을 컨트롤하고 있다.

수백 억 년 동안 인내하며 역전의 순간을 노리고 있는 것일까?

상황을 뒤집으려면 적의 힘이 빠져야 한다. 다시 말해 팽창의 속도가 조금씩 느려져야만 역전의 기회가 찾아온다. 하지만 적의 기세는 오히려 점점 더 빨라지고 있다.

이런 상황에서 블랙홀들은 어떻게 대처해야 할까?

대책이라고는 강태공이 되어 세월을 기다리는 수밖에 없다. 기이하게도 팽창의 속도가 빨라져야 기회가 찾아오기 때문이다. 그렇다면 타임머신을 미래로 움직여 그때의 시간대로 가 보자.

팽창이 과도하여 우주 전체의 질서가 붕괴할 수준에 이르렀을 때에 타임머신을 멈추자. 그리고 창밖으로 어떤 일이 벌어지는지 관찰해 보자.

힘이란 것은 주고받는 것이다. 약하면 억누르려 하고 지나치면 반발하려는 것이 힘이다. 팽창의 궁극에 이르자 어디선가 이것에 반발하려는 힘이 솟아나기 시작한다. 눈에 보이지 않던 적들이 나타났다. 이들은 도대체 어디에 숨어 있다가 위기의 순간에 혜성처럼 등장한 것인가?

바로 우주에 가득 퍼져 잠자고 있는 암흑물질이 깨어난 것이다. 4차원 戍空을 통해 쏟아져 들어온, 폐쇄되어 움츠러들었던 물질들이다. 팽창의 힘이 너무 커져 이들의 폐쇄성을 갈기갈기 찢어놓으려 하자 드디어 잠에서 깨어나기 시작한 것이다. – 보다 자세한 내용은 7장에서 다룬다. – 잠자는 사자의 코털을 건드렸다고나 할까. 여기서 우주사에 극적인 대반전이 일어난다.

지금까지의 상황을 정리해 보면, 우주는 팽창과 수축이라는 양대 진영이 대치하는 것처럼 보이지만 사실은 한 몸이다. 원초블랙홀이 넓게 퍼진 것뿐이다. 그 안에 군데군데 씨눈에 해당하는 블랙홀이 있고, 다시 그 주변으로 보풀들이 엉기성기 일어나 있는 상태이다. 이 보풀들이 우리가 보고 느끼는 별들의 세계이다.

우주는 원초블랙홀에서 나왔고, 따라서 우주는 하나로 이어진 그 무언가로 채워져 있다. 이것이 바로 암흑에너지와 암흑물질이다. 힘을 잃고 잠자고 있는 원초블랙홀의 잔재인 것이다.

결국 우주 공간이란 두 가지 힘으로 대변된다. 암흑에너지의 지원을 받아 초지일관 팽창하는 힘과 암흑물질의 지원을 받아 반전을 노리는 블랙홀의 수축력, 이 둘이 대리전쟁을 치르면서 우주는 거대한 소용돌이 속으로 빨려 들어가고 있는 것이다.

그런데 수백억 년 동안의 힘겨루기에서 승리는 결국 블랙홀이 차지하게 된다. 왜 블랙홀이 최후 승자가 되는가?

이곳은 어찌 되었든 3차원의 홈그라운드이기 때문이다. 4차원의 팽창의 힘이 아무리 기세를 올려도 결국은 차원의 한계에 걸리고 만다.

힘겨루기를 좀 더 자세히 살펴보자. 암흑에너지에 의해 팽창의 궁극에 이르러 질서가 붕괴되는 순간에 암흑물질은 눈을 뜬다. 이것은 呂力(여력)의 봉기蜂起를 의미한다.

암흑물질이 힘을 쓰기 시작하자 중력파가 솟아나며 우주의 팽창에 브레이크가 걸린다. 팽창 속도가 점차로 줄어들기 시작하다가 결국 0이 되어 정지하는 때가 온다. 여기서 더 수축하면 이 또한 질서의 붕괴로 이어질 것이다.

이때 암흑에너지가 다시금 꿈틀대며 律力의 반발을 시도한다. 하지만 이것을 곳곳에서 차단하는 또 다른 呂力들이 등장한다. 그것은 은하의 핵을 이루고 있는 블랙홀들이다.

블랙홀들은 이제 수축의 맛을 봤다. 원초블랙홀이 지녔던 무한대로 수축하는 본성이 깨어난 것이다. 따라서 이제는 수축을 멈출 수 없다. 여기서 블랙홀들의 광란의 먹이 사냥이 시작된다. 미친 듯이 주변의 별들을 먹어치우기 시작한다.

이런 시점이 되면 그야말로 우주의 종말이다. 그 어디에도 피할 길이 없다. 존재하는 모든 것들은 결국 블랙홀의 먹잇감이 될 것이다.

이런 비참한 광경은 그냥 지나치는 것이 상책일 것이다. 타임머신의 속도를 조금 더 높여 식사가 끝날 무렵으로 가 보자.

블랙홀들이 벌인 우주 최후의 만찬. 먹잇감이 없어지자 남은 것은 블랙홀들뿐이다. 그런데 블랙홀의 숫자가 많지 않다. 광란의 식사 도중에 자신들끼리도 서로 잡아먹었던 까닭이다.

두 마리의 맹수가 같은 영역에 있으면 사생결단을 내듯이, 같은 공간에 있는 블랙홀들은 마치 식인종처럼 동족을 잡아먹었다. 그러다 보니 최후의 만찬이 끝난 시점엔 블랙홀들의 숫자가 대폭 줄어들어 있다. 그 숫자를 정확히 세기는 어렵지만 10분의 1도 채 남지 않은 것 같다.

먹잇감이 사라지고 동족들만 남은 상태. 과연 어떤 일이 벌어질까?

이제 한 식탁에 우주에 남아 있는 모든 블랙홀들이 둘러앉았다. 수백억 년 동안 생이별을 했던 형제자매들이 상봉하는 감동적인 장면이다. 그런데 분위기가 심상치가 않다. 블랙홀들은 아직도 먹이 사냥에 대한 본성을 주체할 수 없다.

여기저기 포옹을 하는 척하면서 큰놈이 작은놈을 먹어치우기 시작한다. 조각난 자석이 붙듯 블랙홀들은 서로가 서로를 잡아먹으면서 한 몸이 되어 간다. 그리고 어느 시점, 드디어 3차원에 처음 모습을 드러냈던 원초블랙홀이 된다.

마침내 블랙홀은 3차원을 분해하려 했던 팽창의 세력들을 모조리 소탕하고 우주 대통일을 완성하였다. 아마 이보다 더 감동적이고 장렬한 재회는 없을 것이다.

우주 예술의 백미를 펼치는 것도 잠시, 이들은 재회의 기쁨을 더욱 큰 수축으로 대신하기 시작한다. 이제 4차원에서 하던 일을 마무리 지을 때이다. 0이 될 때까지 수축하는 것, 바로 그것이다.

오랜 세월 동안의 팽창과 수축의 줄다리기는 끝이 났다. 3차원 블랙홀의 완전한 승리로 귀결된 것인가?

이제 원초블랙홀을 제어할 힘은 우주 어디에도 없다. 브레이크가 없는 원초블랙홀은 숨을 헐떡이면서 계속해서 한 점을 향해 폐쇄성을 키워 나간다. 수백억 광년의 부피를 지녔던 우주는 점점 작아져 주먹만 하게 된다. 여기서 더 작아져 부피 0으로 치닫게 될 무렵, 3차원에서 견딜 수 없는 지경에 도달한다. 바로 극한점이다.

여기서 세 갈래의 운명을 맞이하게 된다. 첫째는 2차원으로 탈출하는 것이다. 하지만 2차원은 이론상에만 있는 것으로 실제 세계에는 존재하지 않는다. 따라서 극한점은 2차원으로 탈출할 수 없다.

둘째는 3차원으로 터져 또다시 우주 생성과 소멸을 반복하는 것이고, 셋째는 백기를 들고 4차원으로 복귀하는 것이다. 어디로 튈지는 불확실하지만 평균적으로 7~8회 정도 3차원 대폭발을 되풀이하고 난 뒤에 4차원으로 복귀한다.

복귀할 때를 관찰해 보면 극한점의 상태가 무한대를 향해 치달을 때이다. 무한대로 치닫지 않을 때는 결국 다시 3차원 대폭발로 방향을 선회한다.

그럼 극한점이 4차원으로 회귀했을 때는 어떤 사건이 발생할까?

원초블랙홀의 수축은 무한대라는 존재론적 모순에 빠지게 되면서 결국 4차원으로 복귀할 수밖에 없다. 하지만 고분고분하게 백기를 들고 투항하지는 않는다.

원초블랙홀은 3차원이 지닌 폐쇄성을 그대로 안고 4차원 공간으로 몸을 날린다. 칼을 품고 적진에 뛰어들어 동반자살을 시도한다고나 할까.

이때 4차원의 설계도에 배치되면서 거대한 충돌이 일어나고 4차원 곳곳에 공간의 균열과 왜곡이 발생한다. 이 가운데 일부는 時空을 넘어서는 터널이 되는데, 바로 초공超空이다.

초공은 4차원에 존재하며, 그렇기에 인간들이 이 구멍을 이용하기 위해서는 대차항수를 0으로 만들어야 한다. 현재의 기술력으로는 이만한 에너지를 얻을 수 없지만 머잖아 가능하게 될 것이다.

결과적으로 원초블랙홀이 한도 끝도 없는 4차원 세계를 전복시키려는 생각은 애초부터 무모한 것이었다. 4차원의 극히 일부 영역만을 훼손하는 데에 그치면서 3차원 우주는 원초블랙홀과 더불어 그 生을 마감하게 된다. 비유하자면, 파도에 밀려 물거품이 한 개 공중으로 튀어 올랐다가 몇 초 뒤에 다시 바다로 떨어져 흔적도 없이 사라져버린 것이다.

그렇다면 이런 3차원 우주는 몇 개나 존재할까?

놀랍게도 4차원 시공간에 3차원 대폭발을 일으킨 곳이 수천 조 개를 넘는다. 따라서 상상도 할 수 없이 많은 우주가 광대하게 펼쳐져 있다. 바다에서 생성되는 물거품 수를 헤아려보면 된다.

그렇다면 4차원 공간은 하나인가?

이 또한 5차원 공간 내에 수억 만 조를 넘는 4차원이 형성되어 있다. 그러니 우주의 수란 것은 지구상의 모든 모래알을 그 수만큼 곱해도 비교조차 되지 않는 광대무변廣大無邊한 것이다.

하지만 너무 복잡해 인상을 찌푸릴 필요는 없다. 물거품이 한도 끝도 없이 많지만 결국은 물이 만든 것이 아니겠는가! 모든 근원은 결국 5차원 空이기에, 空만 이해하면 삼라만상은 그저 다양한 인테리어일 뿐이다.

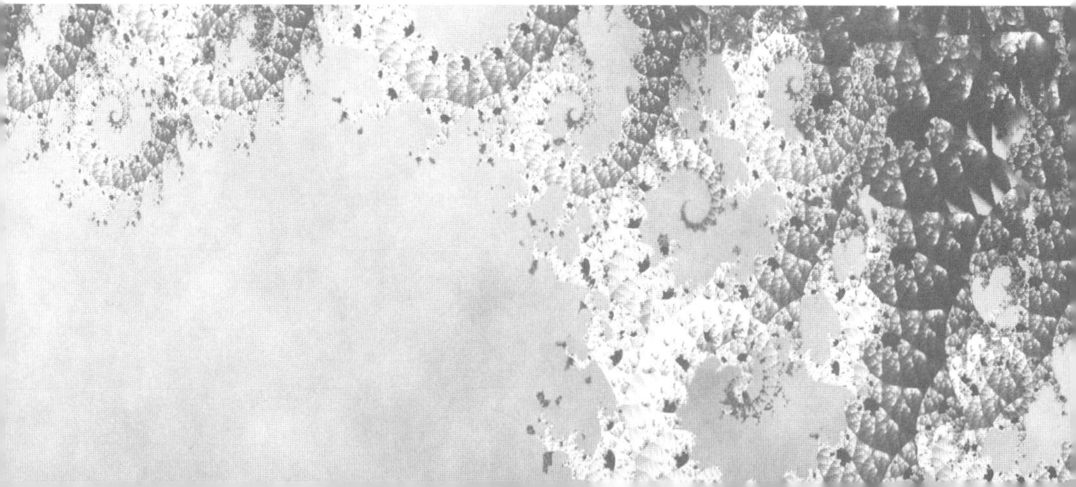

2. 만유율려

지금까지 3차원 물질계의 탄생과 종말에 대해 구경했다. 이제는 3차원 세계가 어떻게 해서 지금의 형태로 만들어졌는지에 대해 집중해 보자.

3차원 세계에서 가장 두드러지는 특징이 하나 있다. 그것은 모든 것이 원圓을 그리며 회전하고 있다는 사실이다. 이런 원운동에 대해서는 너무나 당연하여 아무도 이상하게 생각하지 않는다.

그런데 왜 삼각이나 사각 운동을 하지 않고 하필 원운동을 택한 것일까?

그것은 당연히 4차원의 영향을 받았기 때문이다. 4차원을 구성하는 모든 것들은 율려律呂라는 원운동을 하면서 질서를 유지하고 있으니 말이다. 자식이 부모를 닮듯, 3차원은 4차원의 DNA를 고스란히 전달받아 이루어진 것이다.

그렇다면 또 다른 의문이 생긴다. 4차원은 왜 원운동을 하고 있는 것인가?

그것은 전적으로 **容力**(용력)에 기인한다. **容力**이란 **太一**이 삼라만상을 담으려는 힘이다. **有力·無力**과 더불어서 우주를 구성하는 3대 힘이다.

1. 有力(精)	입자성
2. 無力(氣)	파동성
3. 容力(神)	방향성

많이 담기 위해서는 삼각이나 사각 운동을 해서는 안 된다. 주어진 조건에서 최대의 부피를 낼 수 있는 것은 단연코 원이다. 그래서 삼라만상은 예외 없이 원운동을 택한 것이다.

원운동!… 이것에 의해 모든 것들이 지금의 제 모습을 유지할 수 있게 되었다. 따라서 원운동의 특성에 대해서 좀 더 알아볼 필요가 있다.

인류의 과학사에 있어서 가장 큰 업적 중의 하나로 뉴턴의 만유인력을 거론한다. 만물은 그 크기에 관계없이 인력을 지니고 있다는 보편적 진리이다. 하지만 인력은 우주를 구성하는 힘 가운데 일부여서 이것만으로 우주의 질서를 표현하기에는 미흡하다. 가령 자동차를 표현하려면 무게와 크기, 디자인을 비롯해 최대 토크와 속도 등 여러 사항을 고려해야 하듯이, 우주의 질서를 논하려면 일부의 힘이 아닌 통합적인 힘을 제시해야한다. 이것이 바로 이론물리학에 등장하는 대통일이론(GUT)이다.

그렇다면 도학에서 바라보는 통일된 힘은 무엇일까?

그것은 앞서 잠시 언급한 율려律呂에 있다. 이미 우주에는 크게 세 가지 힘이 있음을 언급했다. 有力과 無力, 그리고 容力. 여기서 容力이 구체화한 것이 율려이다.

율려는 구球를 이루어 원운동을 하려는 힘을 말한다. 질서를 이루려는 창조의 힘이라고나 할까. 율려 내에는 익히 잘 아는 네 가지 힘이 있다. 강한 핵력, 약한 핵력, 전자기력, 중력이 그것이다. 이 네 가지 힘은 4차원을 떠받치고 있는 四象에서 비롯하였다.

四象이란 包收포수, 徐積서적, 散解산해, 和造화조로서, 이 넷이 어우러져 삼라만상의 대들보를 이루게 된다. 3차원에서 包收는 강한핵력을, 徐積은 중력을, 散解는 약한핵력을, 和造는 전자기력의 형태로 각각 드러나게 된다.

아무튼 모든 힘을 종합하면 大三小四가 된다. 큰 힘은 셋, 작은 힘은 넷으로 이루어져 우주를 창조하고 지배한다.

七力(大三小四)

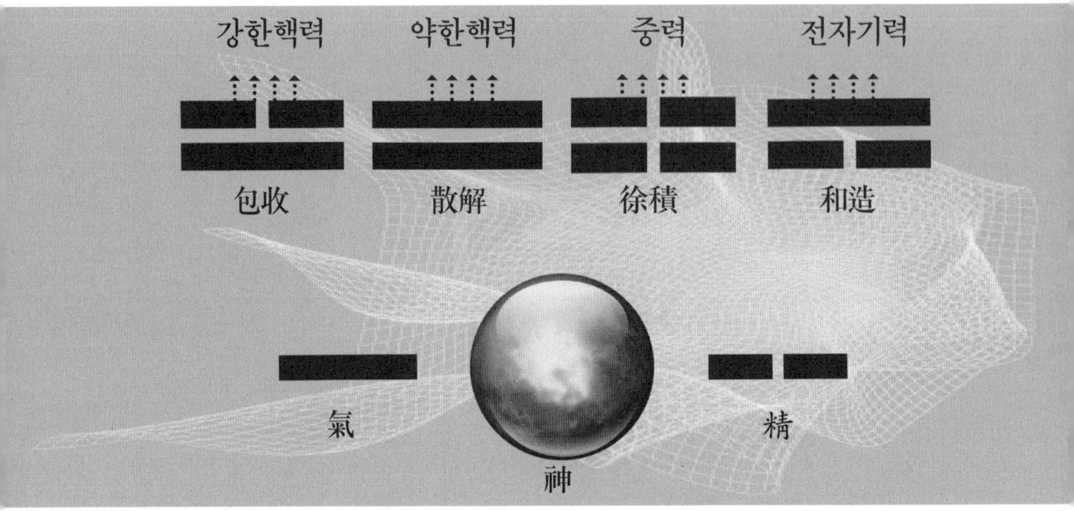

有力과 無力은 바탕에 깔린 근원적 힘이고, 현실을 지배하는 힘은 역시 율려력律呂力이다. 그래서 이것을 일러 만유율려萬有律呂라 한다.

만유율려의 법칙에 의해 만물은 원운동을 하여 균형을 이루는 방향으로 나아간다. 이런 모습을 성원이화成圓以和라 한다.

미시세계를 봐도 원운동을 하면서 균형을 이루려 한다. 힘이 어긋나서 균형이 깨지더라도 다시 뭉쳐서 또 다른 원운동을 한다. 끊임없이 원운동을 하기에 소립자는 원자와 분자를 이루고 나아가 물질이 될 수 있다. 물질을 도서관에 비유하면 원자는 글자, 원소는 문장, 책은 분자에 각각 빗댈 수 있다. 여기서 이들이 합쳐질 수 있게끔 하는 접착제가 바로 원운동이다.

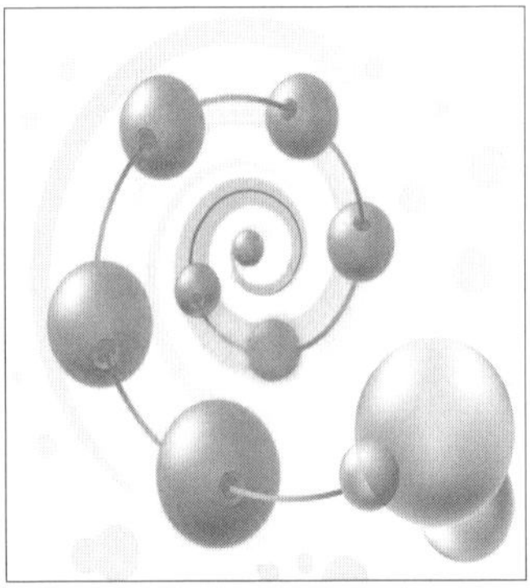

율려의 원운동은 거시巨視 세계로 가도 동일하다. 우주에 흩어져 있는 가스와 먼지들…, 이것들은 죽어 있

는 시체가 아니다. 틈만 나면 서로들 뭉쳐 구球를 이루려 한다. 어떡하든 원운동을 하려고 전력을 기울이는데, 자신보다 작은 것이 있으면 가차 없이 잡아 돌린다. 행여 상대가 너무 볼품이 없으면 품 안으로 끌어당겨 먹어치운다. 그리고 자신보다 덩치가 크면 머리를 숙이고 그쪽을 중심으로 공전을 시도한다.

이렇게 해서 생겨난 것이 태양계이다. 태양을 중심으로 행성들이 수십 억 년이나 궤도를 돌 수 있는 이유가 바로 이러한 율려의 원운동 때문이다.

태양계의 생성을 잠시 살펴보자. 우주의 도처에는 별들이 폭발하며 토해 놓은 수소, 탄소, 규소, 철과 같은 온갖 원소들이 우주진과 뒤섞여 산재해 있다. 성간 물질(interstellar matter)이라 일컫는 이것들은 잠시도 가만 있지를 않고 원운동을 하려고 한다. 그러기 위해서는 먼저 구球를 이루어야 하고, 그래서 이들 원소들은 서로 뭉친다. 강한 핵력과 중력, 그리고 전자기력이 총동원되어 뭉치고 또 뭉친다. 여기에 반발해 약한 핵력이 붕괴를 시도하지만 대세를 되돌릴 수는 없다.

이렇게 뭉치다 보니 중심부에 가장 큰 별, 태양이 만들어진다. 거대한 몸집의 태양은 자체적으로 율려를 이루며 핵융합 반응을 일으켜 그 힘을 과시한다. 탈출하려는 원소들과 이것을 잡으려는 인력 사이에 팽팽한 줄다리기가 발생하며 에너지를 방출하는 것이다. 태양의 주변에서도 저마다 뭉쳐서 수많은 부하 행성들이 만들어진다. 이들은 누가 말하지 않았는데도 저절로 대장별인 태양을 중심으로 돈다.

그런데 문제가 하나 있다. 대장은 생겼지만 부하 행성들의 자리가 명확하지 않다. 다시 말해 행성의 수가 너무 많고 고유 궤도가 정해지지 않은 것이다. 이렇게 되니 너무 가깝게 붙어 있는 행성들끼리는 자리 다툼이 불가피하게 된다.

물론 두 행성 가운데 하나가 극히 작다면 달이 되어 조화를 이룰 수 있다. 하지만 크기에 별 차이가 없다면 서로 멀찌감치 밀어내든지 아니면 합병을 해야 한다. 이제 행성들끼리의 거대한 충돌과 이탈이 무수히 반복된다. 이런 과정을 거치면서 자신만의 고유 영역이 정해진다. 바로 공전궤도이다.

오늘날 천체물리학에서는 태양계의 외곽에 해왕성이나 천왕성처럼 큰 행성이 자리한 것을 두고 의아하게 생각한다. 태양의 외곽일수록 행성을 만드는 재료가 부족해 덩치가 커질 수 없기 때문이다. 하지만 이들 행성들은 궤도 싸움에서 주변 행성들을 먹어치우면서 덩치를 불리게 된 경우이다.

아무튼 부하 행성들끼리의 치열한 영역 다툼이 끝나고 최후의 승자들이 남아 있게 되니, 바로 수성·금성·지구·화성·목성·토성·천왕성·해왕성이다.

그런데 행성들의 궤도 다툼에서 승부가 나지 못해 모두가 패배하고만 경우도 있다. 바로 화성과 목성 사이의 궤도이다. 이곳에도 행성이 하나쯤 생겨나야 했지만 구심점이 없어 덩치를 불리지 못하고 조각들로 분산되고 말았다. 바로 소행성대(Asteroid belt)이다. 암석형 행성과 기체형 행성 사이에서 그 중심을 잡지 못한 것이 이유로 보여진다.

그리고 나머지 소행성들은 태양계 외곽으로 멀찍이 밀려나야만 했다. 마치 차도를 보면 양옆으로 자갈과 먼지가 수북이 쌓여 있는 것과 같다. 이는 차의 궤도에 밀려 가장자리에 쌓이게 된 것으로, 이처럼 태양계 외곽으로 피신한 소행성들의 군집을

카이퍼대(Kuiper belt)라 한다. 이제 중심별과 그 위성들의 위치가 정해짐으로써 원운동이 완성되었다. 율려律呂가 온전히 자리 잡은 것이다.

율려는 한번 만들어지면 웬만해선 깨지지 않는다. 그래서 수십억 년이 흘러도 행성들은 돌고 또 돈다. 태양의 인력에 끌려가지도 않고 바깥으로 튕겨 나가지도 않는다. 태양도 자신의 행성들을 잡아먹으려 하지 않는다. 그냥 돌고 도는 이 상태에 모두들 만족해한다.

이렇게 항성과 행성이 질서를 유지할 수 있는 것은 율려의 원운동 때문이다. 인력에 의해 공간이 휘어서 그런 것도 아니고 원심력과 구심력이 일치를 이루어서 그런 것도 아니다.

물론 율려가 아니어도 물리학적으로 어느 정도 균형을 이루어 원운동을 할 수 있다. 하지만 수십억 년 동안 균형을 유지할 수는 없다. 그런 형태는 소행성 몇 방만 맞아도 깨지고 마는 매우 불안전한 구조이다.

원운동을 하는 태양계는 바깥으로는 은하의 중심을 돌고 있다. 그리고 은하는 또다시 우주의 중심을 향해 돈다. 모든 것이 돌고 도는 구조로 되어 있다. 소립자에서 시작하여 거시의 우주 전체가 한결같이 원운동을 하고 있다. 이것이 만유율려萬有律呂이다.

그런데 만사가 그렇듯 뜻대로만 되지는 않는다. 시간이 흐르면서 율려가 깨진 놈들이 하나둘씩 나온다. 너무 오래 질서를 유지하다 보면 그들 역시 힘이 빠지기 때문이다.

태양이 에너지를 소실해 인력을 잃게 되면 부풀어 오른다. 그러다가 팽창하려는 律力(율력)을 막지 못하고 펑 터져버리고 만다. 이렇게 되면 부하 별들 또한 구심점을 잃게 되면서 그 生을 마감하게 된다.

태양별이 폭발하면서 律力이 사라지며 남는 것은 수축 일변도의 힘인 呂力(여력)이다. 呂力의 크기에 따라 중성자별이나 블랙홀이 될 수 있다. 이것들은 율려가 망가져 힘이 한쪽으로 치우쳐진 것들이다.

만유율려萬有律呂. 이것은 통합적 힘이다. 에너지를 지속적으로 흘러갈 수 있게 해주는 창조의 설계도이다. 우리는 힘의 단면만을 가지고 우주를 표현하려 했다. 하지만 단면으로 표현하기에는 우리의 우주는 너무나 복잡하고 거대하다. 만유율려의 시각으로 볼 때 비로소 우주가 하나의 유기체라는 사실을 이해하고, 오늘날 과학이 부닥친 3차원의 한계를 뛰어넘는 단초를 얻게 될 것이다.

요즘 화두가 되는 암흑물질과 암흑에너지, 반중력反重力[11]이나 웜홀(worm hole) 같은 것도 사실 만유율려에 대한 이해가 선행돼야 제대로 파헤칠 수 있다.

잠시 반중력(antigravity)에 대한 예를 하나 들어 보자. 행성의 중력권 내에서는 그 어떤 것도 중력의 영향에서 자유로울 수 없다. 그런데 어떻게 해서 중력을 무력화시킬 수 있을까?

요즘 반중력에 대한 연구가 활발히 진행되고 있다. 초전도체를 이용한 것에서부터 특수한 엔진이나 프로펠러를 활용한 것까지 다양하다. 하지만 이런 것들은 반중력이 아닌 그저 특정한 힘을 구조적으로 활용한 것에 지나지 않는다. 에너지로써 중력을 차단하는 것은 반중력이 아니다. 반중력은 글자 그대로 중력 자체가 적용되지 않는 상태여야 한다.

이렇게 되려면 지구가 스스로 중력을 거둬내야 한다. 특정한 정보를 이용해 지구의 중력장을 상쇄시키는 것, 다시 말해 정보를 조작하여 지구를

11) antigravity. 중력에 반대되는 밀어내는 힘. 중력이 상쇄되게끔 하는 에너지.

속여야만 반중력을 끌어낼 수 있다.

가령 지구의 상공을 날아가는 비행기가 있다고 치자. 중력 때문에 열심히 기름을 때면서 추진력을 내뿜고 있을 것이다. 그런데 어느 순간 비행기에서 양자전송을 이용한 특수한 중력파를 내보낸다. 그 중력파 안에는 비행기가 아닌 달의 정보를 심어 놓았다. 이렇게 되면 지구는 비행기를 달로 착각하게 되고, 만유율려를 이루기 위해서 중력이 백지가 되는 놀라운 상황이 발생한다. 이제 비행기는 열심히 기름을 땔 필요가 없어지고 지구상의 모든 곳을 자유자재로 비행할 수 있게 된다.

정보를 조작하여 중력을 상쇄시키는 것, 다시 말해 지구가 지닌 만유율려의 속성을 이용하여 타협점을 이끌어내는 것이 바로 반중력이다.

반중력의 기술을 터득한다는 것은 지구상의 과학이 초과학으로 진입한 것을 뜻한다. 초과학이란 삼라만상을 일종의 정보로 인식하고 그것의 일정 부분까지 조작할 수 있는 고차원적 과기문명科技文明을 말한다.

우리는 웜홀(worm hole)[12]에 대한 이론을 세웠지만 그것을 이용할 수 있는 거대 에너지를 얻을 수 없다. 하지만 이것 역시 정보를 조작하여 공간을 속이면 상황은 달라진다. 모든 것이 정보로 이루어졌기에 정보를 어떻게 조작하느냐에 따라 가용적可用的으로 바뀔 수 있다.

요컨대 만유율려를 통해 우주가 하나의 생명체라는 사실을 자각하게 될 때, 인류의 지혜는 정보에 눈 뜨면서 한 단계 더 높은 문명을 바라보게 될 것이다.

---

12) 블랙홀과 화이트홀을 연결하는 통로. 時空의 굴절과 왜곡을 통해 공간을 초월한다.

3. 대차항수

이제 만유율려에 의해 원圓으로 이루어진 3차원 세계가 이루어졌다. 별들도 만들어졌고, 그 별을 돌고 있는 행성들도 분주하다. 행성 가운데는 적당한 조건이 형성되어 생명체들도 생겨났다. 멋진 초록 행성들이 우주의 그림을 한층 더 아름답게 장식하게 되었다. 그중에 한 곳만 골라 탐험해 보자. 이왕이면 우리별 지구가 제격일 것이다.

타임머신을 지구에 착륙시키고 잠시 내려서 바깥 공기를 마셔 보자. 진하디진한 산소를 깊이 들이마시며 산책을 해 보자.

그런데 뭔가 부자연스러운 것이 느껴지지 않는가?

발이 땅바닥에 철썩 달라붙어 있다. 한 발을 들어 앞으로 옮기면 그대로 땅에 들러붙는다. 제자리에서 높이뛰기를 해 봐도 그저 몇십cm 밖에 오를 수가 없다. 이렇게 움직이는 것이 힘들어서야 어떻게 살아갈 수 있을까! 감옥이 따로 없는 곳이리라.

그런데 왜 이런 현상이 일어난 것인가? 4차원 세계에서는 이런 압박을 찾아볼 수 없었는데 말이다. 4차원에서는 마치 한 마리 새처럼 시공간을 자유자재로 날아다닐 수 있었다.

주변에 있는 돌멩이를 하나 들어보니 묵직한 느낌이 난다. 참으로 희한한 일이다. 무게가 느껴지다니 말이다. 우리는 3차원에서 태어나서 살아가다 보니 이곳 환경을 당연하게 받아들인다. 하지만 4차원 세계에 살다가 이곳에 발을 들여놓는다면 커다란 충격을 받게 될 것이다.

충격의 여파 가운데 첫째는 질량이다. 사방팔방이 온통 질량으로 이루어져 있으니 말이다. 질량을 통해 세상이란 뭔가 속이 꽉 차 있는 有의 세계임을 새삼 느끼게 된다.

그런데 사실 질량이란 것은 존재하지 않는다. 오로지 정보만 있을 따름이다. 정보가 마치 질량이 있는 것처럼 교묘하게 꾸미고 있다. 그래서 有로 착각하게끔 만든 세상, 환유幻有의 3차원이 실감 나게 펼쳐져 있다. 정보에 일방적으로 휘둘리는 3차원 세계! 참으로 기묘한 곳이 아닐 수 없다.

그런데 어떻게 이런 폐쇄적인 곳이 존재할 수 있을까?

여행은 하지 않고 머리 아픈 얘기만 늘어놓으니 다소 지루할 수도 있겠다. 하지만 여행의 참맛은 겉의 풍광보다 그 속에 담긴 문화의 깊이를 이해하는 데에 있지 않겠는가! 그러려면 여행지에 대한 충분한 이해가 선행돼야 한다.

사람들은 물질을 보고 그 무게를 느끼면서 '있는 것'으로 생각한다. 하지만 이것은 3차원에 갇히게 됨으로써 느껴지는 착각이다. 물질은 有가 아니라 힘(力)이다. 4차원에 대한 저항값, 즉 대차항수對次抗數라는 힘의 산물이다.

3차원은 4차원의 저항에서 비롯한 것이기에 時空을 비롯한 모든 물리법칙이 대차항수에 따라 이루어진다. 시간과 공간도 예외는 아니다. – 이것을 다루고 있는 것 가운데 하나가 아인슈타인의 상대성이론이다. –

그런데 물질을 쪼개 미시의 양자 세계로 향하면 상대성이론은 먹통이 된다. 왜냐, 4차원에 근접하게 되면서 저항값 자체가 줄어들기 때문이다. 그만큼 운동과 위치가 상호 불명확하게 되고 상태공존狀態共存과 같은 신기루 현상이 발생하게 된다. 하지만 거시세계든 미시세계든 4차원의 설계 원리에 따라 이루어졌다는 사실엔 변함이 없다. 따라서 3차원이라는

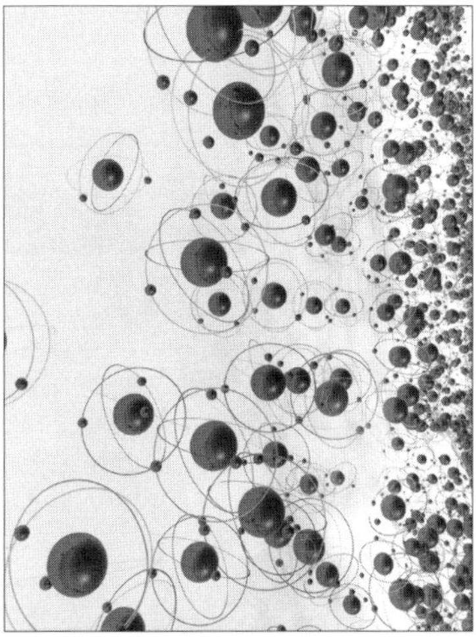

테두리 안에서 발생하는 힘과 운동의 세계를 4차원적 시각에서는 얼마든지 설명이 가능하다.

일례로 특수상대성이론에서는 광속불변의 원칙을 상수(常數constant)로 삼았지만, 상수란 것 자체가 달력의 윤달처럼 모순을 안고 있다. 원리를 심도 있게 이해할 수 없을 때 마지못해 상수를 채택해 쓴다. – 여기서 상수란 변수에 대해 항상 일정한 값을 취하는 양(量)을 말한다. – 시간과 공간이 왜곡되는 현상은 4차원에 대한 대차항수 때문이지 빛의 속도와는 특별한 관계가 없다. 질량도 마찬가지이다. 사실 물리학에서 질량이라고 말할 수 있는 것은 없다. 그것은 단지 폐쇄된 정도를 나타내는 에너지 값일 뿐이다.

「E=대차항수」

매우 간단한 공식이어서 이것을 어디다 쓸 수 있을지 의문이 들 것이다. 하지만 3차원의 에너지가 4차원에 대한 저항값에서 나온다는 사실은, 옷으로 치면 첫단추에 해당한다. 첫단추를 맞게 꿰지 않으면 그 뒤의 단추들이 어긋나게 되듯, 「E=대차항수」를 이해하지 못하면 우주의 전체상을 볼 수 없고 그저 부분적인 속성들만 간헐적으로 파악하게 될 것이다.

우리 인류가, 존재하는 모든 힘을 대차항수로 통일하고 물질이 아닌 정보로 이루어진 세상임을 자각하게 된다면, 필히 한 단계 더 높은 문명으로 도약하게 될 것이다.

대 차 항 수	
정의	4차원의 질서에 역행함으로써 발생하는 저항 에너지의 값. 줄여서 저항값이라 한다.
속성	1. 대차항수는 4차원에서 3차원의 물질과 질서를 바라보면서 성립된다. 2. 대차항수는 4차원과 반대 방향으로 향하고, 물질을 정보(힘)의 일종으로 파악한다. 3. 대차항수가 작을수록 에너지나 질량, 폐쇄성이 낮아지고 속도는 빨라진다. 4. 대차항수가 클수록 에너지나 질량, 폐쇄성은 높아지고 속도는 느려진다. 5. 대차항수에 비례하여 4차원과의 거리는 멀어진다.

제5절. 생명의 化生과 진화

1. 원시령의 물질화

지금까지 우리는 물질세계의 탄생과 종말에 대해서 살펴봤다. 4차원 세계의 일부에서 폐쇄된 공간, 즉 3차원이 생겨났고 연이어 4차원에 저항을 갖는 어떤 것들로 가득 채워졌다. 이것을 대차항수라 하는데, 달리 명칭하면 물질이다. 물질이란 질량[13]이 있는 것처럼 보이는 모든 것들을 총칭한다.

최초의 물질은 4차원에서 3차원으로 맨 처음 모습을 드러낸 원초블랙홀이었다. 이놈이 대폭발을 일으키면서 지금의 우주가 생겨났다. 그리고 우주를 구성하는 모든 요소들은 4차원을 흉내 내어 원운동을 시작했고, 이로써 무수한 별들과 행성들이 생겨났다.

이제 3차원 물질계가 창조되었다. 그런데 정작 중요한 것은 물질계를 개척할 주체, 바로 생명체이다. 생명체가 빠진다면 우주란 그저 텅 빈 박물관

---

13) 우리 우주의 질량을 모두 더하면 0이 되는데, 사실 더하고 빼서 0이 되는 것이 아니라 애초부터 질량이란 것 자체가 없었다.

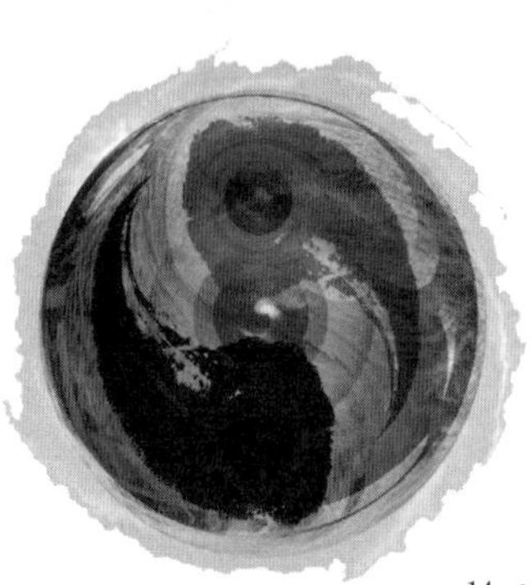

처럼 쓸쓸하기만 할 것이다. 이제 생명체가 어떤 과정을 통해서 탄생하고 진화하게 되는지 살펴보자.

생명체의 뿌리를 알려면 우선 4차원에 살던 원시령元始靈[14]에 주목해야 한다. 이들이 물질과 결합하면서 생겨난 것이 생명체이기 때문이다.

그럼 이제 타임머신을 타고 생명 탄생의 순간으로 되돌아가 보자. 원시령들이 3차원 물질과 어우러지는 장면에 시간을 맞추면 된다.

그런데 막상 창밖을 보니 원시령들이 물질의 옷을 입는 것이 결코 쉬워 보이지 않는다. 원시령들이 3차원의 물질들과 결합하기 위해 수 없이 머리를 들이밀지만 번번이 실패하고 만다. 세상에 생각대로 쉽게 되는 일이 어디 있겠는가!

원시령들은 본능적으로 3차원의 물질과 결합하면 자신들의 수명이 연장된다는 사실을 안다. 하지만 실제로 그것을 실현하기에는 넘어야 할 산이 너무나도 많다. 구태여 비교하자면 로또에 연속으로 만 번 당첨되는 확률이랄까. 그러니 원시령들의 시도는 허무한 결과만을 불러오고 말았다.

그런데 아직은 포기할 단계가 아니다. 우주의 時空이 막대하고 변수가 부지기수不知其數가 아닌가. 확률에 희망을 걸고 타임머신의 시간을 천만 년 단위로 옮겨가며 관찰해 보자.

역시 시간이 약이라던가. 어느 한 시점에 기적과도 같은 일이 일어난다. 물질과의 결합에 성공한 첫 사례가 나온 것이다.

실제로 원시령이 물질과 결합한 것이 맞을까?

타임머신을 보다 가깝게 접근하여 살펴보니, 과연 물질이 꿈틀거리며 자

14) 乾坤太極에 元神의 방향성이 결합하여 형성된 자율반응체.

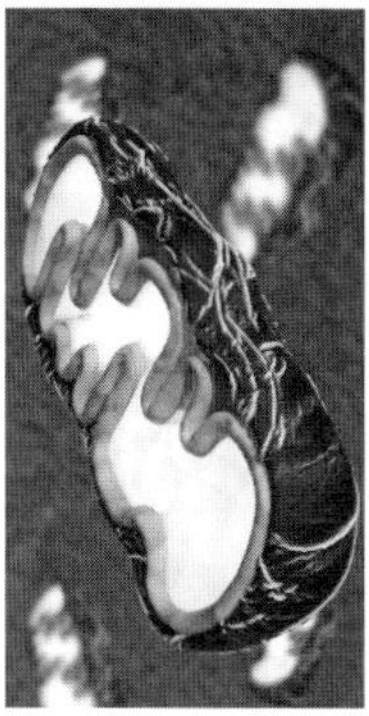

율적으로 움직이는 광경이 눈에 띈다. 보면 볼수록 놀랍고 신기한 광경이다. 딱딱하게 굳어 고물처럼 보였던 물질이 저절로 운동을 하게 됐다는 사실은 경이로움 그 자체이다.

그런데 이 원시령은 어떻게 생명을 化生하는 데에 성공한 것일까?

그것은 의외로 간단하다. 3차원 물질 가운데 4차원에 최대한 가까운 놈을 선택해 한 우물만 계속해서 파고들어 가면 된다. 딱딱하지 않고 최대한 물렁하면서도 기본 구조가 열려 있는 놈을 고르는 것이 열쇠이다.

이런 조건을 갖추기 위해서는 공기의 비율이 적당한 가운데, 물속에 있으면서 일정한 온도를 유지해야 한다. 이런 환경에 있는 물질들 가운데 아미노산(amino-acid)처럼 적당히 말랑말랑하며 열려 있는 놈을 찾아 결합을 시도하면 성공 확률이 그만큼 높아지게 된다.

그리고 또 한 가지, 에너지를 치환하는 방법을 재빨리 터득해야 한다. 그렇지 않으면 물질의 옷을 입는 동시에 에너지가 고갈되며 죽고 말 것이기 때문이다. 이 문제는 오랜 세월이 흐른 뒤에, 산소를 에너지로 바꿔주는 미토콘드리아(mitochondria)가 나오면서 해결하게 된다.

아무튼 이런 사실이 알려지자 수많은 원시령들이 최적의 물질들을 찾아 결합을 시도하게 되고, 실패에 실패를 거듭하다 드디어 원시생명이 탄생하게 된다.

생명의 化生, 실로 우주 그림의 역사를 다시 써야 할 경이로운 사건이다! 아마 앞으로 어떤 변화가 생겨도 이것보다 더 큰 사건은 발생하지 않을 것이다. 왜냐, 우주에는 수많은 창조가 있지만 생명에 견줄만한 것은 없기 때문이다.

아, 그런데 또 다른 변수가 생겼다. 얻는 것이 있으면 잃는 것이 있다고나 할까!

물질과 결합하는 순간 원시령들이 지녔던 정보들이 망각돼 버리고 만다. 차원이 바뀌면서 기존의 정보는 가라앉아 잠재되고 새로운 차원의 창조를 위해 비워지게 된다. 즉, 새로운 3차원에서의 창조를 위해 공백이 조성되고, 이 때문에 4차원에서의 기억이 사라지게 된 것이다.

게다가 갑갑한 물질의 옷을 입으니 새로운 정보 수집과 판단에 엄청난 제약이 따른다. 4차원 디지털 세상에서 살다가 3차원 아날로그 세상으로 이사를 왔으니 당연한 일이다.

원시령들은 살기 위해서 울며 겨자 먹기로 물질의 옷을 입었지만, 이 두 가지 제약에 의해 개체 고유의 특성이 변질되고 말았다. 그래서 원시령들은 또다시 궁리하게 된다. 어떻게 하면 물질의 옷을 최대한 4차원에 가깝게 만들어 별다른 제약 없이 사용할 수 있을까 하고 말이다. 이것은 생각처럼 간단한 문제가 아니다. 엄청난 시간과 공을 들여야 하는 장기적 과제이다.

시간을 확보하기 위해서는 물질의 사용 기간이 길수록 유리하다. 그런데 물질의 옷이란 것도 한정된 시간 밖에는 쓸 수 없다. 일정 기간이 되면 옷이 다 해져 쓸 수가 없다. 바로 죽음이다.

그렇다고 죽지 않는 방법은 어디에도 없다. 그래서 어쩔 수 없이 생명의 연장, 즉 물질의 사용 기간을 늘리는 방법에 대해 궁리하게 된다.

원시령들은 오랜 시도 끝에 결국 四象의 네 기둥을 꼬아서 자기복제(DNA) 시스템을 만들게 된다. 이중나선구조로 이루어진 DNA는 유전에 직접 관여하는 물질로서 아데닌(A), 티민(T), 구아닌(G), 시토신(C)의 네 염기가 결합된 핵산을 말한다

DNA에 의한 종족보존!

이것은 3차원 그림의 구도가 뒤바뀌는 또 한 번의 역사적 쾌거快擧였다.

이제 끝도 없는 릴레이 경기가 시작됐다. 바통만 잘 넘겨주면 언젠가는 결승점을 통과하게 될 것이다. 후손을 남겨 놓고 죽기 때문에 편리한 육체를 만들기 위한 노력이 계속해서 후대로 이어질 수 있게 되었다. 이제 충분한 시간을 확보했다!

그런데 시간만 확보했다고 문제가 다 풀린 것은 아니다. 이제부터는 시간을 활용해서 목적한 바를 이루는 것이 관건이다. 그러기 위해서는 끊임없이 변화해야 한다. 변화를 해야만 진화하여 목적지에 도달할 수 있다.

하지만 변화란 늘 긍정적 방향만 있는 것이 아니다. 변화를 잘못하면 진화는 고사하고 오히려 정체되거나 퇴화할 수 있다. 그만큼 위험부담이 따르게 된다. '구더기 무서워 장 못 담그랴'는 말처럼 변화를 도외시해서는 밝은 앞날을 기대할 수 없다. 그래서 모든 생명체들은 예외 없이 변화에 매진하게 된다.

변화 가운데 주목할 만한 것이 하나 있다. 그것은 어느 시점에 남성이라는 독특한 성별을 만들어냈다는 사실이다. 사실 원시생명체에는 성별이 없었다. 지금의 관점에서 본다면 여성에 가까울 것이다.

변화를 하기 위해서는 같은 DNA끼리 섞여서는 곤란하다. 그렇게 되면 늘 제자리걸음이 될 것이기 때문이다. 변화에는 다른 DNA를 섞는 것이 유리하고, 그렇기에 어느 시점에 이르러 남성을 만들어서 생식세포를 섞는 방식을 택하게 되었다.

[구약]에 보면, 남자의 무료함을 달래주기 위해서 갈비뼈를 취해 여성을 만들었다고 나온다. 하지만 아이러니컬하게도 과학적 사실은 그 정반대를 보여주고 있다.

사실 태아를 보더라도 잉태되고 일정 기간 동안은 여성으로 머물러 있다. 그러다 테스토스테론(testosterone)에 기준치 이상으로 노출되면서 남성이 생겨나게 된다. 그래서 남성에게는 젖꼭지를 비롯한 여성의 흔적들이 곳곳에 남아 있게 된다. 이 과정에서 심리적 흔적이 남게 되면 성별에 혼선이 오면서 동성애의 문제가 발생하기도 한다.

남성의 창조!… 이유야 어찌 됐든지 陰陽이 합덕合德하여 창조를 이루게 됐으니 참으로 보기 좋은 그림이리라.

그런데 변화를 위한 행보가 그렇게 순탄치만은 않다. 남성으로부터 DNA를 얻어 변화를 꾀하는 것만 가지고는 진화가 요원하기만 하다. 자체적으로도 DNA에 변화를 꾀해서 새로운 방향을 계속해서 타진해야만 한다. 여기서 출현한 것이 바로 돌연변이이다.

돌연변이!… 천재도 나올 수 있고 반면에 바보도 나올 수 있으리라. 그런데 문제는 이것이 현재의 질서를 부정하여 생명체의 건강을 위협하게 된다는 것이다.

어쨌든 생명체는 진화를 위해 본능적으로 돌연변이를 일으키려 하고, 이것은 암세포를 비롯한 무수한 질병을 초래하게 한다. 개별 생명체의 입장에서는 암세포가 심히 못마땅하겠지만, 진화의 입장에서 보면 없어서는 안 될 소중한 자산이다. 암세포와 같은 돌연변이에 의한 희생이 쌓여 진화가 가속화되는 구조로 되어 있으니 말이다.

그렇기에 질병이나 장애로 고생하는 사람들을 그들만의 불행으로 간주해서는 안 된다. 인류 전체의 진화를 위한 희생으로 받아들여 함께 고통을 나누는 것이 필요하다.

그런데 돌연변이에도 여성과 남성의 차이가 있다. 남성이 돌연변이에 더 많이 노출되어 있다. 왜냐? 남성이란 것 자체가 새로운 DNA를 섞어 진화를 촉진하기 위해 만들어진 것이기 때문이다.

실제로 미토콘드리아의 예만 살펴봐도 그렇다. 미토콘드리아에 돌연변이가 생겨나면 여성의 경우는 자연적으로 제거되지만 남성은 그렇지 않다. 남성이 여성보다 수명이 짧은 이유 중 하나가 여기에 있다.

아무튼 진화라는 명제가 부각되면서 생명체는 더욱 다양해졌고 변화는 보다 활발해졌다.

2. 인간의 탄생

다시 타임머신을 생명 탄생의 순간으로 맞춰 보자. 그리고 장소는 4차원 공간에 두자. 그러면서 3차원으로 윤회하는 원시령들의 변화를 관찰해 보는 것이다.

3차원 물질의 옷을 입었던 생명체들이 죽으면 어떤 모습을 띠고 있을까? 예전처럼 축구공 같은 얼굴을 계속해서 지니고 있을까?

이제는 원시령의 모습만 보이는 것이 아니다. 단 한 번이라도 생명체로 태어난 적이 있게 되면 원시령의 모습은 잃게 된다. 생명체로 있었을 적의 정보가 사후死後의 세계로 옮겨지면서 모습 또한 변하게 된다. 이때부터 원시령이라는 말 대신에 그냥 神이라 한다.

사실 축구공 같은 원시령의 모습은 식상하다. 폼이 안 나지 않은가! 축구공 두 개가 얼굴을 비비면서 사랑을 구애하는 그림을 떠올리면 그저 웃음만 나온다.

아무튼 물질을 통해, 성형 수술을 하지 않고도 자연스럽게 모습을 바꾸게 되니 천만다행이다.

그런데 만족의 끝은 없는 것일까! 신들은 바뀐 모습이 마음에 안 들어서인지 계속해서 윤회하며 형상을 바꿔 나간다. 끊임없이 얼굴을 바꿔 달으니 도무지 누가 누군지 모르겠다. 훗날 족보를 따지기도 어렵게 생겨버렸다.

이렇게 진화하고 또 진화하다가 어느 한 시점에 이르게 된다. 마침내 神들이 사용하기에 가장 적합한 육신이 만들어지게 되었다. 얼굴도 예전보다 멋져 보인다. 남녀가 사랑을 나누어도 감동적일 것 같다. 전반적으로 만족할 만한 상태에 이른 것이다.

마음에 드니 이름을 지어야겠다. 영혼이 잘 자랄 수 있는 토양이 구비됐으니, 이런 뜻으로 영장류靈長類라 부르자.

그렇다면 영장류라 불리는 놈들의 모습은 어떠한가? 우주 곳곳에 셀 수 없이 많이 생겨날 텐데, 시간과 장소에 따라 그 모습이 제각각 다를 것이 아니겠는가?

그런데 진화의 궁극에 이른 영장류는 하나의 공통점이 있다. 그것은 바로 '단순화'와 '효율화'의 원칙에 충실하다는 점이다. 영장류는 이 두 가지 명제를 만족시키는 방향으로 진화하게 된다.

뱀처럼 기어 다니는 상태는 어떨까? 팔다리가 없어 단순하기는 한데 효율성이 떨어진다. 따라서 뱀이 진화하기 위해서는 우선 팔다리부터 만들어야 한다.

그렇다면 팔다리를 모두 걸어 다니는 데에 쓰면 어떨까?

이 또한 효율성이 떨어진다. 따라서 두 발로만 걷고 두 팔은 잉여 차원으로 놔두는 것이 좋다.

잉여 에너지인 두 팔은 새로운 창조로 이어질 것이다. 그리고 두 팔이 만

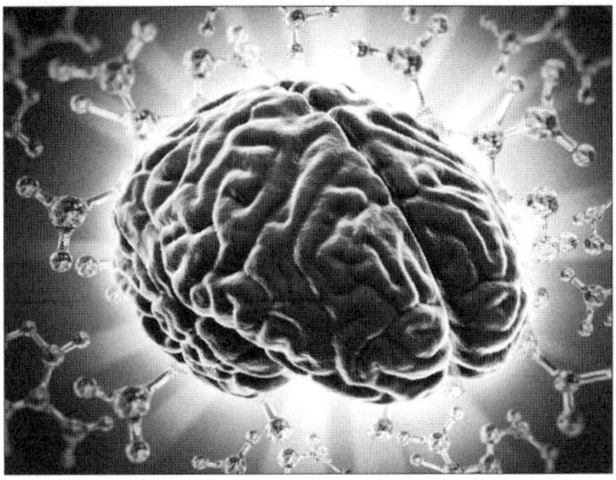

들어내는 창조와 더불어 두뇌 또한 점점 정교하게 발달할 것이다. 여기에 음식을 익혀 먹게 되면 소화에 쏟던 두뇌 에너지가 남아돌면서 창조에 더욱 힘을 쏟게 되고, 여기서 최고도로 진화한 인간이 탄생하게 된다.

따라서 어느 별에서든지 외계인은 두 발로 서서 두 팔을 활용함을 미루어 짐작할 수 있다. 불필요한 꼬리나 털 같은 것은 일찌감치 없애버렸을 것이다. 그리고 머리는 가슴이나 등에 붙게 되면 효율성이 떨어지는 바 반드시 가장 높은 곳에 붙어 있을 것이다.

그런데 팔다리가 셋, 또는 넷 일수도 있지 않을까?

이것은 앞서 말했던 '단순화'에 역행하게 된다. 물론 '효율화' 측면에서는 어느 정도 일리가 있지만 전체적인 면에서 손실이 크기에 이렇게 진화하지는 않는다.

그렇다면 눈, 코, 입, 귀는 어떨까?

이 경우도 '단순화'와 '효율화'의 방향에 따라 지구의 인간과 비슷한 형태로 만들어진다. 물론 여기에는 4차원의 영향도 받는다. 그것은 바로 陰陽의 힘이다.

陰은 두 갈래 힘으로, 陽은 한 갈래 힘으로 각각 작용한다. 陰力은 수렴收斂하기 위해 내부 공간을 비워야 하고 여기서 힘이 양쪽 갈래로 분산하게 된다. 반면 陽力은 지니고 있던 에너지를 외부로 발산하기 위해 흩어진 힘을 한 공간에 모아 터트리며 분출한다.

이런 원리에 입각해서 얼굴을 뜯어보면 눈과 귀, 그리고 콧구멍은 외계의 정보를 받아들이는 陰的 창구가 된다. 따라서 두 개의 구멍을 필요로 한다. 반면에 입은 자신이 지닌 정보를 외부로 전달하는 陽的 창구이고, 그래서 한 개로 이루어진다. 입이 두 개라고 가정해 보면 극심한 혼란에 빠질 것이다. 아무튼 이런저런 이유에 의해서 외계인은 지구의 인간과 비슷한 형태로 진화하게 된다.

각설하고, 이제 영장류까지 생겨났으니 진화가 완성된 것일까?

그러나 세상에 쉬운 일이 어디 있는가! 꼼꼼히 살펴보면 아직도 허점투성이다. 영장류에도 상품의 좋고 나쁜 질의 차이는 있다.

그래서 神들은 다시 최대한 보듬고 다듬어 양질의 영장류를 가려내기 시작했다. 그리고 마침내 1등급으로 합격 마크를 달고 나온 제품이 출시되었다. 바로 인간의 탄생이다! 오랜 세월에 걸쳐 이루어진 우주 창조의 결정판이다.

영장류 중에서도 으뜸가는 인간의 탄생. 이제는 정말 끝난 것인가?

상대계에 완성이라는 것은 존재하지 않는다. 완성을 향해 끊임없이 나아갈 뿐이다. 그렇듯 인간 또한 완성품이 아니다. 그냥 1등급 품질의 영장류일 뿐이다.

인간 내면의 질적 차이를 감안하면 그 품질도 실로 천차만별이다. 1등급이라 하기엔 창피한 불량품도 셀 수 없이 많으니 말이다. 그래서 인간의 등급을 영력靈力이라 부르며, 3天~9天으로 나누어 구분한다. 4天이 평균 영력이고, 3天은 조금 모자란 영력이다. 4차원을 기준으로 보면 전자를 신명神明, 후자를 귀신鬼神이라 한다.

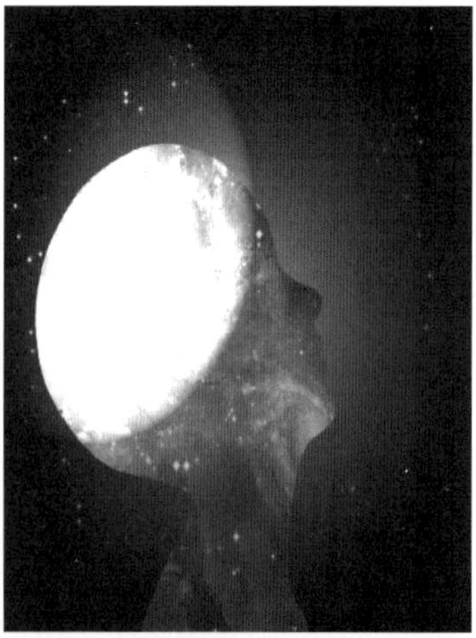

영력이 5天을 넘어서면 품질보증이 따라붙는다. 영력 5~6天을 神仙이라 하고 7~8天을 天神이라 한다. 그리고 영력 9天을 넘으면 최고 등급의 품질인 불·보살의 영예가 주어진다.

진화의 궁극에 이른 인간 또한 이렇게 품질 차이

가 천양지차天壤之差이다 보니, 인간계 자체가 극심한 혼란에 빠질 수밖에 없다. 그래도 이제는 다른 종種을 찾지 않는다.

왜냐? 인간은 스스로 太一로 복귀할 수 있을 만큼 진화한 것이 사실이기 때문이다.

靈力	分類
1天	原始靈, 植物靈, 細菌靈, 細胞靈
2天	動物靈
3天	低級靈, 鬼神, 情魂, 魄靈
4天	衆靈, 神明, 魂靈
5天	地仙, 入仙, 初仙
6天	神仙, 仙神, 仙靈
7天	永仙, 亮仙
8天	天神, 天仙, 天尊, 天君

– 靈力分類表 –

영력靈力?

인간의 영적 용량을 따져서 등급을 매긴다는 것은 어찌 보면 억지스러울 수 있다. 정신이란 것은 마치 물처럼 유연하면서도 안개처럼 모호하여 쉽게 재단하여 구분할 수 없는 까닭이다. 허나 잡히지 않는 공기 속에도 그 성분 차이가 있듯, 정신 또한 그 이면의 질적 차이는 엄연히 존재한다.

영력을 가르는 기준은 한마디로 드넓은 시공을 배경으로 한 정보력과 창조력에 있다. 양질의 정보를 다양하게 습득하여 창조 활동을 얼마나 아름답게 펼치느냐에 따라 영력의 등급은 나누어진다. 다소 모호하긴 하지만 '정보와 창조' 라는 두 잣대에 의해 자신이 지닌 정신은 평가받게 된다.

그렇다면 보다 구체적으로 인간의 영력을 체크할 수 있는 방법은 없을까? 정신을 무 쪼개듯 할 수는 없지만, 다음의 표와 같이 대략적이나마 그 향방을 가늠할 수는 있다.

靈力照見表

1. 次元	육감肉感 0	물리物理 1	상질象質 2	실존實存 3
2. 理性	맹신盲信-2	신앙信仰-1	원종原種 1	귀의歸依 2
3. 慧明	무식無識 0	지성知性 1	격물格物 3	해공解空 5

영력은 정신의 차원과 이성理性의 상태, 그리고 지혜의 정도를 따져서 그 등급을 정한다. 당연히 점수가 높게 나올수록 영력이 높게 나오게 되는데, 대략 10점 만점이면 7天 이상, 8점이면 6~7天, 5~6점이면 4~5천, 3~4점이면 3~4天, 그리고 2점 이하면 3天 미만으로 보면 된다.

제6절. 차원의 실상

1. 차원의 이해

이제 우리의 시간 여행에 있어서 주된 관심사는 3차원 물질계가 되었다. 담백하고 유연한 4차원의 수채화보다는 투박하고 묵직한 3차원의 유화가 우리에게 익숙해서인지 마음이 좀 더 끌리는 것만은 사실이다.

그런데 3차원을 제대로 감상하기 위해서는 그 배경이 되는 4차원에 대한 이해가 선행돼야 한다. 배경에 대한 이해가 부족해서는 주제에 대한 감상 역시 떨어질 수밖에 없는 까닭이다.

그렇다면 타임머신을 잠시 정지시키고 차원의 실상에 대해서 사색의 시간을 가져 보자. 차원次元이란 것은 時空이 굴절을 이루어 마디를 이루어 놓은 경계를 말하는데, 모두 합쳐 다섯 종류가 있다. 그중에 우리는 3차원에 살고 있다. 우리의 모든 감각과 의식은 3차원에 맞게끔 길들여져 있고, 그렇기에 4차원, 더 나아가 5차원이라 하면 그 개념이 요원할 수밖에 없다.

자, 이제 다시 타임머신을 가동해 고대의 시기로 가보자. 지구상의 아무 나라나 골라 그들의 생활상을 엿보자. 가장 두드러진 것은 농사를 짓고 있다는 사실이다. 그러다 보니 이들의 생활상이 기상 현상에 크게 영향을 받고 있다.

기상현상! 이것은 고대인들에게 있어서 신비로움 그 자체이다. 계절에 따라 뒤바뀌는 기온, 그리고 예측할 수 없이 불어오는 바람과 숱한 기상 현상들은 조물주가 내려주는 선물 혹은 징벌로 여겨졌다. 그래서 가뭄이 들 때면 으레 제단을 쌓아 기우제를 지내고, 풍수해가 거세게 몰아칠 때면 어김없이 神의 노여움을 풀어주기 위한 해로제解怒祭를 올린다. 이들에게 있어서의 자연은 곧 경배의 대상, 神인 것이다.

이들은 왜 이렇게까지 자연을 동경하고 경외시하는 것일까? 그것은 기상 현상이 발생하는 원인을 알 수 없기 때문이다. 무지無知는 신비감을 초래하여 온갖 상상을 불러오게 한다. 그 상상의 조각들이 퍼즐처럼 결합되어 가상의 神을 창조하고, 그 神이 세월을 먹으면서 더욱 거룩하게 다림질되는 것이다. 자연과 실재에 대한 무지, 여기서 온갖 종교가 양산됐다.

타임머신을 타고 공중에서 이들의 생활상을 내려다보면 마치 2차원 평면에 다닥다닥 붙어 생활하는 것처럼 느껴진다. 이렇게 지표면에 달싹 붙어 살아서는 기상 변화의 수수께끼를 풀 수 없다.

하지만 지표면에 사다리를 세워 입체로 생활 반경을 넓힌다면 상황은 달라진다. 그럼 그런 때로 타임머신을 움직여 보자.

근대에 이르자 과학 기술의 발달이 가속화됐고 드디어 라이트형제(Wright brothers)에 의해 비행기가 개발되었다. 그리고 더 나아가 우주선(spaceship)까지 출현하게 되니 인류는 지표면을 완전히 벗어나 입체적 관점을 갖게 되었다.

입체적 시각은 인류를 오랜 기간 동심에 젖게 했던 기상 현상의 신비를 벗게 하였다. 그것은 알고 보니 조물주가 기분에 따라 내려주는 선물이 아니었다. 그저 지축의 경사와 자전, 그리고 지구의 공전 궤도에서 비롯되는 자연현상일 뿐이었다.

이처럼 평면의 문제는 그곳에 높이를 세워 입체가 될 때 비로소 풀려지게 된다. 일례로 수학을 보면, 주어진 문제에 대해 직접 메스(mes)를 들려 하지 않는다. 단순한 문제라면 모르지만, 어느 정도 난이도가 있는 문제는 곧바로 손을 대서는 헤매기 일쑤이다. 그래서 수학은 관점을 한 단계 높여서 문제를 바라보고 해법을 찾는다. 관점을 높일수록 문제에 구조적으로 접근할 수 있고, 그런 다음 제자리로 돌아와서 문제를 해결한다.

이런 이유로 수학은 가장 높은 관점인 공리公理와 그 아래 관점인 정리整理, 그리고 맨 밑에 온갖 문제들로 뒤덮여 있는 수식數式으로 나뉜다. 이처럼 어떤 문제를 능률적으로 해결하기 위해서는 관점을 바꾸거나 차원을 높여 구조적으로 접근할 필요가 있다.

그런데 이것이 말처럼 쉽지가 않다. 차원의 문제에 다다르면 인간의 의식

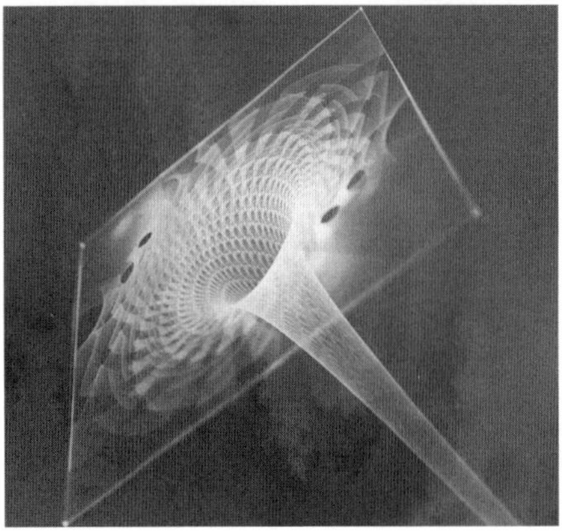

은 철옹성에 막혀 단절되거나 먹통이 되고 만다.

차원이란 것은 높은 차원이 낮은 차원을 포함하는 구조로 되어 있다. 1차원 선線은 2차원 면面에 포함되고, 2차원 면 또한 3차원 입체의 단면을 이룬다. 그렇기에 3차원 입체란 것도 4차원의 한 단면이고, 더 나아가 5차원의 일모에 불과하다. 그런데 우리의 감각기관으로는 5차원은 고사하고 4차원도 알 수 없다. 왜 그런 것일까?

그것은 3차원의 폐쇄성이 우리의 의식 깊은 곳까지 침투하여 4차원에 대한 정보를 모조리 지워버렸기 때문이다. 그래서 우리들은 마치 3차원 입체 세계에서 살고 있는 것처럼 착각하게 되었다.

1차원과 2차원이 3차원의 품 안에서 존재하듯 3차원 역시 4차원 속에 존재하고 있다. 우리는 이런 사실을 3차원의 폐쇄적 정보에 갇혀 까맣게 잊고 있다.

그렇다면 4차원에 대한 실상을 다시금 일깨워 주면 어떨까? 그렇게 된다면 대차항수라는 폐쇄성에서 벗어나 보다 큰 영적 증진의 효과를 이끌어낼 수 있을 것이다.

그런데 안타깝게도 그것은 구조적으로 매우 힘들다. 4차원은 한마디로 열린 세상이다. 열린 세상을 3차원의 닫힌 세상에서 가늠하려 하니 어찌 어렵지 않겠는가! 좌정관천坐井觀天이 따로 없는 일이다.

1차원은 선線이다. 만일 당신이 1차원의 존재라면 선들이 어떻게 보일까?

당연히 점點으로밖에 보이지 않는다. 무슨 수를 써도 선을 볼 수 있는 방법은 없다. 단지 점의 특성을 파악해 머릿속에서 상상으로 선을 그려볼 뿐이다.

2차원은 면面이다. 이것도 앞의 문제와 동일하다. 2차원의 존재는 면을 결코 볼 수 없다. 보이는 것은 오로지 선뿐이다. 선을 조합하여 상상으로밖에는 면을 볼 수 없다.

3차원은 입체이다. 인간이 살고 있는 세상이다. 그렇다면 인간은 입체를 볼 수 있는가?

분명 사람들은 입체로 보고 있다고 느낄 것이다. 하지만 앞서 살펴봤듯이 3차원에서는 2차원 평면으로밖에는 볼 수 없다. 사실 눈의 망막엔 위아래가 뒤집힌 2차원적 이미지가 맺히는데, 이렇게 되면 생활하는 데에 여간 불편한 것이 아니다. 아니 살 수가 없다. 그렇기에 생존을 위해 평면의 조각을 상상으로 이어 붙여 가상의 입체를 그려냈다. 실제 입체를 보는 것이 아닌, 뇌의 뉴런(neuron)들이 상상으로 그려낸 것들을 볼 뿐이다.

어차피 상상인데 좀 더 멋지게 보면 어떠랴! 그래서 존재하지도 않는 색色을 꾸며서 입히게 된다. 자연계에 존재하는 모든 색은 우리의 뇌가 사물을 보다 잘 구분하기 위해 빛의 파장에 가상의 구분을 지은 것이다.

이처럼 3차원도 제대로 볼 수 없는데 4차원을 어떻게 이해할 수 있을까?

만일 당신이 축구 경기를 본다고 치자. 관중석에는 좌석이 단 한 자리밖에 없는데도 수만 명의 관중이 편안하게 경기를 관람하고 있다. 운동장의 선수들은 공을 몰며 공간 속을 이리저리 뛰어다닌다. 이때 한 선수가 공을 낚아채서 땅속을 향해 힘껏 차자 어느새 공은 골대를 향해 휘어져 들어간다. 골키퍼가 엉뚱한 방향으로 손을 뻗었는데도 공은 손에 닿아 튕겨나가고, 그 공은 어느새 관중석으로 날아와 당신의 오른쪽 눈을 뚫고 허공으로 사라진다.

이런 일이 가능한 구조가 상상이 가는가?

지금 예를 들은 것은 맛보기에 불과하다. 4차원의 열린 구조! 이것은 3

차원에서는 상상으로도 가늠하기 어려운 형이상形而上의 초월적 구조로 채워져 있다.

그래도 4차원을 이해하는 데에 실낱같은 희망의 끈은 있다. 그것은 바로 4차원과의 창구인 정신을 계발하는 것이다. 3차원의 폐쇄성이 최고도로 치달은 블랙홀도 결국은 극한점에 이르러서 4차원으로 복귀하지 않던가. 까마득한 세월이 지나면 3차원의 모든 것은 결국 고향인 4차원으로 돌아갈 수밖에 없다. 따라서 정신 계발을 통해 복귀의 시점을 조금 앞당겨 보는 것도 좋을 것이다.

과연 신기루처럼 모호한 정신을 통해 철옹성 같은 차원의 벽을 넘어설 수 있을까? 3차원의 몸뚱이가 4차원의 정신을 꽁꽁 동여매서 옴짝달싹 못하게 만들고 있기에 결코 쉬운 일이 아니다. 정신이 육체에서 분리돼야만 4차원을 온전히 이해할 수 있다. 하지만 정신이란 놈의 태생이 4차원인 것만은 변함이 없다. 지금은 3차원의 대차항수에 갇혀 고향 생각을 까맣게 잊고 지내지만, 잘만 다루어 일깨워 주면 옛 생각이 떠오를 수도 있을 것이다.

본서에서 타임머신을 타고 시종일관 時空을 넘나들며 상상의 한계를 두드리는 것도 바로 잠재된 4차원의 기억을 들춰내고자 함이다. 마치 기억상실증 환자에게 옛적의 물건들을 보여주며 기억을 되살리려는 것과 같다.

4차원에 대한 이해. 이것은 두 갈래 힘을 발휘할 것이다. 첫째는 5차원의 空을 깨닫는 道力으로 작용할 것이고, 둘째는 3차원에 펼쳐지는 인간의 삶을 보다 가치 있게 하는 창조의 원동력이 될 것이다.

2. 차원의 실존

지금까지 차원에 대한 구분을 전제로 얘기를 풀어 봤다. 이제부터는 차원의 실존實存에 대해서 좀 더 알아보자.

차원이라 하면 1차원에서 5차원까지를 말한다. 그 이상의 차원은 수학적 계산을 위해 단순히 축軸이나 방房을 첨가한 것에 불과하다. 따라서 6차원, 7차원… 등으로 말하는 것은 공간의 차원론에선 불필요하다.

혹자는 3차원에 시간의 축을 더하면 4차원이 된다고 말한다. 이것 역시 차원에 대한 무지에서 비롯한 것이다. 생각해 보라. 2차원 평면에 시간의 축을 더하면 3차원 입체가 되는가?

차원이란 개념 속에 시간은 이미 포함되어 있고, 따라서 시간을 덧붙여 4차원이라 하는 것은 잘못된 발상이다. 차원은 각각의 경계마다 時空의 축이 동시에 굴절되면서 전혀 다른 구조로 이루어져 있다.

그렇다면 차원이란 것은 정말로 존재하는가?

2차원 평면의 예를 들어보자. 2차원은 3차원에 포함되어 있는데, 과연 그 경계가 뚜렷이 존재할까?

2차원이 존재하기 위해서는 높이가 있어야 하는데, 일모의 높이만 생겨도 3차원이 되고 만다. 따라서 2차원은 이론상의 존재이지 현실 세계에서 독립적으로 존재할 수 없다.

그렇다면 3차원은 어떨까? 가로와 세로와 높이를 지니고 있으니 독립적인 존재로 보여진다. 하지만 이것 역시 차원에 갇혀 느껴지는 착각일 뿐이다. 세 축으로 이루어진 입체는 허공에 선을 그어 임의로 만든 가상의 존재일 뿐이다. 그래서 입체를 잘게 부수면 신기루 같은 양자의 세계가 펼쳐진다. 그리고 여기서 더 세분화하면 허망하게도 텅 빈 허공虛空만 외로이 남게 된다.

3차원은 독립적 존재가 아닌 4차원을 구성하는 일부이다. 이곳에 사는 생물들이 4차원과 별개의 세상에서 살고 있는 것으로 착각을 하고 있을 따름이다.

인간들이 가장 두려워하는 문제는 단연코 죽음이다. 인류는 이 문제를 풀기 위해 무던히 노력해 왔지만 해결의 실마리를 찾지 못했다. 얼마나 죽음이 두려웠으면 천혜天惠의 이성을 버리면서까지 종교에 매달리겠는가! 살기 위해 미물이 되려는 발버둥, 두 손을 모아 싹싹 빌며 구원의 손길에 매달리는 반지성적 몸부림…, 이런 안타까운 현실은 모두 죽음에 대한 공포에서 비롯하였다.

하지만 눈을 살짝만 돌리면 죽음은 자신이 만들어낸 허상이 된다. 존재하지도 않는 3차원을 실재實在으로 규정하면서 육체의 소멸이 곧 죽음이라는 등식을 만들어낸 것이다.

거듭 말하지만 3차원은 실존하는 것이 아니라 4차원을 구성하는 한 단면에 불과하다. 따라서 3차원적 죽음이란 존재하지 않는다. 3차원이라 생각하는 폐쇄적 정보가 소멸되는 것일 뿐이다. 몸뚱이의 有無에 상관없이 4차원의 정보 활동은 끝없이 지속된다.

그렇다면 4차원은 실존하는 차원인가?

대답은 역시 '아니다'이다.

4차원도 존재하지 않는다. 그렇기에 4차원의 神이 되어도 일정 시간이 지나면 해체의 순간을 맞게 된다. 이때 神들 또한 3차원 인간들처럼 죽음에 대한 두려움과 허망함을 가진다.

하지만 실상은 죽는 것이 아니라 4차원의 폐쇄성에서 해방되어 본래 모습인 5차원 空이 되는 것이다. 그래서 한소식 들었다는 사람들이 이구동성으로 외친다. 당신의 본성本性이 곧 5차원 佛이라고…….

이것은 깨달은 자만이 할 수 있는 말이지만…, 어쨌든 여기서 구원의 동아줄이 길게 늘어뜨려진다. 동아줄을 잡기 위해서는 5차원에 대한 이해가 선행돼야 한다. 왜냐, 5차원을 모르면 동아줄이 보이지 않기 때문이다. 5차원에 대한 깊은 이해, 이것을 불도에서는 반야般若라 한다.

거듭 말하지만 존재는 오직 5차원뿐이다. 空으로 존재하는 5차원만이 부정할 수 없는 실존이다. 5차원을 망각하는 순간 분별이라는 저항값이 커지면서 일정 영역이 폐쇄되는데, 이때 만들어진 것이 4차원이다. 그리고 4차원을 망각하는 순간 대차항수에 의해 일정 영역이 폐쇄되면서 3차원이 생겨난다. 2차원과 1차원 역시 이런 식으로 만들어진다.

결론적으로 새로운 차원이 만들어진 것이 아니라 5차원 空이 그 속성을 잃어버리는 과정에 차원이라는 마디들이 생겨난 것이다. 空의 마디, 즉 공절空節이 時空을 왜곡시키면서 마치 새로운 차원이 생겨난 것처럼 착시하게 만든 것이다.

따라서 일체유심조一切唯心造란 말처럼 생각만 바꾸면 우리는 3차원을 넘어 4차원, 더 나아가 5차원적 존재가 될 수 있다. 生死를 비롯한 모든 분별이 통합되어 영원불멸하는 하나의 생명이 될 수 있다.

그렇기에 구원이란 것도 천국이나 극락에 있는 것이 아니라 자신의 의식을 높여 고차원적 존재로 거듭나는 데에 있게 된다. 이것은 남이 대신해 줄 수 없다. 스스로 노력해 되찾아야 하는 생명이 지닌 본연의 과제이다.

제7절. 數理의 세계

1. 허수 i 와 空

이제 다시 현실로 돌아와 우리의 관심사인 3차원 물질계의 탄생에 집중해 보자. 과거와 현재, 그리고 4차원과 3차원을 계속해서 넘나들기에 다소 어지러울 수도 있겠다. 하지만 이렇게 시간과 공간의 경계를 허물다 보면 부지불식중 차원의 경계를 넘어설 수도 있을 것이다.

인류가 유사 이래 늘 품어왔던 공통된 의문이 하나 있다. 그것은 우주가 어떻게 창조되어 지금의 모습을 이루고 있는가에 관한 것이다. 이것을 연구하는 학문이 곧 우주론이다.

그런데 우주론은 비단 천체물리학자들만의 영역이 아니다. 이성을 지닌 인간이라면 누구나 평생토록 궁구해야할 본연의 화두이기도 하다. 우주는 내가 딛고 숨 쉬는 보금자리면서 나를 만들어낸 생명의 근원인 까닭이다.

오늘날 대세를 이루고 있는 빅뱅론을 비롯해 다중 우주론, 막 우주론, 초끈 우주론, 인플레이션 우주론… 등등 우주 탄생의 이론들이 속속 출현하면서 그야말로 춘추전국 시대를 방불케 한다.

그런데 이들 우주론들은 아쉽게도 저마다의 한계에 부닥쳐 있다. 빅뱅론은 익히 알듯이 특이점 이전의 인과因果를 설명할 수 없다는 한계가 있다. 이 점을 보완하기 위해 등장한 우주론들 역시 인과를 계속 추적해 들어가면 차원의 한계에 직면하고 만다. 물론 막 우주론에서는 4차원을 가정하고 있지만, 이것 역시 4차원 존재의 당위성과 브레인[막]이 생겨나는 인과가 불명확하다는 취약점을 안고 있다.

오늘날 우리가 살고 있는 우주와 물리의 세계를 이해하기 위해서는 단연코 고차원적 접근이 필요하다. 2차원 평면의 세계에서는 2차원의 물리 현상을 설명할 수 없는 것과 같은 이유이다. 차원을 한 단계 높여 4차원에서 바라보면 장막이 걷히며 많은 문제들이 해소될 것이다.

물론 실존과 제1원인의 문제에 있어서는 4차원 역시 그 한계를 여실히 드러낼 것이다. 이런 근본적인 문제까지 다루기 위해서는 차원을 한층 더 높여 5차원 空의 시각을 지녀야 한다.

차원을 두 단계나 높인다는 것이 어렵겠지만 그래도 5차원 空으로 봐야만 비로소 우주 탄생과 생명의 신비를 확연히 밝혀, 지루하게 이어져 온 우주론에 종지부를 찍을 수 있다.

5차원 空은 분별을 넘어선 통합의 절대 세계이다. 모든 것이 하나로 통일되어, 심지어 有와 無마저도 구분할 수 없다. 有·無를 동시 만족하는 것, 그래서 色이 空이고 空이 色인 세계이다. 이렇게 되니 時空이 있으면서 없게 되고, 존재하면서도 존재하지 않게 된다. 5차원에 有·無의 개념이 갑자기 등장하니 혼란스러울 수도 있을 것이다. 숫자 1과 0을 有와 無로 대치해서 생각하면 좀 더 쉬울 것이다. 1과 0이 상징하는 有·無의 개념은 매우 단순하지만 뭇 존재의 근본 구조를 이룬다.

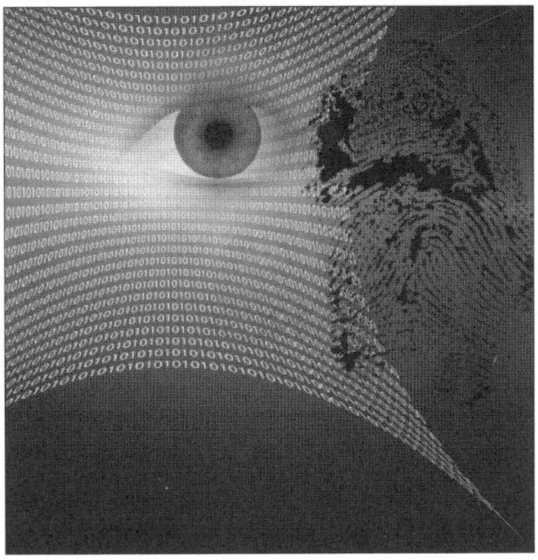

자, 이제 숫자 1과 0을 차원에 대비해 보자.

숫자 1과 0을 상반되게 보면 3차원이 된다. 그만큼 1과 0의 관계가 소원하고, 둘이 협조 관계를 유지한다고 해도 아날로그 상태에서 멈추고 만다.

그런데 1과 0이 포옹을 하고 동전의 양면처럼 붙어 일체이용一體二用이 되면 세상은 달라진다. 바로 4차원이다. 그래서 정보가 유연하고 時空이 열린 가능성의 세상이 된다.

1과 0의 포옹이 너무 심해 마치 들숨과 날숨처럼 한 덩어리로 녹아 不可分하게 되면 5차원이 된다. 1과 0을 동시에 만족하면서 1도 아니고 0도 아닌 상태, 바로 삼라만상을 통합해 분별이 끊어진 절대의 세계이다.

그런데 3차원적 분별의 입장에서 1과 0이 하나라는 5차원의 주장을 어떻게 이해할 수 있을까?

다행한 것은 그나마 양자역학(quantum mechanics)에서 1과 0의 혼돈을 증거하고, 오늘날 가속화되는 디지털(digtal)[15] 문화에서 4차원의 정보 패턴을 엿볼 수 있다는 것이다. 하지만 여기서 한 발 더 나아가 1과 0을 완전한 통합체로 보기에는 여전히 무리가 없지 않다.

그렇다면 1과 0이 한 몸으로 존재하는 것을 어떻게 표현할 수 있을까?

이것은 전혀 새로운 數가 될 것이다. 1(有)에도 0(無)에도 속하지 않는 제3의 숫자, 바로 허수 i 이다.

---

15) 숫자 1과 0을 나열하여 처리하는 방식. 독일의 수학자 겸 철학자인 라이프니츠(1646~1716)는 1과 0만 있으면 모든 계산이 가능할 것으로 믿고, 이진법을 사용하는 기계를 고안했다. 이 아이디어는 1944년 영국 남부에 콜로서스라는 이진법 기계로 계승 발전되고, 이것의 놀라운 계산 능력 덕분에 세계 2차대전을 유리한 국면으로 이끌게 된다. 그리고 전후 이 기계는 컴퓨터라는 이름으로 발전하였고 마침내 디지털 혁명을 초래하게 된다.

有도 아니고 無도 아닌 허수 i 를 어떻게 이해해야 할까?

이것을 고민하던 옛 성현들은 마침내 空을 찾아냈다. 이것은 텅 빈 구멍[穴] 속에서 무언가가 꿈틀대며 생겨나는[工] 형상을 취한 것이다.

깜깜한 구멍 속은 마치 無 같기는 한데 자세히 보면 그렇지도 않고, 그렇다고 有라고 단정 지을 만한 것도 없는 애매모호한 상태이다. 한마디로 有도 아니고 無도 아닌, 제3의 그 무엇이다.

그런데 空은 1(有)과 0(無)이 가지고 있지 않은 놀라운 속성이 있다. 그것은 바로 원인도 없이 존재할 수 있다는 사실이다.

1은 自存할 수 없고, 0은 자존의 의미가 없다. 하지만 허수 i 는 1도 아니고 0도 아니어서 自存할 수 있는 가능성이 높아진다. 이것은 삼라만상의 근원인 제1원인의 실마리가 된다는 뜻이다.

다시 말해 道나 眞理, 깨달음… 등의 화두를 허수 i 에서 답을 구할 수 있게 되는 것이다. 허수 i 에 해당하는 有·無를 초월한 空, 이것은 마치 도깨비 방망이처럼 온갖 요술을 펼쳐놓는 신비의 존재이리라.

오늘날 「1과 0과 i」, 「有와 無와 空」이라는 세 축이 인류의 문명을 떠받치고 있다. 이것을 옛 성현들은 정기신精氣神이라 칭했다. 精(1)과 氣(0)와 神(i)이라는 세 축으로써 大道에 이를 수 있다 하여 三太極, 또는 三極體라 부른다.

이제 실존의 열쇠가 뭔지를 알았으니 원점으로 돌아와 차원을 두드려 보자. 우리의 목표는 4차원, 그리고 그 너머에 있는 5차원이 아니던가! 1과 0이 한 몸으로 펼쳐지는 4차원의 정보 세계, 나아가 1과 0이 합체해 허수 i 가 되어 존재하는 5차원 空의 세계, 이것이 인류의 지성에 던지는 마지막 화두가 될 것이다.

2. 數理의 세계

말이 나온 김에 數理에 대해 좀 더 알아보자. 數를 이해하지 않고는 고차원 세계로의 접근이 어렵기 때문이다.

數는 일종의 언어로서, 의식을 확장하는 데에 있어서 비교할 수 없이 큰 공효를 지녔다. 인간의 의식이란 數로 대들보를 세우고 그 위에 온갖 언어들로 장식하여 생겨난다. 따라서 數가 토대가 되지 않고는 지성의 발전을 기대할 수 없다. 우리가 실생활에 필요한 것 이상으로 수학을 배우는 것도 이런 이유에서다.

數란 현실 속에 존재하지 않는다. 이것은 특정한 개념을 사물에 일일이 대응하여 상징으로써 생겨난다. 그러다가 數끼리 연산 작용을 하면서 일관된 관념의 세계를 이루게 된다.

이렇게 생각의 폭을 넓히는 동시에 질서 유지와 문제 해결을 위해 만들어낸 사유의 도구, 이것이 數이다. 그래서 數는 數語라는 언어가 된다.

가령 꽃을 바라볼 때, 일반적 언어는 色과 香으로써 그것을 묘사한다. 여기에 시적詩的 언어를 추가하면 감성까지 뭉클하게 한다. 그런데 數語로 보면 자연스럽게 꽃의 아름다움이 배제되고 오로지 구조로써만 바라보게 된다. 꽃이라는 전체에 해당하는 1, 그 속의 뿌리와 줄기, 그리고 꽃잎의 구조를 數에 일일이 대응하여 형태적으로 표현한다. 음악도 마찬가지이다. 귀에 듣기 좋은 화음이란 것도 사실 數의 조화에서 비롯한 것이다. 이렇듯 數語는 숫자와 기호를 써서 변화를 사실적으로 파악하는 특징이 있다. 그래서 數語가 없으면 운동과 변화를 표현할 길이 없다.

數語로 보면 문학적 감성이 배제되어 삭막하고 무미건조해지는 측면이 있지만, 달리 보면 이렇게 냉정하기 때문에 사물의 본질을 왜곡하지 않고 실상에 가깝게 볼 수 있다. 실상에 접근할수록 자연의 비밀이 하나둘씩 드러나고 이에 발맞춰 인간의 의식은 깨어나 성장하게 된다.

數語의 시작은 1에서부터다.

1이 시작되기 전에는 세상을 가득 메운 만물이 막연히 있는 것으로만 여겨진다. 이런 전체상을 꼭 집어 1에 대응한다는 것은 결코 쉬운 일이 아니다. 그래서 인류 문명은 그 첫발을 1의 발견에서 찾는다.

사실 동물들도 하나 둘 정도의 數에 대한 감각은 지니고 있다. 가령 새 둥지에 다섯 개의 알이 있을 경우, 한 개를 꺼내면 어미 새가 눈치를 채지 못하지만 두 개를 꺼내면 금세 알아차리고 대응을 한다. 부엉이는 신기하게도 홀수만을 판별하여 반응을 한다.

하지만 이런 식의 數에 대한 반응은 진정한 의미의 數라 할 수 없다. 數라 하려면 정확히 1의 개념이 정립되어야 한다.

1이 처음으로 등장한 것은 15만 년 전으로 거슬러 올라간다. 당시 고대인들이 뼈에 칼집을 내서 數를 센 흔적이 남아 있는데, 이것은 대응 방식에 의한 개수個數의 표현이지 숫자 1로 보기에는 무리가 있다. 온전한 형태의 숫자 1은 그로부터 약 13만 년이 흐른 뒤에 나타난다. 1937년 체코슬로바키아의 베스트니츠 마을에서 55개의 선이 새겨진 늑대 뼈가 발견되었다. 대략 2만~3만5천 년 전의 것으로 추정되는데, 선들이 묶음으로 나뉘어 있는 것으로 보아 일종의 진법이 아닌가 추론된다.

그리고 1962년경, 우간다와 콩고 사이의 에드워즈 호숫가에서 하인젤린(jean de Heinzelin)에 의해 눈금자가 새겨진 이샹고(Ishanggo)라는 뼈조각이 발견됐는데, 달의 주기 변화를 측정하는 데에 사용했던 것으로 추

눈금자가 새겨진 늑대뼈

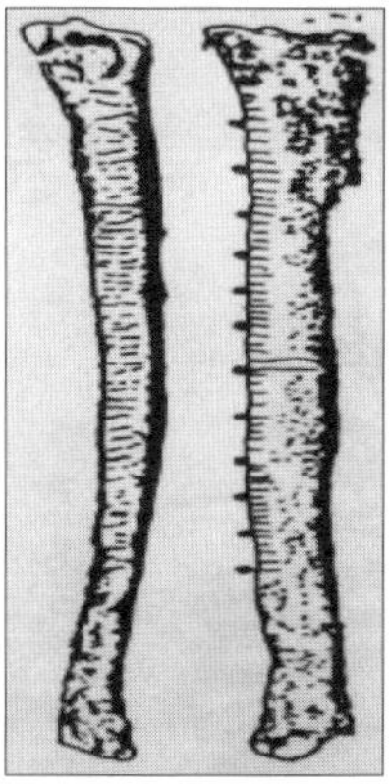

정된다. 數理의 의미를 머금고 있는 제대로 된 숫자 1의 출현이라 할 것이다.

이제 숫자 1의 탄생과 더불어 인류 문명의 첫 대들보가 완성되었다. 흐릿했던 존재들이 비로소 선명하게 보이기 시작했다. '존재한다(有)' 는 명제가 성립됐기 때문이다. 이제 이것 위에 2,3,4,5…… 를 붙여 마음껏 존재의 지붕을 올리면 된다.

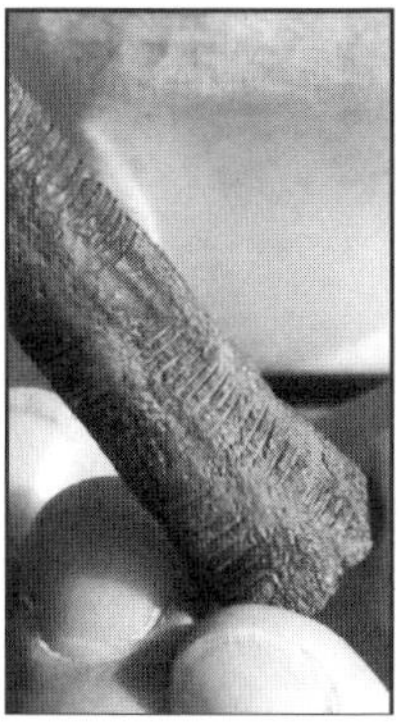

Ishanggo

그런데 생각보다 지붕 올리기가 쉽지 않다. 중간 중간에 수리도 하고 과정을 되돌려 재작업도 해야 하는데, 그것이 거의 불가능에 가까웠다. 1에서 시작된 數의 행진에 결코 후퇴란 것이 없기 때문이다.

이렇게 쌓이기만 하고 줄지는 않는 數理 체계! 이 문제를 해결하기까지 인류는 또다시 오랜 세월을 기다려야만 했다.

BC 4000년경, 수메르 문명에서 그 해법이 등장하게 된다. 뼛조각이나 노끈에 붙어 있던 數를 떼어 조각으로 독립시킨 것이다. 이렇게 數에 자유를 부여하니 드디어 빼는 것이 가능해졌다. 돈키호테 같은 덧셈 일변도에 브레이크를 걸고 다시 후진 기어를 넣어 되돌릴 수 있게 된 것이다. 숫자 1의 발견에 이어 인류 문명에 새로운 금자탑이 세워지는 순간이다. 덧셈과 뺄셈! 이제 數의 마술이 시작됐고 이것과 더불어 인류 문명은 쭉쭉 성장해 나갔다.

BC 3000년경 이집트인들의 배포는 數의 몸짓을 거대하게 부풀리기에 이른다. 수메르인들은 상상조차 할 수 없었던 백만 단위까지 끌어올렸다. 게다가 팔꿈치에서 손끝까지의 길이를 하나의 눈금으로 삼은 큐빗(cubit)을 만들어 측량의 문호를 열기도 했다.

BC 500년경, 이렇게 발전해 온 數는 그리스 사모스 섬 출신의 한

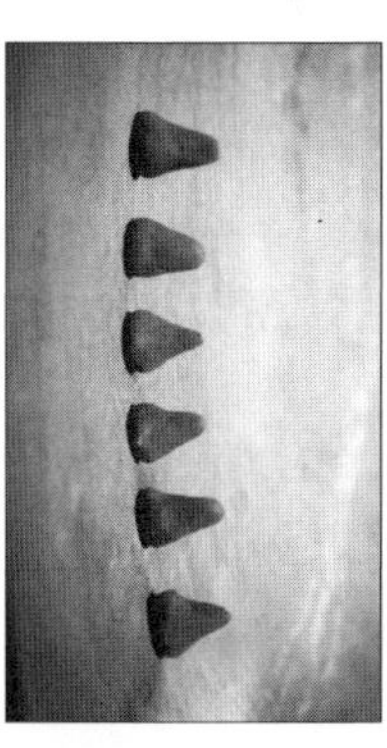

점토 숫자

數를 세는 점토판

철학자의 손에 쥐어진다. 그에 의해 數는 또다시 놀라운 변신을 거듭하게 되는데, 그 주인공은 바로 피타고라스(Pythagoras, BC582?~BC497?)이다. 그는 짝수와 홀수의 개념을 정립했고 여러 가지 수학적 정리를 통해 자연수의 변신을 꾀하였다. 게다가 전혀 연결되지 않을 것만 같은 음악의 화음마저 자연수의 조합으로 풀어냄으로써 「數 = 만물」이라는 다소 과장된 주장까지 끌어내었다.

그로부터 300여 년이 지난 뒤, 아르키메데스[16](Archimedes BC 287?~BC212?)가 등장하여 數를 추상적인 부분까지 끌어올림으로써 고차원을 계산하는 도구로까지 발전하게 된다.

그리고 꽤 오랜 세월이 지난 뒤에 주마가편走馬加鞭이라고, BC 500년 경 인도에서 개발한 아라비아숫자(1,2,3,4~)가 전해지자 數는 마치 조물주가 사용하는 요술봉처럼 인식되기 시작했다. 베일에 싸인 세상의 모든 문제를 數로써 풀 수 있다고 여기게 된 것이다.

이쯤 되면 數理가 완성된 것일까?

아직은 이르다. 세상에는 자연수만으로는 풀리지 않는 것이 아직도 산재해 있기 때문이다.

가령 전체 인구가 백 명인 A마을에는 여성이 50명 살고 있다. B마을에는 전체 인구가 천 명인데 여성 수는 300명이다. 이런 경우 어느 마을에 여성이 더 많은 것인가?

자연수만으로 봤을 때는 B마을이 A마을보다 6배 많다. 그런데 실생활에서 보면 이상하게도 B마을에서 여성 부족의 문제가 생긴다.

---

16) Archimedes (BC 287?~BC212?). 그리스 시칠리아 섬 출신의 수학자/물리학자. 「구에 외접하는 원기둥의 부피는 그 구 부피의 1.5배이다」라는 '아르키메데스의 원리'를 정립하였다. 지렛대의 반비례법칙을 발견하여 기술적으로 응용이 가능하도록 하였고, 그 외에 수학의 영역을 더 높은 차원으로 발전시킨 공로가 있다.

이 문제는 현대인들의 지성 수준에서 보면 매우 초보적이다. 하지만 자연수밖에 측정 도구가 없던 당시의 사회에서는 결코 쉽게 접근할 수 있는 문제가 아니었다.

그러던 어느 날 기적과도 같은 일이 발생한다. 어떤 사람이 분수分數라는 것을 들고 나와 이 문제를 뚝딱 풀어버린 것이다.

분수는 숫자 둘을 결합하여 비율을 만든다. 두 마을이 처한 상황을 두 숫자에 각각 대응시켜 남녀의 비율을 상정한다. 이로써 베일에 싸여 있던 문제가 풀려 이해의 영역으로 넘어오게 되었다. – 분수는 고대 피라미드를 건축할 때도 유용하게 쓰이게 된다. –

분수는 인간에게 만물을 상대적으로 볼 수 있는 의식을 선사했다. 주어진 상황과 관점에 따라서 답이 달라질 수 있음을 알았고, 여기서 주관과 객관, 전체와 개체라는 명제가 자리 잡게 되었다.

동양철학에서 말하는 太極의 이치가 마침내 분수의 발견과 더불어 시작했고, 실로 인류 지성이 한 단계 더 도약하는 전기가 마련되었다.

이제 인류는 숫자 1과 –1, 그리고 분수를 손에 넣음으로써 의식의 폭이 훨씬 넓어졌다.

그런데 여기서 문제가 끝난 것이 아니다. 인구가 늘어나고 사회가 발전하면서 좀 더 복잡한 계산이 필요해졌다. 특히 당시 번성하던 로마처럼 대단위 병력을 세거나 복잡한 장사의 셈을 할 때 더욱 그러했다. 하지만 기존의 數理 체계만으로는 이것을 감당하기에 역부족이었다.

이 문제를 푸는 데 인류는 또다시 오랜 세월을 보내야만 했다. 그리고 드디어 북부 인디아에 있는 괄리오르(Gwalior)라는 사원에서 전혀 새로운 숫자가 등장한다. 꽃의 數를 세면서 나타난 신비의 숫자, 그것은 바로 '0' 이다.

2만5천 살 먹은 숫자 1에 비해 숫자 0의 나이는 고작 천여 살밖에 안 된다. 이렇게 새파랗게 젊은 0이 나타나자 사람들은 해괴한 數라 하여 외면하거나 놀리기 일쑤였다.

하지만 0의 등장이 또 하나의 인류 지성의 금자탑이라는 사실을 알게 되기까지는 그리 오랜 세월이 걸리지 않았다.

1에 0을 결합하자 마법이 시작됐다. 아무리 큰 數라 해도 세는 데에 문제가 없었고, 이들의 조합을 통해 엄청난 수학의 발전을 가져오게 되었다. 이제 인류는 0을 통해 또 하나의 대들보를 발견했고, 이것을 통해 전보다 쉽고 빠르게 지붕을 올릴 수 있게 되었다.

하지만 얼마 지나지 않아 여기에도 한계가 있다는 사실을 알게 된다. 집을 짓는 것은 얼마든지 가능하다. 하지만 현대문명은 그야말로 고층빌딩의 세계이다. 허공을 향해 끊임없이 집을 올려야 하는 복합적 문명인 것이다.

따라서 현재의 수학만으로는 빌딩을 세울 수 없다는 한계에 부닥쳤다. 여기서 등장한 것이 유리수와 무리수가 지닌 무한의 개념이다.

이들 무한수는 한동안 고층빌딩을 올릴 수 있는 적절한 대안으로 여겨졌다. 하지만 얼마 지나지 않아 이것 역시 한계를 드러내고 만다. 그것은 무한수가 실수의 범주를 벗어나지 못한다는 데에 있다. 즉, 3차원이 지닌 한계를 넘어서기에는 역부족이었던 것이다.

그래서 다시 새로운 각도의 무한 개념이 등장하였고, 이것이 계기가 되어 무한집합에 대한 연구가 시작되었다. 무한집합의 세계는 유한세계의 사고의 범주를 벗어난다. 「크기가 다른 數의 집합이라도 그 내부 數의 농도는 같다」는 상식을 초월한 결과가 등장한 것이다. 이런 새로운 발상은 이제껏 인류의 의식을 지배해 온 유한세계를 넘어서는 것이었다.

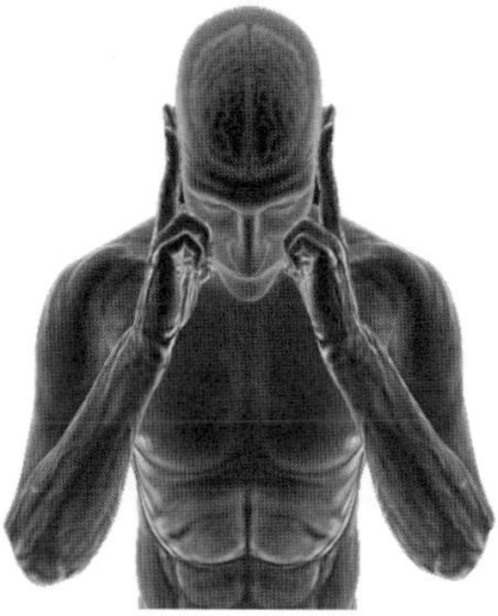

그림자의 문제는 평면에서는 결코 해결할 수 없다. 시야를 확장해 입체의 세계를 봐야지만 비로소 그 원리가 드러난다. 마찬가지로 인류는 무한 개념을 도입하여 3차원의 문제를 더 높은 차원에서 해결하려고 시도하게 되었다.

사실 당시 사회에서 무한세계는 神의 영역으로 취급되었다. 그래서 많은 학자들이 이것에 대해 연구하는 것을 꺼리거나 외면했다. 하지만 무한세계로 진출하지 못하면 인류의 지성은 멈추고 말 것이다.

인간의 쉬지 않는 지적 호기심은 몇몇 수학자들로 하여금 무한세계에 대한 탐험을 시작하게 하였고, 마침내 하나둘씩 그 규칙을 찾아내게 되었다. 그리고 드디어 이런 노력이 결실을 맺어 현대수학이 탄생하기에 이르렀다.

바로 이 시점에서 허수 i 에 대한 의미를 재발견하게 된다. 이것은 전에는 이해할 수 없었던 새로운 數이다. 1(有)에도 0(無)에도 속하지 않는 제3의 숫자이기 때문이다.

허수 i 를 표현하자면「1·0」이 된다. 언제나 쌍으로 존재하며 실수의 차원을 넘어서 있다. 그래서 가상의 數(imaginary number)라고 부르기도 한다.

이런 허수 i 가 등장했을 때 사람들은 0이 등장했을 때 못지않게 의혹의 눈길로 보았다. 하지만 얼마 지나지 않아 이것 역시 인류 문명의 대들보가 된다는 사실을 알게 되었다. 허수 i 가 가담하여 새로운 대들보가 추가되자 이제는 작은 건물에 지붕을 얹는 것에서 멈추지 않고 고층빌딩을 올릴 수 있게 되었다. 맥스웰의 전자기역학을 비롯한 현대물리학이 발아하기 시작하였고, 그만큼 가능성의 세계가 무한히 열려 있게 되었다.

이제 실수에 허수가 결합하면서 복소수가 탄생했고, 이것이 인류 문명의 현주소가 되었다. 오늘날 인류가 새로운 초과학 문명을 열기 위해서는 복소수의 영역을 뛰어넘어야 한다.

복소수 너머에 있는 數, 이것을 도학에서는 空數라 한다. 空數를 문자 그대로 받아들이면 그 의미가 애매모호할 수 있다. 이 경우 이해를 돕기 위해 쉽게 허수 i를 생각하면 된다. 허수 i와 여러 면에서 성질이 비슷하기 때문이다.

다만 허수 i는 복소수라는 틀에 갇혀 있다는 점에서 空數와 구별된다. 복소수를 넘어서서 자유롭게 전능全能을 표현하는 數, 이것이 바로 空數[17]이다. 쉽게 말해 空數가 한 권의 책이라면 기존의 數들은 문장이거나 낱낱의 단어에 불과할 것이다.

空數는 차원과 연산을 뛰어넘어 마음 가는 대로 전체상을 표현할 수 있다. 이것은 비단 내면뿐만 아니라 현실로까지 이어진다. 그래서 도학에서는 이것을 전지전능全知全能이라 부른다.

空數의 성립을 가져오려면 첫째, 차원을 적어도 4차원 이상으로 끌어올려야 한다. 3차원에서는 복소수 이상을 도입할 수 없지만 4차원부터는 空數를 일부나마 현실화시킬 수 있다.

둘째, 상상과 실재實在가 하나의 에너지 장으로 연결돼야 한다. 이것이 전제되지 않고는 空數는 그야말로 공염불에 지나지 않게 된다.

이 두 가지 조건을 만족하면 우주 삼라만상이 하나로 연결되고 자유자재로 空數를 펼쳐 변화와 창조의 궁극에 도달할 수 있다.

空數의 조합에 有力과 無力, 四象과 八卦, 그리고 지정의식知情意識으로 교차되는 四念을 적용하면 空數방정식이 만들어지고, 이것을 활용할 줄 알게 될 때 비로소 깨달음의 궁극에 이르게 된다.

17) 數가 있어 연산이 되지만 數가 없어 연산이 안된다. 그래서 空數는 창조의 섭리면서도 창조한 바가 없이 늘 그대로이다. [天符經]의 一始無始一과 같은 맥락이다. 空數를 이해하려면 먼저 有와 無의 구속에서부터 자유로워져야 한다.

空數! 이것은 수학의 화두이면서도 도학의 결론이다. 언제쯤에야 인류의 지성이 空數를 두드릴 만큼 무르익을 것인가!

3. 數와 창조

지금까지 타임머신을 타고 무한대의 時空을 누비면서 창조의 세계를 살펴왔다. 太一에서 無極, 그리고 창조점이 찍히면서 혼극混極이 발생했고 연이어 太易, 太初, 太始, 太素의 과정을 거치면서 4차원 세계가 펼쳐졌다.

그리고 六氣 운동의 궁극에 이르러 戍空을 통해 3차원 세계가 태동했다. 이곳에 우여곡절 끝에 생명이 化生하고, 다시 오랜 세월을 기다려 인간이 탄생하기에 이른다. 그 인간 중의 한 명이 바로 지금 타임머신을 타고 있는 '나'이다.

이제 우리의 여행을 간결하게 정리해 보자. 그렇지 않으면 너무나 광대하고 복잡해 머릿속에 남아 있는 것이 없을 것이다. 정리하는 데에는 역시 數語를 쓰는 것이 제일이다. 數語만큼 군더더기 없이 논리 정연한 언어는 없기 때문이다.

자, 그럼 이제 다시 타임머신을 작동시켜 太一로 돌아가자. 그곳에서 빠른 속도로 시간 여행을 하면서 오로지 數만 가지고 정리를 해보는 것이다.

절대체인 太一. 이곳은 1도 아니고 0도 아닌, 그렇기에 1이면서 동시에 0이 되는 곳이다. 이런 수를 우리는 空數라 부른다. 空數는 자존하며 영원불변하는 數이다. 온 우주의 바탕이 되는 동시에 우주 자체이다. 쉽게 말해 캔버스(無)와 물감(有)의 분별이 사라진 절대[18]이다. 그렇기에 만들지 못하는

18) 설명을 편리하게 하기 위해 절대를 '캔버스(無)와 물감(有)의 분별이 사라진

것이 없고 해결하지 못할 문제가 없다.

空數는 그야말로 전지전능의 경지를 여는 열쇠이다. 그래서 여기에 인격을 부여하여 창조주, 혹은 조물주라 부르기도 한다. 구도자들이 인생을 걸고 수행에 매진하는 것도 空數를 터득하기 위해서다. 空數를 이해해야만 반야를 증득하고, 이로써 실존의 문제를 풀 수 있게 된다.

자, 이제부터는 空數에서 어떤 변화가 일어나는지 살펴보자.

분별을 초월하여 청정법신淸淨法身으로 머물러 있는 空數에 극미한 변화가 발생한다. 자신이 空數란 사실을 망각하게 된 것이다. 실존에 대한 자각마저 소멸된 상태, 바로 절대 無가 펼쳐졌다. 이런 시기를 無極이라 하고 여기서 창출된 수는 無數인 0이다. – 0이 나올 때 1은 잠복된다. –

0은 창조수이다. 空數에 0이 생겼다는 것은 곧 有數인 1을 불러온다는 것을 뜻한다. 0이 존재하기 위해서는 반드시 1과 함께 해야 하기 때문이다. 그래서 일정 시간이 흐른 뒤에 0에서 1이 나오게 된다. 그런데 1의 세계는 변화가 무궁무진하다. 그래서 1을 나누어 살펴볼 필요가 있다.

1에서 처음으로 나온 수? 그것은 무한수이다. 0에서 1이 나오는 동시에 공간을 무한세계로 뒤덮게 된다. 그래서 자연스럽게 무한수가 창출하게 된다. 여기서 무한수란 범위를 정할 수 없는 초월적 數를 의미한다.

무한수가 만들어 놓은 세계를 우리는 5차원이라 부른다. 時空에 자유롭고 정보가 열려 하나로 연결된 세계, 眞空에 뿌리를 두고 극미하게 분별을 이루는 세상이다.

것'으로 표현했는데, 사실상 이렇게 되어도 절대는 아니다. 분별이 사라지는 동시에 분별과 대칭을 이루기 때문이다. 절대와 상대, 붓다와 중생, 無와 有 같은 것들의 근본 속성을 이해함으로써 그런 개념들에서 자유로워질 때 실존의 본질을 깨닫게 된다.

 그런데 문제는 5차원 무한세계는 분별에 대한 머무름이 너무 미약하여 제2, 제3의 분별로 이어지지 못한다는 것이다. 이 때문에 어떤 면에서 보면 단조로운 느낌을 지울 수 없다.

 이처럼 무한수로 충만한 5차원 세상이 까마득한 세월 동안 지속되었다. 타임머신의 속도를 최대치로 올리지 않는다면 결코 이 시기를 빠져나가지 못할 것이다.

 며칠 동안 시간을 흘려보내자 어느 순간부터인가 차츰 분별에 대한 머무름이 강해지기 시작한다. 5차원의 곳곳에 有力과 無力의 교차가 뚜렷해지면서 상대성相對性이 자리 잡은 것이다.

 그리고 일정 수준을 넘어서자 절대성과 완전히 단절되면서 분별로만 채워진 상대 세계, 즉 4차원이 탄생하게 되었다. 이렇게 한번 분별에 빠져들자 다시금 5차원으로 돌아올 엄두조차 내지 못하게 돼버렸다. 간혹 고향이 그리워 5차원을 두드리는 움직임이 있지만 차원의 문이 굳게 닫혀 열릴 기미조차 보이지 않는다.

 이처럼 깊게 갈라진 5차원과 4차원의 경계, 이것의 속성은 수학의 리밋(Limit)에서 찾을 수 있다. 리밋이란 제아무리 數를 배열하고 연산을 해도 '닮아는 가되 같아지지는 않는 상태'를 말한다.

 이것은 도학의 관점에선 '분별로써 분별을 뛰어넘을 수 없다'는 명제가 되어 자연스럽게 5차원과 4차원의 경계선이 된다. 따라서 리밋을 풀기 위해서는 분별의 규칙을 넘어서야 하고, 이것을 도학에서는 초월, 해탈 등으로 부른다.

 어찌되었건, 5차원에 리밋의 선이 그어지면서 분별의 4차원 세계가 탄생하게 되었다. 4차원에 처음으로 등장한 數, 그것은 허수 i 다. 이것은 5차원과 단절됐음에도 5차원의 성질, 다시 말해 0도 1도

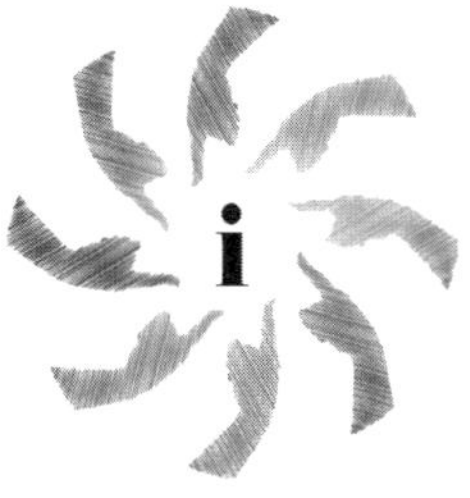

아니면서 0과 1이 통합된 성질을 내포하고 있다.

허수 i 는 空數처럼 통합의 성질을 띠었지만 이에 못지않게 변화의 욕구도 강했다. 그래서 5차원의 통합성에 분별의 물결이 넘쳐나게 되었고, 이렇게 허수 i 로 채워진 세상을 4차원이라 부른다. 그런데 허수 i 가 주도하는 초기의 4차원은 열린 가능성의 세계라고는 하지만, 실상은 빈 캔버스만 휑하니 널려 있어 감상할만한 그림이 부족했다.

다시 시간 여행을 통해 까마득한 세월을 흘려보내자 언제부터인가 분별의 세계를 만끽하려는 듯 불규칙하게 무한 운동을 하는 數들이 나오게 된다. 바로 무리수이다. 무리수란 알다시피 불규칙하게 무한 운동을 하는 數를 말한다. 이렇게 무리수로 가득 채워진 세계를 혼극(混極chaos)이라 한다.

그러다가 차츰 일정한 패턴으로 무한 운동을 하는 數들이 생겨났는데, 이것을 유리수라 한다. 유리수에는 '0.111'처럼 꼬리를 펼치다가 멈춘 놈과 '0.111111…'처럼 꼬리를 직선으로 연속해서 펼친 놈과 '0.123123123…' 처럼 꼬리를 연속해서 회전하는 놈이 있다. 이 가운데 세 번째 놈이 원운동을 하게 되면서 太極이 시작된다.

유리수는 원운동을 하며 무언가 형상을 그려나가기 시작했다. 이때부터 4차원을 가득 메운 추상화가 조금씩 걷히며 질서가 잡히게 된다. 그러니 유리수를 실제적 의미의 창조라고 볼 수도 있다. 도학에서 말하는 율려律呂가 바로 이것이다.

이제 유리수는 회전을 통해 새로운 변화를 창출하게 되었다. 五運六氣라는 창조 운동이 활발해졌고, 유리수[원운동]끼리 결합하여 좀 더 정교한 그림도 그릴 수 있게 되었다. 이런 추세에 부응하여 유리수가 펼치는 변화의 세계를 감상하거나 표현할 필요가 대두되고, 여기서 등장한 것이 바로 정수整數[19]이다. 정수란 원운동의 구조를 확대하여 변화의 마디를 임의로 정한 것이다. 이로써 유리수의 원운동은 더욱 정교해졌고 구체적 인식의 대상으로 떠오르게 되었다. 마침내 정수의 등장과 함께 4차원 세계는 보기 좋게 그려지게 되었다.

그럼, 이제 그림이 완성된 것일까?

정수의 등장과 더불어 천지창조가 모두 끝난 줄 알았는데, 예상외로 또 다른 변수가 생겼다. 그것은 바로 자연수의 출현이다. 자연수는 원운동이 멈춘 것으로 가정하여 바라본 것이다. 즉, 운동하는 세상을 정지된 세상으로 치환하여 다시 그려 낸 허구의 세계, 바로 3차원이다. 이는 4차원의 단면만을 부각하여 고정시킨 가상의 세계이다.

물론 앞서 출현한 정수 역시 원운동에 마디를 정했기에 정지된 느낌을 물씬 풍긴다. 그래서 4차원 세계 역시 일정한 질량과 운동의 메커니즘이 있다. 허나 자연수로 대표되는 3차원에 비하면 정보의 수수授受에 유연하고 훨씬 개방된 질서를 이룬다.

이처럼 정수와 자연수는 비슷한 면이 있지만, 정보의 폐쇄 정도에서 현저한 차이를 보인다. 쉽게, 4차원에서의 분별이 극대화 된 것을 3차원으로 보면 된다. 그래서 3차원에서는, 없는 질량이 있는 것으로 느껴지고 만물이 마치 有로 존재하는 것으로 착각을 불러오게 한다.

자연수로 대표되는 3차원 물질 세계, 여기서 數의 분열은 새로운 전기를 마련하게 된다. 그것은 바로 數를 제멋대로 가지고 놀 수 있는 생명체의 탄생이다. 생명체란 자아가 싹트면서 생겨난다. 그래서 늘 피아彼我의 분

---

19) 본서는 고차원에서 3차원을 내려다보는 관점에서 數를 상징적으로 표현하였기에 일반적인 數의 정의와 관점의 차이가 있다. 가령 유리수에는 정수·분수·자연수가 포함되지만, 본서에서는 소수점 이하가 규칙적으로 무한 운동하는 數만 유리수로 한정하고, 정수·분수·자연수를 유리수에서 독립하여 상징적 의미로 다뤘다.

별을 하고 올바른 처신을 위해 주객의 입장을 저울질한다. 이런 생명체의 상대적 시각에서 출현한 數가 곧 분수이다.

이제 분수를 통해 집합과 요소라는 이중조합으로 우주 삼라만상을 바라보게 되었다. 이 정도의 사유 체계를 지녔다는 것은 진화의 궁극에 이른 인간의 출현을 의미한다. 삼라만상을 감상하는 인간, 이런 특별한 존재의 탄생과 더불어 기나긴 數理의 여행은 종지부를 찍는다.

요컨대, 천지창조란 數의 출현에 맞춰 단계적으로 이루어졌다. 따라서 창조의 섭리를 이해하고 실존을 깨닫기 위해서는 數理에 대한 이해가 선행돼야 한다. 동양철학에서 상수론象數論이라 하여 象과 數를 철학의 근간으로 삼는 이유이기도 하다.

數의 도학적 의미

수數	경계와 창조
空數	5차원 무한세계. 眞空과 연결된 法界.
無數(0)	眞空을 망각하면서 모든 정보가 지워진 無極數.
리밋(limit)	眞空과 分別의 경계선. 상대계의 常數.
허수 i	4차원. 0과 1의 통합적 세계.
무리수	무질서의 혼극混極(chaos).
유리수	太極의 율려 운동. 조화와 질서의 세계.
정수	우주 변화의 원리. 고도의 구체적 질서.
자연수	3차원의 폐쇄 시공간. 0과 1이 분리되어 정지한 세계.
분수	집합과 요소로 보는 상대적 의식. 인간의 출현.

지금까지 타임머신을 타고 차원을 넘나들며 우주의 시작에서 현재까지 여행을 했다. 우주의 그림을 어떻게 그리느냐에 따라 인류 영성靈性의 미래는 달라질 것이다.

세상은 마치 양파껍질처럼 여러 층의 차원으로 되어 있다. 한 껍질에만 머물러서는 정중관천井中觀天의 신세를 면할 수 없다. 계속해서 끝까지 벗겨, 더 이상 벗길 것이 없는 空의 상태까지 도달해야만 실존의 문제를 풀 수 있다. 우리는 그런 길로 쉼 없이 나아가야 한다. 왜냐? 그것이 생명이 지닌 본연의 가치이며 존재 의미이기 때문이다.

제2장

太一論

제1절. 유한세계와 무한세계

우리가 발을 딛고 숨을 쉬고 있는 공간, 이것을 가리켜 世界라고 한다. 世界란 '특정한 시간대[世]에 주어진 한정된 공간[界]'을 뜻한다.

그렇다면 우리가 살고 있는 世界는 어떤 모습으로 존재할까?

世界 속에는 무수한 변화가 끊임없이 일어나고 있으니 뭐라 단정 지어 말하기는 어렵다. 그래서 세세한 변화는 차치하고 구조적으로 접근해 볼 필요가 있다. 먼저 우리가 오감으로 느낄 수 있는 것, 물질을 살펴보자. 이런 것들은 시작과 끝이 한정되어 인간의 감각이나 도구로써 얼마든지 측정이 가능하다. 이 범위를 넘어서면 차원이 바뀌면서 물질이 아닌 상질象質이 되어 관측이 요원해진다.

물질로 이루어진 것들은 얼마든지 범위를 규정할 수 있고, 그래서 이런 것들로 채워진 세계를 유한세계有限世界라 한다. 반면에 시작과 끝을 도저히 찾을 수 없는 것들이 있다. 우주 공간을 보면 너무나 광대해 시종始終을 가늠할 수조차 없다. 시야를 좁혀 소립자의 세계로 들어가도 같은 현상이 발생한다. 너무 작아서 범위를 규정할 수 없는 상황이 돼버리고 만다. 이렇게 시작과 끝의 범위를 정할 수 없는 것들로 채워진 세계를 총칭하여 무한세계無限世界라 한다.

그렇다면 유한세계와 무한세계는 어떤 관계로 이루어져 있을까?

고대 철학자들의 첫 화두는 유한세계였다. 보고 듣고 만질 수 있는 세계이니 자연스럽게 사색의 대상으로 떠올랐을 것이다. 그래서 자연스레 만물의 기원을 찾는 방향으로 흘렀다. 만물의 근원이 원자(atom)이다, 불이다, 물이다, 數이다, 공기이다… 등등 제반의 주장들이 봇물 터지듯 쏟아져 나오게 되었다.

하지만 얼마 지나지 않아 저마다의 한계에 봉착하게 된다. 철학자들이 설정한 최초 인자因子, 즉 제1원인을 캐묻는 질문에 대답할 길이 어디에도 없었기 때문이다. 이것은 과학이 발달한 오늘날에 와서도 변함이 없다. 제1원인을 찾는 것에 대한 압박감은 수천 년 전이나 지금이나 오십보백보五十步百步이다.

가령 길거리에 나뒹굴고 있는 돌멩이를 하나 집어 보자. 이놈은 도대체 어디서 온 것인지 의문을 가져 보자. 화학적 분석을 통해 원소를 찾아내고, 이것을 물리적으로 끝까지 쪼개 들어가면 소립자가 나올 것이다.

이런 근본 질료들은 도대체 어디서 온 것일까?

현대 과학에서는 빅뱅론을 통해 초고밀도로 이루어진 특이점에서 비롯했다고 주장한다. 하지만 특이점 이전의 원인자原因子를 찾아야 되고, 훗날 다행히 찾는다고 해도 다시 그 이전의 원인자에 대한 문제가 반복하게 될 것이다. 그래서 영원히 되풀이되는 모순에 갇히고 만다.

이런 사실을 잘 알고 있던 철학자들은 드디어 무한세계로 시야를 돌리게 된다. 무한세계는 유한세계의 바탕을 이루고 있기에 근원적 질문에 대한 답을 줄 수 있을 것으로 생각한 것이다. 이렇게 되면 무한세계가 유한세계의 원인자가 되면서 부모와 자식의 관계가 성립된다. 「無生有」의 도식이 나오게 되는데, 이는 마치 구멍이 숭숭 뚫린 스위스 치즈처럼 텅 빈 허공 속에 맛깔스런 유한세계가 드리워져 있는 구조가 된다.

그런데 문제는 이제부터이다. 무한세계의 위치가 창조주가 되면서 神이라는 절대적 권위가 부여되기 시작한 것이다. 고대 그리스·로마 철학자들은 무한세계의 본질인 神이, 무한한 질료質料에 범위를 규정함으로써 유한세계가 이루어졌다고 생각했다. 이런 관점에 제각각의 견해를 덧붙임으로써 숱한 철학의 갈래가 태동하게 되었다.

아낙시만드로스(Anaximandros BC610~BC546)는 무한세계에서 아페이론(apeiron)이라는 근원적 요소를 찾았고, 피타고라스는 자신의 數理 연구에 한계 개념을 결합해 무한세계에서 유한세계가 창출되는 과정을 표현했다. 플라톤과 아리스토텔레스 역시 무한세계를 만물의 질료로 생각했는데, 그것을 좀 더 관념적으로 해석하여 이데아(idea)라는 이상적 질서를 찾아냈다. 이들의 이데아는 훗날 메시아(messiah) 사상과 결합하여 창조주 神을 탄생하는 배경이 된다.

플로티노스(Plotinos, 205~270)는 한 발 더 나아가 절대적 존재를 규정하고 이것을 神에 대응함으로써 무한세계마저 神의 필요에 의해 창조한 것으로 생각했다. 神이 무한세계를 바탕에 깔고 그 위에 유한세계를 창조했다는 것이다.

이렇게 되자 무한세계와 유한세계의 간격이 더 벌어졌고 모든 철학적 의문을 '神의 뜻'이라는 아주 간단한 명제로 해결하게 되었다. '神의 뜻'은 사회 전반에 걸쳐 최상위 법이 되었고, 모든 것을 神의 관점에서 보면서 인간은 종속적 피조물의 위치로 전락해 갔다. 그리고 세월이 흐르면서 더 이상 인간의 의심을 허락하지 않는 사회적 풍토가 돼버렸다. 理性의 암흑기로 접어든 것이다.

1. 有限世界
2. 無限世界 → 有限世界
3. 無限世界 = 神 → 有限世界
4. 神 → 無限世界 → 有限世界

물이 차면 물레방아가 돌기 마련이다. 중세에 만연된 인간 이성에 대한 과도한 억압은 결국 르네상스(Renaissance)라는 반발을 불러오게 된다. 멈춰버린 인간의 철학적 탐구를 재가동시키게 된 것이다. 여기서 '사고思考와 존재의 관계' 라는 문제가 철학의 중심에 자리 잡게 되었다. 인간의 정신을 깊이 연구함으로써 잃어버린 인권人權을 神으로부터 되찾으려 한 것이다.

인권은 신권神權이 몰락해야만 싹이 틀 수 있다. 그래서 神에 맞서기 위해 자연을 부각시키게 된 것은 필연이다. 기상현상을 비롯한 자연의 변화들은 神의 뜻과 무관한 물리 현상일 따름이다. 그래서 철학자들은 자연을 강조하기 위해 자연 현상을 연구하였고, 여기서 이탈리아를 중심으로 한 자연철학의 출현을 가져왔다.

그리고 자연에 대한 이해가 깊어짐에 따라 과학의 발전이 가속화하게 되고, 이에 발맞춰 더욱 논리적인 사고 형태가 생겨나게 된다. 베이컨(Francis Bacon)이나 데카르트(Descartes Rene)에 의해 '과학적 인식의 방법'에 관한 논의와 로크(Locke, John)와 흄(David Hume) 등의 '관념의 기원'에 관한 논의들이 나오면서 근대철학이 자리 잡게 된다. 그리고 이런 시류에 기름을 끼얹은 이가 바로 임마누엘 칸트(Immanuel Kant)이다. 그는 인식론적 방법을 보다 세밀하게 체계화하여 인간의 이성이 잘 자랄 수 있는 토양을 마련했다.

여기서 주목할 만한 것은, 이런 일련의 노력을 통해 무한세계에서 갈라져 나온 神을 다시금 무한세계 속으로 집어넣었다는 점이다. 「무한세계 = 神」의 등식을 만들어 神을 자연에 가깝게 표현한 것이다. 이렇게 되면 인간은 그만큼 神과 가까워질 수 있고 종속적 개념에서 탈피할 수 있다. 인간 속에 神이 내재해 있고, 따라서 영성靈性을 개발하면 얼마든지 神이 될 수 있는 구조이다. 여기서 다시 全知에 대한 인간의 열망이 불붙게 된다.

全知에 도달하기 위해서는 無知를 털어내야 한다. 그러기 위해서는 끝까지 의심하고 부정하여 더 이상 거부할 수 없는 진리를 가려내야 한다. 여기서 헤겔(Hegel)의 변증법이 시작되었고, 이런 회의적 사고를 통해 사유의 폭이 보다 넓고 자유롭게 되었다. 이에 힘입어 온갖 철학들이 앞다투어 꽃을 피우며 오늘에 이르게 됐다.

그렇다면 다시 현재의 시점에서 되묻고 싶다. 유한세계는 무한세계에서 비롯한 것인가?

만일 그것이 사실이라면 무한세계는 무엇으로 이루어져 있으며 어디서 비롯한 것인가?

이 문제를 풀기 위해서는 실존의 문제를 다루어야 하며, 이것이 바로 철학 중의 철학, 도학道學이다.

제2절. 공간의 끝은 어딘가?

무한세계를 이해하기 위해서는 첫째로 공간의 시작과 끝을 이해해야 한다. 이것을 이해하지 못하고는 무한세계에 대한 접근 자체가 요원하기 때문이다.

그렇다면 과연 공간의 시작은 어디인가? 다시 말해 허허虛虛한 공간의 어느 곳에 점을 찍어야 시작점이 되는 것일까?

이것은 마치 하늘의 어느 특정한 곳을 가리켜 하늘의 시작이라고 말하는 것과 같다. 하늘은 하나의 덩어리로 이루어져 있기에 시작도 끝도 논할 수 없다.

그렇다면 공간의 끝은 어디인가?

시작이 없는 데 끝을 따질 수는 없다. 하지만 혹시 바다처럼 이렇다 할 끝은 없어도 경계는 있지 않을까? 육지와 맞닿는 곳 말이다. 만일 그렇다면 그곳이 공간의 끝이 될 것이다.

공간의 끝!… 그런 곳이 실제 있다면 그 끝 너머의 세계는 과연 무엇으로 이루어져 있을까? 우리는 이러한 의문을 계속해서 던져볼 수 있다.

이것은 매우 단순한 질문 같지만 유사 이래 아직도 인류가 풀지 못하고

있는 난제 가운데 하나이다. 동서고금의 철학은 바로 이 화두를 뿌리로 삼아 가지를 뻗치고 있다고 해도 과언이 아니다.

공간의 시종始終에 관한 질문은 유소년기에 종종 가져본 경험이 있을 것이다. 하지만 너무나 막연한 질문이어서 금세 일상사 속에 묻히고 만다. 사실상 이 문제는 뭇 철학의 정수에 해당하는 것으로, 이 점만 명확히 풀어도 철학의 대간을 바로 잡을 수 있다.

다시 한 번 묻는다. 공간은 끝이 있는가, 없는가?

1초에 138억 광년의 속도로 달린다고 가정하자. 당신은 1초 후에 우주의 경계선에 도달할 것이다. 그런데 여기가 끝이 아니다. 이제부터 본격적인 달리기가 시작된다.

같은 속도로 한 방향을 향해 달려간다. 그렇게 천 년 만 년 달린다. 과연 공간의 끝이 나올 것인가? – 이때 공간이 휘어져서 제자리로 돌아온다는 생각은 접어두자. –

만일 그 끝이 안 나온다면 이번에는 속도를 무한대로 올리고 다시 달려보자. 이번에는 그 끝이 나올 것인가?

경우의 수는 두 가지로 예측할 수 있다. 첫 번째는 끝이 나오는 경우이고, 두 번째는 영원히 끝이 없는 경우이다. 이 두 가지 경우를 놓고 어느 쪽이 더 타당한지 곰곰이 따져 보자.

전자의 경우, 공간의 끝이 나온다고 하면 어떨까?

이제 공간의 끝에 도달하여 앞으로 나아갈 수가 없다. 어떤 벽에 막혀 한 발짝도 내딛을 수 없게 된 것이다. 그런데 여기서 또 하나의 의문이 든다. 그 막 너머에 있는 공간은 뭐냐는 것이다.

정리하면, 공간의 끝을 정하는 순간 그 자체로 모순된 상황에 처하게 된다. 획즉모순劃則矛盾이 되고 마는 것이다.

그렇다면 이제 탈출구는 한 곳이다. 우주의 끝이 없는 후자의 경우이다. 직선의 궤도를 따라 무한한 속도로 영원히 달려도 끝이 나오지 않게 되었다.

여기서도 마찬가지의 모순된 상황에 처하게 된다. 우리가 살고 있는 세계는 有로 이루어진 세계이다. 이런 세계는 시작이 있으면 끝이 있게 마련이다. 그런데 아무리 달려도 끝이 없다고 하면 그 자체로 모순이다. 공간이 끝이 없게 되면 그 속에 존재하는 세계는 실재(有)가 아닌 환상이 되는 까닭이다.

혹자는 우리가 생각하는 직선 궤도가 실상은 굽어져 있고, 그래서 마치 원처럼 빙빙 돌기에 끝이 없다고 주장한다. 하지만 이런 얘기는 논점을 벗어나 있다. 원을 빙빙 돈다고 해도, 그 원 바깥의 공간은 여전히 남아 있기 때문이다.

이제 우주의 끝을 상정하는 문제는 양자모순에 부닥치고 말았다. 왜 이런 불가지不可知한 상황에 처하게 된 것일까? 이것을 풀기 위해서는 우리가 실재라고 생각하는 有의 세계를 보다 근원적으로 살펴볼 필요가 있다.

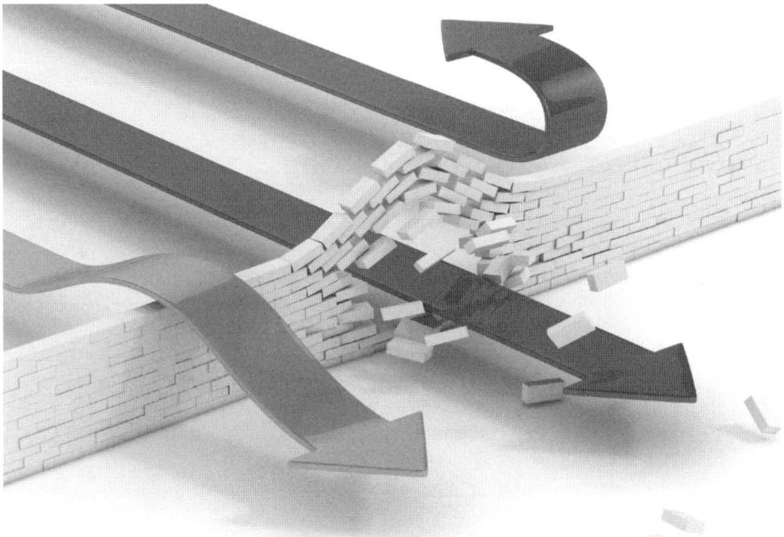

제3절. 제1원인과 절대

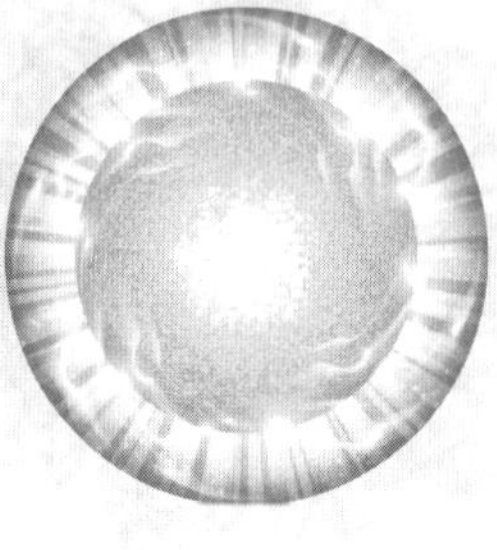

영겁의 세월 이전으로 거슬러 올라가 보면 과연 무엇이 있을까?

빅뱅론에서 말하는 초고밀도로 이루어진 특이점이나 홀로 존재하고 있을까?

만일에 그렇다면 특이점 이전으로 더 거슬러 올라가 보자. 내친김에 무한대로 세월을 되돌려 時空[20]이 만들어지는 순간까지 가 보자.

이때 時空을 만드는 무언가가 있을 것이다. 바로 조물주라 불리는 최초의 인자因子, 제1원인이다.

제1원인의 상태를 잠시 살펴보자. 가장 단순한 두 가지 측정 도구인 有와 無를 가지고 말이다.

첫째, 제1원인은 有로 되어 있는가?

사실 이 질문은 자체적으로도 모순되어 보인다. 제1원인에 어떤 무엇이

20) 임마누엘 칸트는 1781년 [순수 이성 비판/Kritik der reinen Vernunft]을 통해 時空의 시작과 끝을 논하는 문제는 이율배반이라고 주장했다. 우주가 출발점을 가진다는 정립(定立)과 출발점이 없이 영존한다는 반정립(反定立)이 모두 나름의 설득력을 가진다는 것이다. 하지만 왜 그런지에 대해서는 설명하지 못했다. 칸트 뿐만 아니라 인류 역사상 어느 누구도 정확한 이론으로 설명한 경우는 없었다.

있는 것으로 전제를 깔았기 때문이다. 따라서 물어보나 마나 有로 보일 것이다. 만일에 無라고 한다면 그 어떤 인과因果도 만들 수 없기에 단연코 제1원인이 될 수 없다.

無가 답이 아니라면 남은 것은 有밖에 없다. 하지만 좀 더 따져보면 그렇게 간단치만은 않다. 왜냐, 有라고 하는 순간 無와 마찬가지로 제1원인으로서의 자격을 잃기 때문이다. 有가 되면 그 이전의 또 다른 무언가가 존재해야 하기에, 자존성自存性의 문제에 걸리고 만다.

정리하면, 제1원인은 어떤 원인도 없이 스스로 존재해야 한다. 그런데 有라고 하면 그 有가 존재하게 된 또 다른 원인이 수반되고 만다. 여기서 매우 곤혹스런 상황에 처하게 된다. 有라고 하면 자존성에 걸리고 그렇다고 無라고 하면 창조성에 걸리기 때문이다. 실로 진퇴양난進退兩難이 아닐 수 없다.

다시 시간을 거슬러 올라가 보자. 무한대로 쭉 시간을 되돌려보는 것이다. 그런데 이런 무한대 장난을 반복해 봐도 상황은 달라지지 않는다. 제1원인이라 생각하는 최초의 인자가 아무리 등장해도, 有·無의 잣대를 들이대는 순간 곧바로 양자모순에 빠지기 때문이다.

이 문제를 과연 어떻게 풀어야 할까?

분명한 것은 제1원인이란 時空이 창조되기 이전의 상태라는 것이다. 時空이 없으면 아무것도 없다는 것인데, 이런 상태는 과연 어떻게 존재할 수 있을까?

아무것도 없다는 것은 비교할 대상이 없음을 말한다. 그래서 이런 상태를 일러 절대絶對라 한다. 절대란 말이 나오니 생소할 수도 있으리라.

비교할 대상이 없다는 것은 쉽게 말해 나 홀로 존재한다는 것인데, 석가가 말했던 천상천하유아독존天上天下唯我獨尊이 이것인가?

사실 온 우주가 사라지고 나 홀로 남게 된다고 해서 절대가 되는 건 아니다. 왜냐, 혼자만 있더라도 아직은 비교할 대상, 즉 無가 남아 있기 때문이다. 없는 것(無)과 비교를 하며 자신이 혼자 있음을 알게 된다. 이렇게 비교할 수 있는 無가 있기에 여전히 절대가 아닌 상대相對에 머물러 있게 된다.

따라서 유일신이라 일컫는 神은 절대가 될 수 없다. 온 우주가 탄생하기 전에 홀로 존재했다고 하더라도 절대는 아니다. 비교할 수 있는 無가 있기에 상대의 범주에 속하며, 상대에 속하면 그 어떤 기적을 부려도 피조물이라는 신세엔 변함이 없다.

그렇다면 無도 없어야만 되는 상태, 도대체 그런 절대란 무엇인가?

바로 有·無의 분별이 끊어져야만 가능한 상태이다. 有·無가 合一되어 분별이 끊어진 상태, 이것이 절대이다. 이것을 절대 외에 실존, 道, 진리, 원신元神, 진공眞空… 등으로 다양하게 부른다.

이름이 너무 많으니 한 가지로 통일할 필요가 있다. 도학에서는 주로 太一이라는 용어를 쓴다. 분별이 끊어져 하나로 통일된 상태[21]를 강조하기 위해서다. 太一, 이것은 있는 것[有]도 없는 것[無]도 아니어서 시간도 공간도 없다.

이것도 저것도 아니면 아무것도 아니라는 것인가?

사실이 그렇다. 아무것도 아닌 놈이다. 일체의 분별이 끊어진 상태로 그저 그렇게 존재만 하고 있다. 공간이 없으니 모든 곳에 있으며, 시간이 없으니 영원하다. 그래서 우리는 이런 太一을 일러 서스럼없이 실존實存이라 부른다.

21) 분별이 멈추면 이 또한 분별이다. 그래서 분별이 제대로 멈추려면 분별을 포함해야 한다. 다시 말해 분별이 없으면서 분별이 있게 되는 상태이다. 이렇게 되면 분별이란 것 자체가 증발해서 경계가 묘연해진다. 세존이 [나는 아상·인상·중생상·수자상이 있다. 그리고 나는 아상·인상·중생상·수자상이 없다]라고 말한 것도 같은 맥락이다.

제4절. 空이란 무엇인가?

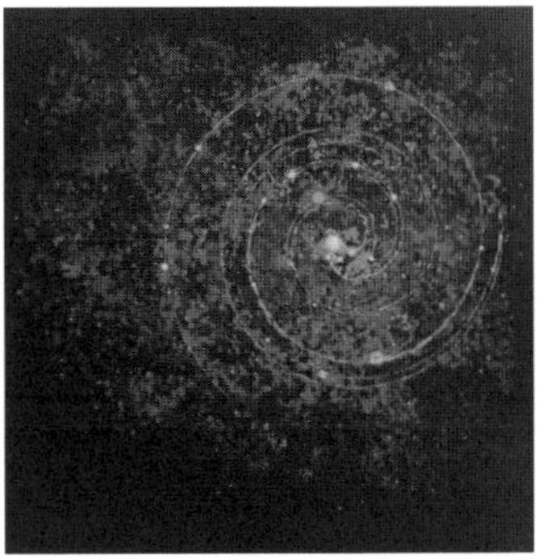

앞서 제1원인은 절대絶對여야 하고, 절대는 有·無를 동시에 만족해야 함[22]을 알았다. 그렇다면 이런 논리를 가지고 공간의 경계를 정해 보자.

공간이 유한하건 무한하건 둘 중 하나는 사실일 것으로 여겨져 왔다. 그런데 공간이 유한해도 모순이요 무한해도 모순이다. 이 문제는 앞서 살펴봤듯이 양자모순에 걸리기 때문에 동서고금을 막론하고 정확한 답을 내리지 못하고 있는 실정이다.

왜 양자모순에 걸리게 된 것일까?

양자모순에 걸린다는 것은 전제가 잘못됐다는 것을 의미한다. 그렇다면 전제란 어떤 것인가?

그것은 우리 우주가 有로 이루어졌다는 것이다. 有란 無에 대비한 것으로, 글자 그대로 '있는 것'이다. 없지 않으면 무조건 '있는 것'이다.

---

22) 有·無를 동시에 만족하다는 표현이 절대의 정의로 적합한 것은 아니다. 왜냐하면 有·無를 동시만족하면서도 동시만족하지 않을 수도 있기 때문이다. 심지어 有나 無 어느 하나만 만족할 수도 있다. 다만 독자들이 여태껏 有·無를 가르는 것에만 익숙하기에 그런 고정관념을 깨기 위해 절대의 한쪽 면을 강조해서 표현했다.

그렇다면 有를 따져 보자. 지금 현재 생각하고 있는 '나'가 있고, 눈을 비롯한 감각 기관에 연결된 외부의 세계가 펼쳐져 있다. 이것들이 실제와 다르게 왜곡됐다 해도 없는 것이 아니므로 분명히 有일 것이다. 그리고 내 주변의 有가 확대된 우주 삼라만상 모두가 有일 것이다.

그렇다면 다시 한번 반문해 보자. 당신이 有라고 생각하는 것이 분명한 有인지 말이다. 모두들 이 물음에, 無가 아니므로 당연히 有라고 대답할 것이다.

그렇다면 다시 無에 대해서 알아보자. 無란 어떤 것을 말하는가?

이것 역시 대답은 간단하다. 있는 것(有)이 아니면 無라 할 것이다.

왜 有와 無를 묻는 질문에 서로 비교하면서 답을 내리는 것일까? 독립적으로 해납을 찾지 않고 말이다. 그것은 혹시 有와 無가 상호 밀접한 연관을 짓고 있다는 사실을 암시하는 것은 아닐까?

그 점을 분명히 알기 위해서 [도덕경道德經 2장]을 펼쳐 보자

있음(有)과 없음(有)이 함께 있어야 존재가 이루어질 수 있다. 어렵고 쉬운 것이 함께 있어야 문제가 성립되고, 길고 짧은 것이 함께 있어야 비교가 되고, 높고 낮은 것이 함께 있어야 경사가 생기고, 내뱉는 소리와 들어오는 소리가 함께 있어야 소리가 어우러지고, 앞과 뒤가 함께 있어야 순서가 생기는 것과 같은 이치이다.

有無相生 難易相成 長短相較 高下相傾 音聲相和 前後相隨

이상을 보면, 有와 無가 함께 있어야만 존재가 이루어질 수 있다고 명시하고 있다. 이것에 대한 풀이가 연이어 나오는데, 핵심만 추리자면 길고 짧은 것이 분리 될 수 없는 것과 같은 이치라는 것이다.

이것이 무엇을 의미하는 것일까?

有라는 것은 無에 대비하여 존재하고, 반대로 無는 有에 대비하여 존재한다. 有와 無는 따로 독립할 수 없는 상대적 존재라는 것이다. 하나의 끈으로는 길고 짧은 것을 알 수 없듯이 有나 無를 쪼개서는 양자兩者가 성립될 수 없다. 한마디로 有와 無는 가를 수 없는 일체이용一體二用의 존재이다.

그렇다면 우리가 '있다(有)' 고 느끼는 것들의 정체는 무엇인가?

그것은 有와 無를 동시에 만족하는 것들이다. 다시 말해 有가 아니라 有無이다. 有와 無가 동시에 존재하는 것으로, 이것을 불도에서는 空, 도가道家에서는 谷[23]이라 한다. [반야심경般若心經]에서 말하는 색즉시공色卽是空 공즉시색空卽是色도 같은 맥락이다.

有란 것은 존재하지 않으며, 존재할 수도 없다. 사실 有가 있다고 믿는 것만큼 어리석은 것은 없다. 그래서 有를 존재로 믿는 사람들을 일러 중생이라 총칭한다. 왜냐, 모든 분별은 有無로 가르면서부터 시작되었기 때문이다. 有와 無를 가르지 않고 한몸인 空[24]으로 볼 때 비로소 道의 문고리를 쥐게 될 것이다.

그렇다면 다시 원점으로 돌아와서 공간의 끝은 어디인가?

이제 전제가 有에서 有無, 즉 空으로 바뀌었다. 전제가 有이면 공간의 끝이 있어야 한다. 하지만 이렇게 되면 공간의 끝이 있어도 모순, 없어도 모순이 되고 만다. 반면에 有無를 동시 만족하는 空은 시작과 끝을 논할 수 없다. 시종始終을 논할 수 있는 것은 오직 有에 국한된다. 有가 아닌 空은

23) 谷이란 구멍(口)에서 샘물(八)이 솟아나고 있는 형상이다. 텅 빈 곳에서 무언가가 생겨난다는 뜻으로, 불교의 空과 같다.

24) 空을 편의상 [有·無가 한몸]으로 말했지만, 有·無가 한덩어리로 있는 상태 역시 有로 볼 수 있다. 수학의 [1+0=1]인 것처럼 말이다. 그래서 有·無를 한몸으로 본다고 空을 이해하는 것이 아니다. 有·無의 존재 원리, 다시 말해 그 실상을 꿰뚫어야 비로소 空을 볼 수 있다.

시종을 논할 수 없다. 「따라서 우주는 끝이 있는가?」라는 질문은 성립하지 않는다. 이런 질문은 [有 = 실재]라는 전제에서 나온 발상이다. [有 ≠ 실재]가 된 이상 공간의 시종을 논하는 것은 자동소멸한다.

우리가 있는 것으로 느끼는 것들…, 이것들의 실체는 有가 아니다. 교묘하게 정보가 얽혀 '있는 것' 으로 보일 뿐이다. 그렇다고 이것은 無도 아니다. 有와 無를 동시에 만족하는 空이다.

따라서 天地는 有에서 나온 것도 아니고 無에서 나온 것도 아니다. 만물의 근원을 有에 두면 제1원인의 모순에 걸리고, 반대로 無에 두면 창조의 문제에 걸린다. 이것은 삼라만상의 실상이 有도 아니고 無도 아니기에 그런 것이다.

天地는 空에서 나왔고, 이것은 어떤 새로운 것이 만들어진 것이 아니라 여전히 空일 따름이다. 태초부터 지금까지 영원히 空의 모습으로만 존재했고 앞으로도 그렇게 존재할 것이다.

그래서 [천부경天符經]에서 다음과 같이 언급하고 있다.

하나에서 만물이 시작되지만 시작된 바가 없다. 하나로 만물이 끝나지만 끝나는 바가 없다. 一始無始一 一終無終一

창조란 것은 알고 보면 空에서 空을 만들어낸 것이고, 종말이란 것도 空에서 空으로 돌아간 것이니 시작도 끝도 없다.

空!… 이것이 실존의 참모습이다. 有와 無로 가를 수 없기에 절대라고 하고, 자존하며 영원불변하기에 太一이라 한다. 환유幻有를 일으켜 분별인 듯 꾸미기에 元神이라 하며, 허상虛象이 없기에 진리라 한다. 삼라만상이 결국 이것으로 복귀하게 되니, 이름하여 道라 한다.

제5절. 절대와 창조

1. 太一의 명명

우리는 앞에서 太一은 非有非無한 절대의 상태로 실존한다는 사실을 알았다. 그렇기에 공간의 끝을 논하는 것은 그 자체로 성립하지 않는다. 시작과 끝을 거론하는 것 자체가 모순이며, 이런 관점에서 보면 生死 또한 가를 수 없는 구조로 되어 있음을 짐작할 만하다.

이 사실을 온전히 깨닫게 되면 이것을 영생永生이라 한다. 영생은 不死의 몸을 받게 되는 것을 말하는 것이 아니라, 삼라만상이 오고 감이 없는 한 생명이라는 사실을 깨닫는 데에 있다. 다시 말해 자신이 곧 太一임을 자각함으로써 불생불멸不生不滅의 원상을 회복하는 것이다. 그래서 한소식 들으면 보살이요, 그 소식에 푹 파묻히면 부처라 한다.

太一의 성질에 대해서 좀 더 살펴보자.

제1원인으로 성립되기 위해서는 필연적으로 스스로 존재하는 성질, 즉 자존성自存性을 지녀야 한다. 자존성은 어느 무엇에 의해 생긴 것이 아니기 때문에 자연적으로 영원성永遠性을 띠게 된다. 그리고 영원성은 곧 변함없이 그대로인바 불변성不變性을 수반하게 된다. 이 세 가지 요건 중에 어느 한 가지를 충족하면 나머지 두 요건도 더불어 충족된다. 그래서 자존성, 영원성, 불변성을 제1원인의 3대 속성이라 한다.

여하튼 제1원인인 太一에서 4차원 象界가 비롯되고 여기서 다시 3차원 形界가 창출된 것인바, 太一이야말로 萬象과 萬物의 근원이며, 萬法이 귀일歸一하는 참다운 실존이라 할 것이다.

제1원인을 세간에는 진리, 道, 열반, 절대, 본성, 일심, 불성, 조물주, 천주, 진공, 진아, 원신, 본처… 등으로 다양하게 표현하고 있으나 모두 동체이명同體異名일 따름이다. 이렇게 다양한 제1원인에 대한 명칭들은 논리 전개의 정확성을 꾀하기 위해 통일할 필요가 있다. 규격이 제각기 다른 벽돌을 가지고는 일정한 담을 쌓을 수 없듯, 용어의 正名이 없이는 명확한 사상의 전개를 기대할 수 없는 까닭이다.

그렇다면 제1원인에 대한 명칭을 정함에 어떤 것이 가장 적당할까?

물론 앞에 거론한 어떤 명칭도 가능하겠지만, 이런 명칭들은 제1원인이라는 뜻보다는 절대성이나 창조성 등에 치중된 면이 없잖아 있다.

가령 道를 보면, 진리나 정법이라는 이중개념을 수반한다. 제1원인을 가리키는 것은 맞지만 이것 외에도 다의적으로 사용되고 있다. 열반涅槃이나 본성, 불성 등의 표현 또한 어떤 조건에서 제1원인을 거론할 때 사용하는 용어들이다. 가령 인간 정신의 완성, 혹은 마음의 본질을 논함에 있어서 사용하는 주관적 용어들이다.

그렇다면 절대라는 용어는 어떤가?

절대는 분명 제1원인 쪽으로 초점이 맞춰져 있는 것이 사실이다. 하지만 절대는 제1원인의 여러 속성 가운데 하나일 뿐이다. 일부를 가지고 전체의 이름으로 삼을 수는 없다.

그렇다면 제1원인을 어떻게 부르는 것이 가장 좋을까?

萬象과 萬物은 제1원인인 '하나'에서 비롯하였다. 그런즉 萬法이 귀일하는 '하나'의 의미를 살릴 필요가 있다. 그리고 이 '하나'야말로 영원불변하며 무한히 존재하는 바, '하나(一)'에 '太'자를 부여하여 太一이라 명칭함이 적당할 것이다.

太一 ……

자존성, 영원성, 불변성을 지닌 절대체로서, 제1원인을 표현하는 가장 도학적인 용어라 할 것이다.

3대 성질	기타 성질
自存性	絶對性
永遠性	統一性
不變性	創造性

2. 자존하는 太一

自存이란 어느 무엇에 의해 생겨나지 않고 스스로 존재하는 것을 말한다. 그렇기에 삼라만상의 근원이며 본처가 된다. 우리는 이런 조건을 만족시키는 존재를 太一이라 부르기로 했다.

그런데 과연 太一은 어떻게 원인 없이 존재할 수 있을까?

《우다나優陀那80》에 보면 자존체自存體가 있음을 설명하는 구절이 있다.

① 비구들이여! 이러한 곳이 있다. 그곳에는 흙도 없고 물도 없으며, 불도 없고 바람도 없다. 그곳은 허공으로 텅 빈 곳도 아니고, 그렇다고 분별이 가득 찬 곳도 아니다. 이 세상도 아니고 저 세상도 아니어서 어떤 곳도 되면서 또한 어떤 곳도 안 되는 곳이다.
② 비구들이여! 그곳으로 오고 간다고 말할 수 없으며, 그곳에 머문다거나 그곳에서 태어나고 죽는다고 말할 수 없다. 그곳은 어느 무엇에 의해 생겨난 곳도 아니며, 어느 무엇에 의지해 있는 곳도 아니다.
③ 비구들이여! 생겨난 것이 아닌 것, 이루어진 것이 아닌 것, 만들어진 것이 아닌 것, 합성된 것이 아닌 것이 있다.
④ 비구들이여! 생겨난 것이 아닌 것, 이루어진 것이 아닌 것, 만들어진 것이 아닌 것, 합성된 것이 아닌 것이 있기 때문에, 생겨나고 이루어지고 만들어지고 합성된 것을 꺼려 떠나는 일을 할 수 있는 것이다.

①에서는 상대적 대립을 초월하여 도저히 가늠할 수 없는 어떤 존재가 있음을 표현하고 있다. 그리고 ②와 ③에서 이 존재는 어느 무엇에 의해 생성되지 않고 自存하고 있음을 밝히고 있다.

만일 自存하는 것이 없다면 영원성과 불변성은 어디에서도 찾을 수 없고, 결국 이상향에 대한 인간의 꿈과 노력은 허망한 것이 되고 말 것이다.

그런데 다행히도 어느 무엇에 의해 생겨나지 않고 自存하는 것이 있다. 그렇기에 인간은 변화하여 소멸될 상대적 환유幻有에서 벗어나 영원불변하는 절대적 실존에 도달하기 위한 구도행을 할 수 있다. 도통하고 견성·성불하려는 제반의 노력과 이렇게 해서 성취한 경지가 무의미하지 않게 되는 것이다.

《팔천송반야八千頌般若|31-1》에서도 자존체인 太一과 그 성질에 대한

설명을 찾아볼 수 있다.

여래는 어디로부터 오는 것이 아니며, 또한 어디로 가는 것도 아니다. 왜냐하면 불변하는 것이 진여眞如인데, 이것이 곧 여래인 까닭이다. 소산所産이 아닌 것은 오고 감이 없는 바, 여래는 소산이 아니다. 진여에는 아무런 분별이 없으니, 진여는 다만 유일무이한 것일 따름이다.

이상의 구절은, 어느 무엇의 소산所産이 아닌 자존체가 곧 진여眞如이고, 이것은 모든 상대적 대립을 초월하여 하나로 통일되어 있는 유일무이한 존재임을 밝히고 있다.

이와 같이 太一이 자존체임을 언급하는 구절은 비단 이상의 예문에만 있는 것이 아니다. 문제는 어떤 이유로 太一이 자존성을 띠게 되었는가 하는 점에 있다. 다시 말해, 어느 무엇의 원인도 영향도 받지 않고 어떻게 스스로 존재할 수 있는지 파악하는 것이 화두의 골자이다.

존재하는 모든 것은 존재하게 된 원인을 필연적으로 수반한다. 그런데 어째서 太一만이 원인 없이 스스로 존재할 수 있는가?

그러나 아쉽게도 이 의문에 대한 설명은 동서고금의 어떤 문헌에서도 찾아볼 수 없다. 자존체를 이해하기 위해서는 반드시 有·無의 개념을 통해 실존의 문제에 접근해야 한다. 有와 無를 이해하지 않고는 실존에 한 걸음도 다가설 수 없다.

우리는 앞서 공간의 경계를 논하면서 有·無에 대해 살펴봤다. 다시 말하지만 太一은 有가 아니다. 그렇다고 無도 아니다. 非有非無하면서 동시에 有·無를 만족하는 놈이다. 그렇기에 어떤 분별도 일으킬 수 없으며, 역으로 그 어떤 분별도 일으킬 수 있다. 그래서 절대의 경지이다.

이런 놈이 과연 실존하고 있을까? 有도 아니고 無도 아닌 놈은 그 자체로 모순으로 보인다.

우리는 여기서 생각의 일대 전환이 필요하다. 혹시 非有非無를 모순으로 바라보는 당신의 눈이 잘못된 것은 아닌지 말이다. 非有非無를 모순으로 생각하는 것은 有를 실재實在로 보기 때문이다. 그런데 有가 실재가 맞기는 한 것인가?

지금 보고 듣고 만져지는 것들이 눈앞에 펼쳐져 있다. 이것들이 有가 아니면 뭐냐고 반문할 수도 있을 것이다. 하지만 앞서 언급한 바 있듯이 有란 것은 있는 것처럼 보이는 것뿐이지 실제로 있는 것은 아니다.

有가 아니라면 無라는 것인가? 無라고 한다면 보이거나 만져질 수가 없지 않은가?

無 역시 아니다. 그것은 有도 無도 아닌 것들이다. 다시 말해 존재하는 모든 것은 有도 無도 아닌 제3의 존재 형태를 띠고 있다. 그것은 非有非無로 존재하는 空이다.

空이란 글자를 분석해 보면 '穴 + 工'이다. '穴'은 텅 비어 無처럼 보이며, '工'은 무언가를 쉼 없이 그려내기에 有처럼 보인다. 無처럼 보이는 '穴'과 有처럼 보이는 '工'이 한 몸으로 존재하는 것이 空이다.

空은 시시각각 글자의 크기가 바뀐다 '穴'이 커져 가분수가 되기도 하고 '工'이 커져 오뚝이처럼 변하기도 한다. 하지만 변하지 않는 것은 '穴'과 '工'이 분리될 수 없다는 사실이다.

삼라만상은 그것이 어떻게 변하던지, 아니면 궁극에 이르러 소멸되던지 그 결과에 상관없이 늘 같은 모습 空이다. 有와 無를 동시에 만족시키는 상태로 영원불변하며 그 모습 그대로 존재하고 있다.

空! 이것이 실존의 참모습이다. 그래서 색즉시공色卽是空이고 공즉시색空卽是色이다.

요컨대 有라는 것은 無에 대비해서 생겨난 것으로, 혼자서는 성립될 수 없다. 無 또한 마찬가지이다. 有·無는 동시에 존재하며, 이것이 있는 것처럼 보이는 환유幻有[25]의 세계를 그리고 지우기를 반복하고 있다. 삼라만상이 그려졌을 때를 창조라 하고 삼라만상이 지워졌을 때를 복귀라 한다. 창조와 복귀를 영원히 반복하며 실존하는 것, 이것이 太一이다.

象出於一 形出於象 天地始生 萬法歸一 可萬象萬形之根也 以自存 永遠而不變 其名不在 而强爲之名 曰太一也

一에서 象이 나오고 象에서 形이 나와 天地가 始生한다. 萬法이 歸一하니 가히 萬象과 萬形의 근원이다. 自存함으로써 영원하고 불변한다. 그 이름은 존재하지 않으나 억지로 이름 붙이자면 太一이다.

---

25) 환유(幻有)란 있는 것 같은데 실제는 있지 않은 것을 말한다. 여기에 해당하는 것은 상상이나 꿈과 같은 정보들이다. 그런데 곰곰히 생각해 보면 꿈이나 상상도 없는 것은 아니다. 그러면 有이어야 하는데, 有가 아니라고 한다. 이렇게 되면 분명 모순인데 모순이 아니라고 하니 답답할 노릇이다. 왜 우리는 상반되는 명제가 함께 있으면 모순으로 인식하는가? 혹시 모순은 3차원 세계에서 생존하기 위해 우리가 꾸며낸 관념이 아닐까?

3. 太一의 구성과 작용

지금까지 太一을 非有非無한 절대체로 파악했다. 그렇다면 太一에서 어떻게 환유幻有작용이 일어나서 天地를 그릴 수 있었을까?

존재한다면 작용이 있을 테고, 작용이 있다면 작용의 주체가 있을 것이 자명하다. 그렇다면 太一을 구성하며 작용의 주체가 되는 요소는 과연 무엇일까?

《능가경楞伽經83》에는 다음과 같이 太一에 관하여 언급하고 있다.

形色이 사라지고 일체의 분별이 멎을 때 남는 것, 그것이 사물의 여실한 본바탕이다. 모든 것을 초월해 있기에 그것의 본실에 관하여 어떠하다고 말할 수 없다.

이상의 구절에서는, 太一이란 곧 形色과 일체의 분별을 초월한 사물의 진실한 바탕이라고 말한다. 이러한 초월적 절대체인 太一에서 萬象과 萬有가 비롯하였다면, 반드시 그 구성 요소와 작용의 주체가 있을 것이다. 그러나 아쉽게도 이 점에 대해서는 아무런 언급이 없다. 비단 이 구절만이 아니고 현존하는 그 어떤 문헌에서도 제대로 된 설명을 찾아 볼 수 없다.

예를 들어《도덕경道德經14》에는 다음과 같은 구절이 나온다.

보아도 보이지 않는 것을 일러 이夷라 하고, 들어도 들리지 않는 것을 일러 희希라 하고, 잡아도 잡히지 않는 것을 일러 미微라 하지. 이 세 가지는 도저히 헤아릴 수 없는 것이야. 道란 바로 이 세 가지가 하나로 뒤섞여 보거나 듣거나 잡을 수 없는 것이야.

道는 위라 하여 밝은 것도 아니며 아래라 하여 어두운 것도 아니며, 이렇게 분별이 없는 가운데 끊임없이 펼쳐져 있는 바 무엇이라 이름 할 수도 없지. 그러면서 결국은 無로 돌아가니 이를 일러 어떤 형태도 없다 하며 또한 아득하고 묘연하다고 하는 것이야. 그런즉 道를 맞이하고자 하나 머리도 볼 수 없고, 道를 따르고자 하나 꼬리도 볼 수 없도다.

이상의 구절을 보면, 만물의 근원과 실상을 道로써 능히 파악할 수 있다고 하였는데, 정작 그 道에 대한 설명은 논리적이라기보다는 다분히 추상적이고 시詩적이다.

제반의 문헌들에 나와 있는 太一에 대한 설명은 모두가 이와 같이 애매모호한 식으로 되어 있다. 대개가 문제 해결의 열쇠인 道를 제시하고는 있지만, 그 열쇠가 구체적으로 어디에 있고 또한 어떻게 사용하는 것인지에 대해서는 묵묵부답일 뿐이다. 실로 불립문자不立文字이고 교외별전敎外別傳이어서 모호한 표현이 불가피한 것인지, 아니면 분명한 답을 몰라 논점을 회피하고 있는지 도무지 알 수 없는 노릇이다.

주자朱子가 말하기를 "표현을 화려하고 모호하게 하는 사람은 미혹迷惑케 하려는 의도가 숨어 있다" 하였으며, 순자荀子가 이르기를 "의심하고 의심하고 또 의심하고, 그런 연후에 믿는 것이 진실한 믿음이다" 하였다. 완전한 知에 이르려는 철학도라면 종종 곱씹어 봐야 할 명언이라 하겠다.

여하튼 기존의 문헌에서는 아쉽게도 太一의 구성과 작용에 대한 구체적인 언급을 찾아볼 수 없다. 그렇다면 이제 본론으로 돌아가서 非有非無의 존재인 太一이 무엇으로 이루어져 있는지 살펴보자.

太一은 절대적 통일체이기 때문에 어떤 분별도 없지만, 만일 쪼갠다고 가정하면 – 쪼갤 수는 없지만 – 양극兩極으로 가를 수 있다. 그것은 元精과 元氣이다. 그리고 이 둘이 통합되어 있는 상태를 元神이라 한다. 정리하면

太一은 元神의 상태로 존재하는데, 元神의 성질은 元精과 元氣로 나뉘게 된다.

元神이 절대성을 잃는 순간 無極이 되고, 연이어 元神에 잠재된 두 속성이 분별을 일으키며 창조의 불길을 당기게 된다. 元精은 精(有力)을 일으키고 元氣는 氣(無力)를 일으켜 정보로 이루어진 그림을 그리기 시작한다.

이 상태에서 찾아볼 수 있는 것은 오로지 有力인 精과 無力인 氣뿐이다. 그런데 자세히 보면 하나 더 존재한다. 그것은 精과 氣의 방향을 설정하는 힘, 바로 神이다. 이것은 元神이 삼라만상을 그리려는 속성이 배어 나와 精과 氣의 운동에 영향을 주는 힘이다. 神에 의해 精과 氣의 그림은 카오스에 머물지 않고 먼 훗날 질서를 잡아 天地를 창조하게 된다.

太一(元神)		
元精		元氣
精(有力)	神(容力)	氣(無力)

4. 無極

無極이라는 용어는 朱子의《태극도설太極圖說》에 처음으로 등장한다. 주자는「무극이태극無極而太極」이라는 표현을 사용하여 太極과의 구별을 꾀하였다.

太極이라는 용어는《易/계사繫辭》의「역유태극易有太極 시생양의是生兩儀 양의생사상兩儀生四象 사상생팔괘四象生八卦」에서 유래한 것으로,《周易》의 정수이며 나아가 동양철학의 근간이 되어 왔다.

원래 '太'자는 고대 수학에서 도저히 가늠할 수 없는 무한수를 표시할 때 사용하였다. 고로 '太極'이라 함은 무궁무진無窮無盡하고 적막무짐寂寞無朕한 현현경玄玄境의 뜻을 내포한다.

그런데 철학이 발전함에 따라 형이상形而上의 영역이던 太極에 대한 연구가 심화되면서 나름대로의 체계를 잡게 되었다. 즉, 몇몇 태극설太極說의 출현과 더불어 太極은 형이상적 의미에서 탈피해 좀 더 구체적인 대상으로 인식되기 시작하였다. 이렇게 되자 다시금 太極 이전의 단계를 설정할 필요가 생겼고, 이런 취지로 주자朱子가「무극론無極論」을 제창하기에 이른 것이다.

그런데 주자의「무극이태극無極而太極」을 '無極과 太極이 동일하다'는 뜻으로, 또한「태극본무극太極本無極」을 '太極은 본래 無極과 같다'는 식으로 각각 해석하여, 無極과 太極을 같은 개념으로 사용하는 학자가 적지 않다.

허나「무극이태극無極而太極」에서 '而'는 곧 '계승'의 의미로서, 無極에서 太極으로 발전하였다는 뜻으로 봐야 한다. 또한「태극본무극太極本無極」에서의 '本'은 형용사가 아닌 '바탕을 둔다'는 동사로, 太極은 無極을 바탕으로 하고 있다는 의미이다. 그런즉 無極은 太極과 동일한 개념이 아니며, 太極 이전의 단계를 지칭하는 것으로 봐야 마땅할 것이다.

각설하고, 기존의 無極에 대한 개념이 어떻든 본고에서는 우주 발전 과정의 한 단계로서 無極의 개념을 재설정하고자 한다. 우리는 앞에서 제1원인이며 절대체인 太一에서 精氣神 삼극三極이 갈라져 나온 것을 살펴봤다. 이것은 太一의 모습이 변한 것이 아니라 자신이 본래 지닌 성질을 표현한 것뿐이다. 다시 말해 창조와 입멸을 영원히 반복하는 것이 太一의 본모습이고, 우리가 말하는 精·氣·神이나 有力·無力… 같은 것들은 太一의 창조적 일면을 부각해 표현한 것일 따름이다.

太一이 입멸 상태에서 창조 모드(mode)로 전환하기 위해서는 일련의 과정을 거쳐야 한다. 그것은 바로 太一을 지배하고 있는 절대성을 망각해야 하는 것으로, 그래야만 새로운 변화의 사이클로 전환할 수 있다.

이처럼 太一의 극히 일부에서 깜빡 절대성을 잃고 포맷(format)이 되는 순간이 발생하게 되는데, 이때를 일러 無極이라 한다. 無極은 太一의 절대성뿐만 아니라 분별 또한 없기 때문에 어찌 보면 완전한 無의 결정체로 보여질 수도 있다. 그래서 無極이라 표현하는데, 쉽게 말해 절대에서 분별로 이어지는 터닝포인트(turning point)로 보면 된다.

無極은 절대와 분별의 경계를 이루기에 수행자들이 가장 넘기 어려운 관문이 된다. 대부분의 수행자들이 無極에 발을 딛고서는 '무아지경無我之境'을 읊조리며 깨달은 것으로 착각하는 사례가 빈번한 것이 사실이다. 만물과 내가 함께 소멸된 곳이니 절대경이나 해탈로 봄직도 하지만, 여기서 한 발 더 들어가야 함을 잊지 말아야 한다.

5. 창조점

영원의 전부터 오직 太一만이 독존獨存하고 있을 뿐, 그 어떤 존재도 작용도 없었다. 절대적 통일체인 太一은 외부의 자극도 내부의 動함도 없이 그냥 그대로 영원토록 존재하고 있을 따름이다.

이렇게 지정至靜하고 청정淸淨한 통일체인 太一에서 어떻게 動함이 일어나 精氣神 삼극三極이 갈라져 나오게 된 것일까? 만일 太一에 어떤 동요도 일지 않았다면 오늘날의 세상은 象도 形도, 그 어떤 것도 존재하지 않고 그저 암흑에 휩싸여 있을 것이다.

그러나 분명한 것은, 어떤 요인에 의해 太一이 動하였는지는 확실치 않지만 動한 것만은 사실이라는 점이다.

「잔잔한 마음에 누가 돌을 던지셨나요?」라는 어느 유행가 가사처럼, 도대체 지극히 청정한 太一에 어떤 원인으로 인하여 동요動搖가 일어나게 된 것인가!

누가 잔잔한 太一에 돌을 던졌는지를 찾는다면 실로 천지창조의 비밀을 풀 수 있을 것이다. 이 점에 대하여 힌두교의 경전인 《리그베다 Rigveda》와 시크교의 경전인 《아디그란트Adi Granth》는 다음과 같이 설명하고 있다.

인드라(太一)는 일체 萬有의 기틀이니, 보이는 모든 것이 그의 형상이로다. 인드라는 자신의 창조력으로 온갖 형상이 되나니, 그의 수레에 매어진 군마가 수천이로다! [리그베다 6.47.18]

지고한 무형자無形者는 자성自性이 있으면서도 없으며, 진공眞空 속에 녹아드는 도다.

스스로 삼라만상을 일으키고 이들의 변화를 주재하는도다. 진공 속에 녹아들어 막힘 없이 신묘한 가락을 뜯어내나니, 실로 언설言說을 초월한 장려함이로다! [아디그란트 M5, p290,293]

이상의 구절은 만물이 비롯한 원인에 대하여 '자신의 창조력으로', '스스로'… 등의 표현을 쓰고 있다. 이것은 太一을 인격화한 표현으로, 잘못 이해하면 유일신과 같은 종교적 개념으로 전락할 수도 있다. 太一이 나름대로의 계산된 생각이 있어서 절대성을 깨고 분별을 일으켰다는 식의 주장은 쉽게 받아들이기 어렵다.

그렇다면 이제 잔잔한 太一에 돌을 던진 주체를 찾아보자.

太一은 앞서 말했듯 元精과 元氣의 통일로 이루어져 있다. 온전하게 절대의 상태로 존재하기에 터럭만큼의 분별도 찾아볼 수 없다. 따라서 그 어떤 변화의 기미도 있을 수가 없다.

그럼에도 변화를 일으켜 분별의 상대계를 창출한 것은 무슨 이유인가?

사실 절대에서 변화가 일어난다는 것은 그 자체로 커다란 모순을 안고 있다. 그래서 창조의 문제는 유사 이래 풀리지 않는 수수께끼로 여태껏 남아 있다. 그렇다면 절대에서 어떻게 변화가 일어날 수 있었을까?

여기서 다시 한 번 보는 각도를 살짝 바꿀 필요가 있다. 우리가 지금까지 실존이라고 굳게 믿어 왔던 절대, 이것이 절대絶對가 맞는지부터 의심해보자.

절대는 절대가 맞는가?

질문이 좀 이상한가? 다시 말해 절대라고 이름 붙일 수 있는 놈이 있는지 확인하는 문제이다.

이것은 앞서 언급했던 有·無와 같은 문제를 안고 있다. 즉, 절대라고 하면 그 자체로 상대相對라는 개념과 대비되기 때문이다. 有와 無처럼 절대와 상대는 떨어질 수 없는 불가분의 관계이다. 그렇기에 우리가 어떤 무엇을 보고 절대라고 부르게 되면 그와 동시에 절대성[26]은 자동소멸하고 만다.

그렇다면 절대란 없는 것인가?

절대란 모든 것이 하나로 통일되어, 구분할 대상 자체가 소멸된 상태이다. 이런 조건을 만족하려면 존재하는 모든 것을 하나로 인식해야 한다. 아니, 하나로 인식한다기보다는 실제가 하나라는 사실을 깊이 자각해야 한다. 삼라만상의 겉모습에 속지 않고 본질로써 통찰하는 것이다.

실존을 직시하면 절대가 드러나고, 실존을 외면하면 분별이 얼룩진다. 분별을 걷어내고 실존으로 보면 삼라만상 모든 것이 한 생명이 된다. 한 생명 속에 모든 것이 녹아 피아彼我의 경계가 사라지고 머무름 없는 창조를 이룬다.

太一에서 精氣神 삼극이 피어올라 삼라만상을 수놓고, 다시 까마득한 세월이 지난 뒤 그 모든 것들이 가라앉아 적멸寂滅의 상태에 머무르게 된다. 창조와 소멸의 영원한 반복…, 하지만 바뀐 것은 없다. 일시무시일一始無始一 일종무종일一終無終一이다. 하나에서 천지가 창조됐으나 실상은 창조된 바가 없고, 하나로 天地가 돌아가지만 실상은 돌아갈 바가 없다.

존재하는 모든 것들이 하나가 되어 분별이 종식된 것. 이것이 太一의 본래 모습이다. 따라서 太一에서 분별이 일어나게 된 이유를 따지는 것 자체가 성립되지 않는다. 창조와 입멸을 무한히 반복하는 것이 太一이니 말이다.

---

26) 절대가 절대에 국한되면 창조는 모순에 걸린다. 하지만 절대가 절대가 아니라면 창조의 문제는 풀린다. 결론적으로 우리가 알고 있는 절대는 사실 절대가 아니다.

들숨과 날숨을 번갈아 가며 숨을 쉬듯 창조와 입멸을 반복하며 존재하는 太一. 여기에서 창조의 사이클이 처음 비롯되는 시점을 임의로 가정한 것이 창조점創造點이다. 따라서 창조점이 생긴 이유는 없다. 창조점이 그려지고 지워지는 것 자체가 太一이 존재하는 모습인 까닭이다.

6. 용력과 창조

太一에 창조점이 찍히면서 분별이 시작하게 된다. 분별의 구조는 크게 셋으로 나눌 수 있다. 그것은 有力인 精과 無力인 氣, 그리고 容力인 神이다.

여기서 容力이란 글자 그대로 '담으려는 힘'을 말한다. 담는다는 것은 太一에서 창조를 일으킨 목적을 내포한다. 太一에서 무언가를 일으켜 분별의 세계를 창조한 것은 그것과 더불어 실존으로 둥글기 위해서이다. 분별의 세계를 끌어안아 한 덩어리가 되려는 힘, 이것이 容力이며 神이 지닌 속성이다. 그래서 창조점을 통해 솟아난 精과 氣는 미세하나마 容力의 영향을 받게 된다.

이제 精氣神 삼극에 의해 카오스 상태를 벗어나 점차 질서를 띠게 된다. 질서를 이루면 이룰수록 더 많은 정보를 담을 수 있다. 그래서 질서란 것이 그 자체로 불안정한 상태임에도 불구하고 질서를 조성하는 쪽으로 힘이 쏠리게 된다. 이것이 「열역학 제2법칙」에 역행해서 천지가 존재하는 이유이다.

질서를 유지하기 위해서는 돌아야 한다. 빙글빙글 돌지 않으면 질서는 금세 깨지고 만다. 그래서 존재하는 모든 것들은 원운동을 한다. 그리고 원운동을 하는 것들끼리 서로 붙어 더 큰 원운동을 하고…, 이런 식으로 무수한 결합과 연쇄반응을 통해 고도의 질서가 형성된다. 그런데 너무 심하게 담다 보면 부작용이 생길 수 있다. 밀도가 지나치게 강해지면 도저히 담을 수 없는 지경에 이르고, 이런 때는 담은 것을 조금 덜어내야 한다.

하지만 이런 극한 상황에 이르러서도 담으려는 행동을 멈추지 않는 것들이 있다. 이렇게 되면 한계점에 이르러 차원이 뒤틀리게 된다. 새로운 차원인 3차원이 탄생하는 것이다.

3차원은 과도하게 담으려는 힘 때문에 생겨난 곳이어서 4차원에 비해 容力이 강하다. 그러다 보니 질량이라는 허상이 생겨나고, 이것에 의해 모든 것들이 실제로 존재하는 것처럼 느껴진다. 有가 아닌 데도 마치 有인 것처럼 보고 듣고 느껴지게 되는 것이다.

神의 容力은 여기서 멈추지 않는다. 이것은 계속해서 천지만물天地萬物의 운동성에 깊이 관여한다. 그래서 미시세계에서 거시세계에 이르기까지 존재하는 모든 것들은 쉬지 않고 담으려고만 한다. 우주를 구성하는 모든 것들은 제각기 주변의 것들을 끌어들여 몸집을 부풀리는 쪽으로 일관되게 흘러가게 된다.

그런데 물질을 끌어모아 어느 정도까지 담을 수 있을까? 담는 것으로 치면 블랙홀을 따라가지 못할 것이다. 사실 블랙홀 하나가 담을 수 있는 물질의 양은 어마어마하지 않던가.

그런데 블랙홀보다 더 많이 담으려면 어떻게 해야 할까?

여기서 잠깐 담는다는 의미를 살펴보자. 도대체 무얼 담는다는 것이며, 또한 질량이 크면 클수록 많이 담은 것이 되는가?

물질이란 것은 일종의 정보 덩어리이다. 따라서 담는다는 것은 정보를

모으는 것이다. 정보를 모으는 데에는 두 가지 방법이 있다. 첫 번째는 블랙홀처럼 무조건 질량 위주로 나아가는 것이다. 이건 실로 구태의연한 아날로그 방식이 아닐 수 없다.

두 번째는 '양보다 질'이라고, 무게보다 정보에 힘쓰는 것이다. 바로 디지털 방식이다. 한 주먹의 정보가 블랙홀이 지닌 천문학적 질량보다 더욱 가치 있을 수가 있다. 가령 고물상에서 폐품을 분류할 때, 폐지가 아무리 무게가 많이 나가도 구리나 철에 비할 바가 못 되는 것과 같다.

그렇다면 디지털 방식으로 정보를 모으려면 어떻게 해야 하는가?

답은 의외로 간단하다. 정보 수집 방법을 아날로그에서 디지털로 바꾸면 된다. 이렇게 되면 수천수만 대의 수레에 담을 것을 손톱만 한 칩 하나로 해결할 수 있다.

그래서 우주는 더 많은 것을 담기 위해 디지털 쪽으로 진화하기 시작했고, 여기서 탄생된 것이 바로 생명이다. 생명은 매우 정교한 구조로 이루어져 오감을 통해 들어오는 정보를 디지털 부호로 바꿔 저장할 수 있다. 잘 진화된 생명은 그야말로 수천억 개의 블랙홀보다도 많은 양의 정보를 담을 수 있다. 이것이 생명이 지닌 본연의 가치이다.

원시 생명들은 하나같이 더 많이 담을 수 있는 방향으로 진화해 나갔고, 수십억 년이 지나서야 영장류가 태동하게 되었다. 그리고 좀 더 진화하여 인간에 이르니 드디어 온 우주를 다 담을 수 있게 되었다. 容力의 완성이다.

그런데 실제로 인간이 온 우주의 정보를 몽땅 담을 수 있을까?

이것이 가능하다는 것을 증명한 인간이 나타났다. 그가 바로 싯다르타이다. 그는 자신이 터득한 위빠사나 수행을 통해 온 우주의 정보를 다 담는

데에 성공했다. 太一에서 시작된 창조의 한 사이클을 완성지은 것이다. 그래서 붓다는 위대하다.

싯다르타가 인간의 품질을 확인시켜 줌으로써 다른 사람들도 다 담을 수 있다는 사실을 믿게 되었다. 여기서 다 담게 하는 가르침, 즉 佛道가 탄생하게 됐다.

인간은 왜 존재하는가?

이 대답도 간단하다. 다 담기 위해서 존재한다. 그래서 수십억 년 동안 두뇌를 발전시켜 왔고, 지금도 쉬지 않고 두뇌를 계발하고 있다.

인간의 이상 사회는 어떤 사회인가?

이것도 답은 간단하다. 양질의 정보를 편리하게 잘 담을 수 있는 사회이다. 이런 사회가 이상 사회이며 인류의 염원을 풀 수 있는 꿈의 세상이다. 행복하게 잘 사는 세상?… 그것은 인간들의 주관에서 만들어낸 이상 사회이고, 자연이 바라보는 이상 사회는 역시 잘 담는 세상이다.

容力!

神이 뿜어내는 容力은 존재하는 모든 것들에 스며 있다. 그중 인간이 지닌 容力만이 그 크기가 무한하여 모든 것을 다 담을 수 있다. 다 담으면 太一이 된다. 부처가 되어 영원불멸永遠不滅하게 된다.

그럼에도 사람들은 양질의 정보를 담을 생각보다는 돈이나 권력을 담으려 한다. 또는 돈이나 권력을 얻는 데에 필요한 정보를 담는 데에만 관심을 둔다.

수십억 년의 노력 끝에 완성한 인간의 대뇌에, 잠시 쓰다 버릴 그저 그런 폐품만 담아서야 쓰겠는가!

제3장
太極論

太極이라는 용어는 《역전易傳/계사상系辭上》에 나오는 「역유태극易有太極, 시생양의是生兩儀, 양의생사상兩儀生四象, 사상생팔괘四象生八卦」에서 유래되었다. 그리고 太極 문양(☯)의 기원은 위백양魏伯陽의 《주역참동계周易參同契》나, 주자朱子의 《주역본의周易本義》, 그리고 주돈이周敦頤의 《태극도설太極圖說》에서 엿볼 수 있다.

그런데 이런 오래된 문헌들을 들춰가며 太極을 이해하려 하면 웬일인지 혼란만 가중된다. 왜냐하면 읽으면 읽을수록 太極에 점점 신비로운 옷이 입혀지기 때문이다.

초창기에는 노장사상의 영향을 받아서인지 太極을 원기元氣로 보는 경향이 많았고, 특히 주돈이는 太極을 無極과 五行에 연관해서 그럴싸하게 풀어내기도 했다. 주자는 太極을 理로 규정하여 형태와 작용을 초월한 형이상적 존재로 해석했고, 명말明末의 왕부지王夫之는 《주역내전周易內傳》에서 「음양이 혼재돼 있는 상대적 이치」라는 뜻으로 비교적 가볍게 다루기도 했다. 이처럼 시대와 학자에 따라 태극을 바라보는 관점은 달랐지만, 근대에 이르러서는 서구 문물의 영향을 받아서인지 왕부지처럼 '상대성 원리'로 풀이하는 경향이 많다.

그렇다면 太極이란 무엇인가?

太極은 글자 그대로 커다란 양극兩極을 말한다. 양극이란 상반되는 가장 큰 성질을 뜻하며, 이런 성질을 지닌 것 중 가장 원대하고 근원적인 것은 陰과 陽이다. 따라서 太極은 '陰陽이 통합적으로 변화해 나가는 원리'로서 간단히 정의내릴 수 있다.

太極을 보다 간단히 풀면 '분별로 이루어진 세계'를 총칭한다. 분별이란 절대에 반대되는 개념으로, 이것 자체가 陰陽을 포괄하고 있다. 그러므로 太極이라 하면 절대가 아닌 모든 것이 된다.

이렇게 되면 太一에서 변화가 발생해 분별로써 인식되는 시점부터가 太極이 되고, 그 범위가 너무 광대하여 이해하는 데에 버겁게 된다.

그래서 太極의 단계를 혼극混極, 태역太易, 태초太初, 태시太始, 태소太素로 쪼갤 필요가 있다. 이에 관한 용어는 서한西漢의《역위易緯》에서 유래한 것인데, 그 구분과 내용이 미흡하고 확연치 않은 바, 용어만을 취해 太極의 발전 단계를 재정립하고자 한다.

이제 太極의 세계에서 전개되는 천지창조의 놀라운 현장 속으로 들어가 보자. 이곳의 변화를 관찰함으로써 우리는 고차원 세계의 질서에 눈 뜨고, 더 높은 時空을 의식에 담게 될 것이다.

제1절. 혼극

[도덕경/25]에 보면 「유물혼성有物混成 선천지생先天地生」이란 말이 나온다. 혼란스럽게 뒤섞여서 이루어진 무언가가 天地보다 먼저 있었다는 말이다. 노자老子는 이것을 道라고 표현했지만, 삼라만상에 앞서 무질서한 상태로 존재하는 단계가 따로 있으니, 바로 혼극混極이다. 일명 카오스(chaos)라 한다.

혼극은 구체적으로 어떤 상태일까?

太一에서 순간적으로 自性을 망각하는 사건이 발생했다. 그것을 우리는 無極이라 불렀다. 그리고 無極의 극히 일부에서 창조점이 찍히며 세 가지 힘이 솟아나왔다. 有力인 精과 無力인 氣, 그리고 容力인 神이 그것이다.

精氣神 삼극三極이 솟아나서 대관절 무슨 일을 하는 것인가?

이때는 어떤 특정한 주제도 없고 그렇다고 힘이 어우러지는 규칙도 없다. 그저 깜깜한 時空의 도화지 위에 무언가를 그리려는 힘과 지우려는 힘이 교차하고 있을 뿐이다.

다만 容力의 영향을 받아 有力과 無力이 뭔가 작품을 그려내려는 시도는 빈번하다. 허나 그것은 실로 태산에 머리카락 한 올을 더한 것 정도의 변화에 불과하다. 그렇기에 精과 氣의 난무亂舞는 쉽게 잦아들지 않았다.

有力이 솟아나 무언가를 그리고, 다시 無力이 솟아나 그 무언가를 지우고…, 이런 가운데 容力이 스며들어 질서를 유지하려 안간힘을 쓰는 상태. 하지만 容力의 힘이 너무 약해 무질서한 精·氣의 혼란만 까마득한 세월 동안 지속되고 있다. 이런 카오스의 시기가 혼극이다. 원리가 정립되기 이전에 기운과 기운의 충돌과 그에 따른 동력의 방출만 있는 극한 무질서의 단계이다.

혼극에서 가장 중요한 변화는 창조의 세 가지 힘이 정립되었다는 것이다. 삼라만상은 쪼개 보면 결국 精氣神 삼극의 힘이 뒤엉켜 이루어졌다. 精氣神이라는 세 개의 대들보 위에 건설된 것이 우주인 셈이다. 따라서 창조의 섭리와 변화의 원리를 알기 위해서는 필히 精氣神 삼극의 이해가 선행돼야 한다.

太一은 무극에 의해 절대성이 깨지면서 창조점이 찍혔고, 연이어 太一의 구성 요소였던 元精과 元氣에서 精과 氣, 그리고 元神에서 神이 솟아나왔다. 이들 세 가지 힘이 서로 어우러져 반응하며 象界와 形界를 순차대로 창조하였다. 그리고 마지막에 생명체까지 化生하여 天地人 삼계三界의 작품을 마무리 짓게 된다.

그러므로 삼라만상을 쪼개고 쪼개어도 결국 존재하는 것은 精·氣·神 셋뿐이며, 이것이 하나로 통일된즉 太一이다. 셋이 하나이고 하나가 셋인 이치, 이것이 三一의 진리이며 신묘막측神妙莫測한 우주의 신비를 풀 수 있는 중요한 열쇠이다.

동양철학 하면 으레 陰陽의 두 축을 그것의 근간으로 삼고 있지만, 이것은 사실 전해오는 과정에서 왜곡된 결과이다. 神이 주재하는 容力을 뺀 상태에서 陰陽의 太極만을 거론해서는 우주의 실체와 그 변화 원리를 규

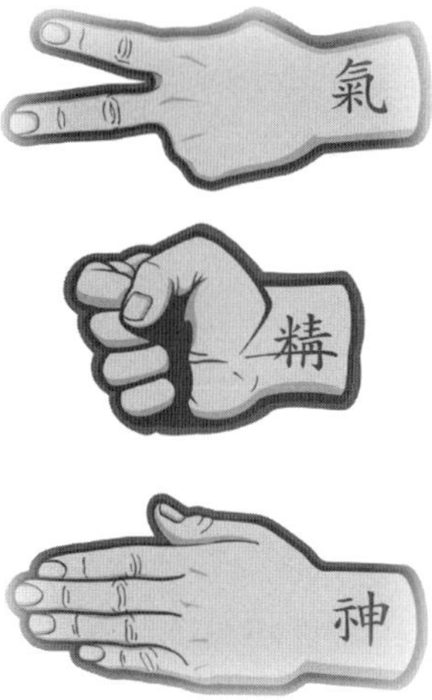

명하는 데에 한계가 있기 마련이다. 마땅히 精氣神 세 축으로써 접근해야만 全知의 道門을 두드릴 수 있다.

다행히 전해져 내려오는 가위바위보 놀이를 통해 精氣神을 보다 쉽게 이해할 수 있다. 어른 아이를 막론하고 즐겨하는 가위바위보 놀이의 이면에는 천지창조의 열쇠인 精氣神의 신비가 숨겨져 있다.

가위바위보 놀이에 담긴 精氣神의 승부 원리를 살펴보자. '가위'란 주먹에서 엄지와 새끼를 펴고 있는 것으로, 위아래로 動하려는 성질을 지닌 氣를 표현한다. 과학에서 말하는 파동성에 가깝다 하겠다. 오늘날 사용하고 있는 엄지와 검지를 편 가위는 전해 내려오는 과정에서 편리를 위해 변형된 것이다.

'바위'란 꽉 뭉쳐 있는 형국으로, 잡아당겨 통일을 이루려는 精의 성질을 표현한다. 과학에서 말하는 입자성에 해당한다.

'보'란 손가락을 모두 펼쳐 모든 것을 담으려는 容力의 성질을 표현한다. 담으려는 근본 이유는 감상하기 위해서다. 太一이 분별의 세계를 일으킨 것 또한 감상하기 위해서다. 그래서 神이 지닌 容力은, 담는 작용의 궁극에 이르러서 감상의 성질이 나오게 되고, 이때부터 물질이 아닌 생명의 범주에 들게 된다.

정리하면 精氣神이 어우러져 象과 形을 만들고, 이 가운데 神의 힘이 더욱 강성해져서 생명을 化生하게 된다.

그런데 가위바위보 놀이의 승패 원리와 같이 精氣神에도 상호 우세 원리가 작용한다. 바위가 가위를 이기듯 精이 氣를 제압하여 통제할 수 있다. 가위가 보를 이기듯 氣가 神에 적잖은 영향을 끼치며 좌지우지하고, 보가 바위를 이기듯 神이 精의 일정 부분을 제어하게 된다. 고로 神이 氣의 통제를 벗어나 거꾸로 氣를 다스리기 위해서는 반드시 필요량의 精을 끌어 모아야 한다.

인간의 마음에서 생각이 일어나는 것을 보면 거의 제멋대로이다. 이런 혼란하기 짝이 없는 마음을 구조적으로 살펴 부르는 명칭이 精神이다.

精神이란 精과 氣와 神, 그리고 現世에 살면서 얻어진 정보가 합하여 이루어진 것으로, 그 작용을 보면 精은 知작용, 氣는 情작용, 神은 意작용을 각각 수행한다.

精이란 뭉치고 맺히는 힘으로 통일을 지향하는 기운이다. 그래서 감각기관을 통해 들어온 정보를 남김없이 氣에 대응해 붙들어 맨다. 그러면 神이 그것을 보고 이리저리 판단한다. 물론 판단할 때는 氣를 재료로 써서 계산한다. 다시 말해 神이 精을 가지고 온갖 정보를 氣로 환산하여[27] 저장하고, 필요에 따라 꺼내서 이리저리 재단하며 판단하는 것이다.

저장된 정보는 氣로 처리하였기에 오래되면 氣의 손실이 있기 마련이다. 精이 나름 붙들고는 있지만 氣란 원래 자유롭게 움직이려는 성질이 강해 어느 정도의 탈출은 불가피하다. 여기서 망각이 오게 된다. 약해진 精의 세력권을 뚫고 氣가 탈출함으로써 오는 일종의 정보 해방인 셈이다.

이것 외에 불필요한 에너지를 줄이기 위해 쓸데없는 정보를 털어냄으로써 오는 망각도 있다. 마치 홍수를 막기 위해 댐 문을 열어 수량을 조절하는 것처럼 말이다. 이 경우는 어찌 보면 다다익선이다. 쓸데없는 정보를 부둥켜안고 골치를 썩고 있을 필요가 없으니 말이다.

그리고 精과 氣가 온전한데도 불구하고 망각이 오는 수가 있는데, 이런 경우는 神의 이상 때문이다. 神 자체가 혼탁해져서 精으로써 기억을 들춰

---

27) 정보는 氣와 불가분이다. 氣가 있으면 정보가 있고, 정보가 있으면 氣가 있다. 정보란 氣를 다른 각도에서 부르는 명칭이다. 이런 점에서 氣를 '정보 에너지' 라 부를 수도 있다.

낼 힘을 잃었기 때문이다.

망각을 방지하는 방법으로 가끔씩 기억을 떠올려 氣를 보충해 주는 것이 있다. 마치 영어 단어를 수없이 반복해서 외우는 것과 같다. 하지만 정보를 안고 탈출하려는 氣와의 싸움은 근본적으로 종식시킬 수 없다.

精氣神의 승부 원리! 이것이 생각을 하고 기억을 떠올리는 과정이다. 물론 물질적으로 보면 뇌세포의 뉴런(neuron)들이 상호 신호를 주고받으며 생각의 패턴을 만들어내는 것처럼 보인다. 하지만 이것들은 단지 精과 氣의 흐름에 따라 정보의 수수授受를 도와주는 보조 역할만 할 뿐이다. 정보를 해석하는 神이 없으면 생각의 기능은 상실된다. 神이 精으로써 정보에 대응된 氣를 분석하여 해독해야 생각을 하고 기억을 짜내게 된다.

생각은 크게 세 갈래로 이루어진다. 첫째는 是非와 유불리有不利를 따져 선택을 판단하는 知의 작용이다. 둘째는 희노애락애오비喜怒哀樂愛惡悲 등의 감정을 느끼는 情의 작용이다. 셋째는 '무엇을 해야 한다. 하지 말아야 한다'는 실행 여부를 판단하는 意의 작용이다.

이 가운데 知的 작용을 주관하는 것은 精이다. 精은 어지러운 것을 정리하여 초점을 맺는 힘이기에 이것이 발달할수록 是非에 밝게 된다. 精이 약하면 반대로 氣가 왕성해지고, 상황은 그만큼 안갯속이 된다.

여기서 精의 힘이 어느 한계 이하로 떨어지면, 그때는 사람이라고 말할 수 없는 지경에 이른다. 바로 인간의 탈을 쓴 짐승이 되는 것이다. 짐승의 마음을 精神이라 하지 않는 이유가 그들에게는 精이 부족하기 때문이며, 그래서 짐승은 이성적 판단보다는 본능에 충실하게 된다.

사람으로 태어난 이상 마땅히 최소한의 精을 유지해야 한다. 인두겁을 쓴 짐승으로 전락해서야 쓰겠는가. 저급한 인간은 죽어서 축생으로 태어난다는 불교의 윤회설도 이점을 지적하고 있다. 精이 손상된 사람은 내생에 인간의 고유 영파靈波에 결합할 수 없다. 이런 면에서 볼 때 精은 한마디로 인간의 정신을 특징지우는 이성의 잣대라 할 수 있다.

한자의 禪(선)자를 보면, '示 + 口口 + 田 + 十'으로 되어 있다. '示'는 두루 섬긴다는 통일의 뜻이고, '口口'는 두 눈을, '田'은 단전, 그리고 '十'은 마음을 각각 뜻한다. 다시 말해 '口口'는 精, '田'은 氣, '十'은 神으로, 精氣神을 통일하는 것이 禪이란 뜻이다.

精과 氣를 모아 각각 元精과 元氣로 통일하고, 여기에 神을 더하면 元精과 元氣가 합일되면서 元神이 된다. 다시 말해 精과 氣, 그리고 神이 하나로 통일되면 元神이 되는데, 이것이 바로 元氣·元精의 통일장인 太一로의 복귀이다.

요컨대 혼극에 이르러 精氣神 세 힘이 창출되었다. 이것들은 도깨비 방망이처럼 오묘한 구석이 있는 창조의 주체들이다. 아직은 이 힘들이 제구실을 못하며 카오스 상태에 머물고 있지만, 먼 훗날 틀림없이 질서를 이루어 창조를 꽃피울 것이다.

제2절. 태역

무질서와 혼돈의 상태가 얼마나 지속되었는지 모른다. 혼극이 시작된 지무한 겁의 세월이 흘렀다. 그리고 어느 시점이 되자 제멋대로 動하던 精氣神이 미세하나마 질서를 잡기 시작하였다. 갈피를 잡을 수 없을 정도로 혼란했던 기운들에 일련의 성향이 깃든 것이다.

그 성향이라 해봐야 지극히 원초적이다. 단지 기운의 움직임이 왕성한 놈과 상대적으로 덜 왕성한 놈 정도의 차이이다. 변화의 관점에서 보면 어설프기 짝이 없지만 지나온 세월을 반추하면 이 정도의 변화도 천지개벽에 버금가는 혁명이다. 개미구멍에 둑이 터지듯 이 미미한 변화가 앞으로 전개될 창조의 도화선이 될 것이다.

미세하나마 이런 변화가 생기게 된 데에는 精의 역할이 크다. 精은 혼동하는 氣를 잡아끌어 氣덩어리를 이루게 되는데, 그 엉기는 정도에 따라 무겁고 가볍고 빠르고 느린 구별이 생기게 되었다. 精氣의 덩어리에서 精을 많이 내포한 것은 고요히 가라앉게 되고, 반대로 精이 적은 것은 氣 본래의 성질대로 動하게 된다. 이것은 곧 靜과 動의 구별이 생기게 된 것으로, 대립적 양상의 시작으로 볼 수 있다.

일찍이 헤겔(Hegel)은 「단순한 동일성은 멸망의 실재이며, 모순 대립만이 모든 운동과 발전의 근원이다」라는 소위 변증법(dialectic)을 제창한 바 있다. 이 설을 우주발전 단계에 비추어 보면 동일성은 太一이나 無極의 단계이고, 모순·대립은 곧 太極의 단계라 할 수 있다.

동일성은 변화를 창출할 수 없지만, 대립성은 자체 구조의 특성에 의해 그 어떤 변화도 이루어 낼 수 있다. 따라서 精氣의 엉긴 정도에 따라 갈라진 靜과 動의 대립성은 실로 앞으로 전개될 우주변화의 서막을 예고한다 할 것이다.

여기서 動性을 띤 精氣의 덩어리를 純陽(순양) 혹은 乾(건), 靜性을 띤 精氣의 덩어리를 純陰(순음) 혹은 坤(곤)이라 한다.

純陰(坤)

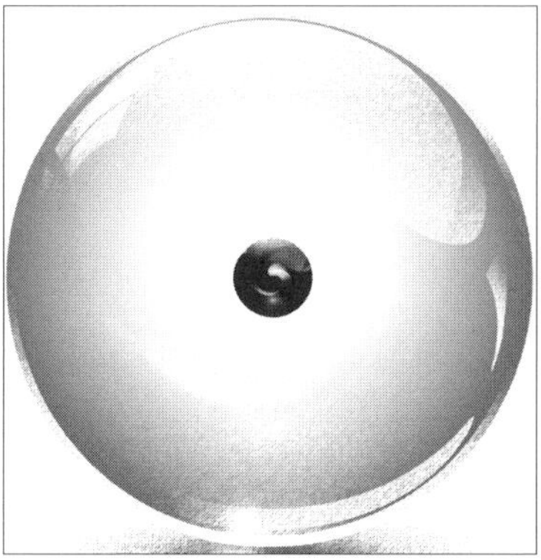

純陽(乾)

우리는 陰陽이라는 말에 익숙해져 있는데, 실제적 의미의 陰陽은 精과 氣의 획일적 운동성을 말한다. 精은 무조건 잡아당기고 어우러져 통일을 이루려는 힘이고, 반면에 氣는 무조건 動하여 무질서로 향하려는 힘이다. 이런 상반된 성질의 精과 氣가 실제의 陰陽이며, 이런 의미에서 각각 眞陰,

眞陽이라고도 부른다.

그런데 사실상 우주 변화의 과정상에 動性과 靜性을 온전하게 구비하고 있는 陰陽太極이 출현하고, 여기서 우리가 현재 쓰는 陰과 陽의 개념이 자리잡게 되는 바, 복잡성을 피하기 위해 眞陰·眞陽 대신 제 본래의 이름인 精과 氣로 명칭하는 것이 간명할 것이다.

純陽·純陰을 달리 乾·坤이라고 하는데, 乾·坤이라는 용어는 본래《주역周易》의 괘명卦名에서 유래했다.《易/계사하系辭下》를 보면,「건양물야乾陽物也 곤음물야坤陰物也 부건천하지건야夫乾天下之至健也……부곤천하지지순야夫坤天下之至順也」라 하여 순수한 陽性만을 띠어 천하에 널리 군림하려는 기운을 乾, 그리고 순수한 陰性만을 띠어 천하에 지순至順하려는 기운을 坤이라 정의하고 있다.

또한《易/계사상系辭上》에 보면,「곤도성남乾道成男 곤도성녀坤道成女 건지대시乾知大始 곤작성물坤作成物…」이라 하여 乾坤의 원리로 만물이 始生하고 그 구별을 이루게 되었음을 설명하고 있다.

여기서 주의할 점은 乾坤의 개념을 감정적 차원으로 이해해서는 안 된다는 것이다. 乾坤에 대한 해석은 즐비하나, 대체로 天道와 地道, 天意와 地意, 또는 父와 母… 등의 다소 모호한 뜻으로 풀이하는 실정이다. 이런 표현은 감정을 다루는 문학에 적합하며, 지적 영역인 철학에까지 끌어 쓰다가는 자칫 본질을 호도糊塗할 수 있다.

乾·坤은 괘상卦象을 살필 때 그 의미가 뚜렷해진다. 乾卦를 보면 六爻가 모두 陽으로 구성되어 있는데(䷀), 이는 계속해서 動하려고만 하는 純陽임을 표현한다. 坤卦도 마찬가지로 모든 爻가 陰으로 구성되어 있어(䷁), 일말의 동요도 없이 至靜하려는 純陰임을 표시하고 있다.

요컨대 乾坤은 혼극이 끝나면서 精氣가 어우러질 때 그 균형의 차이에 의해 생긴 지동지정至動至靜한 기운을 말한다. 이렇게 혼극의 불규칙과 무질서를 극복하고 모순·대립의 성질이 싹트는 단계가 있었으니, 이는 곧 태극지시太極之始로 이름하여 태역太易이다.

제3절. 태초

1. 최초의 태극, 건곤태극

太易에서는 精과 氣의 결합에 의하여 純陰·純陽이 형성되었다. 그리고 이렇게 형성된 純陰·純陽들은 아직 합성되지 않은 무수한 精·氣와 더불어 끝없이 대립하고 충돌하는 바, 상호 기운이 상쇄되거나 혹은 배가倍加되는 현상이 즐비하게 되었다.

그런데 언제부터인지 純陰·純陽의 대립과 충돌에 있어서 精의 중재를 받아 안정을 취하는 것들도 생겨났는데, 이러한 결합을 일러 乾坤太極이라 한다. 精의 중재력에 의해 純陰·純陽의 거센 대립성은 가라앉고 精을 중심으로 다소곳하게 어우러져 있는 양태를 띠게 된 것이다.

그러나 아쉽게도 乾坤太極은 순간에 만들어져서 곧바로 상쇄돼 버리는, 실로 일시적인 양태에 불과했다. 이는 精이 純陰·純陽을 계속해서 묶어 놓을 역량이 부족하여 생겨난 결과이다. 대립 일변도의 純陰·純陽은 精의 중재에 의해 잠시나마 어우러지기는 했지만, 精의 힘이 빠지는 동시에 또다시 뒤섞이며 상쇄되고 마는 것이다.

이때 중앙에 위치하던 精은 純陰·純陽에 내재하고 있는 精과 합쳐지고, 충돌 시에 외부로 튀어 나가는 氣를 제외한 잔여 氣의 내부에 위치하게 되는 바, 결국 精이 太過한 純陰이 되고 만다.

정리하면, 精을 매개로 한 純陰·純陽의 결합은 일시적으로 乾坤太極의 양태를 이룬 후 곧바로 두 기운이 충돌하며 純陰으로 귀결하게 된다. 태초太初 단계에 이르러 원리 자체일 뿐인 太極을 구체적인 양태로서 적절히 현현顯現하고 있는 乾坤太極이 일시적이나마 발생하게 되었는데, 이는 대립선상을 벗어나 변화와 발전으로 승화할 수 있음을 예시한다 하겠다.

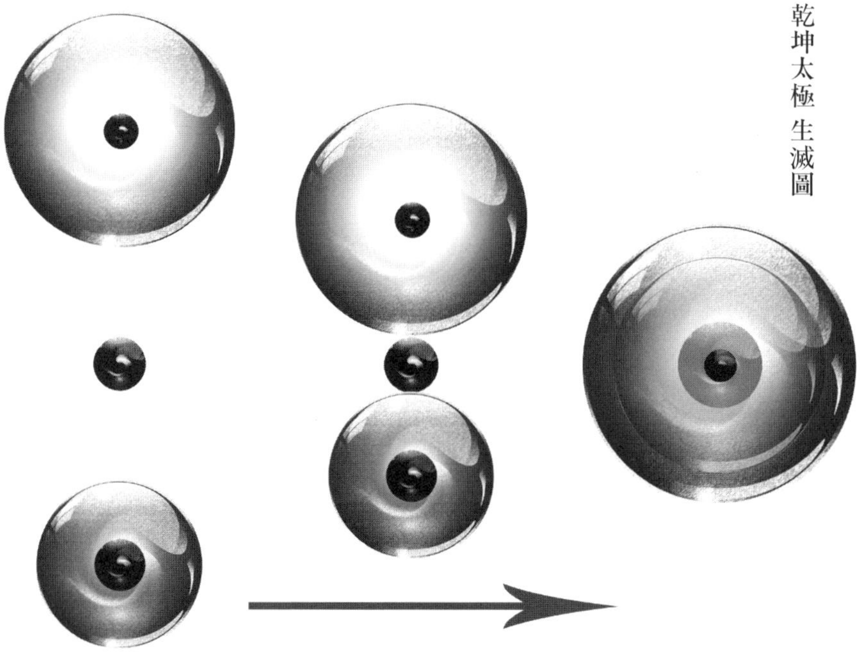

乾坤太極 生滅圖

2. 건극과 곤극

太初의 변화에는 純陰·純陽이 精을 중심으로 일시나마 결합한 乾坤太極의 양태만 있는 것이 아니다. 純陰과 純陰, 純陽과 純陽이 각각 精을 중심으로 어우러지는 변화 또한 즐비하였다.

純陽과 純陽이 精을 매개로 한 결합은 純陽 자체의 動性이 지대하여 乾坤太極보다 빠르게 흩어져 소멸하고 만다. 乾坤太極은 결과상으로 純陰만은 남게 되었지만, 純陽과 純陽의 충돌은 그 강한 動性으로 인하여 精의 세력권에서 완전히 탈출하여 본래의 氣로 돌아가고 만다. 이것은 곧 純陽의 완전한 해체를 의미한다.

이렇게 두 개의 純陽이 순간적이나마 精을 중심으로 어우러진 양태를 띠게 되니 이름하여 乾極이라 한다.

精을 매개로 하지 않은 純陽과 純陽의 충돌 또한 빈번하나 이것은 충돌과 해체 그 자체일 뿐으로, 어떤 정형된 양태도 찾아볼 수 없기에 무엇이라 명칭하지 않는다. 기운들의 상호 충돌은 精을 매개로 한 충돌이어야만 일시나마 모종의 양태를 찾아볼 수 있다.

乾極生滅圖

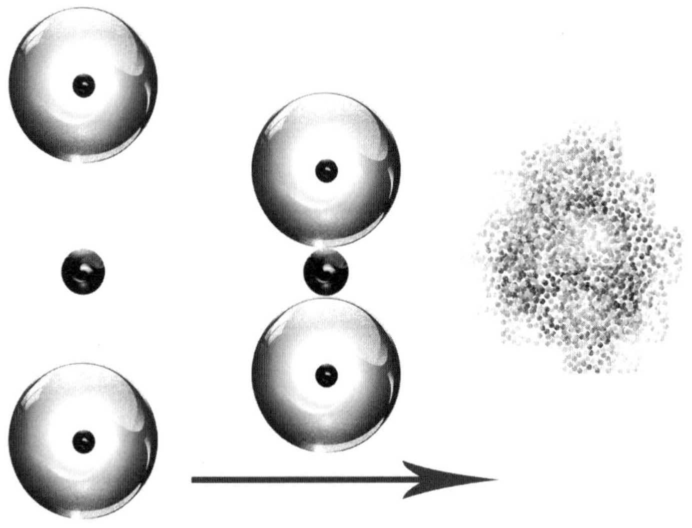

乾極의 형성과 달리 純陰과 純陰이 精을 중심으로 어우러지는 양태도 있었다. 이는 純陰 자체의 성질이 至靜하여 精을 중심으로 한 결합에 보다 안정적일 수 있었다. 이것은 곧 乾坤太極과 乾極의 짧은 수명을 극복한 정형定形된 양태로서, 이름하여 坤極이라 한다.

坤極은 시간을 확보함으로써 실제적 변화 창출의 문호를 열었다. 혼극에서 시발된 精氣神 삼극이 坤極에 이르러 변화의 실마리를 잡게 된 것이다.

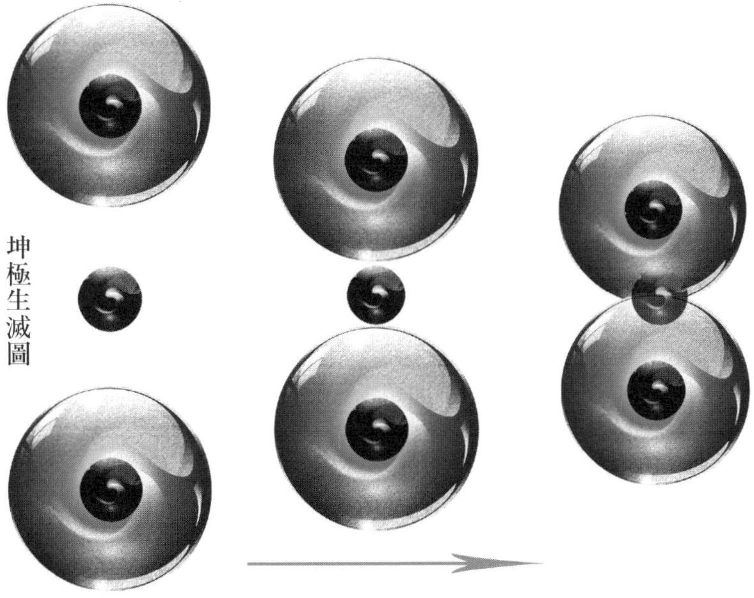

또한 이 시기에는 어떤 氣도 내포하지 않고 精 자체만 모여 강력한 인력引力을 행사하는 것들도 생겨났는데, 이것을 精極이라 한다. 精極이 심할 경우에는 극히 일부지만 공간을 초월하여 太一로 환원하는 작용도 하였다.

3. 태초령체

물질계를 구성하는 요소는 크게 생물과 무생물로 나눌 수 있다. 무생물의 결합 구조와 원리가 꽤 복잡미묘한 것은 맞지만 생명체에 비할 바는 못된다. 생명체를 이루는 물적 요소들의 결합 구조는 너무나 정교하여 이것이 우연히 이루어질 가능성은 거의 없다고까지 한다.

그런데 이러한 생명의 구조보다 더욱 신비하고 놀랄 만한 것이 있다. 그것은 바로 정신 작용의 주체인 神이다. 생명체에 내재해 있는 神은 知·情·意·識의 사념四念 작용을 하며 자율적으로 느끼고 판단한다. 이른바 자체 공간을 지닌 독립적 존재, 소우주이다.

만일 거대한 전시관과도 같은 우주에 이것을 감상하고 사유하는 주체, 즉 神이 없다면 참으로 무미건조한 것에 지나지 않을 것이다. 만물의 주체이며 신비롭기 짝이 없는 神의 창조 비밀이 太初에 숨어 있다.

太初에는 크게 세 가지 변화가 일어났는데, 乾坤太極과 乾極, 그리고 坤極의 형성이다. 그런데 乾坤太極과 乾極은 일시 혹은 순간적으로밖에 그 형태를 유지할 수 없었고, 오직 坤極만이 일정한 시간을 확보하여 존재를 유지할 수 있었다.

이런 坤極에 우주 창조 과정에서 가장 기적적이라 할 수 있는 사건이 발생한다. 혼극에서 神氣의 방출 차원에서 맴돌던 神이 태초에 이르러 坤極에 스며들게 된 것이다.

이는 단순히 방향성을 제시하는 차원을 벗어나 어렴풋하게나마 자체 반응을 할 수 있게 된 것을 의미한다. 다시 말해 神이 坤極과 결합함으로써 氣의 動性에 좌지우지되던 神氣의 타율성을 벗어나 자율반응이 가능해진 것이다. 마침내 神이 기산작용氣散作用을 통해 환유幻有를 미흡하나마 그려낼 수 있게 된 것으로, 이것을 太初 단계에 생성된 영靈이라 하여 태초령체太初靈體라 한다.

太初의 三變
1 乾坤太極 生成
2 乾極・坤極 生成
3 太初靈體 生成

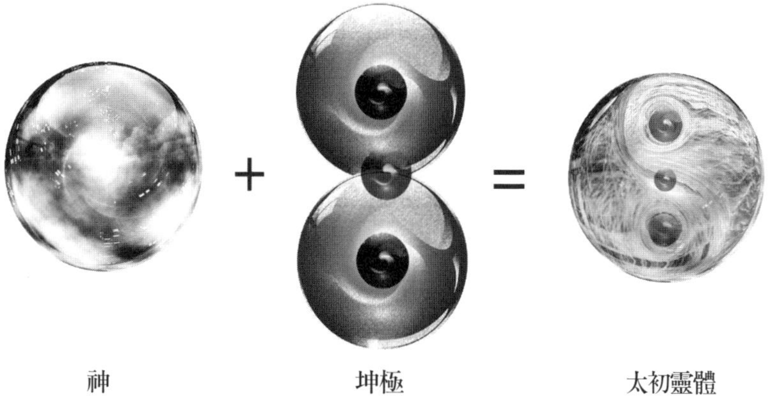

太初靈體 生成圖

제4절. 태시

1. 중극체

태초太初에 형성된 坤極은 神이 실려 태초령체가 되든지, 아니면 그냥 제 모습 그대로 존속하게 된다. 태초령체는 개체를 존속시키려는 神의 의지가 은연중에 배어 있어 다른 기운과의 충돌에도 아랑곳하지 않고 그 형태를 오랫동안 유지할 수 있었다. 허나 神과 결합하지 못한 坤極은 어느 정도는 존속하다가 결국 외부 기운과의 빈번한 충돌을 견디지 못하고 해체되고 만다.

太初에 존재하는 기운과 그 변화 양태는 「純陰·純陽」, 「乾坤太極」, 「乾極」, 「坤極」, 「太初靈體」인데, 특별한 변화도 없이 이 상태 그대로 까마득한 세월을 보내야만 했다. 그리고 어느 시점에 이르러 坤極에 기적과도 같은 변화가 일어나게 된다. 純陰의 영역에 내재하던 精이 차츰 중앙으로 모이더니 이내 중앙에 위치하던 精과의 合一이 이루어진 것이다. 이것은 두 개의 純陰을 옭아매어 조절하려는 精의 중재성仲裁性에, 무조건 기운을 체포해 잡아당기려는 인력성引力性이 결합하여 정핵精核을 형성하게 된 것에 기인한다. 실로 기존의 精에 비해 한 단계 높은 수준의 精으로 진보한 것으로, 이름하여 중극체中極體라 한다.

이렇게 형성된 중극체는 어찌 보면 純陰과 모양상 비슷할지 모른다. 허나 그 내용 면에서는 판이하다. 純陰은 精의 태과太過로 인해 오직 靜한 성질만을 띠고 있다. 그런데 새롭게 정핵을 지니게 된 중극체는 精의 성질에 조화와 중재성이 다분히 내포되어, 靜性 일변도에서 벗어나 動性도 비슷한 비율로 지니게 되었다. 靜性과 動性을 모두 겸비하여 겉보기에는 靜한 듯하나, 외부의 자극에 언제라도 動할 여지가 다분하다.

요컨대, 태시太始의 초기 단계에 이르러서는 坤極에 정핵이 형성되면서 중극체가 만들어졌다. 그리고 이 중극체는 기존에 비해 진보된 精의 조화와 중재성에 의해 動性과 靜性을 모두 겸비하게 된 바, 실로 靜·動의 조화를 통한 질서 창출의 서막이 열렸다 할 것이다.

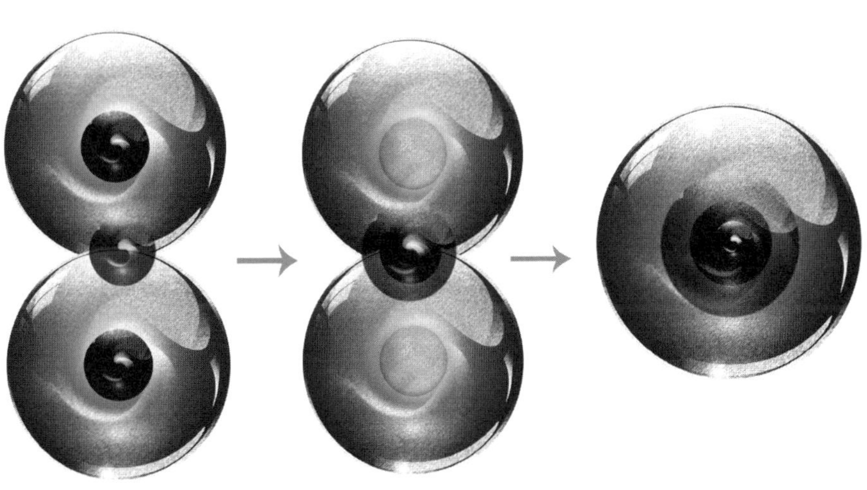

中極體 生成圖

태시太始 초반기의 두드러진 특징은 정핵의 형성과 이로 인한 중극체의 형성을 들 수 있다. 靜·動의 성질을 겸비한 최초의 양태는 태초에 형성되기 시작한 乾坤太極이나, 이것은 純陰·純陽의 상반된 두 기운이 精을 매개로 어우러진 일시적 양태에 불과하였다. 이에 반해 중극체는 단순히 두 기운의 접목이 아닌, 한 기운 안에서 靜·動의 상반되는 두 성질을 겸비한 것으로, 실로 양성체兩性體의 효시라 하겠다.

태역太易·태초太初·태시太始를 거치면서 생성되는 모든 소산체所産體는 일괄된 목적이 있으니 그것은 변화 창출이다. 변화만이 창조로 가는 유일한 열쇠인 까닭이다. 따라서 현시점에서의 초점은 단연코 중극체로 좁혀진다. 암수한몸인 중극체가 향후 어떤 과정을 거쳐 변화해 나갈지에 주목해 보자.

그런데 너무 큰 기대를 했던가. 아쉽게도 중극체는 한번 動하여 분열과 팽창의 極에 달하면, 기존의 소산체처럼 맥없이 소멸하고 만다.

만일 靜性을 잃지 않고 끝까지 외부의 자극에 견딘다면 개체의 존속은 어느 정도 가능할 것이다. 허나 이렇게 된다 해도 현상 유지만으로는 변화 창출이라는 우주적 대의를 만족시킬 수 없다. 靜·動의 충돌을 유연하게 극복하며 지속적으로 변화를 조장할 수 있는 새로운 양태를 필요로 하게 된 것이다.

다시 까마득한 시간이 흐르며 태시의 후반기에 접어든다. 이쯤 되자 다시 중극체에 변화가 일어나기 시작한다. 세 개 이상의 중극체가 충돌 시에, 기세가 불급不及한 중극체는 우세한 중극체에 밀려 순식간에 분열하여 해체된다. 이때 중극체에 내재했던 정핵이 우세한 중극체의 인력권引力圈에 체포되면서 그 내부에 자리하게 된다. 이렇게 위치한 정핵은 중극체의 한 영역에서 부분적으로나마 자체적 인력권을 형성하는데, 이것이 마치 암세포처럼 중극체의 내부에 다양한 수의 정핵을 뿌리내리게 된 것이다.

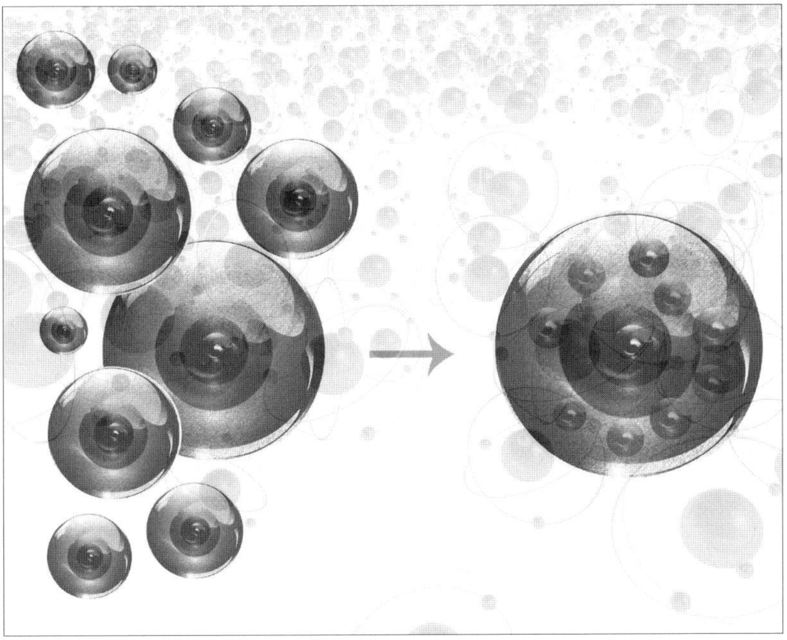

多數精核 中極體

그런데 내재된 정핵들은 고정된 영역을 확보한 것이 아니어서 자신들끼리의 충돌은 불가피했고, 여기서 다시 약육강식의 혈전이 발생한다. 그리고 결과적으로 正中에 위치한 정핵 외에 두 개의 정핵이 더 있는 양태만이 남게 된다.

물론 정핵의 총 수가 네 개, 다섯 개인 것도 있겠지만, 이것들은 불안정한 상태로 인해 그 지속성이 떨어졌다. 그래서 그나마 안정적인 세 개의 정핵을 지닌 양태에 초점이 맞춰진 것이다.

이렇게 세 개의 정핵이 주도하는 신종 중극체의 출현은 가히 새로운 시대를 예고하는 혁명이었다.

三數精核 中極體

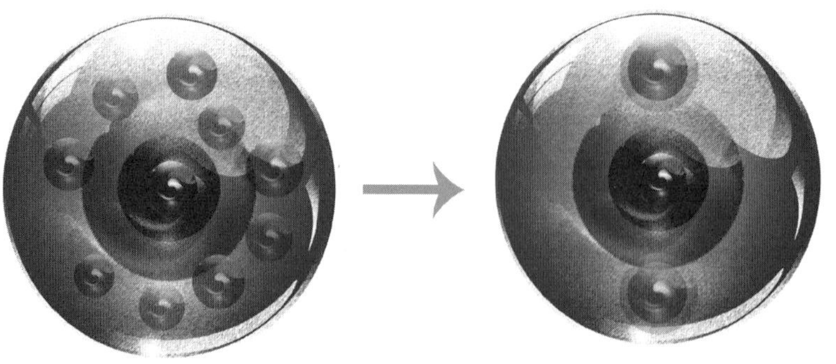

일찍이 삼라만상의 출발은 精氣神 삼극에서 비롯됐다. 수축일변도인 精과 팽창일변도인 氣, 그리고 중재와 조화를 통해 방향성을 일으키는 神이 그것이다.

이 셋의 성질을 동시에 내포하게 된 것이 바로 세 개의 정핵을 지닌 중극체이다. 두뇌인 神에 손발에 해당하는 精·氣를 적절히 갖춘, 온전한 형태의 기운이라 할 것이다. 기존의 중극체와는 차원을 달리하는 바, 새로운 명칭을 붙여 一太極體라 한다.

一太極體란 한 몸에서 수축과 팽창의 태극 운동을 자유롭게 할 수 있는 생생한 기운 덩어리이다. 마치 들숨과 날숨을 번갈아 가며 생명을 유지하듯, 一太極體는 精의 수축과 氣의 팽창을 한데 묶어 새로운 질서를 구축했다.

물론 이처럼 상반된 기운을 한 몸에 담고 있는 양태는 일찍이 乾坤太極에서 찾아볼 수 있었다. 허나 乾坤太極은 정핵의 부실함으로 인해 기운을 적절히 다룰 수 없었고, 결국 짧은 수명으로 생을 마쳐야만 했다. 이에 반해 새롭게 등장한 一太極體는 정핵의 놀라운 변신을 통해 기운을 컨트롤하는 능력이 한결 나아졌다. 실로 몇 단계를 뛰어넘는 소프트웨어(software)

의 등장이랄까. 이로써 제멋대로이던 기운들은 일련의 질서를 띠게 되고, 여기서 새로운 창조로의 전환이 이루어졌다. 이때가 태시의 후반기에 이르렀을 무렵이다.

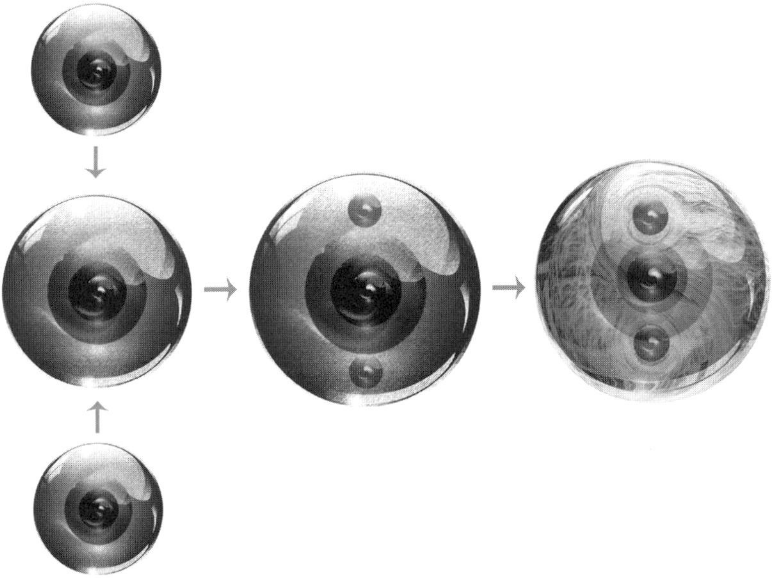

그렇다면 이렇게 생성된 **一太極體**와 기존의 중극체는 어떤 구별이 있을까? 모양상으로는 상호 구분이 어려운 것이 사실이다. 따라서 두 기운의 속성을 면밀히 관찰해야 한다.

중극체는 분열과 팽창으로 치달았을 때 해체를 막고 다시 원상으로 복귀할 수 있는 순환성이 결여되어 있었다. 그런즉 중극체가 변화 창출을 지속적으로 전개하기 위해서는 어떻게든 분열의 궁극에서 해체를 막고 다시금 원상을 회복해야만 한다.

그 열쇠를 제공한 것이 바로 중극체에 침투한 다수의 정핵들이며, 이들이 상호 결합을 통해 **靜·動**의 두 축으로 자리 잡음으로써 변화 창출의 실마리를 찾게 된 것이다.

분열의 극에 달했을 때, 새롭게 생성된 두 정핵이 한편으로는 氣의 動性을 잠재우고, 다른 한편으로는 중앙의 정핵과 인력引力의 끈을 행사하여 복귀의 수순을 무난히 밟을 수 있었다. 이는 한 개체 내에서 靜·動의 상반된 성질을 겸유하면서도 질서를 유지할 수 있게 됐음을 의미한다. 지속적인 변화를 안정적으로 전개할 수 있게 된 것이다.

이렇게 등장한 一太極體는 겉으로는 靜한 듯 보이나 언제든지 動하여 변화를 이루고 다시 복귀할 수 있는 순환성을 구비하고 있다. 이런 성질을 卦象으로는 ☷게 표시한다.

一太極體는 언뜻 보면 坤極과 모양상 별다른 구분이 없는 것 같지만 실상은 적잖은 차이가 있다. 坤極을 구성하는 세 개의 精은 인력적引力的 성향 위주의 원초적인 것에 비해, 一太極體의 精은 중극체를 거치면서 인력 외에도 조화와 중재성을 지닌 정핵으로 발전하였다. 이런 이유로 기존의 精이나 정핵과 구별하여 '土'라 명칭한다. 그리고 세분하여 중앙의 土를 '中土', 바깥의 土를 '外土'라 한다.

精 → 精核 → 土

土라는 용어가 새로 등장했는데, 쉽게 '순환성을 띤 정핵'이라고 보면 된다. 수축과 팽창을 번갈아 가며 원운동을 수행할 정도로 발전한 정핵, 이것이 土이다.

土의 출현으로 一太極體가 비롯되었고, 이때부터 제대로 된 창조의 시기로 접어들게 된다.

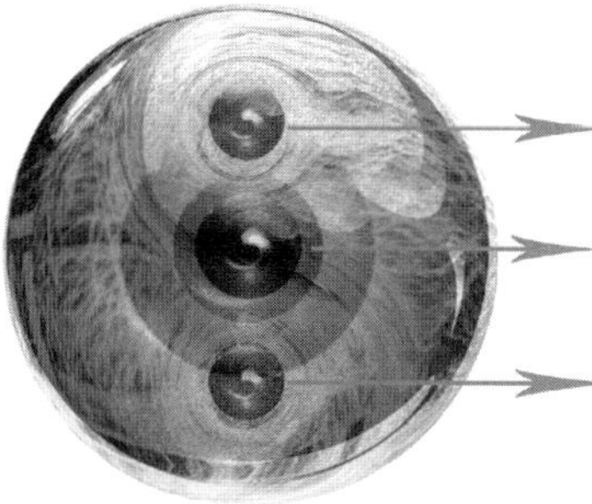

3. 기운의 숨구멍 율려

생명이 살아 있다는 증거는 무얼까?

여러 답변이 있겠지만 가장 단순하게 보면 숨이다. 들쭉날쭉 숨을 쉰다는 것은 생명 현상이 유지되고 있다는 가장 기본적인 증거일 것이다.

바로 이런 숨을 쉬는 놈이 생겨났으니, 그것이 바로 一太極體이다. 一太極體는 나름대로 무슨 생각이 있어서 숨을 쉬는 것으로 보이진 않는다. 그저 기운의 흐름이 발전에 발전을 거듭하다 보니 여기까지 이른 것이다.

一太極體의 숨은 참으로 오묘하다. 두 개의 外土는 각각 팽창과 수축을 맡고 있는데 전자를 左土, 후자를 右土라 한다. 左土가 팽창하면 右土는 거세게 반발한다. 이대로 두면 아마 사생결단이 날 것이다. 이때 中土가 둘 사이에 껴들어 중재를 한다. 左土가 기지개를 켜도록 右土를 다독이는 것이다. 그리곤 기회를 봐서 左土를 슬그머니 당긴다. 그러면 기회를 놓칠세라 右土가 전력을 다해 잡아당긴다.

그런데 이번에는 너무 당겨서 짜부라들 판이다. 이쯤 되면 가만히 있을 左土가 아니다. 성질을 버럭내며 거세게 밖으로 뛰쳐나가려 하고, 이런 극한 상황에 또다시 中土가 개입하여 중재를 한다.

이때 左土와 右土의 절제된 대립을 일러 율려律呂라 한다. 左土가 힘을 쓸 때를 律, 右土가 기세를 뻗칠 때는 呂라 한다. 이런 식으로 대립과 조화가 반복되면서 질서를 유지하게 되니, 이것이 곧 一太極體가 존속하는 원리이다. 얼핏 보면 들숨과 날숨을 번갈아 가며 숨을 쉬는 것으로 보여진다.

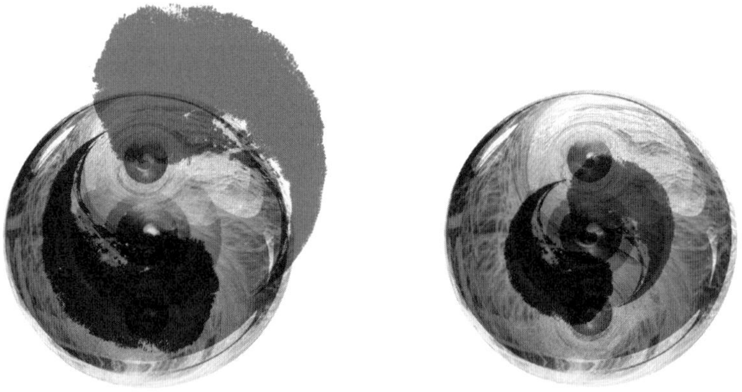

律　　　　呂

율려, 이것은 太一에서 삼라만상이 창출된 이후 처음으로 쉬는 숨이라 하겠다. 이보다 발전되고 정교한 호흡은 이후로 널렸지만, 이보다 간결하고 순수한 호흡은 없다. 그래서 율려의 수축과 팽창 운동을 달리 율려식律呂息, 얼숨, 태식胎息… 등으로 부르며 닮아가려는 노력을 하게 된다. 단전호흡을 비롯한 온갖 仙道 수련이 초점을 두는 부분이다.

4. 원시령체

태초 단계의 坤極에 神이 솟아 엉겨 형성된 것이 최초의 영靈인 태초령체이다. 그러나 아직은 영靈으로서의 자율성도 미흡하고 환유작용幻有作用[28]을 하기에도 역부족이다. 단순히 神이 精氣와 엉겨붙어 조금씩 神氣[29]를 방출하는 수준에 머무르고 있다.

그러나 태시太始로 접어들면서 坤極은 중극체를 거쳐 一太極體로 발전하게 된다. 이런 가운데 태초령체 또한 坤極에서 一太極體로 환신換身하게 되니, 이는 곧 새로운 영靈으로의 진화이다. 태시에 이루어졌다 하여 태시령체太始靈體라 하며, 또한 실제적 영靈의 효시가 되었다 하여 원시령체元始靈體라고도 한다. 본서에서는 간단히 원시령이라 부르겠다.

태시의 단계에서는 헤아릴 수 없이 많은 원시령이 생성되었는데, 이것의 형상은 一太極體의 모양과 흡사하였다. 단지 神氣의 방출 면에서 一太極體와 미묘한 구별을 이룰 뿐이었다.

원시령은 별다른 정보 활동도 없이 단순히 時空에 존재하며 환유적幻有的 반응만 하는 수준에 머무르고 있었다. 수명은 그 차이가 심했는데, 지금의 시간으로 따져 몇 시간 내에 소멸하는 것에서부터 수백 년까지 존속하는 것에 이르기까지 다양하였다.

원시령은 훗날 태소太素의 단계에서 고도로 정교한 形이 창조될 때까지 지금의 모습을 유지하게 된다. 그러다가 戌空을 통해 물질이 만들어지자, 오랜 시간을 투자해 마침내 생명을 化生하게 된다. 이는 해체 위기에 놓

---

28) 神이 氣를 써서 있는 것처럼 보이는 상상의 세계를 펼치는 것.

29) 神이 생각을 일으킬 때 그 생각을 타고 氣가 흐르게 되는데, 이런 神과 氣의 동시적 움직임을 일러 神氣라 한다.

인 영靈들이 존속하기 위한 수단으로 적당한 조건이 구비된 형질에 스며듦으로써 가능했다. 생명이라는 창조의 꽃을 활짝 피우며 혁명의 주체로 떠오른 것이다.

여하튼 원시령은 一太極體의 율려 운동에 힘입어 어렴풋하게나마 아른거리는 상념이 일어나게 됐으니, 이로써 '나'라는 개체성이 정립되었다. – 이때의 '나'를 원종(原種)이라 한다. – 다시 말해, 우주변화 과정상 실제적인 자율성이 최초로 확립된 것으로, 이는 객체에서 주체로의 일대 전환을 상징함과 동시에 창조의 완성을 예고한다 할 것이다.

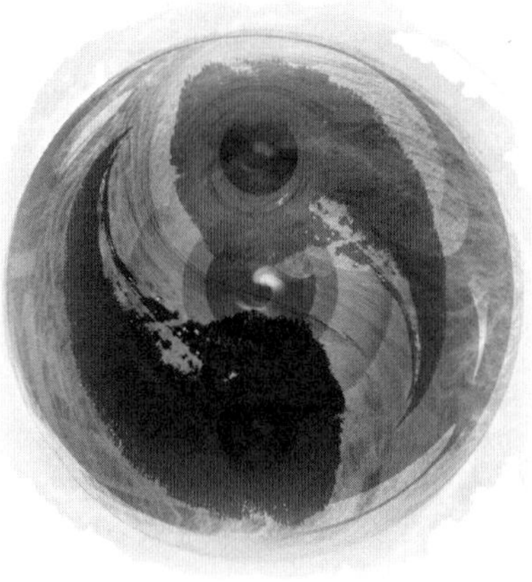

元始靈

제5절. 태소

태시와 태소의 단계는 명확하게 구분되는 것이 아니다. 흔히 陰陽이 갈라지기 이전을 태시라 하고, 陰陽이 갈라져 나온 후부터를 태소라 한다. 그러나 실상 陰陽은 태시 단계에서 一太極體가 형성되면서 비롯한 것인바, 이런 구분은 정확한 것이 못 된다.

一太極體가 靜하게 있을 때를 卦象으로는 ☵게 표시한다. 이는 밖으로는 靜性, 안으로는 動性을 잠재하고 있는 象으로, 흔히 말하는 陰이 이것이다. 그리고 一太極體가 팽창하였을 때 卦象으로는 ☲게 표시하는데, 이는 밖으로는 動性, 안으로는 靜性이 내재하고 있는 象으로, 이름하여 陽이다.

陰의 내부에서 動하려는 陽性을 달리 律性이라 하며, 또한 陽의 내부에서 靜하려는 陰性을 달리 呂性이라 한다. 陰·陽과 純陰·純陽이 다른 점이 바로 律性과 呂性의 존재 여부이다.

陰의 경우는 그 성질상 어떻게 보면 중극체가 靜하고 있을 때와 유사하다. 허나 중극체에서는 분열 시 극으로 치달아 해체하려는 乾性만 있지, 다시 수렴收斂으로 선회하려는 陽性은 없다. 또한 수축 시에도 적당한 선에서 멈추고 원상을 회복하려는 陰性이 없다. 중극체는 乾性과 坤性을 한층 강화된 정핵의 힘으로 붙들어 매고 있는 상태일 뿐, 진정한 의미의 陰陽이라 할 수는 없다. 이렇듯 陰陽은 一太極體에서 비로소 그 모습을 드러낸 것인바, 陰陽 생성이 태시와 태소의 구분이 될 수는 없다.

사실 太極은 乾坤太極이나 一太極體의 도상圖象에서 보듯 그런 모양을 하고 있는 것이 아니다. 이는 단지 형이상形而上인 太極의 원리를 인간이 이해할 수 있도록 불가피하게 도상을 사용한 것뿐이다. 태극도太極圖를 보고 太極의 모습이 이와 같다고 여기는 것은, 마치 회사의 심벌을 보고 그 회사의 전체 모습인 양 판단하는 것과 같다.

太極을 형상으로 착각하게 된 것은 바로 태초령체나 원시령체의 형상에 기인한 것으로 보인다. 이런 영체靈體는 원리가 아니고 실제로 動하고 있는 작용의 주체로서 나름의 형상을 지니고 있다. 그 모습이 태극도상과 흡사하기에 太極을 物形으로 보는 오류가 나온 것 같다. 문헌에 나오는 「음양생어태극陰陽生於太極」 같은 말도 이런 착각에서 비롯한 것이다. 여하튼 원리와 실상實狀, 象과 形에 대한 구분은 각별히 주의해야 한다.

그렇다면 태시와 태소의 경계는 무엇으로 구분할 수 있을까?

그것은 단적으로 五行의 출현에 있다. 一太極體의 형성과 동시에 순환을 주재하는 정핵인 土가 생성되었다. 이것은 곧 一太極體가 土化作用인 율려에 힘입어 太陰, 少陽, 太陽, 少陰의 네 마디를 형성하며 변화하게 된 것을 뜻한다. 이때 太陰, 少陽, 太陽, 少陰이 제각각 土와 연계하며 일말의 변화를 조장하게 되는데, 여기서 새롭게 등장한 변화의 주체를 일러 水, 木, 火, 金이라 한다. 그리고 土와 한데 묶어 五行이라 한다.

태시와 태소의 경계는 바로 이 五行으로 구분된다. 一太極體가 형성되어 처음으로 動할 때 비로소 陰陽의 개념이 정립되었고, 여기까지가 태시의 단계이다. 그리고 一太極體가 세월을 묵으면서 변화의 네 축인 太陰, 少陽, 太陽, 少陰을 조장하면서 五行이 출현하게 되니 이때부터가 태소이다.

오늘날의 우주 질서는 태소의 연장선상에 있다. 태소의 五行 질서는 현재와 미래를 포함하는 매우 광범위한 경계로서 그 논할 바가 지대하다 하겠다. 그래서 장章을 달리하여 자세히 다루고자 한다.

宇宙變化段階	所産體
太素	五行, 六氣, 萬象萬形
太始	精核, 中極體, 一太極體, 元始靈體, 土, 律呂, 陰陽
太初	乾坤太極, 乾極, 坤極, 太初靈體
太易	純陰(坤), 純陽(乾)
混極	精 · 氣 · 神 三極

整理

昔有越混極之亂 發對立之芽 是爲太極之始 日太易 精氣和合 靜性者純陰 動性者純陽也

일찍이 混極의 어지러움을 뛰어넘어 대립의 성질이 싹트는 시기가 있었으니, 이는 곧 太極의 시작으로 이름하여 太易이다. 精과 氣가 어우러지니 靜性을 띤 것이 純陰, 動性을 띤 것이 純陽이다.

至於太初 多精接合 其性强引 是謂精極 純陰純陽相接時 依精之仲介 兼有靜動 曰乾坤太極也

太初에 이르러 여러 개의 精이 붙어 강력한 引力을 행사하는 것이 생겼는데, 이를 일러 精極이라 한다. 純陰과 純陽이 精에 의지하여 相接함으로써 靜·動을 겸비한 것이 생겼는데, 이를 일러 乾坤太極이라 한다.

兩者純陽和合 其壽甚短 曰乾極 兩者純陰和合 其壽少增 曰坤極 神結合於坤極 可運自意 放出神氣 以繪幻有 曰太初靈也

두 개의 純陽이 어우러짐에 그 수명이 극히 짧으니 이름하여 乾極이다. 두 개의 純陰이 어우러짐에 그 수명이 조금 늘어나니, 坤極이다. 神이 坤極에 결합하여 가히 自意로 運行하며 神氣를 방출하며 幻有를 그려내니 이름하여 太初靈이다.

至於太始 坤極變則 三精合中 而兼靜動 曰精核 其圍自成氣場 是爲中極體也

太始에 이르러 坤極이 변화한즉, 세 개의 精이 중앙에서 결합하고 이로써 靜動의 성질을 겸하니 精核이라 한다. 精核의 주위에 저절로 氣場이 형성되니 이름하여 中極體이다.

中極體相衝三合 則得三精核 一中者中土 二外者外土 中土外土相連不斷 則可循還 是謂一太極體也

세 개의 中極體가 서로 충돌하여 어우러짐에 세 개의 精核을 얻게 된다. 가운데 위치한 한 개의 精核을 中土, 바깥에 위치한 두 개의 精核을 外土라 한다. 中土와 外土가 연결되어 不斷히 순환하니, 이를 일러 一太極體라 한다.

一太極體一循 則有極微之變 其連展則律 反縮則呂 律時觀況 外動內靜 是謂陽 呂時觀況 外靜內動 是謂陰也

一太極體가 한번 순환하니 극미한 변화가 있게 된다. 이때 늘어나 펴지는 힘을 律이라 하고, 반대로 움츠러드는 힘을 呂라 한다. 律을 보건대, 바깥은 動하면서 안은 고요하니 陽이라 한다. 呂를 보건대, 바깥은 고요하면서 안은 動하니 陰이라 한다.

神透合於一太極體 以繪想念 始成自我 嚆矢凡靈 是謂元始靈也

神이 一太極體에 스며들어 想念을 그려내고, 이로써 自我가 이루어져 뭇 靈의 효시가 되니, 이름하여 元始靈이다.

一太極體可循 其因在律呂 律呂運法 是爲五行 連環曰土 轉環産四 各曰木火金水 觀變之理 以五行也 始發玄變由五行 自是至今 皆謂太素也

一太極體가 가히 순환할 수 있음은 律呂에 의함이며, 律呂가 운행하는 법이 五行이다. 연결의 고리를 土라 하고, 회전에 의한 네 개의 축을 각각 木火金水라 한다. 변화의 이치를 살필 때 五行으로써 한다. 현묘한 변화가 五行으로부터 始發을 이루니, 이때부터 오늘에 이르기까지를 통칭하여 太素라 한다.

제4장

陰陽五行論

제1절. 五行의 개념

1. 五行의 정의

陰陽은 태시의 단계에서 一太極體의 출현과 더불어 생성되었고, 변화의 근간 원리인 대립성을 갖추게 되었다.

상반된 두 기운이 대립하기 위해서는 같은 공간 내에 있어야 한다. 一太極體 이전의 소산체들은 靜·動의 두 기운을 한 공간에 묶는 것에 실패했다. 원수는 외나무다리에서 만나야 충돌이 일고 변화가 발생하는 법이다. 一太極體는 그 외나무다리를 만드는 데 성공했고, 이제 陰陽은 어쩔 수 없이 한 공간에서 적과의 동침을 해야만 한다. 변화의 실마리가 풀렸고, 그 결과는 참혹한 멸망 혹은 화려한 창조가 될 것이다.

이제 변화의 주체인 五行이 생겨났다. 行이란 자의적字義的으로 '두 사람(彳)이 걸어간다(亍)'는 뜻이다. 여기서 두 사람은 陰陽을, 걸어가는 것은 기운의 운행과 변화를 각각 뜻한다. 그런즉 五行이란 「陰陽이 다섯 축을 기점으로 삼아 변화해 나아가는 원리」라 정의할 수 있다.

그런데 왜 하필 다섯 마디인가?

사실 중앙의 土를 제외하고는 木火金水의 마디를 정할만한 특별한 기준이 있는 것은 아니다. 五行은 우주변화의 원리를 규명함에 가정 적합하다 여겨지는 구조이기에 선택받은 것뿐이다. 상상에만 존재하는 數를 인간의 의식으로 끌어와 이성의 힘을 키운 것처럼 五行 역시 같은 맥락으로 봐야 한다.

五行은 중국 은나라 때 이미 존재한 것으로 보인다. 그 뒤 용어로서 처음 등장한 것은《서경書經》으로, 다음과 같은 내용이 실려 있다.

대우(大禹)는 순(舜)임금에게, "임금님께서는 이점을 생각하소서. 德은 선정(善政)에 있고 선정은 양민(養民)에 있으니, 목화금목토곡(水火金木土穀)을 잘 다스려 德을 바로 하고 用을 이롭게 하고 생활을 윤택하게 하여, 마침내 두루 화목하게 하소서"라고 말하였다.

이상의 구절에선 木火土金水 五行에 곡穀을 하나 덧붙여 육부六府라 하였다. 이는 당시 인간의 생활에 있어서 곡식이 지니는 영향력이 그만큼 컸기 때문으로 보여진다. 그런데 곡穀은 좀 더 생각하면 木의 개념에 포함된다. 그래서 후대에 이르면서는 곡穀을 뺀 五行만 남게 된다.

《書經/홍범구주洪範九疇》를 보면 좀 더 체계화된 五行이 등장한다.

五行은 一曰水, 二曰火, 三曰木, 四曰金, 五曰土이다. 水는 부드럽게 고이고[潤下], 火는 퍼지면서 오르고[炎上], 木은 휘거나 뻗치고[曲直], 金은 겉을 에워싸고[從革], 土는 뿌리고 거둔다[稼穡].

이상을 통해 五行의 개념이 보다 구체화 됐음을 알 수 있다. 다만 아직도

五行이 원원한 우주변화의 원리라기보다는 실생활에 연관되는 형이하적 形而下的 요소로서 파악되고 있다.

이런 추세는 쉽게 잦아들지 않았다. 《禮記/예운편禮運篇》에 보면, "인간은 天地의 德이요, 陰陽의 交요, 鬼神의 會요, 五行의 수기秀氣이다"라고 하였고, 또한 "인간은 天地의 心이며 五行의 단端이다"라고 하였다. 이 대목에서 五行을 인의예지신仁義禮知信에 연관하여 덕목의 일종으로 받아들이는 경향을 엿볼 수 있다.

이렇게 다소 모호하고 협소했던 五行이 후대로 가면서 차츰 象界와 形界에 두루 미치는 우주변화 원리로 발전하게 된다.

2. 五行의 명명

대저 사물은 이름을 보면 그 속성을 어느 정도 가늠할 수 있다. 그것은 본질을 고려하여 명명命名을 하기 때문이다. 예로부터 作名에 각별한 주의를 기울여 온 것도 같은 이유이다. 그렇듯이 五行 또한 무슨 이유로 木火土金水라고 명칭하게 됐는지를 살펴보면 그 성질을 이해하는 데 도움이 될 것이다.

(1) 水의 命名 ⚏

水의 모체는 太陰이다. 이것은 겉으로는 靜하나 그 내부엔 陽性이 잠재하고 있어서 언제든지 조건만 되면 그 陽을 방출하면서 動하려 한다. 그러나 아직은 때가 되지 않아 動性은 수면 아래 가라앉아 靜한 모습을 띠고 있다. 이런 기운을 무엇이라 부르는 것이 마땅할까?

그냥 太陰이라 부를 수도 있지만, 앞으로 전개될 오축五軸의 변화무쌍한 운행을 고려할 때 보다 간명한 명칭을 택하는 것이 좋을 것이다. 이왕이면 우리의 인식에 도움이 될만한 친근한 소재면 더욱 좋고 말이다.

太陰을 닮은 것을 주변에서 찾은즉, 그것은 水이다. 水가 지닌 靜中動의 성질이 太陰과 여러모로 비슷한 점이 많은 까닭이다.

水의 성질을 觀하면, 겉으로는 靜하면서 응축하려 하나 외부의 자극을 받으면 즉시 動하여 분열로 치닫는다. 이것은 太陰이 고요한 가운데 陽을 포위하면서 조건만 되면 그 陽을 방출하려는 성질과 유사하다.

이런 水가 지닌 속성을 취하여 太陰의 이름으로 취하게 되었다. 따라서 五行의 水를 단순히 '물'로 이해해서는 안 된다. 象界를 이해하기 위한 방편으로 形界의 사물에 빗대어 명명했다는 사실에 유념해야 한다.

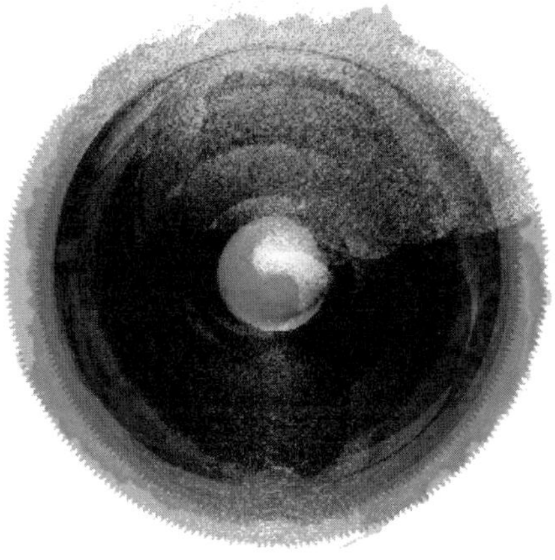

水氣圖

(2) 木의 命名

水 속의 陽氣가 무르익을 대로 익어 동력의 축적이 완비됐을 때 외부의 자극을 받게 되면 놀라운 변화가 발생한다. 마치 껍질을 뚫고 발아하는 새싹처럼 水氣의 포위망을 뚫고 솟아나는 그 무엇이 있다.

이때의 기운을 관觀하자면, 마치 빨대를 꽂아 그 속의 내용물을 빨아당기듯 종적縱的으로 빠르고 길게 솟구친다. 억눌려 있던 용수철이 세차게 반발하며 튀어 오르는 힘, 마치 비좁은 연못 속에서 똬리를 틀고 있던 용이 허리를 튕기며 승천하는 장면을 연상케 한다.

이 기운의 모체는 少陽으로, 이는 太陰인 水의 응축이 궁극에 이르렀을 때 반발력으로 始生하였다. 이런 기운을 무엇이라 부르는 것이 좋을까?

이 기운은 水氣를 바탕으로 生하며 종적 운동을 한다. 그리고 솟구치는 힘은 있으나 아직은 분열되지 않아 싱그럽고 깨끗하다. 이런 성향과 유사한 것을 주변에서 찾자면 단연 나무를 들 수 있다.

나무를 관하건대, 씨앗[水]의 상태에서 적당한 열기를 쏘이면 그 내부의 핵核이 動하여 물기를 머금으며 싱그럽게 솟아난다. 그리고 종적으로 쭉쭉 성장하게 되는데, 이런 모습이 새로 잉태된 기운을 많이도 닮아 있다. 게다가 금상첨화로 나무는 세상을 구성하는 중요 요소 중 하나이므로, 주저 없이 木이라 명명하게 된 것이다.

木氣도 나무로 이해해서는 안 된다. 나무를 비롯한 形界의 모든 것들은 五行의 작용을 골고루 받으며 변화해 나가는 것이지, 어느 한 五行만의 지배를 받는 것이 아니다. 形界에서는 五行 각각의 성질과 완전히 일치하는 것이 없다는 사실에 유념해야 한다.

흔히 「形을 보고 象을 취하라」는 말이 있지만, 여기서는 반대로 먼저 象을 느끼고자 힘쓰고 그런 연후에 구체적 이해의 방편으로 形의 속성을 살펴야 한다. 이렇게 해야만 物과 象의 혼동을 조금이라도 줄일 수 있다.

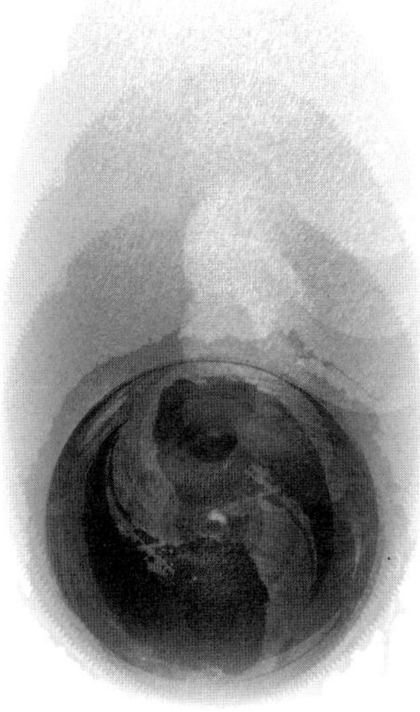

木氣圖

(3) 火의 命名

陰을 뚫고 솟아 나온 木氣가 득세하여 대립할 만한 陰이 없어지면 반발력을 잃으며 팽창과 분열의 기운으로 바뀌게 된다. 사방으로 흩어져 붕괴하려는 힘이 기세를 떨치게 되는데, 이때의 형국을 太陽이라 한다.

다행히 土化作用이 미치고 있기에 종멸終滅로 치닫지는 않는다. 어느 정도 분풀이를 하면 다시금 움츠러들기 시작할 것이다.

그렇다면 이렇게 陽이 맹위를 떨치고 있는 기운을 뭐라 부르는 것이 좋을까?

가장 유사한 것은 불일 것이다. 하지만 水나 木에 비하면 유사성이 많이 떨어진다. 왜냐, 形界에서의 불은 팽창 일변도이기 때문이다. 마치 陰陽 이전에 발생한 乾을 보는 듯하다. 적당한 시점에 성질을 죽여 수렴으로 선회할 줄도 알아야 하는데, 불은 그런 타협을 모른다. 한번 붙으면 꺼질 때까지 끝장을 보는 성미이다.

복귀의 성정性情은 없지만, 그래도 이 점을 제외하고는 여러 면에서 흡사한지라 불을 취해 이름으로 삼게 됐으니, 바로 火이다.

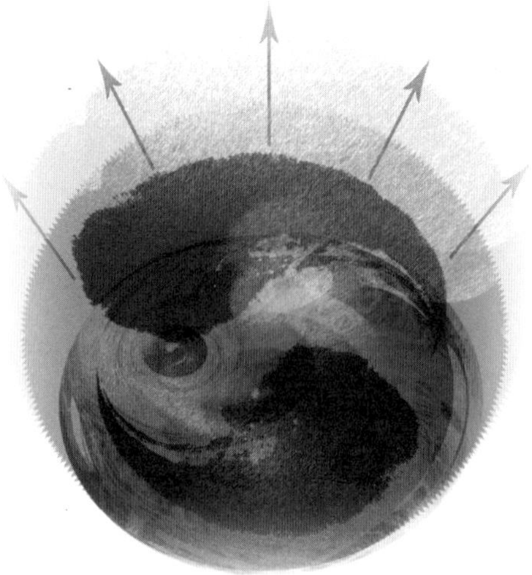

火氣圖

(4) 金의 命名

水에서 動하여 분열과 팽창의 궁극에 치달은 火氣가 다시 水로 되돌아

가는 과정상에 陽을 포위하여 수렴하는 기운이 있다. 이 기운은 火의 거센 팽창력을 수습해야 하는 막중한 사명이 있다. 불을 끄는 소방수라고나 할까.

그런데 무작정 불길을 잡으려고만 해서는 실효를 거둘 수 없다. 폭탄이 터졌을 때는 일단 피하고 보는 것이 상책이다. 그 후 火氣가 다소 누그러졌을 때 조심스레 다다가 수렴해야 한다. 그리고 흩어진 기운들이 어느 정도 모였을 때는 그것들이 다시금 빠져나가지 못하도록 외곽을 잘 에워싸는 것이 중요하다. 이렇게 수렴과 포장包藏을 하는 기운이 少陰이다.

이런 少陰의 성향을 띤 形界의 물질을 찾는다면 金을 들 수 있다. 이것은 쇠가 지닌 靜的이면서도 차갑고 단단한 성질을 취한 것이다. 물론 金에 견줄만한 후보로 石이 있다. 허나 石은 뒤에 거론될 土의 영역에 속하는지라 金에게 흔쾌히 자리를 내주게 되었다.

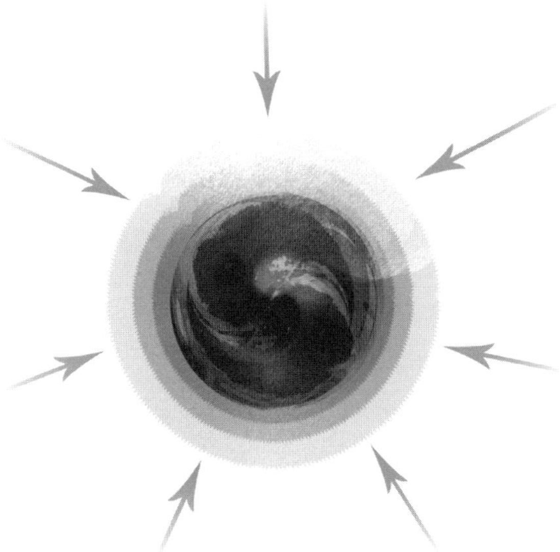

金氣圖

(5) 土의 命名

土는 「太極論」에서 논했듯이 중극체가 형성되면서 발생한 정핵에 그 근원을 둔다. 이 정핵은 중극체가 一太極體로 발전함에 따라 율려 운동을 주재하게 되고, 이것은 곧 순환을 통한 지속적 변화를 의미한다. 그리고 이렇게 생긴 변화 마디인 少陽, 太陽, 少陰, 太陰과 함께 木火土金水라는 명칭으로 불리게 되었다.

다시 말해 土란 정핵이 구체적인 陰陽의 작용에 투입되어 그 역할이 확대 발전된 것으로, 기운의 과불급過不及을 조절하고 火氣의 극한 분열을 金氣로써 포장케 하여, 끊어지지 않고 지속적으로 변화가 이루어질 수 있도록 하는 조화의 기운이라 하겠다.

'흙'을 관하건대, 그 성질이 모든 개체의 存立的 근간이며 생멸生滅의 중립이며, 또한 포용하여 조화함의 상징인바, 이런 大地의 성질을 취하여 土라 이름하게 된 것이다.

土氣圖

五行	木	火	土	金	水
五方	東	南	中	西	北
五色	青	赤	黃	白	黑
五音	角	徵	宮	商	羽
五常	仁	禮	信	義	知
五感	身	舌	鼻	眼	耳
五識	觸	味	香	色	聲
五星	歲星	熒惑	塡星	太白	辰星
五臟	肝	心	脾	肺	腎
五腑	膽	小腸	胃	大腸	膀胱
五味	酸	辛	甘	苦	咸
五蟲	鱗	羽	偶	毛	介
五聲	呼	笑	歌	哭	呻
五體	筋	血脈	肉	皮毛	骨髓
五獸	青龍	朱雀	后土	白虎	玄武
五運	反撥	分裂	調和	收斂	統一
五液	淚	汗	涎	涕	唾
五腔	牙	舌	喉	齒	脣
五數	3,8	2,7	5,10	4,9	1,6
五氣	風	熱	濕	燥	寒

整理

五行始於水 外靜內動 以抱陽也 當適期 放一陽 然而 不至其時 只忍表靜 是爲耐運也 觀其性似水 曰水也

五行은 水에서 시작하는데 겉은 靜하나 속은 動하다. 이는 陽氣를 에워싸고 있기 때문이다. 적당한 시기를 맞아 一陽을 방출하게 될 것이나 아직은 그때가 되지 않아 단지 겉으로 靜한듯 보이며 인내하는 운수이다. 그 성질을 살피니 물과 비슷하여 水라 한다.

其二木 外軟内跳 以反壓也 水至窮極 一陽爆發 跳躍上方 觀其性似木 曰木也

그 두 번째는 木으로, 겉은 연하나 속은 튀어 오른다. 이는 압박에 반발하기 때문이다. 水가 궁극에 이르니 一陽이 폭발하여 위를 향해 튀어 오른다. 그 성질을 살피니 나무와 비슷하여 木이라 한다.

其三火 外動内靜 以抱陰也 木力之衰 分散其運 展進四方 觀其性似火 曰火也

그 세 번째는 火로, 겉은 動하나 속은 靜하다. 이는 陽氣가 陰氣를 에워싸고 있기 때문이다. 木의 힘이 떨어지면 그 운동이 분산되어 사방으로 펴져 나간다. 그 성질을 살피니 불과 흡사하여 火라 한다.

其四金 外堅内斂 以逮火也 火力之衰 收斂其運 凝縮一方 觀其性似金 曰金也

그 네 번째는 金으로, 겉은 딱딱하나 속은 빨아들인다. 이는 火氣를 체포하기 위함이다. 火의 힘이 떨어지면 그 운동이 수렴되어 한 방향으로 응축된다. 그 성질을 살피니 쇠와 흡사하여 金이라 한다.

其五土 外引内調 以可成循也 刺水陽動 御火陰動 調均寡過 觀其性似土 曰土也

그 다섯 번째는 土로, 겉은 잡아당기고 속은 조절한다. 이로써 가히 순환을 이룬다. 水를 자극하여 陽氣를 動하게 하고, 火를 다스려 陰氣를 動하게 하며, 부족함과 넘침을 조절하여 균형을 잡는다. 그 성질을 살피니 大地와 흡사하여 土라 한다

제2절. 五行의 生剋

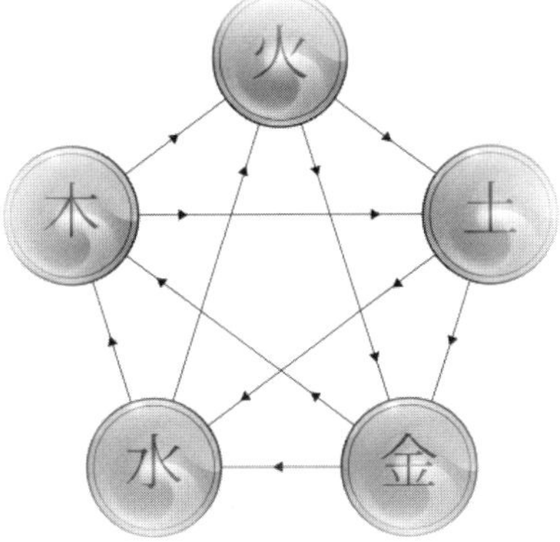

1. 生剋의 발생

五行의 변화는 生剋(생극)에서 비롯되며, 이것이 곧 太極의 상대성 원리이다. 기운이 상생相生만 있으면 기세가 꺾여 주저앉게 되고, 역으로 상극相剋만 있으면 충돌하여 폭발하는 지경이 돼버린다. 生과 剋이 적절히 어우러져야 변화도 일고 창조도 가능한 구조가 된다.

문헌으로 보자면 五行의 生剋은 복희伏羲의 용마하도龍馬河圖와 하우夏禹의 신구낙서神龜洛書에서 그 기원을 찾을 수 있다. 보다 구체적으로 거론한 것은 중국 전국시대 제齊나라의 추연鄒衍[30]에 이르러서다. 그는 상승설相勝說이라 하여 金→木→土→水→火를 직접적으로 언급하였다.

추연騶衍의 상승설은 왕조의 흥망성쇠를 논하기 위한 잣대로 활용됐는데, 훗날 인간사를 비롯해 자연 현상을 설명하는 이론으로까지 발전하게 된다.

30) 騶衍(BC 305 ~ BC 240)이라고도 한다. 세상의 모든 事象은 五行相勝의 원리에 의해 일어나는 것이라 하였고, 이것으로써 역사의 추이(推移)나 미래를 예견하였다.

生剋은 비단 五行에만 적용되는 것이 아니다. 이것은 까마득한 세월을 거슬러 올라가 太一에서 精氣神 삼극이 솟아나면서부터 시작됐다. 당시엔 불행히도 相剋 일변도였다. 기운들의 격렬한 충돌과 거센 반발만 있는 시기였고, 그래서 이때를 혼극이라 한다.

이런 암흑기를 벗어나기 위한 몸부림은 상생의 불씨를 지피는 방향으로 전개되었다. 태역에 이르자 純陰과 純陽이 등장했고, 성향이 다른 기운들과 잠시나마 대립을 멈추는 현상이 생겨났다. 相生이라고 하기엔 턱없이 부족하지만 적어도 그 불씨만은 일기 시작한 것이다.

그러다 태초에 이르자 비로소 相生의 초보적 모습이 보이기 시작했다. 바로 乾坤太極이 등장하면서부터다. 상반된 두 성질이 한 몸에 붙어있는 최초의 양태로서, 실로 生剋의 불씨가 본격적으로 당겨졌다 하겠다.

그리고 오랜 세월이 흘러 태시의 陰陽太極에 이르자 비로소 온전한 형태의 生剋이 자리잡게 되었다. 이런 토대에서 새롭게 등장한 것이 바로 五行이다. 五行은 相生과 相剋의 조화로서 탄생한 것이고, 그렇기에 生剋을 떠나서는 그 원리를 논할 수가 없다.

段階	相生	相剋
混極	×	○
太易	△	○
太初	◑	○
太始	○	○
太素	○	○

2. 五行의 상생

五行의 相生은 한대漢代에 저술된《춘추번로春秋繁露》에 처음으로 등장한다. 아직 형이상形而上의 원리로서 정립된 것은 아니지만 그 단초를 처음으로 제시했다는 점에서 의미가 있다 하겠다.

天에는 五行이 있으니 一曰水, 二曰火, 三曰木, 四曰金, 五曰土이다. 木은 五行의 시작이며 水는 五行의 끝이며 土는 五行의 중앙이니, 이것이 곧 五行의 순서이다. 木生火하고 火生土하고 土生金하고 金生水하고, 다시 水는 木을 生하여 되돌아가는 것으로, 이것이 곧 五行의 율려 운동이다.

(1) 水生木

水에 반발하며 솟아나는 기운이 木으로, 이를 사람에 비유하면 水는 木의 母이고 木은 水의 子가 된다.

木의 득세 정도를 알기 위해서는 반드시 水의 세력을 살펴봐야 한다. 水가 가둬 놓은 陽氣가 무르익어 君火가 돼야지만 木은 비로소 잠룡의 허물을 벗고 탈출할 수 있다. 만일 水가 미약하여 그 내부의 陽氣가 君火에 미치지 못하면 木은 결코 水의 압제壓制를 벗어날 수 없다. 행여 그것이 가능하다 하여도 제대로 솟구치지 못하고 이무기처럼 중도에 수그러들고 말 것이다.

이렇게 木氣의 득세得勢는 水에 달려 있는 바, 이것을 水生木이라 한다. 누차 말하지만 「물이 있어야 나무가 클 수 있다」는 식으로 이해해서는 안 된다.

(2) 木生火

水에 반발하며 튀어 오르던 木氣가 수그러듦과 동시에 종적 운동에서 횡적 운동으로 바뀌며 분열과 팽창으로 이어지게 된다. 이때의 기운이 곧 火이다.

그렇기에 木의 기세가 얼마나 강하냐에 따라 火의 세력과 범위가 정해지게 된다. 다시 말해 木의 종적 운동에 비례해 火의 횡적 운동의 성패가 달려 있다. 火氣는 곧 木氣를 발판으로 삼아 약진하는 것으로, 그 득세 여하가 木氣에 따라 결정되는 바, 이것을 이름하여 木生火라 한다.

이 원리를 단지 「나무를 재료로 하여 불이 붙는다」, 「나무끼리 마찰에 의하여 불이 붙는다」는 식으로 이해해서는 안 된다.

(3) 火生土

분열과 팽창의 궁극에 달한 火氣의 다음은 어떠한가?

그다음은 없는 것으로, 곧 해체이며 끝이다. 다시 말해 土가 생성되는 것이 아니라 모든 작용이 종결된다.

土는 精에서 비롯하였지 陰陽에서 비롯한 것이 아니다. 陰陽에서 비롯한 木火金水와 精에서 비롯한 土는 출신 자체부터 다르다. 배다른 형제도 아닌 엄연한 남남이다.

이 이치를 깨닫지 못하여 고금을 막론하고 모든 철인哲人들이 火生土를 설명하기 위해 억지 논리를 꾸며댔던 것이 사실이다. 가령, 「불이 꺼지고 남은 것은 재로서 이는 곧 흙(土)이다」라는 견해는 形而下적 발상에 불과하다. 분열과 팽창의 火氣에서 어떻게 生剋을 조절하고 득세를 견제하며, 순환을 주재하는 土氣가 생성된단 말인가?

精을 木火金水와 같은 요소로 보는 것은, 陰陽의 두 축으로 나누는 중국의 二元論적 관점이다. 우리 겨레는 精을 木火金水에서 분리하여 독립적으로 보았고, 이것이 곧 三元論적 세계관이다. 중국의 陰陽이나 서구과학의 '+, -'와 달리 우리는 精氣神 三數로써 접근했는데, 이것이 곧 三太極이며 三一思想이다. 베일에 싸인 우주변화의 원리를 온전히 풀어낼 수 있는 유력한 열쇠라 하겠다.

火生土는 '火氣가 土氣의 힘을 얻는다'는 뜻으로 사용된 것이다. 즉 '火得土生金'이 정확한 표현이다. 土는 精의 후신이므로 金氣와 비슷한 잡아당기는 성질이 있다. 그래서 말기에 다다른 火氣를 잘 추슬러서 수렴으로 선회하도록 중개하는 역할을 한다. 이것을 일러 金火交易(금화교역)이라 한다. 金火交易이란 土가 金의 성질을 본떠서 분열의 火氣를 수습하는 작용을 말한다.

후면을 기해 각설하고, 여하튼 火氣는 이런 土化作用에 힘입어 종말로 치닫지 않고 수렴으로 선회하게 된다. 따라서 火生土라 하면 火氣의 분열성이 土化作用을 불러오게 되었다는 의미로 이해해야 한다.

(4) 土生金

土生金도 앞의 火生土에 이어진다. 실제로 土가 金을 生하는 것이 아니라, 土化作用에 의해 火가 金으로 넘어가는 것을 말한다. 사실상 火의 분열에서 金의 수렴으로 직접 이어지는 법은 없다. 반드시 土의 중개를 거쳐 연결이 이루어진다. 고로 정확히 표현하면 火生土와 土生金을 한데 묶어 '火得土生金'이라고 해야 마땅하다.

이 원리도 「흙 속에 금속이 생긴다」는 식으로 이해해서는 안 된다.

(5) 金生水

陽氣를 포장하고 수렴하는 金에서 한번 더 움츠러들어 생성되는 것이 水氣로, 이것을 일러 金生水라 한다. 水의 득세 여하는 곧 金에 달려 있는 것으로, 金이 자신의 역할을 제대로 해야만 水의 단계에서 새로운 창조의 동력을 비축할 수 있다.

가령, 金의 수렴 작용이 太過하거나 不及하면, 이것을 넘겨받은 水의 내부는 비상이 걸린다. 陽氣의 상태가 주눅이 들어 움츠러들거나 흐리멍덩하게 퍼질러져 버리기 때문이다.

이런 반푼이 陽氣를 품어서 제대로 된 君火로 양성하기란 결코 만만치 않을 것이다. 만일 君火에 못 미치는 陽氣가 잉태된다면 뒤이어 발생하는 木에도 영향을 주어 五行 운동 전체의 질을 떨어뜨리는 결과를 초래한다. 五行의 창조 활동에 빨간불이 켜지게 되는 것이다.

이처럼 水는 어쩔 수 없이 金의 기세에 영향을 받게 되니, 이것을 일러 金生水라 한다.

이 원리도 「금속에 습기가 닿으면 물방울이 생긴다」는 식으로 이해해서는 안 된다.

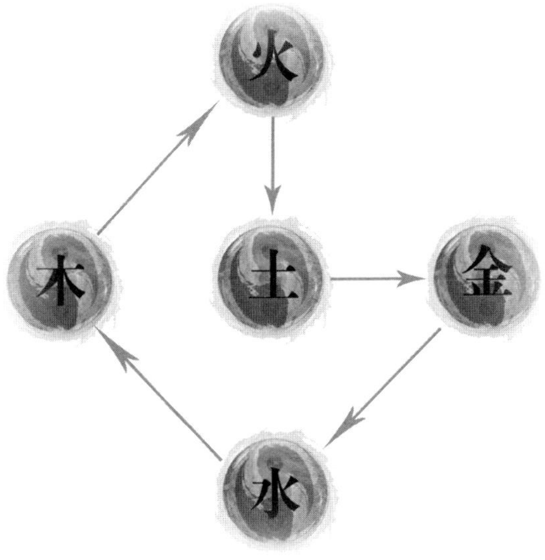

五行相生圖

3. 五行의 상극

五行의 상극相剋은 앞서 언급했던 추연의 오행상승론五行相勝論에서 시작해서 시대를 거듭하며 변모하게 된다. 한대漢代에 저술된 《백호통白虎通》을 보면 다음과 같은 언급이 나온다.

天地의 性은 衆한 것이 寡한 것을 이기기에 水勝火하며, 精한 것이 堅한 것을 이기기에 火勝金하고, 剛한 것이 柔한 것을 이기기에 金勝木하고, 專한 것이 散한 것을 이기기에 木勝土하고, 實한 것이 虛한 것을 이기기에 土勝水이다.

이상의 내용을 보건대 五行의 상극관相剋觀이 참으로 피상적이지 않을 수 없다. 덧셈·뺄셈을 하듯 五行의 겉보기만을 따져 승부를 논하고 있으니 말이다.

그런데 더욱 불가사의한 것은 이상과 같은 고대인의 사고방식을 오늘날의 석학들도 그대로 믿고 따른다는 것이다. 이것은 五行의 개념 자체가 다분히 형이상적인 이유도 있겠지만, 이것보다는 옛 성현이나 대학자가 밝혀 놓은 것은 무조건 옳다고 여기는 고정 관념 탓이 크다. 마땅히 의혹을 가지고 이성적으로 따져 들어가야 한다.

(1) 水剋火, 火剋金, 金剋木

五行의 상극은 서로 대립되는 기운이 일대일로 마주치는 경우에 있어서 힘의 우열을 구분한 것이다. 陰陽이 일대일로 대립하게 되면 대체로 陰이 우세하게 된다.

가령 水氣와 火氣가 동일한 기세로 부딪치면 대부분 水氣의 힘에 火氣가 눌려 그 작용이 소멸하고 만다. 또한 金氣와 木氣가 동일한 기세로 대립하면 木氣가 金氣의 세력에 밀려 그 작용이 꺾이고 만다. 이것을 일러 水剋火, 金剋木이라 한다.

이렇게 陰이 陽보다 강하게 나타나는 것은 사실상 불공정한 면이 없잖아 있다. 왜냐하면 陰은 성질상 응축되어 있어 그 덩치가 작아도 작은 것이 아니고, 陽은 분열되어 있어 그 덩치가 커도 사실상 큰 것이 아니기 때문이다. 고로 덩치를 같게 해서 부딪치면 당연히 속이 꽉 찬 陰이 유리하게 된다.

불공정 약관을 개선하여 부피가 아닌 내적 기세를 중심으로 陰陽의 승부를 전개하면 어떨까?

이 경우엔 陰陽이 팽팽히 맞설 것이다. 이때의 승부는 지루한 시간 싸움이 된다. 陽氣는 짧은 시간에 승부를 지어야 한다. 그렇지 않으면 급격히 힘이 빠지고 결국 陰氣에 굴복할 수밖에 없다. 격투기 경기에 빗대자면 陽氣는 전반전에 올인하고 陰氣는 후반전을 노린다.

어쨌든 陰陽의 대결은 대체로 陰 쪽으로 승부가 기우는 경우가 많다. 조커(joker)를 가슴에 꼭꼭 감춰놓고 있는 陰氣에 비해 陽氣는 자신의 패를 몽땅 드러내 보이고 있는 까닭이다. 역발산기개세力拔山氣蓋世의 항우項羽가 능구렁이 유방劉邦의 벽을 뛰어넘지 못한 것도 같은 맥락이라 하겠다.

하지만 변수가 무궁무진한 것이 세상사가 아니겠는가. 陽氣가 초장봉기지세初場蜂起之勢로 陰氣를 제압하는 경우도 비일비재하다. 순식간에 터져 주변을 초토화하는 폭탄처럼 火氣의 분출은 위력적이다. 이런 상황을 일러 火剋金이라 한다.

여기서 火剋金이 되면 어째서 水剋木은 안 되는가 하는 의문이 들 수 있다. 水氣가 太陽인 火氣를 제압한다면 少陽인 木氣 정도야 우습게 억누를 수 있으니 말이다.

뒤에 [天干論]에서 다루겠지만 각각의 五行에는 陰陽이 내재하고 있다. 이것이 甲乙丙丁戊己庚辛壬癸의 天干이다. 여기서 壬癸가 水, 甲乙이 목木인데, 癸水는 甲木을 극剋하는 것이 아니라 生하여 주는 근간이 된다.

이에 반해 壬水는 癸水처럼 木氣의 生에 직접적인 도움을 주지 않는다. 왜냐하면 壬水는 내부에 이미 陽을 포장하여 그 陽의 통일[精核]에만 전념하기 때문이다. 마치 임산부가 태아만을 위해 몸을 삼가고 조심하는 것과 같은 이유이다. 이런 이유로 水剋木은 성립될 수 없고, 오히려 水生木으로 전개하게 된다.

(2) 木剋土

五行의 상극론相剋論에서 제일 문제되는 것은 木剋土와 土剋水이다. 土氣란 전술했듯이 陰陽이 아닌 精에서 生한 것으로, 陰陽에서 비롯한 木火金水와 동일 선상에서 논하는 것은 금물이다.

단언컨대, 양 기운의 대립 시에 승패의 관점에서 본다면 木剋土는 성립할 수 없다. 木氣가 강해지면 木生火를 통해 火剋金을 더욱 세차게 한다. 木氣의 강성은 우회적으로 金氣를 제압하는 방향으로 이어지며, 이런 면에서 보면 木剋金[金侮木]도 가능할 법하다.

이렇듯 木氣의 칼끝은 줄곧 金氣만을 향하는데, 무슨 이유로 土를 제압한다는 것인가?

또한 木은 새싹과 같아서 木火金水 중에서 제일 여리고 약한 기운이다. 水의 껍질을 깨고 나온 지 오래되지 않아 상대적으로 순수한 기운이다. 반면 土는 五行을 주관하는 중추적 기운으로서, 어떤 것도 잡아 돌릴 수 있는 무시 못할 권능이 있는 존재이다. 이런 土를 여리고 여린 木이 제압한다고 하니 이치상 납득하기 어려울 수밖에 없다.

木剋土는 글자 그대로 받아들여서는 안 된다. 土의 힘은 한 기운에서 다른 기운으로 넘어가는 과도기에 발휘된다. 가령, 丑土는 子水의 내부에 포장된 陽氣를 자극해 一陽을 시생케 하며, 未土는 金火交易으로써 충천하는 火氣를 잡아 金의 수렴작용을 돕는다. 그리고 戌土는 眞空을 이루어 水의 통일 작용의 근간을 마련한다.

土는 이와 같이 두 기운의 교차에 중요한 역할을 하는데, 웬일인지 木局에서 火局으로 넘어가는 과도기만은 그 작용이 상대적으로 줄어든다. 辰土는 木과 火의 연결보다는 金火交易의 주체인 未土를 보조하는 역할에 쏠려 있다. 다시 말해 木氣가 쇠할 무렵에 金氣를 미리 배치하는 일에만 전념하고 있는 것이다. – [6장. 五運六氣論]에서 자세히 다룬다 –

이런 점에서 보면 土의 영향을 가장 적게 받는 기운이 바로 木이다. 그리고 木氣는 氣의 동요가 가장 왕성한 곳인지라, 木局에서는 土의 前身인 精이 가장 적게 존재하게 된다. 참고로 精이 많이 꼬이는 기운은 水, 金, 火, 木의 순이며, 土化作用을 가장 많이 받는 기운은 火, 金, 水, 木의 순서이다.

요컨대 木이 강성한 곳에는 精이 발붙이기 힘들고 또한 土化作用이 힘을 못 쓰게 된다. 이런 관점에서 본다면 木이 土를 제압하는 것으로 볼 수도 있은즉, 이것을 일러 木剋土라 한다.

(3) 土剋水

土氣가 무슨 연유로 水氣를 제압한다 함인가? 세간에 팽배한 「흙을 쌓아 물을 가둔다」는 식의 궤변은 접어 두고 이치적으로 살펴보자.

水氣의 전신은 태시太始 단계에 生하였던 太陰으로, 다른 火, 木, 金에 비해 잠재력이 월등하다. 그런 水氣를 잡고 조절할 수 있는 것은 土가 유일무이하다. 좀 싱겁지만 이런 의미를 부각하여 土剋水라 한다.

부연하자면, 水의 통일 작용이 이루어지기 위해서는 精의 맺히는 힘이 필요하다. 그래야만 품고 있는 내부의 陽氣에 核이 맺히고 비로소 음곽陰廓을 뚫고 나갈 동력이 비축된다. 이렇게 水의 존재 의미인 '君火 양성을 통한 一陽始生'을 위해서는 土의 힘이 절실하다 하겠다.

요컨대, 水氣를 통제할 수 있는 것은 오직 土이며, 水氣의 목적을 이룰 수 있는 열쇠 또한 土가 지니고 있다. 이렇게 土가 양면에서 水를 左之右

之하게 되니, 이것을 일러 土剋水라 한다.

참고로 土剋火가 성립되지 않는 이유는 土가 金을 내세워 火의 수렴에 관여하기 때문이다.

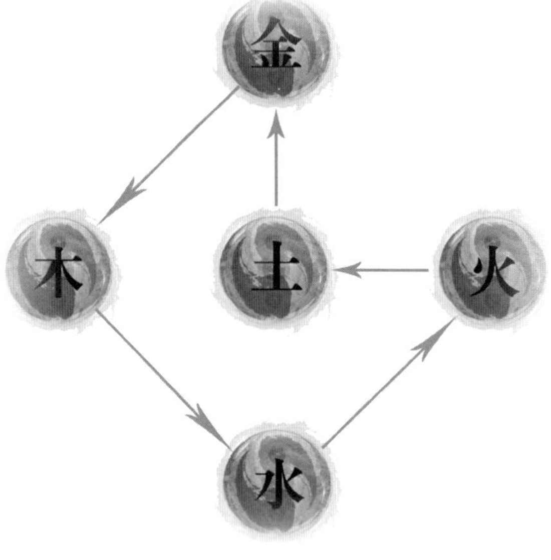

五行相剋圖

整理

運展以相生 防脫以相剋 無生不進 無剋不持 故 生剋爲存之兩面也

相生으로써 운행하여 펼치고 相剋으로써 이탈을 막는다. 相生이 없이는 나아갈 수 없고 相剋이 없이는 보전할 수 없다. 고로 相生과 相剋은 존재의 양면을 이룬다.

水意在種 其質依金 曰金生水 木意在登 其力依水 曰水生木 火意在裂 其動依木 曰木生火 火借土力 旋回至金 曰火生土 金能捕火 以得土助 曰土生金也

水의 뜻은 씨앗(君火)에 있는데, 그 질이 金에 달려 있기에 金生水라 한다. 木의 뜻은 오름에 있는데 그 힘이 水에 달려 있기에 水生木이라 한다. 火의 뜻은 분열에 있는데 그 동력이 木에 달려 있기에 木生火라 한다. 火는 土의 힘을 빌려 金으로 선회하니 火生土라 한다. 金은 土의 도움을 얻어 능히 火를 거둘 수 있기에 土生金이라 한다.

水可壓火 以同勢陰勝 曰水剋火 木有比小之土力 是意逐土 曰木剋土 火可壓金 以太陽勝於少陰 曰火剋金 金可壓木 以同勢陰勝 曰金剋木 土能刺水 使陽結核 而陽反撥 曰土剋水也

같은 세력에는 陰이 勝하여 水가 가히 火를 누르니 水剋火라 한다. 木의 영역에서는 土의 힘이 비교적 작은데, 이는 木이 土를 밀어냄을 뜻하여 木剋土라 한다. 太陽은 少陰에 勝하여 火가 가히 金을 누르니 火剋金이라 한다. 같은 세력에는 陰이 勝하여 金이 가히 木을 누르니 金剋木이라 한다. 土는 능히 水를 자극하여 精核을 맺히게 하고 陽氣를 반발케 하니 土剋水라 한다.

제3절. 五行의 십오분용론

五行은 萬象과 萬有의 근간 원리로서, 生剋 작용이 조화롭게 전개된즉 변화가 왕성해지고 발전이 이루어지게 된다. 그러나 만약 일부나마 五行 상호 간의 균형이 깨진다면 예상 외의 곤경에 처할 수 있다. 다행히 자정自淨 작용에 의해 회복되는 수가 있지만 경우에 따라서는 암세포처럼 전이되어 五行 질서의 붕괴로까지 이어질 수 있다.

일반적인 五行論은 木火土金水 각각의 기운이 전체 질서에 부합하는 적정 세력이라는 전제하에서 논한다. 그러나 현실에서는 五行 각각의 득세와 균형, 조화가 항상 일정하게 유지되는 법은 없다. 현상계現象界란 결국 생성과 소멸이라는 두 수레바퀴 속에 끼어 존재하는 것이 아니던가. 그렇기에 五行 질서의 파국은 피할 수 없는 존재의 한 단면이 된다.

바로 이런 점에서 五行의 격변과 위기를 진단하는데, 대체로 불급不及과 적정適正, 태과太過의 세 잣대를 가지고 다루게 된다. 이렇게 되니 모두 합쳐 15가지 경우의 수가 나오게 되고, 이를 일러 五行의 十五分用論이라 한다.

十五分用論은 미연에 문제를 예방하기 위한 진단과 탐지의 수단으로, 의

술과 기상학, 천문학, 풍수… 등에 광범위하게 적용된다.

본고에서는 木의 太過를 한 예로 들어 그 용도를 설명하고자 한다. 木氣가 지나치게 강한 경우, 즉 太過한 木이 발생했을 때 과연 五行 질서에 어떤 변화가 일어나는지 추론해 보자.

1. 水局

木이 太過할 수 있는 것은 水氣가 한쪽으로 편중됐던지, 아니면 응고 작용이 지나친 경우에 그 원인이 있다. 水氣가 자체적으로 강성하면 그 내부의 君火[31] 또한 득세하게 된다. 그래서 君火가 음곽陰廓을 뚫고 始生할 때 그 힘이 太過하는 경우가 종종 있게 된다.

君火가 음곽을 탈출할 때 水氣의 반발이 지나치게 크던지, 아니면 한쪽으로 심하게 편중되면 木氣가 太過할 수 있다. 木의 동력이란 것이 水에 대한 반발력을 근간으로 삼는 까닭이다.

水氣의 힘이 적당한데 그 응고 작용이 평소보다 강할 경우에도 木氣가 太過할 수 있다. 壬水의 응고 작용이 강할 경우에는 그 내부의 陽氣를 공고히 다지고 核을 맺게 한다. 하지만 癸水에 이르면 내재된 陽氣가 이미 君火가 되었기에, 강한 응고 작용은 도리어 거센 반발을 불러오게 된다. 이것 역시 木氣가 太過하는 요인이 된다.

요컨대 木의 太過로써 水局을 추론한즉, 水氣 자체의 太過가 아니면 癸水의 강성한 응고 작용이 있거나, 君火의 탈출 시에 지나친 간섭이 있었음을 미루어 짐작할 수 있다.

---

31) 水氣에 내재된 陽氣가 무르익어 탈출할 정도로까지 성장한 경우로, 출산을 앞둔 태아에 빗댈 수 있다.

2. 火局

자동차는 연료를 많이 태워야 속력이 오른다. 마찬가지로 木氣가 왕성해야 火氣 또한 거세게 분열할 수 있다. 바로 木生火의 원리에 따라 木의 太過는 火氣의 충천으로 이어진다.

다만 경우에 따라서는 木에서 에너지를 지나치게 소모하여 정작 火의 단계에서는 불꽃이 터지다 마는 경우도 있게 된다.

3. 土局

木剋土의 원리로 보면 木의 太過는 土氣의 관여를 멀리하게 한다. 그런데 실상을 보면 土氣의 관심을 모으는 방향으로 진행된다. 전술하였듯이 木局은 他局에 비하여 精도 약하고 土化作用도 밋밋하다. 이것은 木氣가 적정 수준으로 있을 때의 경우이다.

그런데 太過하여 五行 질서에 균열이 생기게 되면 자연히 土는 개입하게 된다. 조화와 통일을 주관하는 土性으로 인하여 木氣의 불균형을 수습하려는 작용이 산발적이나마 일어나는 것이다. 따라서 木局에 미약하나마 土化作用이 일어나게 된다. 하지만 木局은 土의 힘이 부족한 영역이어서 그 실효를 거둘지는 예측하기 어렵다.

4. 金局

木의 말기에 金火交易으로 배치되는 金氣는 金剋木의 원리에 따라, 木의 웬만한 太過에도 제압당하지 않고 무사히 배치될 수 있다. -木의 太過가 극심할 경우는 예외.- 그러나 木의 太過는 木生火의 원리로 火의 太過로까지 이어지고, 결과적으로 火剋金의 압박이 더욱 강성해지게 된다.

이런 火剋金의 압박을 해소하기 위해서는 土의 중재와 조절이 필요하다. 그런데 木의 太過가 지나쳐서 土 또한 수습하지 못하게 되면 결국 太過한 火氣를 막아내지 못하여 金局은 파멸할 수밖에 없다. 간신히 살아나도 이런 상황에서는 그 역할을 수행할 수 없다.

잔여 기운을 水局으로 넘기면 水는 이 기운을 응고하여 씨알인 君火를 양성해야 한다. 그러나 고령토가 아니면 도자기를 만들 수 없듯, 쇠락된 기운을 君火로 키우기란 쉽지만은 않다.

이렇게 金氣의 위축은 水局의 파국으로 이어져 五行의 전체 질서에 적신호가 켜진다. 한의학에서 위장이 한군데 고장 나도 오장육부 전체를 관하여 처방하는 이유가 여기에 있다.

이상과 같은 방식으로 五行의 不及, 適正, 太過를 추론하여 변화의 전체 국면을 예단할 수 있다. 十五分用論은 연이어 나올 天干에도 적용하여 보다 세밀하게 五行 질서의 변화를 파악할 수 있다.

五行各有其勢 太過或適定 或不及也 一者之勢 必授後者 至於全構 故 觀其動靜 以三分卽 是爲十五分用也

五行에는 각기 그 세력이 있는데, 太過하거나 혹 適正하거나 혹 不及하다. 하나의 기세는 반드시 그 뒤로 영향을 미쳐 五行 전체의 구조에 이른다. 그러므로 五行의 動靜을 살핌에 셋으로써 나누어 하게 되니 이름하여 十五分用이다.

제4절. 天干論

1. 天干의 기원과 의미

《통감외기通鑑外記》[32]에 이르기를 "천황씨天皇氏가 干支의 이름을 지어서 歲의 소재를 정하였다"고 하였다. 당시에 사용된 干支는 알봉閼逢, 전몽旃蒙, 유조柔兆, 강어彊圉, 저옹著雍, 도유屠維, 상장上章, 중광重光, 원익元黓, 소양昭陽이다. 그 후에 黃帝가 천황씨의 天干에 다른 이름을 붙이게 되니, 이후로 甲乙丙丁戊己庚辛壬癸의 명칭이 쓰이게 됐다고 전해 온다.

그렇다면 天干은 어떤 원리로 五行에서 파생된 것인가?

사실 天干이 五行에서 나왔다는 표현은 적합하지 않다. 五行 자체도 일원상에 임의로 선을 그어 관념으로 만들어낸 것처럼 天干 역시 같은 맥락이기 때문이다. 五行을 먼저 논한 것뿐이지, 사실 天干은 동시에 존재하고 있었다.

形이나 象을 막론하고 운동이 전개되기 위해서는 필히 파동을 이루어야

32) 중국 宋나라 때 유서(劉恕)가 지은 史書로, 복희씨(伏羲氏)로부터 周나라 위열왕(威烈王) 23년까지의 사적을 기록하고 있다.

한다. 그래야만 에너지 손실을 줄이면서 운동을 보다 오래 지속할 수 있다. 직선 운동의 경우도 그 내면을 쪼개 보면 어김없이 파동을 이루고 있다.

파동의 근원은 율려律呂이다. 律과 呂가 지닌 팽창과 수축의 성향이 자연스럽게 모든 기운에 내재되고, 五行 역시 예외가 아니다. 따라서 五行을 律呂의 관점에서 볼 필요가 있다.

水를 예로 들자면, 律水와 呂水가 있을 것이다. 律水는 잠에서 깨어 기지개를 켤 준비를 하고, 呂水는 반대로 겨울잠을 자기 위해 몸을 움츠리고 있을 것이다. 이렇게 水의 내부에 律性과 呂性의 두 기운이 어우러져 있다면, 이참에 이 둘을 쪼개 보면 어떨까. 그리고 이왕 쪼개는 김에 이름도 새롭게 짓는 것이 좋을 것이다. 그래서 律水를 壬水, 呂水를 癸水라고 각각 부르게 되었다.

이렇게 되니 木火土金도 같은 식으로 쪼개게 되고, 甲乙木, 丙丁火, 戊己土 庚辛金이 생겨난다.

이제 五行의 속내가 들춰졌고, 그 속에 律呂의 멋진 행진이 펼쳐지고 있다. 陰陽의 박자에 맞춰 쿵작쿵작 파동을 치며 변화의 가락을 뽑아내는데, 이것이 곧 天干이다.

여기서 주의할 것은 土이다. 土는 木火金水와 달리 精의 후신後身이기에 그 성향부터가 다르다. 精은 본래 입자성이 강하여 氣가 지닌 파동성은 거의 나타나지 않는다. 이런 土를 木火金水와 동일하게 율려의 파동으로 가른다는 것은 문제 소지가 다분하다.

그런데 실상은 土도 陰陽으로 나뉘어 사용되고 있다. 어떻게 된 것인가?

土는 앞서 밝힌 바 있듯이 조화성과 통일성을 지니고 있다. 통일성은 주변의 氣를 끌어모아 덩어리를 이루려 하고, 조화성은 기운의 성질에 부합해 중재하는 작용을 한다. 木火金水가 율려의 파동에 의해 陰陽으로 갈라졌을 때, 土의 조화성은 이런 변화에 적응하게 된다. 바로 木火金水를 주재하기 위해 陽性인 戊土와 陰性인 己土로 그 작용이 나눠지는 것이다.

예를 들어 土가 水의 영역에 관여할 때는 火의 陽性을 띠고 영향력을 행사한다. 이것이 戊土이다. 이렇게 해야만 太陰인 水가 土의 조절에 반발하지 않으며, 또한 내부의 君火도 탈출이 용이하게 된다.

대저 기운의 生剋에 있어서 대립적 측면으로 보면 水·火와 木·金은 相剋이다. 허나 水·火와 木·金이 일으키는 相剋의 이면엔 相生의 기운이 도도히 흐른다. 生剋이 어우러져야만 기운이 솟고 변화가 일고 구조가 바뀌어 창조가 일어나는 까닭이다. 그래서 흔히 水의 목적은 火에 있고, 火의 목적은 水에 있다고 하는 것이다.

이런 원리에 부응하여 土는 木火金水를 조절함에 반대 기운의 성질을 띠고 관여한다. 이것이 土가 生剋을 조절하며 五行을 주재하는 방식으로, 여기서 戊土와 己土가 갈라져 나오게 되었다.

天干波動圖

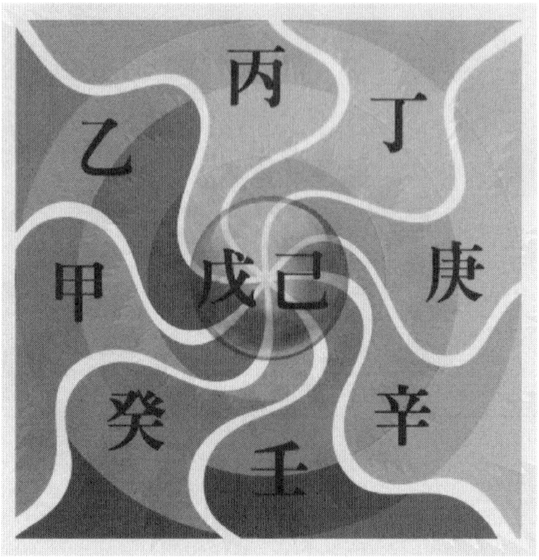

2. 윷놀이로 본 五行의 생성

명절 때마다 잊지 않고 즐겨하는 전통놀이 가운데 하나로 윷놀이가 있다. 윷놀이는 단순한 차원의 놀이가 아닌, 그 이면에는 우주변화 원리가 가득하다. 놀랍게도 陰陽과 一太極體의 생성, 그리고 四象과 五行이 시생始生하는 원리가 담겨 있다.

(1) 한 개의 윷을 던질 때의 변화

윷 한 개로 던질 때는 모두 두 가지 경우의 수가 나오게 된다. 속을 위로 들어내며 발산하는 형상의 윷과 잔뜩 웅크리고 바깥을 공고히 하며 수렴하는, 엎어진 형상의 모가 있다. 전자와 같이 무조건 발산하려는 성질의 기운을 純陽[乾], 후자와 같이 무조건 수렴하는 성질의 기운을 純陰[坤]이라 한다.

태역太易에서 氣와 精의 단순한 결합에 의해 생성된 純陽[乾]과 純陰[坤]의 생성을 간략히 보여주고 있다.

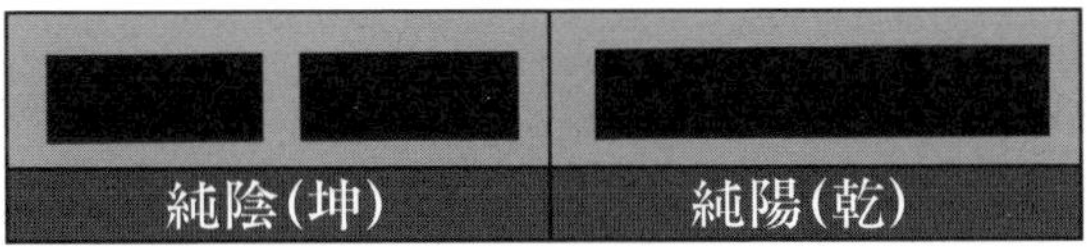

純陰純陽 生成圖

(2) 두 개의 윷을 던질 때의 변화

윷 두 개로 던질 때란 우주 전역에 산재하는 純陰·純陽의 기운들이 서로 부딪치며 반응하는 현상을 의미한다. 이때 모두 젖혀진 象, 모두 엎어진 象, 그리고 중간의 象이 각각 나오게 된다.

여기서 모두 젖혀진 象은 純陽을, 모두 엎어진 象은 純陰을 각각 상징한다. 그리고 하나는 젖혀지고 다른 하나는 엎어진 중간의 象은 純陽도 純陰도 아닌 중간 성질의 것으로, 精을 의미한다.

이렇게 발생한 세 가지 기운들은 또다시 대립과 충돌을 반복하게 되는데, 이 가운데 精을 매개로 한 것들은 기존과 다른 새로운 양태를 이루게 된다. 그것은 純陰과 純陽이 精을 매개로 대립하는 乾坤太極이 첫째요, 純陰과 純陰이 사이좋게 精을 에워싸고 있는 坤極이 둘째요, 純陽과 純陽이 精을 가운데 두고 힘겨루기를 하는 乾極이 셋째이다.

하지만 이들 세 종류의 기운들은 아직은 精의 중재력이 미흡해 그 수명을 오래도록 유지할 수 없었다. 그나마 坤極이 다른 기운들에 비해 보다 오래 지속할 수 있었는데, 이 또한 새로운 변화로 이어지기에는 역부족이었다.

精生成圖

境遇	所産
모-精-윷	乾坤太極
윷-精-윷	乾極
모-精-모	坤極

(3) 세 개의 윷을 던질 때의 변화

윷 세 개로 던질 때는 모두 네 가지 경우의 수가 발생하는데, 이는 태시太始 단계에서 이루어진 一太極體가 삼변三變하는 원리를 보여준다.

一太極體가 靜한 상태로 있으면 太陰, 一變하면 小陽, 二變하면 太陽, 三變하면 少陰이 된다. 이 원리를 구조와 순차의 변화까지 고려하여 그리게 되면 八卦가 생성된다.

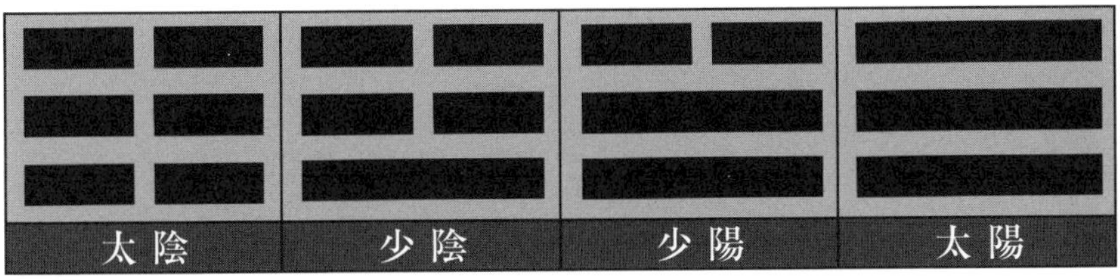

四象生成圖

윷놀이에 등장하는 기운의 변화는 단순히 기운의 득세만을 기준으로 삼은 것으로, [象數論]에 나오는 四象·八卦와는 구별되다. 윷놀이는 상반되는 두 기운을 펼쳐 경우의 수를 따지는 원리이다. 본고에서는 그 경우의 수에 해당하는 것들만 단순히 나열하고 있으며, 이것이 차후 입체적이고 능동적으로 승화되면 [象數論]에서 전문적으로 다뤄지게 된다.

(4) 네 개의 윷을 던질 때의 변화

윷 네 개를 던질 때는 모두 도개걸윷모 다섯 가지 경우의 수가 발생한다. 여기서 太陰과 少陰인 모와 도, 太陽과 少陽인 윷과 걸, 그리고 그 중간인 개가 생성된다. 즉, 개를 중심으로 하여 모도윷걸이 균형과 견제를 하고 있는 형국으로, 이것이 곧 土를 중심으로 하여 木火金水가 순환하며 변화하는 五行의 원리이다.

윷놀이를 한자로는 사희柶戲라 하는데 그 유래에 대해서는 아직도 이렇다 할 정설은 없다. 이익李瀷은 《성호사설星湖僿說/사희조柶戲條》에서 "윷놀이를 고려의 유속遺俗으로 본다"라고 하였다. 하지만 그 밖의 여러 문헌으로 미루어 볼 때 부여의 관직명인 저가猪加·구가狗加·우가牛加·마가馬加·대사大使에서 유래한 것으로 보여진다.

유래가 어떻든 윷놀이는 심오한 우주 변화의 원리를 담고 있다. 윷판부터가 남다르다. 28宿의 별자리를 그대로 옮겨 놓았고, 이런 광활한 우주를 순환하여 먼저 제자리로 돌아오는 쪽이 승리한다. 다시 말해 어느 기운이 먼저 五行을 한 바퀴 돌아 一太極體의 율려를 완성하느냐에 승부가 달려 있다. 그래서 윷놀이는 필히 네 개의 기운이 등장하고, 다섯 가지 경우의 수가 창출되어 五行 운동을 펼치게 된다.

우리가 흔히 쓰는 말 중에 '개판 났네', '개팔자가 상팔자'… 등의 속어가 있다. 여기서 개란 짐승인 개가 아닌 조화와 통일을 이루는 土를 가리킨다. 개판이란 바로 모든 教를 초월하고 통일하는 '道판'을 말한다. 그래서 개팔자란 '道學을 공부하는 팔자'란 뜻이다. 옛 선각자들은 개의 의미를 익히 알아 그 뜻을 민간에 널리 퍼지게 하고자 이런 말들을 만들어 내었다.

개란 뒤에 나올 [6장/六氣論]에서의 戌土에 해당하며, 쉽게 개토라고도 한다. 戌土는 다른 土와는 달리 眞空을 이루어 통일의 근간을 마련하기도 하고, 또한 象에서 形을 창조하는 조화를 부리기도 하는 막중한 역할을 수행한다. 어찌 보면 六氣의 꽃이라고도 할 수 있다.

요컨대 윷놀이는 陰陽의 변화와 결합 구조, 그리고 그것의 발전 과정을 쉽고 정확하게 재현하고 있다. 우리 선조들은 우주변화 원리를 놀이판에 재현할 줄 아는 지혜를 지녔고, 이렇게 함으로써 수천 년이 흘러도 위대한 사상이 소실되는 일이 없도록 했다. 교외별전敎外別傳이라는 말은 참으로 이것을 두고 한 말이 아닌가 싶다.

五行生成圖

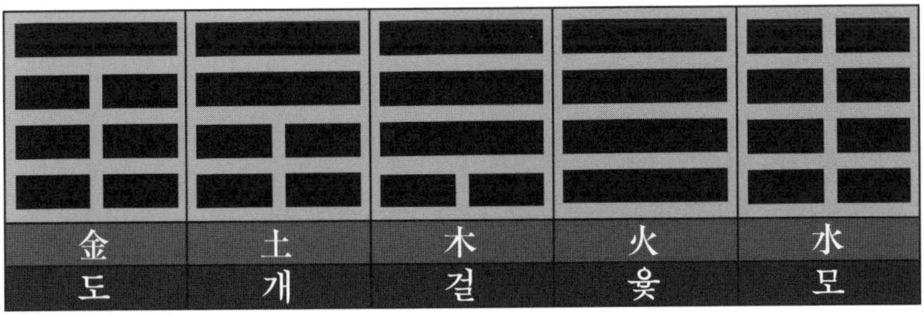

整理

爲轉又轉 必繪波動 是爲陰陽 故 五行分以陰陽 是爲天干 甲乙丙丁戊己庚辛壬癸也

돌고 또 돌기 위해서는 반드시 파동을 띠어야 하는데, 이것이 陰陽이다. 고로 五行을 陰陽으로써 나누니 이것이 天干으로, 甲乙丙丁戊己庚辛壬癸이다.

甲陽木 反起水壓 其性强跳 乙陰木 弱甲之勢 其性柔跳也

甲은 陽木으로 水의 압박에 반발하여 일어나는데, 그 성질이 강하게 튀어 오른다. 乙은 陰木으로 甲의 세력이 약해짐에 따라 그 성질이 부드럽게 오른다.

丙陽火 縱運滅則 其性爆裂 丁陰火 弱丙之勢 其性展列也

丙은 陽火로 종적 운동이 끝남에 그 성질이 터지고 찢어진다. 丁은 陰火로 丙의 세력이 약해짐에 그 성질이 벌리고 늘어선다.

戊陽土 介入陰局 使陽始生 己陰土 介入陽局 使陰始生也

戊는 陽土로 陰局에 개입하여 陽氣를 始生하게 한다. 己는 陰土로 陽局에 개입하여 陰氣를 始生하게 한다.

庚陽金 横運滅則 其性包藏 辛陰金 弱庚之勢 其性收濃也

庚은 陽金으로 횡적 운동이 끝남에 그 성질이 氣運을 에워싸 감춘다. 辛은 陰金으로 庚의 세력이 약해짐에 그 성질이 거두어 진하게 만든다.

壬陽水 收運滅則 其性孕陽 癸陰水 觀望後日 其性忍待也

壬은 陽水로 수렴 운동이 끝남에 그 성질이 陽氣를 잉태한다. 癸는 陰水로 훗날을 관망하니 그 성질이 참고 기다린다.

제5장

象數와 대통일이론

제1절. 象數의 의미

1. 象數의 기원

흔히 象을 가리켜 오감으로 인지할 수 없는 영역의 物이라 정의하곤 한다. 이렇게 되면 미세한 플랑크톤은 인간에게는 象, 물고기에게는 形이 된다. 또한 인간이 象이라 여기는 극미한 냄새에 대해서도 개는 形으로 받아들일 것이다. 이처럼 인간의 인식을 잣대로 삼아 象·形을 구분하면 주관적 오류에 부닥치고 만다.

우리는 본서의 첫장부터 타임머신을 타고 줄곧 시간 여행을 하고 있다. 보지도 듣지도 못했던 기운들이 연신 튀어나와 머리를 어지럽혀 왔다. 실생활에 전혀 연관될 것 같지 않은 기운들을 무슨 이유로 다루는지 의아할 수도 있겠다. 바로 이런 것들이 象이다. 물질과 구별되는 비물질의 존재, 3차원 물질을 초월하는 4차원적 질료質料가 象이다. 물질의 설계도라고나 할까.

인류의 문명은 문제를 찾아내고 그것을 해결함으로써 진보해 왔다. 문제의 해결에는 다양한 방법이 있지만 대체로 같은 패턴을 띠고 있다. 그것은 관점을 높고 넓게 바라보는 것이다. 인류는 고차원을 끌어들여 3차원의 문제를 하나씩 해결해 나갔고, 그 노력의 산물이 바로 오늘날의 문명이다.

3차원 너머에 있는 고차원의 질료들, 이것이 象이다. 그리고 우리가 접하는 물질과 그것을 구성하는 질량[33]을 지닌 모든 소립자의 세계가 形이다. 본서에서 그림을 그려가면서 象에 일일이 형상을 부여하지만, 이는 사실 독자의 인식을 위한 불가피한 선택이다.

가령, 관상학觀相學에선 '象을 포착하여 形을 판단한다'는 말을 즐겨 쓴다. 관상서에 나온 대로 얼굴의 구조만 살펴서는 온전히 그 이면의 속성을 파악할 수 없다. 더군다나 미래에 전개될 운명을 추론한다는 것은 더더욱 요원한 일이다. 그래서 관상학의 열쇠는 象을 읽는 데에 있다. 그래야만 현황現況을 가감 없이 판단하여 미래의 변화를 엿볼 수 있다.

그렇다면 오감五感[34] 밖에 존재하는 象을 어떻게 포착하여 인식의 영역에 붙잡아 맬 수 있을까?

인간의 오감으로는 결코 象을 읽어낼 수 없다. 평면인 종이에 사는 존재가 입체의 책을 가늠할 수 없는 것과 같은 맥락이다. 그런데 다행히도 우리에겐 오감 외의 것이 하나 더 있다. 그것은 바로 영감靈感이다. 形界에 살면서 굳게 닫아 놓았던 영감을 다시금 일깨워 작동시킨다면 능히 象을 읽어 格物[35]의 경지에 이를 수 있을 것이다.

象에는 늘 함께 붙어 다니는 벗이 한 명 있다. 그것은 數이다. 象은 말이 없지만 數는 말을 한다. 그래서 우리는 친구인 數를 통해 象의 속내를 알

33) 光子처럼 질량이 없는 것들은 形과 象의 경계를 흐르는 중간자들이다. 그래서 입자가 아닌 데도 입자처럼 보이고, 매개체가 없는 데도 파동을 띠게 된다.

34) 오감 외에 평형감각과 내장감각이 더 있지만, 외부의 정보를 다루는 것은 오감이다.

35) 形이나 象, 事 등의 핵심과 묘리를 정확히 파악하는 見識을 말한다.

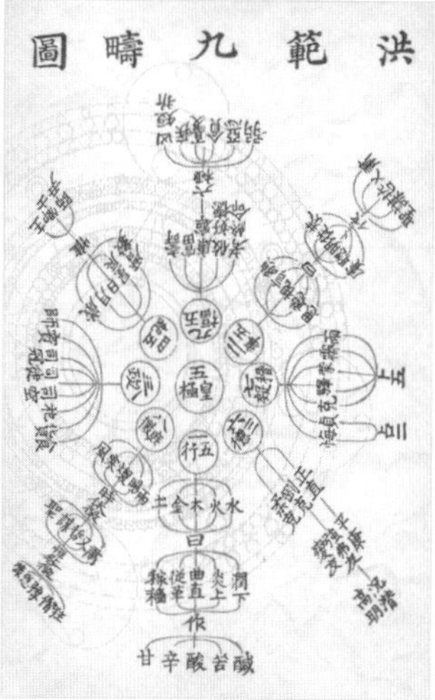

수밖에 없다. 數는 象을 파악하는 훌륭한 잣대이고, 그래서 象學이란 말 대신 象數學이라 하는 것이다.

일반적으로 象數의 출발을 하도河圖와 낙서洛書로 본다. 《書經/고명편顧命篇》에 보면 "大玉과 夷玉과 天球와 河圖가 東序에 있다"고 하여 하도의 용어가 처음으로 나온다. 그리고 「홍범편洪範篇」에 보면 "순임금이 우임금에게 왕을 잇게 하여 治水를 부탁하니 하느님께서 홍범구주洪範九疇[36]를 우禹에게 주어 治水하게 하였다"는 말이 나온다.

이는 낙수洛水에 배문背紋이 있는 신구神龜가 출현함에 우임금이 그것을 보고 천지의 대법인 낙서의 원리를 깨닫게 되었다는 것을 말한다.

伏羲氏

하도·낙서에 대한 언급은 《易經》에도 나온다. 「계사전繫辭傳」에 보면, "河水에서 圖가 나오고 洛水에서 書가 나오니 聖人이 이를 취하였다" 하였다. 그 성인이 누군지에 대해서 《漢書/五行志》에 잘 나타나 있다. 유흠劉歆이 말하기를, "복희씨伏羲氏[37]가 하늘의 뜻을 받아 왕 노릇 할 때 하도를 받아서 서괘書卦하였으니 八卦가 이것이다. 우임금이 홍수를 다스릴 때 낙서를 받아서 법진法陣하였으니, 홍범洪範이 이것이다." 하였다.

36) 아홉 개의 큰 이치로, 五行·五事·八政·五紀·皇極·三德·稽疑·庶徵·五福·六極이다.

37) 중국 三皇 중 한 명으로 性씨는 風으로 전해진다. 전설에 의하면 伏羲는 BC 2800년 무렵에 살았고, 人頭蛇身을 하고 있다고 한다. 唐代에 간행된 [易經]에는 伏羲가 八卦를 창시했다고 하나 그가 살았던 시대의 문자나 기호가 아직까지 발견되지 않은 점이 미심쩍다. 게다가 최근 몇몇 연구에 의하면 八卦는 周나라 초기 점술가들이 즐겨 쓰면서 이것이 점차 제례나 신앙, 풍습과 엮어지면서 만들어진 것이라고도 한다.

여기에 보충하여《진서晋書》에서는 “하도와 낙서는 서로 경위經緯가 되고 八卦와 九章은 서로 표리表裏가 되었다” 하였다. 하도와 낙서가 서로 맞물려 돌아가는 것이 세상 이치라는 것이다. 그러나 낙서가 홍범洪範의 기본이 되었다는 것은 다소 모호한 감이 있다.

여하튼 문헌상으로는 象數學의 효시인 하도와 낙서가 복희씨와 우임금에 의해 만들어졌다고 전해 오는 것이 사실이다. 그러나 장구한 세월을 고려할 때, 빙산의 일각인 문헌만을 전적으로 신뢰할 수는 없다. 전술한 윷놀이처럼 교외별전敎外別傳으로 전해오는 것들도 적지 않고, 그것들 중에는 하도·낙서 못지않게 훌륭한 理法을 지닌 것들도 많기 때문이다.

가령 하도·낙서의 구궁팔풍九宮八風 운동이 구현되는 이치를 담고 있는 바둑만 봐도 그렇고, 어느 문헌에서도 제대로 설명하고 있지 않은 金火交易의 이치를 상세히 풀고 있는 공기놀이만 봐도 그렇다.

그 외에도 창조점을 상징하는 곤지곤지와 혼극의 대립적 무질서를 표현하는 손뼉치기, 精氣神 삼극의 승부 원리를 보여주는 가위바위보 놀이를 비롯해 찾아보면 적잖게 있을 것이다.

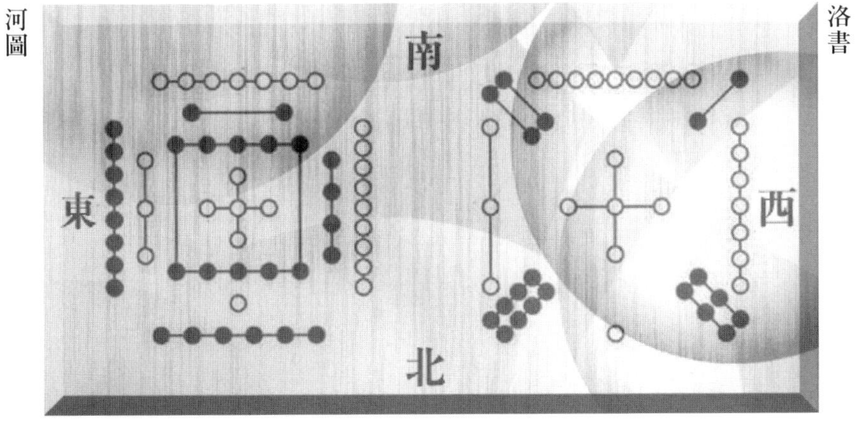

象이란 비물질인 精氣神이 펼치는 양태와 그 작용을 총칭한다. 그런데 形界에 뒤엉켜 사는 범인으로서는 象界를 인식하기가 여간 어려운 것이 아니다. 사실 形界만 해도 미지의 것들로 가득 차 있는데, 어느 세월에 象界를 두드린단 말인가. '제 코가 석 자'라는 속어처럼 목전의 形界는 발등에 떨어진 불처럼 긴박하다.

허나 시간을 조금만 길게 하여 바라본다면 얘기는 달라진다. 세월유수라고 누구나 눈 깜박할 사이에 저세상 사람이 되고 만다. 대문 밖이 저승이라고 죽음이란 결코 먼 훗날의 일이 아니다. 사후의 세계를 담고 있는 곳이 象界인지라, 이곳에 대해 좀 더 관심을 갖고 궁구해 보는 것도 좋을 것이다.

비단 죽음의 문제가 아니어도 象界의 理法은 形界의 숱한 문제를 해결하는 데에 실마리를 준다. 높고 넓은 차원에서 내려다보기에 문제를 보다 구조적이고 심층적으로 바라볼 수 있다.

形界에 존재하는 것들은 예외 없이 그것에 대응하는 象이 있기 마련이다. 이는 마치 그림자가 있으면 어딘가에 빛이 있는 것과 같다.

形이 있으면 으레 象이 있다. 그러나 象이 있다고 해서 반드시 形이 있는 것은 아니다. 이는 象에서 形이 비롯한 까닭이다. 그래서 形을 제대로 살피기 위해서는 그것을 태동케 한 象을 포착해야 한다. 설계도를 보면 사물의 전모가 속속들이 드러나는 것과 같은 이치이다.

이처럼 '象을 포착하는 것'을 달리 '기미氣微를 본다'고도 한다. 기미란 어슴푸레하게 氣가 動靜하는 象을 말한다.

이 기미와 구분해야 할 것이 조짐兆朕, 징조徵兆 등의 개념이다. 착각하기 쉽지만 이것들은 象을 포착하는 것이 아니다. 가령 개미가 개미구멍을 막거나 거미가 거미줄을 걷는 등의 현상을 보고 비가 올 것을 예측하는 것은, 象이 아닌 形으로써 미래의 形局을 가늠하는 것이다.

그렇다면 오감에 걸리지 않는 象을 어떻게 영감靈感으로써 포착할 수 있을까? 사실 영감이란 말 자체부터가 안갯속인데 말이다.

영감을 쉽게 말하면 '알 수 없는 느낌'이다. 오감에 걸리지도 않는데 어떤 느낌이 발생할 때 우리는 흔히 이런 표현을 쓴다. 특별한 이유도 없이 그냥 가슴 속에서 느껴지는 야릇한 기분, 여기서 영감이 미세하나마 작동하기 시작한다. 그 느낌을 조금씩 키우면서 象語[38]와 數語로써 인식하다 보면 象에 조금씩 눈 뜨게 될 것이다.

이런 형이상形而上에 존재하는 象數의 세계를 형이하形而下로 끌어온 이를 뭉뚱그려 聖人이라 부른다. 그분들 덕분에 우리는 미지의 세계를 두드릴 수 있게 됐고, 근기나 노력 여하에 따라서 상통象通이 열려 時空을 확장할 수도 있게 됐다.

聖人은 자신이 터득한 象界의 원리를 말로 표현하기 어렵다는 사실을 잘 안다. 形을 초월한 세계의 이치를 담을 만한 언어가 존재하지 않고, 그렇다고 새로운 용어를 만들자니 象의 일모를 표현하기에도 버거웠다.

이에 聖人은 고심했다. 어떻게 하면 象을 인간들의 인식 영역으로 낮출 수 있을까 하고……. '무엇을 배우고 어떻게 하라'는 식의 주입식 교육 방식에는 한계가 있음을 누구보다 잘 아는 그들이었다.

인간의 두뇌가 정교하게 발달된 데에는 언어의 공이 전적으로 크다. 언어가 늘어나고 섬세해지는 만큼 뇌의 용량도 비례해서 발달한다는 것은 잘 알려진 사실이다. 인간은 언어로써 사유하기에 언어가 없으면 사유의 앞길은 절벽으로 바뀐다. 그래서 象을 표현할 언어가 없다는 것은 象을 이

38) 象을 이해하기 위해 사용하는 언어로서, 陰陽五行이나 四象八卦와 같은 形而上의 용어들을 총칭한다.

해할 방법이 없다는 것과 같은 맥락이 된다.

象을 표현하는 象語! 이런 고차원의 언어는 없을까?

평면적이고 고정적이지 않으면서 입체적이고 역동적인 언어, 그래서 形에 스민 象을 포착할 수 있는 섬세함을 지닌 언어, 그런 象語에 대한 필요성이 聖人의 心中에 파문을 일으킨 것이다.

그 파문은 새로운 창조로 이어져 나왔으니, 그것이 陰爻(– –)와 陽爻(—)이다. 매우 단순해 보이는 이 두 가지 기호는 가히 정신문명의 효시를 이루는 일대 혁명이었다.

작대기 한 개를 쭉 그려 놓은 陽爻(—)와 작대기 두 개를 나열해 놓은 陰爻(– –)…, 이 기호들이 상징하는 바를 깔끔하게 한 단어로 함축할 수 있을까?

그것은 불가능하다. 이것들은 고정되지 않고 수시로 꿈틀대며 변화하는 象이기 때문이다. 爻는 가슴으로 느끼고 머리로 그리면서 그 뜻을 인지해야 한다. 가령, 陽爻(—)는 기운이 너무 밀집되다 보니 몹시 갑갑하다. 그 갑갑함이 쌓이고 쌓여 결국 폭발하여 사방으로 분출한다. 이때의 기세가 초장봉기지세楚將蜂起之勢를 이루나 시간이 흐를수록 맥이 빠지고 결국 주변에 널브러지게 된다.

陰爻(– –)는 밑 빠진 독처럼 뭔가 허虛하고 찜찜하다. 그래서 뭔가를 자꾸 채워넣고만 싶다. 주변의 것을 닥치는대로 끌어와 빈속을 채우지만 허전함을 달랠 길이 없다. 그 초조함은 점점 더 커지고 마침내 주변을 모조리 삼켜 뱃속을 채운다. 그래도 갈증은 해소되지 않고 결국 뱃속의 기운을 달달 볶게 된다. 기포를 빼내듯 꽉꽉 눌러도 보고, 반죽을 하듯 두루두루 어루만져보기도 한다. 그러다 보니 놀랍게도 뱃속의 기운들이 하나의 氣場을 이루면서 새로운 기운으로 변모한다. 마치 아기를 밴 것처럼 이것들은 무럭무럭 자라나고, 어느 시점이 되자 거센 불길이 되어 꿈틀댄다. 바로 君火이다. 그리고 君火는 자신을 억압하는 음곽陰廓을 뚫고 새로운 공간으로 뛰쳐나온다. 다시 陽爻(—)가 된 것이다.

이런 일련의 뜻을 담고 있는 것이 陰陽의 爻이다. 여기엔 과거와 현재, 그리고 미래의 움직임이 모두 실려 있다. 그렇기에 한 단어로 이것들을 표현할 수 없다. 이처럼 공간에 자유로워 역동적이고 시간에 자유로워 변화무쌍한 언어를 총칭하여 象語라 한다.

象語의 時空이 넓은 것은 장점이면서도 단점이 된다. 너무 광활하면 초점이 흐려져서 모호해지기 때문이다. 이런 단점을 보완하기 위해 등장한 것이 數이다. 이것은 복잡하고 미묘현통한 象을 구조적으로 접근해 단순하고 명료하게 해주는 역할을 한다.

이처럼 象語와 數語는 바늘과 실처럼 호연好緣을 이루며 미지의 象界를 인간의 의식으로 끌어오게 했다.

이제 우리는 太一에서 시작된 천지창조가 혼극混極·태역太易·태초太初·태시太始를 거쳐 태소太素에 이르렀고, 이곳을 파악하기 위한 수단으로서 象·數의 의미를 알았다. 象·數로써 태소의 질서를 파악한다면 능히 목적지인 形界의 창출과 생명 化生의 신비를 파헤칠 수 있을 것이다. 또한 그렇게 된다면 '나는 누구인가?'라는 절대적 명제에 한 걸음 더 다가설 수 있게 될 것이다.

제2절. 四象論

1. 四象의 유래

우리는 어려서부터 외국어를 필수 과목으로 배우는데, 이는 단지 소통만을 위한 것이 아니다. 언어를 모르면 그 나라의 문화와 생활 양식을 심도 있게 이해할 수 없다. 언어 속에 그들의 정신이 모조리 녹아 있기 때문이다. 그래서 자고로 신언서판身言書判[39]이라고, 사람을 판단하는 데에 그 사람이 구사하는 언어도 보는 것이다.

한글을 보면 자음과 모음의 결합으로 되어 있다. 象語도 같은 방식으로 陰爻(– –)와 陽效(—)의 결합으로 이루어진다. 다만 象語의 조합은 形語와 달리 제곱 이상으로 복잡해진다.

앞서 陰爻와 陽爻의 뜻이 얼마나 광범위한지 살펴봤다. 작대기 하나가 지닌 의미가 이럴진대, 이것들이 결합하면 얼마나 더 복잡해지겠는가.

39) 중국 唐나라 때 관리를 등용 시에 인물 평가의 기준으로 삼았던 체모(體貌)·언변(言辯)·필적(筆跡)·문리(文理)의 네 가지를 이르는 말. 이것을 비중의 순서로 곡해하는 경우가 많다. 이는 앞의 세 가지를 토대로 하여 네 번째 판단력을 잘 살핀다는 뜻이다.

게다가 爻의 결합은 방위와 위치, 시간의 개념까지 도입되어 복잡성을 더욱 가중시킨다. 실로 첩첩산중이겠지만 그 구조를 보는 눈만 지니면 어떤 변화가 몰아쳐도 방향타를 놓치는 일은 없을 것이다.

자, 이제부터 슬슬 象語 속으로 들어가 보자. 數語는 象語를 풀면서 곁다리로 나올 것이다.

이제 우리에겐 두 글자가 주어졌다. 자음에 해당하는 陽爻와 모음에 해당하는 陰爻이다. 이 둘이 결합하면 象音이 나고 象意를 풍기게 될 것이다. 그 소리를 듣고 그 뜻을 음미할 수 있다면 우리의 의식은 불현듯 4차원 象界의 영역으로 확장될 것이다.

陰爻와 陽爻의 결합 방식은 의외로 간단하다. 上下의 공간에 윷가락을 던지듯 爻를 멋대로 배치하면 된다. 그러면 경우의 수가 총 네 가지가 나올 것이다. 바로 四象이라 불리는 역동적 기운이다.

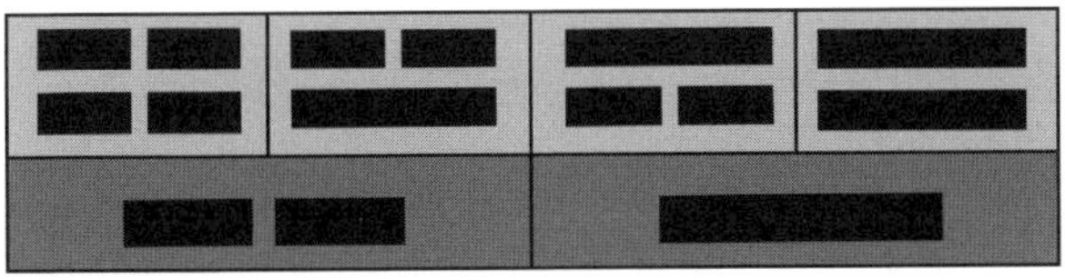

이상의 네 기운을 우리는 지금껏 太陰, 少陰, 少陽, 太陽이라고 불러왔다. 그 역사가 꽤나 오래 되어 이제는 어느 누구도 이를 문제 삼지 않는다. 四象이란 명칭은《周易/계사전繫辭傳》의 다음의 구절에서 유래됐다.

易에는 太極이 있으니 兩儀[40]를 낳고 兩儀는 四象을 낳고 四象은 八卦를 낳는다. 易有太極 是生兩儀 兩儀生四象 四象生八卦

40) 양의(兩儀)란 陰陽 또는 陰爻와 陽爻를 말한다. 儀란 짝을 이루면서 法을 이룬다는 뜻이다.

四象이 출현한 이유에 대해서는 「무언가 드러내고자 하는 힘에 의해 생겨났다. 易有四象 所以示也」라고 하였다. 이 말만 듣고는 四象의 출처가 불명확하다. 이런 모호함을 메꾸기 위해 당시의 사람들은 四季나 四方을 연관 짓거나, 특히 占法에서 作卦하는 원리로서 풀어내기도 했다.

이런 추세는 후대로 가면서 보다 뚜렷해졌다. 예컨대 우번虞翻[41]은 "四象은 四時이고, 兩儀(양의)는 乾坤이다. 乾卦와 坤卦의 爻가 섞여 坎·離·震·兌가 나오니, 坎은 겨울이요, 離는 여름이요, 震은 봄이요, 兌는 가을이다. 고로 兩儀에서 四象이 나왔다고 하는 것이다" 하였다.

그런데 四象을 단순히 자연에 연계하여 해석하는 것은 아무래도 철학적 가치가 떨어진다. 그래서 이런 해석에 제동을 거는 움직임이 생겨났다. 唐나라의 공영달孔穎達[42]이 四象을 木火金水에 연결하여 보다 원론적인 면을 부각하려 한 것이 그 시초이다.

그리고 宋代의 소옹邵雍[43]은《周易》의「계사전繫辭傳」을 토대로 보다 원리에 충실한 해석을 내놓는다. 그가 말하기를, "天은 動, 地는 靜에서 나왔고, 動과 靜이 교차하여 天地의 변화가 이루어진다. 動이 큰 것은 太陽, 動이 작은 것은 少陽, 靜이 큰 것은 太陰, 靜이 작은 것은 少陰이라 한다"하였다. 陰陽의 靜動이 四象에 적용됐고, 이 說은 오늘날까지 꽤나 설득력 있는 이론으로 받아들여지고 있다.

四象에 대한 관심은 비단 중국만의 것이 아니었다. 조선에서도 그에 대한

41) 164~233. 중국 삼국시대 吳나라 회계(會稽) 여요(餘姚) 태생이다. 字는 중상(仲翔)이다. 정현(鄭玄), 순상(荀爽)과 더불어 易學三家로 일컬어진다.

42) 574~648. 唐나라 초기의 학자. 唐太宗에게 중용되어 國子博士 외에 여러 벼슬을 했다. 五經 해석의 통일을 시도하여《五經正義》170권을 편찬하였다.

43) 1011~1077. 중국 宋나라의 道학자. 號는 安樂先生. 字는 요부(堯夫). 시호(諡號)는 康節로, 邵康節이라 불릴 때가 많았다. 易哲學을 발전시켜 陰·陽·剛·柔의 四元을 근본으로 하는 우주론을 폈다.《皇極經世書》62편을 지어 天地間의 변화를 독특한 數理로써 해석하고 그 미래를 예시했다.

연구는 활발했다. 서경덕徐敬德은 소옹의 학설을 계승하여 "天에는 일월성신日月星辰의 사신四辰이 있고…… 사신은 天에서 象을 이루고 水火土石은 地에서 質을 이룬다"라고 하였다.

정약용은 어느 학설에 의존하기보다는 고증적 방법으로 四象에 접근했다. 그는 《주역사전周易四箋》에서 "四象이란 四時의 象이다. 天이 밖에서 地를 감싸고 日月이 운행하며, 늘 天地水火의 氣가 그 사이에서 운동한다. 天과 火가 함께 하여 雷와 風이 始生하고 地와 水가 어우러져 山과 澤이 이루어진다"라고 하였다.

이런 부류의 학설들은 부지기수였고, 대체로 실생활보다는 형이상적 논쟁의 대상이 되어 왔다. 理와 氣를 주제로 첨예한 대립을 해 온 것도 그런 맥락이었다.

이들과 달리 四象을 실생활에 응용한 사람도 있었는데, 조선말의 의학자 이제마李濟馬가 대표적이다. 그는 《동의수세보원東醫壽世保元》에서 사람의 체질을 넷으로 분류한 사상의학四象醫學을 적립하여 의학사에 한 획을 긋기도 했다.

그렇다면 이제 원점으로 돌아와서 象語의 입장에서 四象을 살펴보자.

익히 알듯이 언어는 단순성과 상징성, 그리고 체계성을 지닌다. 이 3대 성질을 벗어나면 언어로서의 기능을 잃고 만다. 四象에 대한 기존의 해석들은 아쉽지만 이 부분에서 걸리고 말았다.

가령, 첫 번째 단순성만 봐도 정반대의 길을 걸어왔다. 四象에 대한 해석이 대체로 복잡하고 현란하여, 일반 사람들은 도대체 무슨 말을 하는지 이해할 길이 없었다. 그래서 四象이나 八卦, 易이라 하면 어떤 심오한 차원을 머금거나, 특정인들의 사색思索거리로만 여겨져 왔다.

두 번째 상징성에 있어서는 꽤나 추상적이었다. 四季나 天地日月, 木火金水에 빗댄 풀이는 매우 모호하여 언어로서는 버겁게 되고 만다.

세 번째 체계성도 마찬가지이다. 언어란 자음과 모음이 결합하듯 일정한 패턴에 따라 조합되어 그 기능을 하게 된다. 그런데 기존의 四象은 그런 체계성이 결여되었고, 대부분 협소한 뜻을 내포한 평면적 차원에 머무르고 말았다.

이렇게 언어의 세 가지 성질에 비추어 봤을 때 四象에 대한 기존의 해석은 문제점이 다분하다 할 것이다. 물론 四象을 象語로 보지 않으면 얘기는 달라진다. 허나 易이 象語가 아니라면 그것은 실로 말쟁이들이 떠벌리는 현학적衒學的 말잔치에 지나지 않을 것이다. 易이 象語로서 자리매김해야지만 인간의 의식에 고차원에 대한 불꽃을 지필 수 있다.

2. 四象의 의미

四象이 象語로서 어떻게 조합되어 그 기능을 하게 되는지 살펴보자.

자음과 모음에 해당하는 陽爻와 陰爻를 던져 네 가지 경우의 수, 四象이 나왔다. 그렇다면 하나씩 이들이 지닌 성질을 알아보자.

먼저 사상 가운데 가장 陰이 센 것은 어느 것인가?

질문이 좀 쉬운가! 삼척동자가 봐도 陰爻 두 개가 상하로 모여 있는 太陰이란 것을 꼽을 것이다. 이름부터도 陰이 가장 왕성하다는 뜻을 내포하고 있으니 말이다.

그런데 기이하게도 太陰은 陰이 가장 약한 기운이다. 너무 약해서 실로 그 힘이 느껴지기 어려울 정도이다. 자, 아래의 卦象을 보면서 太陰의 힘을 가슴으로 느껴보자.

충분히 생각해 봤는가?

아직도 이상의 卦象을 보면 陰이 왕성하게 느껴지는가?

만일 그렇다면 四象을 평면적으로 보고 있다. 지구를 평면으로 여기던 옛사람들처럼 근시안적으로 卦象을 해석하고 있는 것이다.

허공을 그리고 그 위에 陰爻 두 개를 그려 보자. 그런 뒤 두 기운이 어떻게 변하는지 관찰해 보자. 두 陰氣가 강력한 인력引力을 행사하면서 빠르게 움츠러드는가? 만일 그렇다면 太陰이란 이름에 걸맞게 陰力이 강력할 것이다.

허나 그런 일은 발생하지 않는다. 허공에 그려진 두 개의 陰은 구조적으로 서로 다툴 일이 없기에 맥이 쭉 빠져버린다. 김빠진 맥주처럼 시답잖은 기운들이 사방을 메우면서 흐느적거리고 있을 뿐이다.

물론 기운이 지닌 靜性에 의해 가라앉고는 있다. 그런데 그 속도가 너무 느려서 피부에 와 닿기는 힘들다. 마치 흙탕물이 가라앉듯 미세하나마 조금씩 내려앉고 있는 기운들, 이것이 바로 太陰의 卦象이 뜻하는 바이다. 따라서 太陰이라는 말은 전혀 맞지 않는다. 이는 얼음을 보고 뜨겁다고 말하는 것과 같은 어처구니 없는 作名이다.

그래서 앞으로는 이 卦象을 일러 太陰이라 하지 않겠다. 수천 년 동안 사용되던 이름을 버렸으니 이제 새로 하나 지어야겠다. 서서히 가라앉는 기운이란 뜻으로 徐積(서적)이라 하는 것이 좋겠다. 徐積은 기존에 알고 있던 것과 달리 陰의 기운이 가장 약한 少陰의 형국이다.

그렇다면 도대체 陰이 가장 센 卦象은 무엇인가? 이번엔 정답을 누구나 알 것이다. 바로 少陰으로 알려진 다음의 卦象이다. 이것도 시간을 가지고 잘 음미해 보자. 정말로 강력한 陰氣가 느껴지는지 말이다.

이번에도 陰이 하나밖에 없어서 약하게 느껴진다면 곤란하다. 입체적으로 다시 한 번 살펴보기 바란다.

이 卦象을 보면 살벌한 기운이 뻗쳐 등골이 오싹해져야 정상이다. 위로 솟구치려는 陽氣를 위에서 陰氣가 가로막고 있는 형국이다. 아래의 陽氣는 어떡하든 陰氣를 뚫고 자유를 만끽하려 하지만 위의 陰氣는 절대로 陽氣의 탈출을 용납하지 않는다.

陽氣가 발버둥치면 칠수록 陰氣는 더욱 강력하게 인력을 행사한다. 陽氣를 꽁꽁 동여매서 가슴 속에 품는 것이다. 가끔 이런 陰氣의 허점을 뚫고 陽氣가 탈출하려 하면 陰氣의 진노는 극에 달하며 陽氣를 사정없이 압박한다.

이런 처절한 사투가 지금 이 卦象에서 벌어지고 있다. 陰陽의 사생결단이 발생하고 있고, 현재까지는 陰이 우세하고 있다. 이러니 이 卦象에서의 陰

의 힘이 어떻겠는가? 한시도 긴장을 늦추지 않고 온몸에 힘을 꽉 주고 있는 형국이다.

이 卦象이 바로 실질적 의미의 太陰이며, 제대로 명명하자면 包收(포수)이다. 그 어떤 기운도 잡아 묶어놓을 수 있는 기세를 지녔다는 뜻이다.

그럼 이번에는 세간에 太陽이라고 알려진 아래의 기운을 살펴보자.

陽氣가 펄펄 넘치는 것으로 보이는가?

이 卦象은 보기와는 다르게 이중성을 띠고 있어 속성을 한 번에 꿰뚫기가 쉽지 않다. 그래서 시간차를 두고 양면으로 다가서야 한다.

이것은 包收에서 나온 놈이다. 包收의 울타리에 갇혀 숨 막히는 갑갑함을 참고 오랜 세월을 인고한 끝에 탈출에 성공한 놈이다. 그래서 지금 자유를 한껏 만끽하고 있다.

그런데 지금 저 모습이 包收에서 막 탈출할 때라면 얘기는 달라진다. 만일 그렇다면 이놈만큼 위험한 놈은 세상 천지에 없다. 바로 폭탄이기 때문이다. 음곽陰廓을 뚫고 터져 나오는 거센 파괴력은 주변을 몽땅 날려버리고도 남음이 있다. 산산조각이 나지 않으려면 일단 피하고 보는 것이 상책일 것이다.

그런데 어디에나 그렇듯 예외는 있다. 「쇼생크 탈출」이란 영화에서 보듯 가끔씩 구멍을 뚫고 조금씩 탈출하는 놈들도 있다. 그런 경우라면 그렇게 걱정하지 않아도 된다. 다만 그렇게 해서 빠져나온 陽氣의 미래는 보장할 수 없다. 그건 곧 시들어 뭉그러질 것이기 때문이다.

陽氣는 남미의 어떤 죄수들처럼 교도소를 폭파하며 빠져나와야 그 뒤가 보장된다. 이런 陽氣를 君火라고 한다. 음곽 속의 陽氣가 君火로 자라면 폭탄이 되어 한 번에 음곽을 깨고 터져 나온다. 반면 君火가 못되고 뒷구멍으로 슬금슬금 빠져나온다면, 이것이 곧 용 못 된 이무기이다. 이런 陽氣는 아지랑이처럼 잠시 피어오르다가 바람처럼 사라질 것이다.

자, 이런 양면성을 지닌 기운의 이름을 붙여보자. 이건 갈라지고 흩어져 자유를 만끽하려는 기운으로, 이름하여 散解(산해)라고 한다.

그럼 이제 남은 것은 단 하나, 세간에 少陽이라고 알려져 있는 아래의 기운이다. 이놈은 과연 어떤 성질을 지녔는지 곰곰이 상찰해 보자.

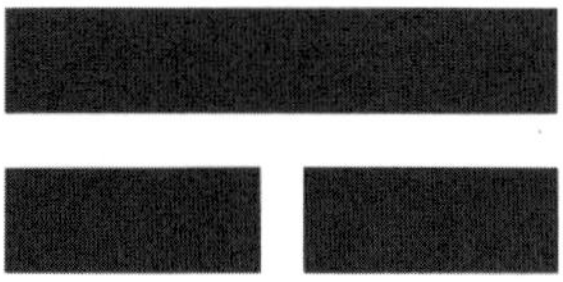

글을 쉼 없이 읽어내려가지 말고 간격을 두고 충분히 생각하는 것이 좋다. 사실 필자가 易을 터득할 때는 陰爻와 陽爻 단 두 개만 가지고 씨름하였었다. 벌써 근 25년이 되어 간다. 대학 1학년 때 계룡산 문필봉에서 陰爻와 陽爻를 붙잡고 易을 그리던 생각이 어렴풋이 떠오른다. 대개 易을 통하기 위해서는 《周易》을 비롯해 숱한 易書들을 달달 외우듯이 통독해야 하는 것으로 알고 있다. 그렇게 평생을 해도 어려운 것이 易이라 한다. 그러니 공자의 위편삼절韋編三絶[44]같은 말도 나온 것일 게다.

하지만 당시의 나는 생각을 달리했다. 易이 어렵다면 그것은 易이 아닐

44) 孔子가 [周易]을 즐겨 읽어 책을 엮은 가죽끈이 세 번이나 끊어진 데서 유래함.

것으로 본 것이다.

대저 易은 어느 무엇보다 쉬워야 한다. 사실 그 시작부터 쉽지 않은가. 靜性을 띤 陰爻와 動性을 띤 陽爻. 이 두 개의 결합이 이루어내는 힘의 역학 관계가 바로 易이다. 그 힘은 방향성을 설정하고, 방향성은 정보를 이루고, 정보는 삼라만상에 스며 들어 인과因果를 조성할 것이다. 우주변화의 원원한 원리가 생겨나는 것이다.

따라서 당시의 나는 陰爻와 陽爻 두 개만 있으면 易을 통하리라 봤다. 오히려 易을 언어가 아닌 추상화처럼 덧칠해 놓은 기존의 易書들을 멀리하는 편이 낫다고 생각했다. 옛사람들이 만들었으면 심오한 그 무엇이 있는 것처럼 생각하는 순간, 권위에 대한 오류에 갇혀 진리는 감춰지고 마는 까닭이다.

각설하고, 象을 고정시키지 말고 느껴라. 살아 숨 쉬는 생명의 기운을 포착하는 것이 바로 易이 아니겠는가. 그 기운을 타기 시작하면 마치 상승기류를 타고 떠오르는 한 마리 새처럼 가볍게 易의 세계로 진입할 것이다.

다시 원점으로 돌아와서 少陽이라 일컬어지는 기운을 보자. 어떻게 느껴지는가?

여기서 조물주의 창조가 보이는가? 太極이 들쭉날쭉 숨을 쉬며 창조의 숨결을 내뱉는 오묘한 조화가 가슴을 후끈 달아오르게 하지 않는가?

그렇지 않다면 아직도 象語가 익숙지 않은 것이다.

이 卦象은 陰氣와 陽氣가 제자리에 머물러 있다. 陰氣는 아래에, 陽氣는 위에 있기에 두 기운이 다툴 이유가 전혀 없다. 이제 각자의 길을 가면 영원히 다시 볼 일이 없을 것이다.

그런데 묘한 일이 발생했다. 이 둘이 흩어지지 않고 서로의 주변을 얼쩡대고 있는 것이다. 陽氣는 저 멀리 날아가야 하는 데 陰氣의 주변을 맴돌고, 陰氣는 납작 엎드려 고요함을 만끽해야 하는데 고개를 바짝 쳐들고 陽氣의 동정을 살핀다.

돈키호테처럼 오로지 한 성질만 가지고 있던 두 기운에 도대체 무슨 일이 발생한 것인가? 갑자기 이놈들에게 생명체에나 있는 남녀의 애틋한 감정이라도 생긴 것인가?

우리는 앞서 一太極體의 생성 과정을 살펴봤다. 精이 정핵이 되고 다시 土로 발전하면서 율려가 조성되는 원리를 배웠다. 바로 이놈들에게 그 율려가 작동하고 있는 것이다.

陽氣와 陰氣가 흩어지지 않고 서로의 곁을 맴돌면서 一動一靜하고 있다. 들숨과 날숨을 번갈면서 함께 오묘한 춤사위를 당기고 있는 것이다. 그 모양은 圓[球]이다. 빙글빙글 돌면서 무도舞道를 즐기는 太極의 기운, 실로 놀라운 변화가 일어난 것이다.

적과의 동침!… 이것이 삼라만상의 효시가 아니면 뭐겠는가! 그래서 이 기운의 이름은 和造(화조)이다. 가히 조물주의 숨결이라고도 할 법하다.

和造와 이전의 徐積, 包收, 散解를 비교해 보면 이놈의 위대성이 단연 돋보인다. 徐積이나 包收, 散解의 사전에 타협이란 것은 없었다. 그저 선천적으로 물려받은 성질 그대로만 움직인다. 그런데 和造는 다르다. 고개를 숙여 다른 기운을 받아들인다. 다툴 일이 없는 평화의 형국임에도 적을 끌어안아 太極의 춤사위를 당긴다. 애증愛憎을 한 몸에 품고 변화를 일으켜 새로운 질서를 향해 나아간다. 和造는 그야말로 太極의 율려성律呂性을 가장 잘 물려받은 후계자로서, 四象의 꽃이요 열매라 아니 할 수 없다.

자, 다시 한 번 음미해 보라. 徐積과 包收, 그리고 散解와 和造의 역동적인 기상을 가슴에 와 닿을 때까지 반복해서 느껴보라. 이 부분만 원만히 깨닫는다면 본서의 절반을 습득했다고 해도 과언이 아니다. 그만큼 道學에서 四象이 차지하는 비중은 높고 크다. 四象은 고차원 象界로 나아가는 유일한 통로인 까닭이다.

뒤에 나올 八卦나 64卦, 九變易 같은 것은 四象에 비할 바가 못 된다. 四象이 대들보라면 그것들은 구들장이나 서까래, 지붕 따위에 지나지 않는다. 四象은 온 우주를 떠받치는 근원적인 힘이다.

四象에 앞서 존재하는 陰爻와 陽爻, 여기서 뻗어나오는 有力과 無力은 四象의 아버지뻘이다. 하지만 이것은 너무 단순하여 변화무쌍한 삼라만상을 설명하기에는 미흡하다. 그렇다고 八卦나 64卦로 대들보를 세우자니 그것의 숫자가 너무나 많다. 절간에 대들보만 수북하고 정작 중요한 불상 자리가 없게 되는 것과 같다.

따라서 적당한 대들보가 필요한데, 그것이 바로 四象이다. 有力과 無力에서 뻗어나온 우주는 四象으로 대들보를 세우고, 八卦로 외곽을 채우고 64卦로 색칠을 한다. 그리고 五行으로 인테리어를 짜고, 六氣로 가구를 채워 넣어 이루어진다. 이것이 萬象과 萬形이 존재하는 원리이다.

3. 四象과 四力

그럼 내친김에 四象이 어떻게 形界[물질계]에 적용되는지도 살펴보자. 四象이 우주의 대들보라면 形界를 떠받치는 근본적 힘이 어떨지 답이 나올 것이다. 당연히 四象이 그대로 투영되어 네 개의 힘으로 구성돼야 한다. 3차원 形界는 4차원 象界의 DNA를 고스란히 물려받아 이루어진 복사판이기 때문이다.

따라서 四象은 形이라는 가면을 쓰고 이곳 3차원에도 존재할 것이다. 그 힘이 바로, 강한핵력(strong Interaction), 약한핵력(weak Interaction), 만유인력(universal gravitation), 전자기력(magnetic force)이다. 줄여서 강력, 약력, 중력, 전력이라 하겠다. 힘의 세기를 기준으로 하면 강력, 전력, 약력, 중력의 순서가 된다.

자연계를 이루는 네 가지 힘	
1. 제1의 힘	만유인력을 설명하는 중력
2. 제2의 힘	원자핵의 구조를 설명하는 강력
3. 제3의 힘	물질의 붕괴를 설명하는 약력
4. 제4의 힘	전자기 법칙을 설명하는 전자기력

우주를 떠받치고 있는 네 기둥인 중력, 전력, 약력, 강력!… 이 놀라운 힘의 정체를 하나씩 알아가 보자.

먼저, 중력은 우리에게 가장 친숙한 힘이다. 걷거나 물건을 들을 때마다 느껴지는 힘이니 말이다. 정의하자면 질량이 있는 두 물체 사이에 작용하는 힘이다. 이것이 대단히 중요한 힘이라는 사실은 뉴턴이 만유인력의 법칙으로 끄집어내면서 밝혀졌다. 그리고 이것을 아인슈타인이 넘겨받아 일반상대성이론으로 깔끔하게 매듭을 지었다.

그렇다면 이 힘은 어디서 나오는 것일까?

물체와 물체는 중력자라는 소립자를 주고받으면서 끈적끈적한 인력이 생겨난다고 한다. 그런데 우리가 지금 의문시하는 것은 보다 근본적인 중력의 출생 비화이다. 왜 이런 불가사의한 놈이 생겨났느냐는 점이다.

존재하는 것은 앞서 말했듯 일종의 정보들이다. 정보는 有도 아니고 無도 아닌 空으로 이루어져 있다. 정보가 이합집산을 하며 空을 표현하고 있는 세상이 바로 4차원이다.

그런데 지금 중력은 그런 기본 질서를 송두리째 파괴하고 있다. 강한 인력引力을 행사함으로써 정보를 有처럼 변화시키는 것이다. 꿈처럼 몽롱한 정보의 바다에 중력이 작용함으로써 바위섬들이 생겨나고, 이것들로 인해 뭔가 있는 것처럼 느껴지게 된다.

사실 힘의 관점에서 보면 모든 것이 오픈되어 주객의 구분이 모호해진다.

有力

그냥 우주 전체가 하나의 에너지 다발처럼 보인다. 그런데 중력이 작용하면서 저마다의 인력권引力圈이 생기고 주객의 구별이 생겨났다. 분별이 싹튼 것이다.

이런 기적과도 같은 놀라운 힘이 중력에서 나왔다. 중력이 있음으로써 정보(힘)는 환유幻有가 됐고, 환유는 분별을 이루면서 **萬物**을 펼치게 되었다.

그렇다면 중력은 어디서 온 것일까?

중력의 모태는 **徐積** [redacted]이다. **徐積**은 서서히 당기는 힘으로, 정확히 말하면 '저항 에너지resistance energy'이다. 기존 질서에 저항을 받는 값, 다시 말해 대차항수對次抗數를 말한다.

그래서 질량을 느끼면서 마치 어떤 무엇이 독립적으로 존재하는 것처럼 여겨진다. 하지만 실상은 에너지가 일으키는 정보를 우리의 뇌신경이 받아서 가상의 대상을 꾸며낸 것에 지나지 않는다. 삼라만상 모든 것은 힘과 그것이 만들어낸 정보이며, 이것을 바라보는 생명체가 상상으로 꾸며낸 가상의 세계가 있을 뿐이다.

중력에 이어 전자기력(magnetic force)이 있다. 이것은 전기력과 자기력을 함께 일컫는 말이다. 전자기력의 역사는 중력보다 오래됐다. 고대부터 이 힘이 알려져 왔으니 말이다. 경외하는 번갯불이 아니더라도 실생활에 흔히 발생되는 정전기에서도 자주 느꼈을 것이다.

이 힘을 이용해 나침반을 만들어 사용하기도 했지만, 제대로 그 모습이 드러난 것은 패러데이(Michael Faraday, 1791~1867)가 전자기유도현상을 발견하면서다. 그리고 맥스웰(James Clerk Maxwell, 1831~1879)에 이르러 그의 유명한 방정식으로 총정리 되었다.

그렇다면 전자기력은 어떤 역할을 할까?

놀이에 사용되는 공을 떠올려 보자. 공이 제대로 형태를 잡으려면 바람이 적당히 들어가야 한다. 바람을 너무 많이 넣으면 빵 터져 버릴 것이고, 바람이 없으면 맥없이 짜부라들어 못쓰게 될 것이다.

전자기력은 바로 공에 적당한 바람을 채워주는 구실을 한다. 형상을 만들어 주는 힘[45]으로, 이것이 없다면 분해되던지 짜부라들던지 둘 중 하나일 것이다. 가령, 항성을 구성하는 원자핵(nucleus)이 전자를 잃어버리면서 중성자별로 짜부라드는 것도 같은 이유이다.

그렇다면 이런 신묘한 힘은 어디서 왔는가?

바로 和造 ⚍이다. 和造는 陰爻와 陽爻가 갈라서지도 붙지도 않고 적당한 간격을 유지하며 어우러져 있는 힘이다. 이 힘이 전자기력으로 표출되어 형상을 부여하게 된다.

중력이 도화지라면 和造는 붓이다. 질량이 있어야지만 도화지라는 바탕이 만들어질 수 있는데, 그 위에 어떤 형상을 그려낼 수 있도록 일정한 간격을 유지해 주는 힘이 바로 전자기력이다.

맥스웰 이후에 과학은 급속도로 발달하기 시작했고, 드디어 미시의 세계 속으로 깊이 들어가게 된다. 양자역학[46]이 나오면서 새로운 힘을 맛보게 되었고, 이때 나온 힘이 약한핵력이다. 약력은 미시세계의 원자핵을 탐구하면서 알게 된 힘이다.

---

45) 원자가 더 이상 짜부라들지 않는 것은 같은 원자 내에 있는 전자들끼리 겹쳐지지 않기 때문이다. 이런 현상을 페르미 압력이라 하는데, 그 힘의 기원은 和造에 있다.

46) 거시세계를 다루는 고전역학으로는 미시세계를 설명할 수 없었고, 이에 1900년 ~ 1927년에 걸쳐 플랑크, 보어, 아인슈타인, 하이젠베르크, 드브로이, 슈뢰딩거 등의 물리학자들이 나와 그 대안으로 양자역학(quantum mechanics)이라는 새로운 역학 체계를 수립하였다.

보다 정확히 말하면 약력은 베타붕괴[47]를 발견하면서 알려졌다. 베타붕괴는 중성자가 전자를 방출하면서 양성자로 바뀌는 현상이다. 과학자들은 이 과정에 전에는 알지 못하던 힘이 작용하는 것을 알았다. 이 힘은 중력보다는 강하지만 전자기력보다는 약했다. 그래서 약력이라고 부르게 되었다.

중성자가 붕괴할 때는 아주 이상한 현상이 생긴다. 원래 중성자가 가졌던 에너지와 베타 붕괴 이후에 전자와 양성자가 가지는 에너지가 서로 다르게 나타나는데, 이는 「에너지 보존 법칙」에 어긋난다.

이 문제를 해결한 사람은 볼프강 파울리(Wolfgang Pauli)이다. 그는 질량이 거의 없고 전기적으로 중성인 입자가 이 반응에 개입해 에너지를 가지고 달아난다고 생각했다. 이렇게 되면 「에너지 보존 법칙」의 문제는 저절로 해결된다. 약력에만 관여하는, 전기적으로 중성이면서 매우 가벼운 이 입자를 중성미자(neutrino)라고 한다.

그렇다면 약력은 왜 생기는 것일까? 또한 무슨 기능을 하는 것인가?

약력은 자유롭고 안정된 방향으로 흘러가는 힘으로, 물질 붕괴의 원인을 설명해 준다. 불안정한 원자핵이 전자나 양전자를 방출해 안정된 원소가 되는 과정에 나타나는 힘인 까닭이다. 그래서 약력이 없다면 물질 붕괴가 없고, 그만큼 변화의 폭은 줄어들게 된다.

약력은 열역학 제2법칙과도 잘 들어맞는다. 이 힘에 의해 불안정한 질서는 안정된 방향으로 선회하고, 잘 짜여진 질서도 보다 큰 안정을 위해 해체되기도 한다. 생명체도 마찬가지이다. 약력의 영향을 받아 끊임없이 해체하려는 작용을 한다. 마치 바이러스처럼 말이다. 이것에 대항하여 생명체가 지닌 면역체계는 쉴 새 없이 방어에 전념한다.

47) 불안정한 원자핵이 전자나 양전자를 방출하고 안정된 구조의 핵으로 변화하는 현상. 이 붕괴로 중성자가 양성자와 전자로 변환된다.

어쨌든 약력이 없다면 변화의 바람은 멈추고 창조는 크게 퇴색할 것이다. 자유롭게 안정되려는 힘, 이것이 약력이고 그것의 모태는 바로 散解[redacted]이다. 흩어져 안정되려는 복귀復歸의 힘이다.

당시만 해도 중력, 전력에 이어 세 번째 힘이 등장하면서 세상은 세 가지 힘으로만 존재하는 줄 알았다. 그런데 원자핵을 연구하면서 새로운 난관에 부닥치게 된다.

원소들을 보면 수소를 제외하고는 모두 두 개 이상의 양성자가 결합해 원자핵을 이루고 있다. 양성자가 여럿 모여 있다는 것은 그만큼 (+)의 전기력이 강성하다는 뜻이 된다.

전자기력이 어떤 힘인가. 당시까지 알려진 세 가지 힘 가운데 월등히 강한 힘이다. 그런 무소불위한 힘이 이중삼중으로 겹치게 되면 당연히 한쪽으로 힘이 편중될 수밖에 없다. 이렇게 되면 원자핵의 질서는 깨지고 얼마 지나지 않아 붕괴하고 말 것이다.

그런데 실험 결과는 놀랍게도 멀쩡하게 나온다. 그러니 당시의 과학자들은 전자기력을 능가하는 어떤 힘이 있어서 양성자와 중성자를 묶어줘야 한다고 생각할 수밖에 없었다. 그리고 그 힘은 전자기력을 훨씬 능가하는 가장 센 힘이 될 것이다. 그래서 강한 핵력이라 명칭하게 되었다.

강력(strong nuclear interaction)을 좀 더 부연 설명하면, 쿼크(quark)끼리 결합시키는 힘으로, 대략 전력의 100배 정도 된다. 글루온(gluon)이라는 소립자를 주고받으면서 강력이 생겨나는데, 문제는 이 힘이 미치는 범위가 1조 분의 1mm 정도밖에 되지 못한다는 것이다. '짧고 굵게'라는 표현이 생각나게 하는 힘이다.

어쨌든 강력이 없다면 제멋대로 날아다니는 쿼크를 저지할 수 없고, 양성자와 중성자도 없고, 결과적으로 세상에는 티끌조차도 존재하지 못할 것이다. 강력, 이것은 四象의 包收⚎에서 나왔다.

이제 도화지(중력), 붓(전력), 물(약력), 물감(강력)이 갖춰졌다. 중력에 의해 개체적 분별이 생겼고, 이는 도화지를 넓게 펼친 꼴이 되었다. 그 위에 강력이라는 물감을 짜놓기 시작했다. 강력은 주변으로 흩어지는 쿼크 쪼가리들을 한데 묶어서 물감을 만들었다.

이제 필요한 것은 이것들을 일정한 모양으로 만드는 일이다. 이런 섬세한 작업은 붓이 있어야 한다. 전력이 붓의 역할을 맡아 원자핵의 부피를 채워 넣기 시작했다. 일정한 형태의 그림이 폼나게 그려지기 시작한 것이다.

그런데 어떤 그림이든지 한 번에 성공하는 법은 없다. 또한 변화가 없이는 더 좋은 창작물을 기대할 수 없다. 지우개의 역할을 하면서 동시에 변화를 주도하는 또 다른 무엇이 있어야 한다. 이것이 바로 물(약력)이다. 약력이 개입하면서 원자핵은 붕괴돼 안정을 찾게 된다. 여기서 새로운 질서가 부여되면서 변화와 창조의 고삐가 바짝 당겨지게 된다.

이처럼 4力은 서로의 힘을 겨루며 時空 위에 천지를 그려냈다. 하느님의 섭리가 있다면 필히 四象(4力)에서 찾아야 하리라.

중력	전자기력	약한핵력	강한핵력
⚏	⚍	⚌	⚎
徐積	和造	散解	包收

제3절. 대통일이론

1. 게이지이론과 五行

이제 네 가지 힘, 중력·전력·약력·강력은 天地를 창조했다.

그런데 힘이란 도대체 어떤 원리로 발생하는 것인가? 그냥 힘을 준다고 해서 힘이 저절로 생기는 것은 아닐 것이다. 쉽게 말해, 힘이란 두 개체 간에 모종의 거래가 이루어지는 것을 말한다. 거래가 끊기면 힘 또한 바람처럼 사라진다.

그렇다면 이들 네 가지 힘은 어떻게 거래를 트게 된 것인가?

이들에게는 자신들이 고용하는 중간상인들이 있다. 그들은 중력자[중력], 광자[전력], W및Z(약력), 글루온(강력)이라고 불리는 장사치들로서, 쉴새 없이 양쪽을 오가면서 거래를 성사시킨다.

만일 이들 중간상인들이 없다면 우주는 애초부터 존재하지 않았을 것이다. 티끌을 들어 올릴 힘조차 없는데 어떻게 광활한 우주를 일으킬 수 있겠는가. 그러니 힘이라는 거래를 성사시킨 중간상인들은 가히 천지 창조의 역군役軍이라 할만하다.

그런데 여기엔 몇 가지 의문이 생긴다. 4力은 四象에서 나왔으니 알겠는데, 힘을 매개하는 중간상인들은 도대체 어디서 왔으며, 왜 각기 다른 옷을 입고 있는가 하는 점이다. 이왕이면 하나의 입자가 4대 힘의 매개체 노릇을 하면 더욱 편리한데 말이다.

만일 중간상인들을 외부에서 끌어온 것이라면 하나의 상단 조직으로 통합할 수 있을 것이다. 그렇게 되면 힘의 발생 원리를 설명하는데 보다 간명하게 된다.

허나 아쉽게도 그런 기대는 여의치가 않다. 4力에 속한 중간상인들은 외부가 아닌 자체에서 발생한 것이기 때문이다. 다시 말해, 4力에 친숙한 소립자들이 매개체 역할을 자처하고 나서는 바람에 각기 다른 중간상인을 두게 된 것이다.

이들 중간상인들이 힘을 거래하는 방식을 도학道學에서는 對化作用[48]이라 한다. 마주 보는 두 대상이 힘을 교환하며 대칭을 이루는 원리를 말한다. 가령 木과 金을 보면, 이 두 기운은 서로 相剋이면서도 이것 때문에 對化作用이 발생해 대칭을 이룬다. 대칭이 깨지면 질서는 붕괴하고 존재는 소멸된다.

따라서 삼라만상은 陰陽의 대칭뿐만 아니라 生剋[49]의 대칭도 이루어야 한다. 원수와의 공존, 그럼으로써 生死가 반복되는 숨 막히는 현장이 바로 존재의 실상이다. 이렇게 대칭으로 우주를 바라보는 관점, 이것이 太極이다. 太極은 동양 정신문명의 뿌리와도 같은데, 이런 대칭관이 현대 물리학의 표준모형에 뼈대를 두게 된다.

---

48) 對化作用은 [6장. 五運六氣論]에서 상세히 다루게 된다.

49) 相生과 相剋의 공존. 이런 生剋의 환경 속에서 부평초처럼 떠다니는 사람들을 일러 衆生이라 하고, 그들의 삶을 苦海라 한다. 허나 달리 보면 苦海이기에 변화와 창조가 성립하고 그럼으로써 삶의 의미가 있게 된다.

표준모형이란 강력의 영향을 받지 않는 세 쌍의 경입자들과, 강력에 반응하는 세 쌍의 쿼크들, 그리고 약력·강력·전력을 매개하는 입자들에 대한 이론이다. 이것은 지난 40여 년 동안의 연구를 통해 가장 모범적인 답안이라고 여겨지고 있다.

이 표준모형의 출발이 대칭이다. 과학자들은 우주는 겉보기와는 달리 뭔가 단순한 원리로 설계됐을 것이라는 생각을 늘 품어 왔다. 탑을 세울 때 그 바탕과 첫돌이 평탄하고 단순해야만 그 위에 여러 층을 올릴 수 있는 것과 같은 이유이다.

'단순'이란 말을 물리적 관점에서 보면 대칭이다. 대칭을 이루면 복잡한 것은 질서를 띠게 되고 그만큼 단순해지게 된다. 단순해지고 또 단순해지면 원리가 된다. 원리를 보면 우주가 왜 이런 모습으로 생겨났는지 이해할 수 있고, 나아가 생명의 신비 또한 가늠할 수 있다. 그래서 과학자들은 표준모형을 세우고 태곳적부터 던져진 우주의 탄생과 변화 원리의 규명에 도전하고 있는 것이다.

표준모형에서 제시하는 대칭, 이것을 게이지 이론(gauge theory)[50]이라 한다. 여기서 주의할 점은 대칭을 서로 다른 두 대상의 마주 보기 식으로 생각해서는 안 된다는 점이다.

흔히 대칭을 반대 성질의 입자나 힘의 균형으로 알고 있지만 보다 중요한 대칭은 하나의 개체 내에서 발생한다. 소립자가 제 짝이 없이 홀로 있어도 대칭을 이루는 방법이 있으니, 그것은 바로 원운동이다. 회전을 하면 그 안에서 저절로 대칭이 생겨난다.

50) 대칭적 관점으로 렙톤(lepton)과 쿼크(quark)가 어떻게 힘을 授受하는지를 설명하는 이론. 4力 가운데 전력·약력·강력은 게이지 이론에 의해, 나머지 중력은 일반상대성 이론에 의해 설명된다.

가령, 一太極體의 운동을 보면 원래는 水 하나였다. 그러던 것이 회전을 하게 되면서 火라는 대칭이 생겨났다. 이처럼 회전을 하면 자생적으로 대칭을 이루게 되고, 이런 까닭에 소립자에서 거시세계까지 돌고 또 돈다. 이것을 앞서 만유율려萬有律呂의 법칙이라고 정의한 바 있다.

그렇다면 소립자들이 스핀(spin/회전)을 하는 원리를 상찰해 보자.

우리는 앞서 一太極體의 五行 운동을 살펴봤다. 水에서 시작하여 木火土金을 거쳐 다시 水로 돌아오면 일회전이다. 그런데 이것은 원리일 뿐 실제 적용하면 상황은 달라진다. 실험을 하면 水는 보이지 않고 혼미한 상태로만 있다. 분명히 일회전을 하면 제자리에 돌아와야 하는데 보이는 것은 그저 모호한 안갯속이다.

그래서 다시 한 바퀴를 더 돌려봤더니, 그제야 水로 돌아오게 된다. 도대체 왜 이런 일이 발생하는가?

그것은 파동을 간과했기 때문이다. 五行은 이론상에만 존재하는 것이지 실제 적용하면 파동에 의해 두 쪽으로 갈라진다. 이것이 바로 甲乙丙丁戊己庚辛壬癸인 天干이다. 五行은 파동을 치며 운행하기에 두 바퀴를 돌아야만 제자리로 돌아오게 된다.

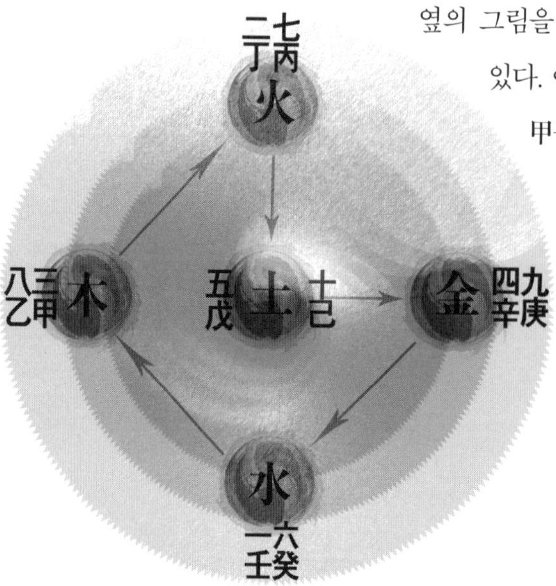

옆의 그림을 보면 五行이 天干으로 쪼개져 있다. 여기서 일회전을 하게 되면 壬→甲→丙→戊→庚이 된다. 그런데 이것은 겉보기일 뿐, 그 이면에 또 다른 회전이 이루어져야 한다. 바로 파동을 이루며 대칭이 되는 癸→乙→丁→己→辛이다. 數로 보면 1→2→3→4→5의 회전에 이어 6→7→8→9→10의 회전이 끝나야 비로소 1회전이 된다. 10은 1이 한 바퀴 돎으로써 바뀌게 된 모습이다. – 실제 天干 운동에서는 對化작용에 의해 相剋과 맞물려 동시에 운행한다. –

정리하면, 五行이 파동을 띠면 두 바퀴를 돌아야 제자리로 온다. 이것을「스핀 1/2」이라고 한다. 만일 五行이 파동을 멈추고 회전을 하면, 그땐 한 바퀴만 돌아도 제자리로 온다. 이것을「스핀1」이라고 한다.

五行이 한술 더 떠서 水⇄火의 운동만 하게 되면, 이땐 반바퀴만 돌아도 제자리가 된다. 이것을「스핀2」라 한다.

만일에 土의 운동을 중심으로 삼게 되면 그땐 어떻게 운동해도 제자리이다. 이것을「스핀0」이라 한다.

회전(spin)	1/2	0	1	2
運行(作用)	天干	土化	五行	陰陽(水火)

위의 표에서 발생하는 회전은 이론상으로는 모두 가능하다. 하지만 실제 적용하면 파동을 띤 天干만 유효하게 된다. 두 번 회전해서 제자리로 돌아오는 구조가 돼야 하는 것이다.

그래서 실제 입자, 다시 말해 양성자, 중성자, 전자, 중성미자, 중간자 등은 스핀 값이 1/2를 갖는 반면, 가상입자들은 0, 1, 2 등의 정수 값을 가진다. 여기서 0이나 정수 스핀을 갖는 입자를 보존(boson), 스핀 1/2을 갖는 입자를 페르미온(fermion)이라 각각 부른다.

정리하면 우주는 물질을 구성하는 '스핀1/2'인 입자와, 물질 사이의 힘을 발생 및 전달하는 '스핀0, 1, 2'의 입자들로 구분된다. 전자는 파울리의 배타원리(exclusion principle)[51]를 따르는 반면, 후자는 따르지 않는다.

51) 1924년 W. 파울리에 의해 발견된 법칙. 다수의 전자를 포함하는 계에서 두 개 이

2. 대차항수와 힉스입자

게이지 이론은 표준모형을 지탱하는 꽤나 위상 높은 이론이지만, 문제는 대칭을 유지하기 위해서는 질량을 없애야 한다는 것이다. 천차만별인 질량은 대칭을 깨는 커다란 적이다. 그래서 이론에 따르려면 우주는 대칭을 유지하기 위해 질량을 없애는 방향으로 나아가야 한다. 만일 그랬다면 일찌감치 우주의 모든 질량은 증발해버렸을 것이다.

여기서 대칭이라는 우주 평형을 위해, 존재하는 모든 것을 날려버리는 끔찍한 만행을 막는 조물주의 손길이 필요해지는 대목이다. 사라지는 질량을 막는 창조의 손길[52], 다시 말해 질량을 불어넣어 주는 누군가가 절실해 졌고, 그것이 바로 신의 입자[53]라고 불리는 힉스입자(Higgs boson)이다.

힉스입자의 실체가 규명돼야지만 수십 년 동안 행해진 과학자들의 공동 노력은 결실을 맺을 수 있다. 그들이 큰 이견 없이 받아들이고 있는 표준모형이 단단한 돌다리였다는 사실이 확인돼야지만 그 다리를 건너 미지의 세계로 일보 더 전진할 수 있다.

따라서 힉스입자의 발견은 현대 물리학의 한 사이클을 종결짓고 또 다른 사이클로 넘어가는 분기점이다. 비유하자면 도박판에서 올인을 하고 마지막 패를 조이는 절박한 상황이랄까. 그 패가 과연 예상대로 에이스

상의 전자가 같은 양자 상태(같은 위치와 같은 속도)를 취하지 않는다는 법칙으로, 이 원리를 바탕으로 원자의 전자껍질구조 개념이 확립되었다.

52) 질량을 부여하는 것을 자발 대칭성 깨짐(spontaneous symmetry breaking)이라 한다. 이론상에는 대칭성이 있지만 그 이론이 현실화될 때는 대칭성의 일부가 깨진다는 것이다.

53) 미국의 물리학자 레온 레더만(Leon Lederman)이 1993년 「신의 입자(God Particle)」라는 책을 쓰면서 붙여진 이름. 원래 레더만이 원했던 제목은 「빌어먹을 입자 (Goddamn Particle)」였다. 입자를 발견하기가 어려운 것에 대한 푸념이 담긴 것인데, 발행인이 책 판매의 목적으로 제목을 「신의 입자」로 둔갑시켰다고 한다.

가 나올 것인지에 전 세계 과학자들의 이목이 집중되어 있다.

힉스입자를 발견하기 위해서는 거대한 입자가속기를 만들어야 하는데 그 돈이 가히 천문학적이다. 미국에선 20여 년 전 대략 2조 원 가량을 쏟아붓고 그 재정을 감당하지 못해 폐기한 바가 있다.

그 바통을 유럽연합이 넘겨받았고 무려 10조 원을 투자하여 둘레가 27km에 달하는 거대한 입자가속기를 만들었다. 지난 2008년 9월 10일 마침내 공식 가동에 들어간 유럽원자핵공동연구소(CERN)의 대형강입자충돌기(Large Hadron Collider)가 그것이다.

LHC는 일종의 현미경이다. 그런데 현미경이라고 부르려니 렌즈가 없다. 오로지 충돌만 있을 뿐이다. 사실 관측은 충돌에서 비롯한다. 우리가 사물을 본다는 것은 대상물에서 튕겨 나온 광자를 시신경이 감지하여 뇌 속에서 상황을 추론하여 그려내는 것이다.

이처럼 충돌은 대상의 베일을 벗겨 인지의 범위로 끌어온다. 그래서 양성자끼리 충돌시켜 그 속에 꼭꼭 숨어 있는 소립자들을 밖으로 끄집어내는 것이다. 이것들 가운데서 게이지이론을 만족시킬 힉스입자나 초대칭(supersymmetry)입자가 나오면 일대 혁명을 맞이하게 될 것이다.

우리는 이 시점에서 질량이란 것이 무엇인지 곰곰이 생각해 봐야 한다. 아인슈타인은 질량을 에너지로 봤다. 그의 공식에 따르면 존재하는 모든 것은 에너지로 환원될 수 있다.

$E=MC^2$

그렇다면 다시 에너지는 무엇인가라는 근본적 물음을 던질 수 있다.

쉽게, 에너지란 변화를 일으키는 힘으로 압축할 수 있다. 그런데 이런 단순한 대답을 원하는 것이 아니다. 에너지를 알기 위해서는 이것이 어디서 어떤 이유로 어떻게 생겨났는지를 알아야 한다. 그래야만 우주의 모형이 제대로 그려지게 된다.

앞서 언급한 바 있듯이 에너지는 대차항수이다. 존재하는 모든 것들은 4차원에 대한 저항값에서 비롯한다. 저항값이 動的이면 에너지이고 靜的이면 물질이다. 사실 아인슈타인의 $E=mc^2$은 대차항수 값을 3차원의 입장에서 정리한 것이다.

「E=대차항수」라는 공식이 너무 단순해 별로 중요하게 보이지 않을 수 있다. 하지만 이것은 우주를 고차원과 연결짓는 다리이다. 이 다리가 전제되지 않고는 우리 우주를 설명할 길이 막힌다. 전 세계의 과학자들이 수십 수백 년 동안 노력해도 우주의 일부분만을 파헤치는 선에서 멈추고 말 것이다.

우리는 현재 첩첩산중의 어느 골짜기에서 솟아나는 물웅덩이에 발을 담그고 있다. 그 물웅덩이의 존재를 파헤치기 위해 수많은 과학자들이 평생에 걸쳐 온 힘을 쏟아붓고 있다. 그런데 물웅덩이를 정확히 이해하기 위해서는 지하수는 물론이고 그것이 흘러가는 계곡과 강, 그리고 바다와 저 하늘에 떠 있는 구름을 이해해야 한다. 그것들과 하나로 연결되어 있다는 인식이 전제되지 않고는 물웅덩이의 베일을 벗길 수 없다.

가령 아인슈타인은 빛을 상수로 놓고 상대적 시간을 주장했다. 속도가 빠르면 시간이 느리게 간다. 질량이 무거워도 시간은 느리게 간다[54]. 이런 기이한 현상이 발생하는 이유에 대해 그는 「광속불변의 법칙」을 근거로 제시했다. 빛이 우주상수가 된 것이다.

부연하자면, 관찰자의 속도가 빨라지면 광속이 그만큼 느려져야 하는데, 광속을 일정하게 유지하기 위해 시간이 느려진다는 얘기이다. 이런 해괴망측한 얘기가 어떻게 가능할까?

광속을 유지하기 위해 시간을 늦춘다는 말이 나온 것은 물웅덩이만을 보기 때문이다. 시야를 넓혀 바다와 하늘을 보게 되면 그런 편협한 시각은 생겨나지 않을 것이다.

에너지는 4차원에 대한 저항값, 대차항수이다. 대차항수가 높아지면 소립자를 포함한 그 영향권 내의 모든 것들이 그만큼 느리게 움직이게 된다. 이런 상태에서 창밖의 빛을 보면 그 속도가 일정하게 보인다. 광속을 유지하기 위해 시간이 느리게 간 것이 아니라, 대차항수에 의해 저절로 그렇게 된 것이다.

질량이 무거운 것도 같은 이유이다. 질량 또한 대차항수이기에 이것이 무거울수록 그 영향권 내의 물체들은 움직임이 떨어진다. 결과적으로 시간이 느리게 가게 된다.

만일 속도를 빛의 속도로 끌어올리면 어떻게 될까? 대차항수가 극한도로 치달으며 시간이 점점 느려질 것이다. 그러다가 빛의 속도와 일치되는 순간, 온 우주를 폭발시킬 것만 같았던 대차항수는 순식간에 사라지고 질량 0이 돼버린다. 차원이 뒤바뀐 것이다.

따라서 3차원에서는 빛의 속도보다 더 빠르게 움직일 수 있는 것은 없다.

---

54) 일반상대성 이론에서는 '빛의 에너지와 그 진동수에 의한 변화'로 풀이한다. 가령 지표면을 벗어나 높이 올라가면 빛이 에너지를 잃으면서 그에 따른 진동수도 낮아진다. 파동의 간격이 멀어져서 그만큼 시간이 느리게 간다는 것인데, 다소 모호한 해석이다.

또한 시간이 거꾸로 흐르는 일도 없다. 빛의 속도와 같아질 때 고차원으로 들어가기 때문이다. – 타임머신은 빛을 상수로 이용하여 만들어지는 것이 아니다. 그것은 空數 방정식을 이용한 정보 조작에 의해 가능해진다. –

왜 빛의 속도[55]보다 빠를 수 없는가?

광자는 질량이 0이다. 질량이 0이라는 것은 대차항수가 0이라는 것이다. 그러니 이것보다 빠른 것은 있을 수 없다. 어떤 소립자가 질량이 0이면 광속과 같아지게 된다. 속도는 저항값과의 싸움이다.

일부 과학자들은 빛보다 빠른 타키온(tachyon)이란 입자에 관심을 보인다. 1973년 오스트레일리아의 R.클레이와 R.크라우치는 우주선샤워(cosmic-ray shower)[56] 관측 중 빛보다 수백만 분의 1초만큼 앞서서 어떤 신호를 받았다. 두 학자는 이것이 타키온이 아닌가 생각하여《네이처》에 발표했고, 오늘날까지 타키온에 대한 관심은 끊이지 않고 있다.

하지만 타키온은 가상의 입자이며 실존할 수 없다. 간혹 기적 같은 확률로 4차원 공명 현상에 의해 빛보다 앞서 반응이 일어나는 수가 있다. 하지만 이런 경우는 관측 확률이 거의 없고, 만일 관측된다고 해도 입자가 아닌 초차원적 현상일 뿐이다.

우리가 사는 3차원 우주가 4차원의 대차항수(저항값)로 이루어져 있다는 사실에 유념해야 한다. 그리고 그 구조는 太極(대칭)을 이루며 五行 운동을 하고 있다.

그렇다면 어떻게 대차항수가 생겨나면서 3차원이 태동하게 된 것인가?

---

55) $E=mc^2$에 의하면 광속의 10%로 달리면 0.5%의 질량이 늘어나고, 광속의 90%로 달리면 질량이 두 배 늘어난다. 그러다가 광속에 근접하면 무한대로 질량이 늘어나게 되어 광속을 추월할 수 없게 된다.

56) 우주선이 대기 속의 원자핵과 충돌해 분열 과정을 되풀이하면 다수의 소립자가 연이어 방사상(放射狀)으로 발생된다. 光子를 수반하는 것과 그렇지 않은 것이 있다.

이 질문은 바꿔 말하면 어떻게 질량이라는 것이 생겨났느냐는 것이 된다. 이것에 의해 우리 우주가 지금의 모습을 하고 있으니 말이다.

3차원, 그것은 4차원의 五行운동 과정에 생겨난 변종이다. 그것을 도학에서는 六氣[57]라 한다. 六氣는 쉽게 말해 土가 하나 더 생긴 것이다. 五行 운동을 하는 기운들이 상호 충돌과 결합에 의해 土가 과도한 상태가 된 것이다. 土란 끈끈이와도 같이 주변의 것들을 묶고 중재하는 힘이다.

4차원 象界에 六氣란 것들이 생겨나면서 그 바닥에 고이기 시작한다. 묵직하긴 하지만 아직은 그 어떤 질량도 없는 象質[58]로 되어 있다.

이것들이 수축과 팽창의 율려운동을 하다가 戌空[59]의 상태에서 수렁에 빠지는 경우가 생겨난다. 지금껏 멀쩡했던 戌의 단계에서 갑자기 구멍이 뚫리면서 발이 쭉 빠지는 것이다.

그 발이 찌릿찌릿하면서 묵직한 느낌이 나는데, 처음 맛보는 야릇한 것이다. 이런 폐쇄적 느낌이 바로 대차항수이고, 이것으로 채워진 곳이 3차원이다. 깜짝 놀란 六氣는 기운을 당겨 다시 율려 운동을 하게 된다.

이런 식으로 六氣의 발이 불쑥불쑥 들어오고 있는 것이 소립자의 세계이다. 그 발이 살짝 들어온 놈에서부터 좀 더 깊숙이 들어온 놈까지 천차만별이다. 그 발의 깊이는 질량이라는 대차항수 값에 의해 알 수 있다. 깊이 들어올수록 대차항수는 높아지고, 이것에 비례해 질량이 높게 나온다. 또한 대

57) 土가 과도해진 五行. 土를 둘로 나눠 六氣가 되고 이것을 다시 陰陽의 파동으로 가르면 子丑寅卯辰巳午未申酉戌亥가 된다.

58) 非物質인 精과 氣의 합성으로 이루어진 고차원 질료.

59) 六氣 운동에서 에너지가 쏠려 가장 부담을 갖는 위치가 戌이며, 그 정도가 한계점을 넘어 3차원으로 구멍이 뚫리면 戌空이라 한다.

차항수를 받는 상태에서 발을 휘젓게 되면 저항값이 높아지면서 에너지는 증가하게 된다. 그 값이 $E=mc^2$로 나오는 것이다.

그런데 수렁으로 들어온 것도 아니고 그렇다고 완전히 떨어진 것도 아닌 중간의 것들도 보인다. 질량이 0인 것들인데, 이것들은 象界에서 자유로이 노닐지 않고 수렁의 표면에 바짝 붙어 움직인다.

그 대표적인 것으로 빛이 있다. 그래서 빛을 보면 분명 입자인긴 한데 질량이 0이다. 그리고 어떤 매개 물질도 없는데 파동을 이루면서 퍼져나간다. 빛이 파동을 이루는 것은 形界의 표면, 다시 말해 공각空殼[60]을 따라 흐르기 때문이다. 공각을 이루는 막이 진동을 하면서 빛을 전달하는 것이다. 이런 이유로 빛은 입자성과 파동성을 동시에 띠게 된다.

어찌 됐건 六氣는 빛처럼 수렁의 표면을 흐르는 놈에서부터 그 속에 발을 담그며 기웃거리는 놈까지 생겨났다.

그런데 발을 담그던 놈들 중에 수렁 속으로 완전히 빨려 들어가는 놈들이 생겨났다. 순식간에 들어가면서 거센 저항을 받으며 질량을 띠게 된다. 이놈들이 들어가자 주변의 질서, 다시 말해 대칭성이 깨지면서 주변에 대차항수 값이 높아지는 현상이 발생하게 된다. 마치 질량이 전염되듯이 주변으로 퍼져 나가는 것이다. 이렇게 수렁에 첨벙 빠지게 되는 六氣, 이런 놈을 과학에서는 힉스(higgs)입자라고 한다. 이놈으로 인해 질량이 생겨났기에 신의 입자라고까지 추앙받는 놈이다. 그래서 이놈을 발견하기 위해 천문학적인 돈을 아낌없이 쏟아붓는다.

60) 차원의 경계선. 질량이 0이면 대차항수 또한 0이어서 차원의 중간선인 空殼에 위치하게 된다.

그런데 힉스 입자를 찾는다고 해서 표준모형에 마침표를 찍을 수 있는 것은 아니다. 과학은 '왜'라는 단어를 놓는 순간 그 기능을 잃게 된다. 끊임없이 '왜'를 외쳐야 하고, 그렇기에 힉스 입자에 이은 의문이 되풀이될 수밖에 없다.

가령,「힉스 입자에게 사명을 부여한 입자」라든지,「힉스 입자를 낳은 모태 입자」라든지… 질문은 한도 없다. 물론 힉스 입자를 발견함으로써 한숨을 돌리게 되겠지만 앞으로 가야 할 길은 첩첩산중이다.

따라서 이런 고난의 행군을 종식시키려면 훌쩍 산을 날아 올라 전체상을 내려다보는 수밖에 없다. 차원을 높이지 않으면 이 문제는 그네처럼 앞으로 나아가지 못하고 되풀이될 뿐이다. – 六氣 운동에 대해서는 뒷장에서 자세히 다루게 된다. –

참고로 빅뱅(big bang)은 六氣의 과도한 밀집에 의해 발생하였다. 수렁으로 들어가지 않기 위해 발버둥치는 六氣들의 지나친 저항이 결국 일시에 터지면서 거대한 대차항수를 불러왔다. 초대형 대차항수, 이것이 특이점이다. 달리 원초블랙홀이다. – 앞에서 설명했기에 생략한다. –

「E=대차항수」, 이것은 쉽게 말해 삼라만상을 정보로 보라는 말이다. 정보는 有도 아니고 無도 아니다. 정보는 空이며, 만물이 존재하고 변화하는 근본 원리이다.

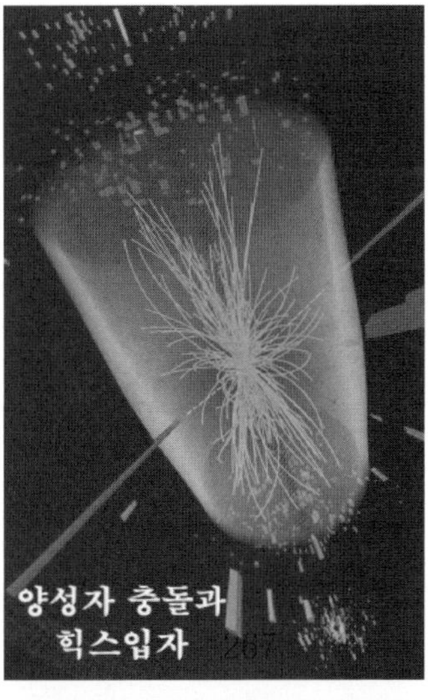
양성자 충돌과 힉스입자

3. 암흑 에너지와 암흑 물질, 그리고 여섯 쌍의 입자

우주에는 왜 네 개의 힘이 공존하는 것일까?

아쉽게도 현대 과학은 아직까지 이 단순한 질문에 대답하지 못하고 있다. 과학자들은 이 비밀을 밝히고자 힘을 하나의 시각에서 바라보고자 했다. 힘의 통합, 바로 대통일 이론(grand unified theory)에 대한 도전이다.

그 첫걸음은 1960년대에 떼어졌다. 미국의 셸던 글래쇼(Sheldon Glashow)와 스티븐 와인버그(Steven Weinberg), 그리고 파키스탄의 압두스 살람(Abdus Salam)이 그 주역들이다. 이들 세 사람의 이름을 딴 GSW 모형은 전자기력과 약한 핵력을 효과적으로 통합했고, 이때부터 강력을 첨부해 힘의 통일을 시도하게 됐다. 네 개의 힘에 대한 하나의 관점, 이것을 표준모형이라 부른다.

표준모형에 등장하는 배우들을 간단히 정리하면, 강력을 느끼지 못하는 세 쌍의 경입자들과 강력도 느끼는 세 쌍의 쿼크들이 있다. 그리고 여기에 덧붙여 힘을 매개하는 입자들이 있다. 이 세 종류 입자들의 운동과 변화를 단순화하여 한눈에 파악하려는 시도가 곧 표준모형이다.

지난 40여 년 동안 표준모형에 대한 시도는 꾸준히 이어져 왔고 그 노력의 결과 꽤나 설득력 있는 이론으로 자리를 잡게 되었다. 그리고 이제 힉스 입자의 존재와 역할을 놓고 마지막 단추를 꿰는 시점에 이르렀다.

우리는 앞서 우주에는 왜 네 가지 힘이 존재하는지에 대한 답을 내렸다. 그리고 고차원 진동과 응축, 그리고 차원의 변이에 의해 3차원으로 입자들이 쏟아져 들어온다는 사실도 알아봤다. 본고에서는 거기에 덧붙여 입자들의 태생과 속성을 좀 더 자세히 알아보고자 한다.

우리의 관심은 왜 경입자와 쿼크는 각각 세 쌍으로 이루어져 있으며, 앞

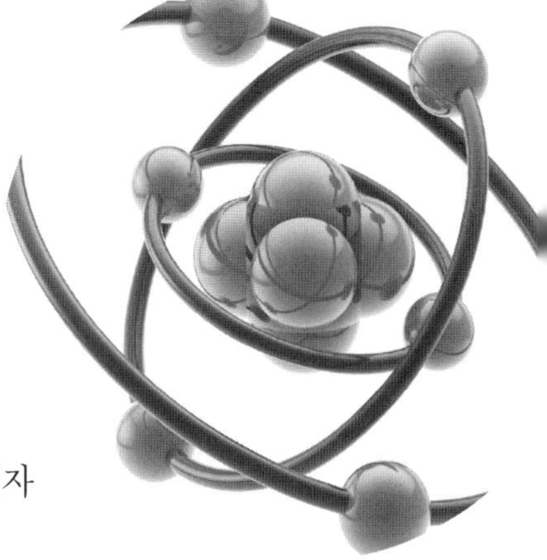

으로 실험과 관측을 통해 그 수가 늘어날 수 있느냐 하는 점이다.

여기서 경입자(lepton)는 강력에 반응하지 않고 음전하를 가지는 전자(electron), 뮤온(muon), 타우온(tauon)과 이것들에 대응되는 3개의 중성미자(neutrino)를 말한다.

그리고 쿼크 역시 경입자와 마찬가지로 여섯 종류가 있다. 핵자는 양성자와 중성자의 결합으로 되어 있고, 다시 양성자와 중성자는 세 쌍의 쿼크, 「up/down」, 「charm/strange」, 「top/bottom」으로 되어 있다.

이들은 왜 사이좋게 세 쌍씩 대칭으로 존재하는 것일까? 여기에 대한 해답 역시 3차원의 설계도를 그린 4차원의 질서에서 찾아야 한다.

경입자와 쿼크가 모두 여섯 쌍 열두 개로 존재하는 것은 六氣의 파동 때문이다. 앞서 말했듯 形界는 五運[61]보다는 六氣에 더 영향을 받는다. 六氣는 五行에 土가 하나 더 생김으로써 육중하고 끈적끈적해진 놈이다. 그래서 象界의 바닥에 고여 있다가 가끔씩 자체 인력을 감당하지 못하고 3차원 形界를 침범한다.

六氣의 침범, 이것들에 의해 形界는 거대한 저항값에 휩싸이게 된다. 이때 六氣 가운데 발만 담그는 놈들은 에너지의 형태로 잠재되어 있는데, 이것을 암흑에너지(dark energy)라 한다. 대략 形界의 73%가 이런 놈들로 구성되어 있다.

그리고 발로는 미흡했던지 무거워진 체중을 지탱하지 못하고 반신욕을 하는 놈들이 나타났다. 그것들이 바로 암흑물질(dark matter)이다. 대략 23%쯤 된다고 알려져 있다. 아직 머리는 담그지 않았기에 이것들이 물질

61) 五行이 陰陽의 파동을 치며 변화해 나가는 것을 말함.

의 형태로 드러나지는 않는다.

그런데 너무 오래 몸을 담그다 보면 조는 놈들도 나온다. 꾸벅꾸벅 졸다가 머리까지 탕(3차원) 속으로 들어가는 놈들이 생겨나는데, 대략 4% 남짓 된다. 바로 이 순간에 대차항수가 높아지면서 물질이란 것이 생겨난다. 입자의 출현이다. 잠수 시엔 수많은 소립자들이 점멸하게 된다.

그런데 六氣의 운동이 子丑寅卯辰巳午未申酉戌亥의 12파동으로 진행되기에 소립자들도 이 마디에 따라 총 열두 모습을 보인다. 이 가운데 辰戌丑未와 亥子는 인력에 민감한 놈들이어서 쿼크를 이루고 강력의 영향을 받게 된다. 여기서 丑未는 「up/down」, 辰戌은 「charm/strange」, 亥子는 「top/bottom」이 된다.

반면 활동성이 강한 寅卯巳午申酉는 강력에 무반응하게 되는데, 上下 운동을 하는 寅卯는 전자(electron), 散解작용을 하는 巳午는 뮤온(muon), 그리고 마지막으로 분해된 기운을 수습하여 수렴하는 申酉는 타우온(tauon)이 된다.

그렇다면 여기서 또 한 가지 의문이 든다. 경입자와 쿼크의 수는 지금까지 발견된 것이 전부인가 하는 것이다.

그렇지는 않다. 六氣의 운동은 12파동에서 멈추는 것이 아니다. 그 파동은 순간에 수천수만의 너울을 일으킬 것이다. 다만 우리가 중시하는 것은 그 너울의 구조가 六氣 자체가 지닌 12파동의 공통분모를 지니고 있다는 점이다.

따라서 그 이상의 쿼크나 경입자를 발견한다고 해서 핵자의 구조와 그 운동성을 파헤치는데 큰 기여를 하게 되는 것은 아니다. 교과서는 六氣의 12파동이고 그 이상의 것들은 참고 자료에 해당될 것이다.

현재 쿼크나 렙톤을 36개와 27개로 더욱 세분하여 분류하기도 한다. 하지만 이보다 더 쪼개 들어가도 六氣의 12파동이 뼈대를 이루고 있다는 사실엔 변함이 없다.

4. 가상입자와 인력

앞서 가상입자(Virtual Particle)라는 말이 나왔다. 그런데 '가상'이란 단어는 실제 있을 수도 있지만 역으로 없을 수도 있다는 말이다.

왜 이런 모호한 단어가 나온 것일까? 그것은 이론적으로 있을 가능성이 높긴 하지만 아직까지 관측이 안 되고 있기 때문이다. 다시 말해, 입자끼리 힘을 전달하기 위해서는 모종의 연결 고리가 있어야 하는데, 이론상 그 고리에 해당하는 입자가 반드시 있어야 한다는 얘기다. 그것이 관측되지 않으므로 가상입자라고 하는 것이다.

중력을 예로 들어 보자. 어떤 물체든지 잡아당기는 인력을 지니고 있다. 이것이 만유인력이다. 그런데 저 혼자만 존재한다면 잡아당기든 밀어내든 그건 알 바가 아니다. 문제는 둘 이상이 근접된 공간에 존재하면서이다. 두 개의 물체가 일정 거리에 다다르면 두 물체 사이에는 줄다리기가 발생한다. 서로 가차 없이 잡아당기는 것이다.

바로 이때 어떻게 힘의 교류가 발생하는지가 관심의 초점이다. 물체에 끈끈이주걱이 달린 것도 아닌데, 어떤 원리로 잡아당기게 되는지 의아하지 않을 수 없다. 이 점에 대해 아이작 뉴턴(Isaac Newton1642~1727)의 대답은 단순했다. 그는 두 물체는 별다른 이유 없이 그냥 순간적으로 힘을 주고받는다고 말했다. 물론 당시의 과학적 지식을 고려하면 더 이상 복잡한 대답을 기대하기란 쉽지 않을 것이다.

이 의문에 보다 설득력 있는 이론을 들고 나온 이는 마이클 패러데이(Michael Faraday, 1791~1867)이다. 그는 최초로 場(Field) 개념을 도입해 물체 주위에 중력장(Gravity Field)이 형성된다고 주장했다. 그 場 안에서 힘의 간섭이 발생한다는 그럴듯한 이론이다.

뉴턴에 비하면 보다 구체적인 것은 맞지만 아직도 힘의 원리를 정확히 규명하기에는 미흡했다.

이런 한계를 뛰어넘게 해준 것은 미시세계에 대한 활발한 연구와 그 실적이다. 핵자核子의 발견과 그 주변에 형성되는 양자장量子場은 힘의 원리를 보다 자세히 보여주었다. 하지만 이렇게 눈부신 과학의 발전에도 불구하고 미진한 부분은 여전하였다.

그래서 1960년대에 이르면서 가상입자 개념이 적극적으로 도입된다. 바로 게이지 입자(Gauge Particle)라 불리는, 이론상에만 존재하는 상상 속의 입자들이다. 이 입자들은 독립적으로 존재하기도 하지만 경우에 따라서는 어떤 입자에 의존하여 발생하기도 한다. 패러데이의 場이론을 이런 입장에서 보면, 가상입자들이 주변에 넓게 퍼져 나와 있는 상태가 된다. 이것들이 중심입자에서 멀리 떨어질수록 그 수가 줄고 그만큼 힘의 크기는 작아지게 된다.

그런데 이런 가상입자를 과학에서 도입해도 되느냐 하는 문제가 대두될 수 있다.

과학은 실증의 영역만 다루는 것이 아니다. 납득할 만한 이론을 정립하고 그 이론을 현실화하는 것도 과학의 한 방법이다. 가상입자는 나름 충분한 이론적 토대를 지니고 있고, 그렇기에 과학적 대상에 포함되는 것은 이상할 것이 없다.

가상입자들이 관측되지 않는 이유는 시간에 있다. 가상입자가 존재하는 시간이 매우 짧기 때문이다. 가상입자는 매우 불안정하고 에너지양이 극미한 입자로서, 매우 짧은 시간 동안에만 물리적으로 존재한다. 이렇게 되면 관측도 힘들어지고 입자 자체도 모호해지고 만다. 불명확한 에너지가 돼버리는 것이다.

이렇게 가상입자들은 뿌연 안갯속에서 아지랑이를 연신 피워대며 과학자들을 혼란케 하고 있다. 그런데 정작 중요한 것은 이것들이 어떤 원리로 힘을 행사하느냐는 것이다.

이 점에 대해 일본의 과학자 유카와히데키(湯川秀樹)가 파이온(Pion)[62]을 이용한 힘 전달 모델을 제시했다. 당시엔 획기적인 아이디어였지만, 들어보면 누구나 쉽게 생각할 수 있는 단순한 구조이다.

가령 피구 경기를 보면, 같은 편 선수들은 재빨리 공을 주고받으면서 상대 선수를 타격할 기회를 엿본다. 이때 공을 빠르게 패스하면 주는 쪽이나 받는 쪽이나 뒤로 밀려나게 마련이다. 공을 패스하는 쪽은, 체중이 쏠리는 것을 제외하고 보면, 공이 날아가는 반대 방향으로 힘이 작용한다. 또한 공을 받는 사람은 공의 힘만큼 뒤로 밀려나게 된다. 호나우드의 강력한 프리킥을 가슴에 품은 골키퍼가 뒤로 주춤 밀려나는 것을 연상하면 된다. 이렇게 가상입자들이 상호 주고받는 힘의 교류는 공의 패스처럼 되어 상호 멀어져야 정상이다. 그런데 기이하게도 서로 당기게 된다. 반대 현상이 벌어지고 있는 것이다.

---

62) 원자핵 내에서 핵자를 결합시키는 역할을 하는 소립자. 파이중간자라고도 한다. 1935년 우카와히데키가 이론적으로 밝혔고, 1948년 실험으로 증명됐다.

이 점에 대해서 과학자들은 불확정성의 원리를 가져다 붙인다. 힘이 활발히 교류하면 위치에 대한 불확정성이 낮아진다. 이렇게 되면 운동량에 대한 불확정성은 높아진다. 운동량은 방향까지 결정하기에 역전될 가능성도 있게 된다. 다시 말해 위치가 지닌 낮은 불확정성이 방향을 역전하여 인력을 작용하게 한다는 뜻이다. 이런 얘기를 듣고 일반인들이 고개를 갸웃하면 과학자들은 으레 이렇게 답한다.

「우주의 물리 법칙은 관측이 가능한 것으로만 채워져 있다. 따라서 관측이 불가능한 것까지 인과를 적용할 필요는 없다.」

이상의 대답이 바로 양자역학에서 말하는 '불확정성의 원리'이다. 그렇다면 실제로 이런 모호한 이유에 의해서 인력이 발생하는 것인가?

질량(mass)은 곧 대차항수라고 얘기했다. 차원에 대한 저항을 받는 정도에 따라 질량이 결정된다. 저항을 받는다는 것은 그만큼 견디는 힘이 있어야 한다. 그렇지 않으면 금세 소멸하고 만다. 그리고 견디려면 응축해야 한다. 그래서 질량은 곧 응축하는 힘으로 정리할 수 있고, 그 힘은 결과적으로 주변의 공간까지 휘게 한다.

그런데 공간은 도대체 어디로 휘는 것인가?

2차원 종이에 쇠공을 올려놓으면 종이가 말리면서 3차원으로 휜다. 마찬가지로 3차원에서 질량이 만드는 공간의 휨[63]은 4차원으로 이어진다. 휜 정도까지가 4차원에 미치는 공간이 된다. 따라서 질량을 지닌 모든 것들은 크든 작든 이미 4차원에 맞닿아 있다. 이렇게 보면 3차원은 마치 4차원이라는 호수에 떠 있는 부평초 같은 것들이 된다.

---

63) 2차원 평면이 휘면 3차원이 된다. 그런데 3차원에서 그것을 보면 휜 것이 아니라 정상적인 모습이다. 마찬가지로 3차원에서 공간이 휜 현상은 4차원에서 보면 지극히 정상이다. 4차원에서 정보(힘)의 교류가 일어나는 현상을 3차원에서 보면 공간이 왜곡된 것처럼 보여진다.

그런데 공간이 휘었다는 것은 정확히 무엇을 의미할까?

그것은 앞서 말했듯 대차항수에 의해 힘의 방향이 한쪽으로 쏠린 것을 말한다. 그래서 이런 곳을 지나치면 그 힘(정보)의 영향으로 공간이 휜 것처럼 느껴지게 된다. 하지만 사실은 공간이 휜 것이 아니라 대차항수가 주변의 물체에 작용하여 굴절시킨 것이다.

이처럼 대차항수에 의해 힘의 방향이 일률적으로 물체의 중심을 향하고, 이것이 주변 물체에까지 영향을 주는 것을 일러 중력이라 한다. – 중력에 대해서는 [7장 7절]에서 자세히 다룬다 –

중력이란 중력자라는 가상입자를 교환하면서 인력을 행사하는 것이 아니라 휜 공간 내에서 대차항수에 대한 정보를 수수授受하면서 자연스레 발생한다. 여기엔 예외가 없기에 만유인력萬有引力이라 한다. 가상입자는 이런 환경 속에서 물체에 딸린 입자들이 활발하게 교류하고 있는 현상에 지나지 않는다.

그리고 한 가지 더, 물체에서 가상입자가 떨어져 나가면 물체의 질량이 줄어들어야 하는데 실제로 그런 일은 없다. 이 점에 대해서도 알아보자.

가상입자는 에너지보존 법칙을 어기면서 나오게 되는데, 이런 현상 또한 불확정성의 원리에 의해 무마된다. 즉, 인식론적으로 관측 대상이 아니면 물리법칙을 어겨도 상관없다는 것이다. 이렇게 되면 이론적으로 가상입자는 無에서 有로 창조된 꼴이 된다. 하지만 관측상으로는 그 생멸生滅의 주기가 너무 짧아 아무런 문제가 없게 된다. 이것이 불확정성의 원리에서 가상입자의 창조와 소멸에 대해 설명하는 내용이다.

뉴턴에서 아인슈타인으로 이어지는 고전 물리학은 결정론적 인과관을 토대로 한다. 물리 현상은 일모의 어긋남도 없이 인과관으로 이루어져 있고, 그렇기에 미래는 결정되어 있다는 이론이다.

20세기 초, 거시세계의 비밀이 속속들이 드러나면서 이 이론은 정설로 받아들여졌고, 세인世人들은 자아의 실체가 모호해지는 큰 혼란을 겪게 되었다. 사주팔자처럼 인생이 정해져 있다는 식의 사고방식은 삶의 동력에 적잖은 손실을 주었을 것이다.

이런 시대적 흐름에 제동을 걸고 나선 것이 양자역학[64]이다. 양자역학을 연구하는 과학자들은 이런 결정론적 우주관 대신 상태공존狀態共存을 들고 나왔다. 미시세계를 연구한 결과 여러 가지 다른 상태가 확률적으로 중첩되어 나타나고, 그것이 결정되기 위해서는 관찰이라는 인식을 가해야 한다는 것이다.

64) 17세기부터 가속화된 물리학은 거시적 현상을 기술하기 위한 고전역학이었다. 그러나 이런 거시적 접근이 원자와 소립자를 다루는 미시세계엔 적용되지 않는다. 이에 1900년에서 1927년에 걸쳐 플랑크, 아인슈타인, 보어, 하이젠베르크, 드브로이, 슈뢰딩거 등의 많은 물리학자들이 그 대안으로 양자역학(quantum mechanics)이라는 새로운 역학체계를 제시하였다.

그들의 얘기를 거시세계에 빗대 말하자면, 밤하늘을 수놓는 달은 존재하는 것도 아니고 존재하지 않는 것도 아니게 된다. 그것을 사람이 보고 인식을 할 때 비로소 달은 존재하게 된다. 이런 해괴한 말을 양자역학의 선봉에 선 과학자들이 던지자 세상은 또 한 번 큰 혼란에 휩싸이게 되었다.

아인슈타인은 이런 해석을 크게 거북해 했고, 슈뢰딩거는 1935년 「자연과학」이라는 잡지에 고양이의 비유를 들어 상태공존 이론의 허를 꼬집었다.

그 스토리를 보면, 고양이 한 마리가 철판으로 둘러싸인 방 안에 갇혀 있다. 방 안에는 한 시간에 원자가 붕괴할 확률이 50%인 방사성 물질이 들어 있다. 만약 원자가 붕괴해 방사선이 나오면 고양이는 죽게 된다.

한 시간 뒤 고양이의 生死는 확률 50%로 결정됐을 것이다.

하지만 양자역학에서는 이런 기계론적 결정론을 거부한다. 고양이의 生死는 아직 결정되지 않았다는 것이다. 다시 말해 生과 死가 겹쳐 있는 상태로 있고, 이것이 결정되려면 방문을 열고 관찰자가 인식을 해야 한다는 것이다.

슈뢰딩거는 고양이의 비유를 들어 상태공존의 비논리성을 강하게 비판했다. 하지만 세월이 흐를수록 양자역학은 더욱 발전했고, 결국 현대 문명을 이룩하는 토대가 됐다.

어쨌든 이런 상태공존의 관점이 힘의 원리에 적용되어 「인식되지 않으면 물리 현상을 어겨도 된다」는 식의 주장이 나오게 됐다. 물론 여러모로 납득이 안 될 내용은 아니지만, 「E=대차항수」로써 접근하면 상황은 달라지게 된다. 가상입자의 에너지는 4차원에서 끌어왔다가 다시 4차원으로 날려버리면서 생겨난다. 순간이나마 없던 질량이 창조된 것이 아니다.

빙산의 일각을 떠올려 보자. 빙산이 출렁이는 파도를 맞아 머리를 위로 치켜들었을 때, 이것을 보고 창조라고 하지는 않는다. 수면 위에서 모습을 드러냈다가 곧바로 수면 밑으로 잠길 뿐이다.

이렇듯 가상입자들은 4차원에서 모습을 드러냈다가 다시 숨기는 현상에서 에너지의 출몰로 발생한다. 4차원의 진동이 끊임없이 자맥질을 치는데, 이런 신기루 같은 현상을 보고 양자역학에서는 상태공존으로 해석했던 것이다.

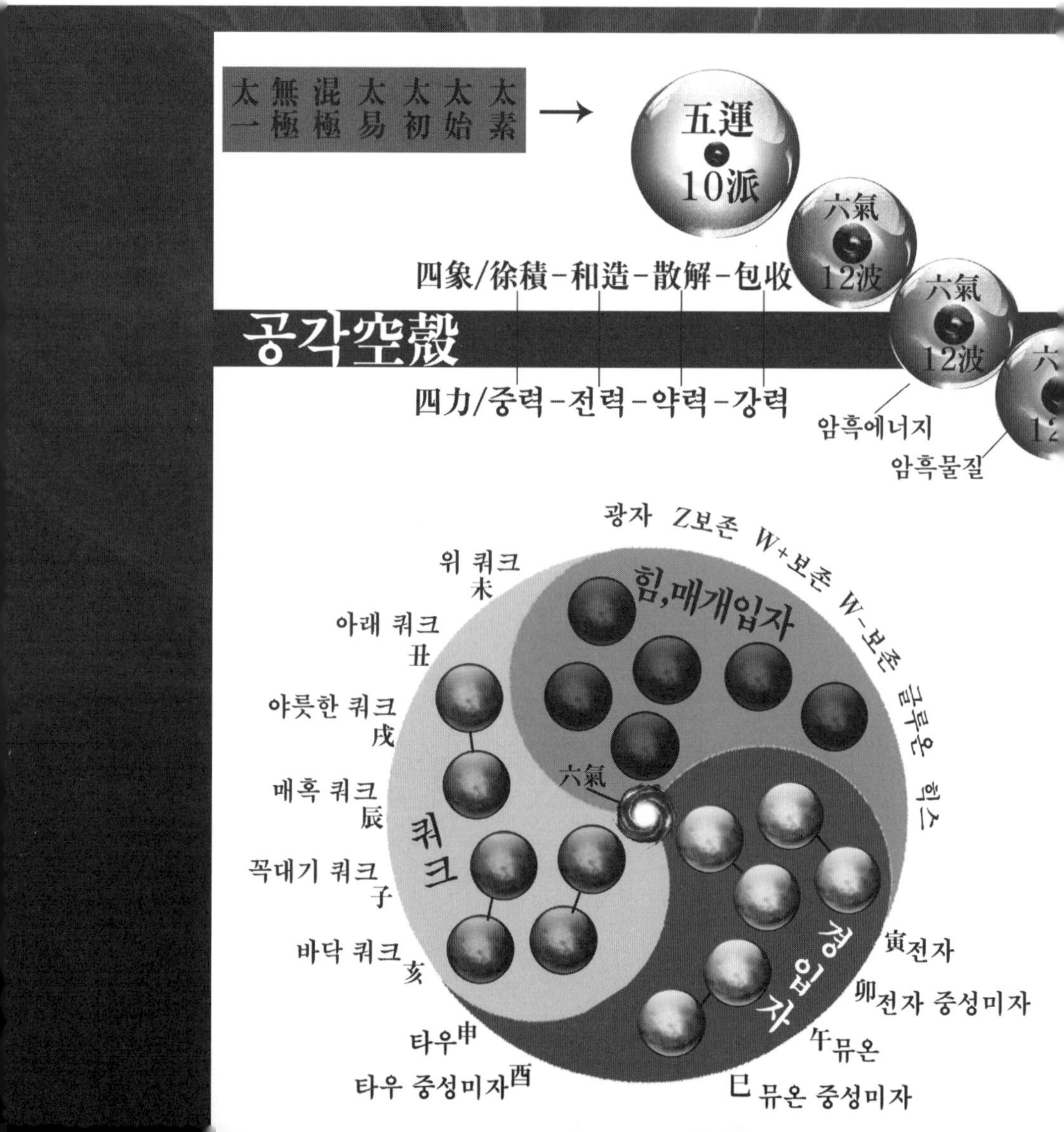

차원을 낮춰 거시세계로 가면 기계론적 우주관은 또다시 부활한다. 차원을 높여 4차원에 접근하면 제반의 물리 현상은 모호해지면서 양자역학적 인식론이 싹 틀 것이다. 이렇게 인과와 확률, 결정과 공존은 마치 동전의 양면처럼 들러붙어 세상을 둥글게 돌리고 있다.

4차원 표준모형

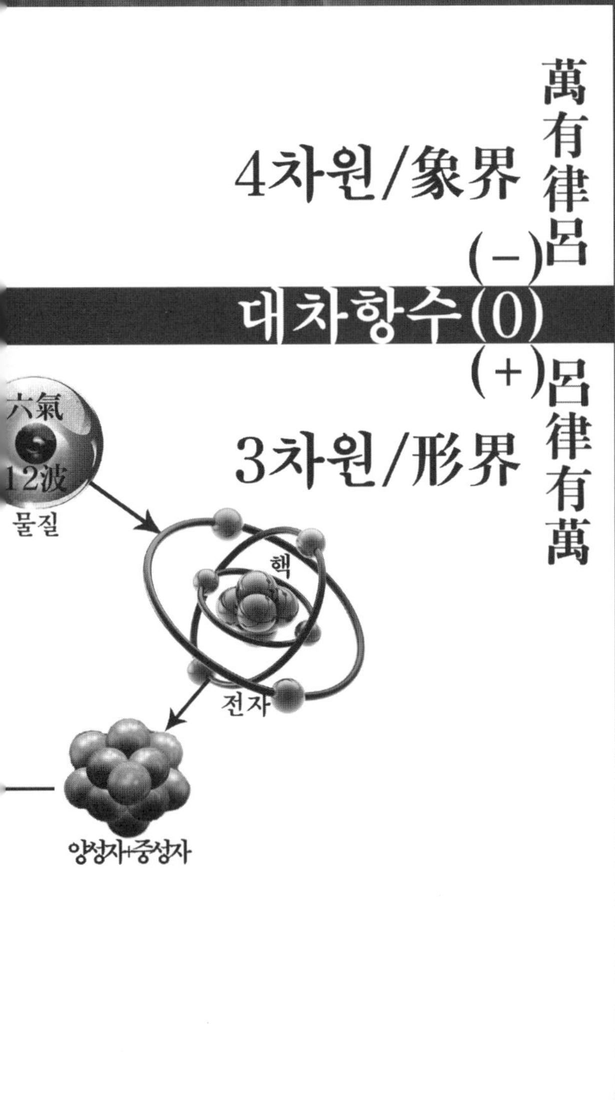

제4절 四象과 생명

우리의 우주 여행은 무한대의 시간을 넘나들고 있다. 제1원인인 太一에서 시작하여 무극無極 · 혼극混極 · 태역太易 · 태초太初 · 태시太始로 이어지고, 다시 태소太素에 이르러 一太極體의 율려 운동에 의해 五運과 六氣가 생성됐다.

六氣는 묵직한 자체 성향을 이기지 못하고 3차원을 태동케 했다. 그리고 六氣는 대차항수를 일으키며 온갖 질량과 운동성을 부여했고, 그와 동시에 四象이 개입하면서 4力(중력 · 전력 · 약력 · 강력)이 삐어 나왔다. 신비로운 우주는 이렇게 탄생했다.

우리는 우주의 어느 정도를 알고 있을까? 아쉽게도 현대 과학은 우주의 4% 정도를 겨우 알아내고 있을 뿐이다. 96%의 우주는 베일에 싸여 잠자고 있고, 그 너머엔 우리 우주보다 무한대로 큰 고차원 세계가 까마득히 펼쳐져 있다.

광대무변한 時空의 바다를 볼 때 우리의 지식은 한낱 물거품에도 미치지 못할 것이다. 허나 우리는 생명의 혼줄에 매여 있고, 그 줄은 고차원의 중심을 관통하고 있다. 대우주의 젖줄이 생명의 뇌리로 흐르고 있기에 우리

는 얼마든지 티끌의 위치에서 벗어나 고차원적 존재로 거듭날 수 있다.

생명이 지닌 디지털 정보 운용의 장점을 최대한 살린다면 時空의 제약을 능히 깨고 대자유인이 되어 존재의 의미를 만끽하게 될 것이다. 그런 길을 지금 우리는 가고 있는 것이다.

이제 잠시 걸음을 멈추고 우리 자신에게 초점을 맞춰보자. 우리는 왜 가상의 타임머신까지 만들어 타고 바깥세상을 탐구하고 있는가? 삶에 집중해도 살아가기가 만만치 않은 것이 현실인데, 왜 하필 무한대의 시간을 거슬러 올라가 형이상의 신기루와 씨름을 하고 있는가?

그것은 오직 하나 생명의 실체를 알기 위해서다. 생명의 비밀을 벗겨 그 실체를 깨닫는 것은 곧 '나'의 존재 의미로 직결되는 까닭이다.

인간의 삶은 그 수만큼 가지각색이며 그 질적 차이는 천양지차天壤之差로 벌어진다. 하지만 고차원에서 내려다보는 인생은 게거품처럼 한 다발로 피어오르다 꺼져버리기에 구별할 것조차 없다. 그저 뭉뚱그려 허망함 그 자체이다.

복잡하기만 한 우주의 신비와 맞서 싸우는 목적은 단 하나, 생명의 비밀을 풀기 위한 것이다. 생명, 그것의 중심인 '나'의 실존 문제, 이것이 모든 학문의 알파와 오메가이다. '나'를 풀어 '나'를 알면 세상의 모든 문제는 씻은 듯이 사라지고 실존의 가치가 만개하게 될 것이다. 이것이 천국과 극락이고, 더 이상의 가치가 없는 열반이 될 것이다.

자, 그럼 생명에 대해서 차근차근 알아보자. 그러려면 몇 단계의 언덕을 넘어야 한다.

4力의 짝을 찾아라

첫 번째 과제는 4力끼리 짝을 지어보는 것이다. 짚신도 짝이 있다는데 우주를 지탱하는 위대한 네 개의 힘에 짝이 없어서야 쓰랴. 어디 한번 서로에게 가장 잘 어울리는 힘을 찾아 한데 묶어 보자.

찾아봤는가?

사실 필자가 후학들을 가르칠 때 이런 질문을 하게 되면, 대개 한두 달씩 시간을 주었다. 그만큼 오랜 시간을 궁구해야 되는 문제이고, 그래야만 머리가 구조적으로 바뀔 수 있다.

하지만 지면의 한계에 의해 어쩔 수 없이 바로바로 넘어갈 것이다. 따라서 웬만하면 한두 시간이라도 충분히 생각해 보고 답을 보는 것이 좋을 것이다. 욕속부달欲速不達이라고, 지식을 지혜로 만드는 데에는 그만큼의 숙성 시간이 필요한 까닭이다.

답은 「약력과 강력」, 「중력과 전력」이다.

약력과 강력은 四象의 근원인 有力과 無力을 많이 닮아 있는 힘이다. 부모의 유전자를 고스란히 받고 있는 약력과 강력은 한 쌍이 되기에 충분하다.

문제는 나머지 중력과 전력이다. 중력은 有力을 닮긴 했지만 뭔가 나사가 빠진 것처럼 느슨하고 어설프다. 엄마인 有力처럼 옹골차지를 못하고 맥이 풀려 있는 상태라고나 할까.

전력은 더욱더 부모의 성격과 거리가 벌어진다. 부모인 有力과 無力은 그 성향이 그야말로 일방통행이다. 모든 것을 뭉쳐 하나로 만들던지, 아니면 모조리 분해하여 해체하는 획일적 힘이다. 그런데 전력은 그 둘을 한데 묶어 조화를 이룬다. 有力과 無力을 존중하되 어느 쪽에도 편중되지 않으며 새로운 변화와 가치를 추구하는 기운이다. 그러니 이놈은 돌연변이가 틀림없다.

중력과 전력, 이 둘은 썩 맞는 조합이 아니다. 약력과 강력이 부절이 합하듯 찍 눌어붙어 팔짱을 끼니 남은 두 힘은 어쩔 수 없이 짝을 이룬다. 참으로 어색한 만남이 아닐 수 없다.

「약력과 강력」 그리고 「중력과 전력」의 조합, 이것이 4力의 쌍이다. 지금 우리는 4力을 단계적으로 통일해 나가는 중이다.

4力의 쌍을 합하라

4力은 연분이든 아니든 자체 기운이 지닌 성향에 따라 자신의 짝을 찾아 어우러졌다. 이번에는 두 쌍을 한데 모아 놓고 그 변화를 관찰해 보자. 쉽게 말해 부부모임을 갖는 것이다. 그리곤 네 힘이 어떻게 반응하며 변화하는지 그 과정을 생각해 보자.

충분히 궁구해 봤는가?

적어도 1~2시간은 생각해 보는 것이 좋을 것이다.

답은 약력, 강력, 전력은 한데 어우러지고 중력은 옆에 곁다리로 껴서 벌어져 있는 형국이다.

전력은 조화의 친화력이 뛰어난 힘이다. 그렇기에 약력과 강력에 전혀 구애받지 않고 친근하게 다가선다. 그리곤 마치 한 집안 식구처럼 칵테일 잔을 부딪치며 수다를 늘어놓기 시작한다. 금세 분위기는 화기애애해지고 웃음소리가 주변을 장식한다.

그런데 술에 물 탄 듯 맹한 구석이 있는 중력은 이들의 주변을 맴돌 뿐

쉽사리 다가서지 못한다. 그저 세 힘의 화합을 묵묵히 지켜보며 자리를 지키고 있을 따름이다. 모임에 참여는 하되 어울리지 못하고 소외되어 겉도는 힘, 그것이 바로 중력이다.

정리하면 약력과 강력, 그리고 전력은 마치 이산가족이라도 만난 듯 찰떡처럼 붙지만 중력은 낯설어 하면서 주변을 겉도는 형국이 된다. 삼합일격三合一隔의 조합, 이것이 물질이다.

이상의 그림은 손바닥을 그린 것인데, 새끼손가락(중력)이 모임에 어울리지 못하고 벌어져 있다. 그래서 물리학에서 4力을 하나의 모형으로 통합할 때 어려움을 겪는다.

이제 우리는 물질에 깃든 힘의 구조를 알았다.

이번에는 생명을 알아보자.

생명을 알아보기 위해서도 몇 단계 과정을 거쳐야 한다.

4念을 찾아라

첫 번째, 생명의 정신 활동을 이루는 네 가지 근본 힘, 즉 4念을 찾아 보라.

이 질문은 아마 후학들이 몇 달은 숙제로 씨름했던 기억이 난다. 적어도 몇 시간, 아니 며칠이라도 생각해 보라. -아마 이 권유를 지킬 독자는 없을 것으로 판단된다. -

자, 충분히 생각해 봤는가?

바깥세상의 물리법칙이 복잡하다 해도 정신 활동에 비할 바는 아니다. 시시때때로 온갖 상념을 빚어내는 정신은 그야말로 오리무중 속에 피어나는 신기루일 것이다. 그만큼 복잡하고 미묘하며, 한 치 앞을 가늠할 수 없는 변화의 궁극이리라.

그런 정신이지만 자세히 상찰해 보면 어떤 공통점이 있다. 그것은 정신이 뻗어 나가는 방향이 크게 네 갈래로 이루어져 있다는 사실이다. 네 줄기의 방향을 뭉뚱그려 4念이라 하고, 그 낱낱을 知· 情 ·意· 識이라 한다.

知란 이로운 것을 가리는 눈이다. 그래서 늘 是非를 가리는 쪽으로 생각이 뻗친다. 시시각각 들어오는 정보들을 나누고 분석해 자신에게 유리한 쪽으로 판단을 한다. 이것은 마치 항해사의 손에 쥐어진 나침반 같은 것으로, 知가 뛰어나야 최선의 방향으로 나아가 흔히 말하는 성공이라는 열매를 움켜쥘 수 있게 된다.

情이란 최적의 상태를 추구하는 힘이다. 자신을 구성하는 기운이 편안하고 안정된 상태인지 아닌지를 가려 최적의 상태로 만들려는 흐름을 이룬다. 목적한 바에 부합하면 즐겁고 행복하다는 신호를 일으킨다. 반대로 불안정한 상태라면 두려움과 슬픔을 일으키고, 누가 자신의 편안함을 해치려 한다면 노여움을 발산할 것이다.

意는 목적한 바를 이루기 위해 뭔가를 행동으로 옮기려는 힘이다. 그래서 이 힘이 없으면 탁상공론이 되고 만다. 아무리 知가 어떤 판단을 내려도 意가 없으면 물거품이 되고 만다. 생각으로는 누구나 성공한 인생을 꿈꾸지만, 현실에서 그렇게 되기 어려운 것이 다 몸이 따라주지 않기 때문이다. 흔히 "내가 열심히만 했어도 충분히 이루었을 텐데…" 라는 말을 하곤 한다. 하지만 생각처럼 못한 것은 意의 힘이 약해서다. 知에서 내린 결정을 意가 수행하지 못함으로써 발생한 후회이며 아쉬움이다. 「천재는 1%의 영감과 99%의 노력으로 이루어진다」는 격언에 딱 들어맞는 대목이라 하겠다.

識은 흩어지는 정보를 붙들어서 소유하려는 힘이다. 정보라는 것은 氣의 결합 구조가 만들어내는 일종의 힘이다. 그렇기에 현재의 상태를 계속해서 유지할 수 있는 구조가 못 된다.

氣의 흩어지려는 속성에 의해 정보는 한시적으로 머무르다 차츰 그 색이 엷어지며 끝내 사라지게 된다. 물론 그 자취야 남아 있겠지만 정보로서의 기능은 상실하게 된다. 이것이 망각이다.

따라서 망각을 최대한 늦추게 하는 작용이 필요하다. 그렇지 않으면 정보를 모을 수 없고, 정보가 부족하면 知가 是非 판단을 할 때 버겁게 될 것이다. 풍부한 정보는 그만큼 知의 활동에 여러 가지 혜택을 준다.

이런 이유로 정보를 붙잡아 매는 힘이 부각되는데, 이것이 바로 識이다. 識이 발달된 사람은 기억력, 암기력이 뛰어나게 되고 그만큼 학습에서 유리한 고지를 점하게 된다.
知·情·意·識의 4念, 이것이 생각을 이루는 네 가지 대들보이다. 이 위에 오만가지 생각의 불을 지펴 사유하게 된다.

4念과 4力을 연결하라

이제 4念을 알아봤으니 4力과 연결지어 보자. 우주란 꽤 복잡한 것 같지만 그 이면의 구조는 꼭 그렇지만은 않다. 주춧돌[時空]과 대들보[에너지], 서까래[생명] 정도만 눈여겨 보면 한눈에 전체상을 가늠할 수 있다. 본서에서 주야장천晝夜長天 강조하는 것이 바로 이 세 가지이다.
이번 과제도 원래대로 시간을 갖는다면 적어도 한 달 이상은 숙고해야 할 것이다.

충분히 궁구해 보았는가?
4力은 생명에도 고스란히 적용된다. ATGC라는 염기서열(DNA)을 이루면서 생명의 핵심 코드를 이루었고, 유전법칙에도 관여한다. 그뿐만 아니라 정신현상에까지 스며들어 知·情·意·識의 4念을 확립했다. 그래서 4力과 4念은 하나로 연결될 수 있다.
知는 (+)와 (-)를 저울질하며 이로운 방향을 설정하는 힘이다. 그렇기에 한쪽으로 편중되면 제 기능을 못한다. 언제나 중립적 입장에서 정보들을 나열하고 분석해야만 양질의 답을 찾아낼 수 있다. 이런 知와 상통하는 힘은 전력이다.
情은 가라앉아 안정되려는 힘이다. 편안한 상태를 만들어 그 느낌을 즐기려는 것이다. 그래서 주변의 자극에 예민하고, 상대적으로 쉽게 動한다. 여리고 섬세하면서 고요히 가라앉으려는 情은 중력과 상통한다.

意는 知나 情에서 보낸 신호를 외부로 발산하는 힘이다. 그래서 힘의 방향이 늘 밖으로 향해 있다. 하지만 그 힘의 강도는 사람마다 천차만별이어서 늘 '의지력'에 대한 중요성이 강조된다. 내부의 결정이나 정보를 밖으로 분출하여 실현하려는 意는 약력과 상통한다.

識은 외부에서 들어오거나 내부에서 만들어지는 정보를 최대한 붙잡아 매려는 힘이다. 「아는 것이 힘이다」라는 말처럼 정보가 많을수록 경쟁에서 유리한 고지를 점하게 된다. 자유를 누리기 위해 세차게 흩어지는 정보를 옴짝달싹 못하게 묶어놓는 識은 강력과 상통한다.

이제 정신을 구성하는 知·情·意·識 4念 역시 4力에서 비롯됐음을 알았다. 물론 4力은 四象에서 나왔고 말이다.

知	情	意	識
전력/和造	중력/徐積	약력/散解	강력/包收

지금부터는 4力에서 했듯이 4念의 짝을 지어보는 것이다. 그럼으로써 4力의 경우와 어느 면에서 차이를 보이는지 살펴보자.

이 경우는 그다지 어렵지가 않다. 이미 4力에서 문제를 풀어봤기 때문이다. 따라서 이 과정은 생략하고 다음 단계로 넘어가자.

4念의 짝을 찾아라

4念은 知와 情, 意와 識이 짝을 이루었다. 이것을 다시 한데 합하면 어떻게 될까? 4力에서의 경우처럼 맹한 중력이 모임에서 소외되는 형국이 발

생할까? 아니면 좀 더 다른 형태의 결합이 이루어질까? 이 점에 주안을 두고 깊이 숙고해 보라. 답을 찾을 때까지 시간을 충분히 두는 편이 좋을 것이다.

4念의 쌍을 합하라

열심히 궁구해 보았는가?

연구만 하고 답을 찾지 못했다면 다시 생각해 보라. 단순한 지식이 아닌 지혜를 얻고자 하다면, 활을 다리듯 천천히 뜸을 들일 줄도 알아야 한다.

4念의 결합! 여기서 놀라운 일이 발생한다. 모임의 주변을 겉돌던 중력이 180도 뒤바뀌게 된 것이다. 중력이 情이라는 가면을 쓰고 정신의 영역에 들어오자 언제 그랬냐는 듯 기존의 내성적 성격을 벗어던진다. 그리곤 누구보다 적극적으로 모임에 참여하여 결국 4念의 선봉에 서게 된다.

이렇게 되자 4念은 똘똘 하나로 뭉치게 되고, 여기서 마치 전구에 불이 들어오듯 생명현상이 터져 나온다. 四象의 엉성한 결합은 물질을 만들었고, 四象의 온전한 결합은 정신을 창출한 것이다.

생명, 그 놀라운 신비는 바로 네 힘의 온전한 결합에서 비롯됐다. 오늘날 과학자들이 안간힘을 쓰며 4力의 통일에 매진하고 있지만, 정신은 이미 탄생 순간부터 힘의 통일을 이루었다. 그렇기에 정신은 위대하다. 가히 우주의 열매라 할 수 있는 기적의 산물이리라.

힘의 통일은 새로운 차원을 뚫을 수 있는 열쇠가 된다. 5차원 空을 열어 太一로의 복귀가 가능한 것이다. 이것은 이미 싯다르타가 열반에 이름으로써 증명되었다.

우주의 메커니즘은 힘의 배치에 있다. 太一에서 뻗어나온 有力과 無力은 삼라만상을 창조했다. 허나 너무 단순하여 고도의 질서를 구현하는 데는 역부족이다. 그래서 有力과 無力이 교차하여 四象을 이루었고, 이것들이 五運六氣 운동을 하면서 4차원 세계를 이룩하였다.

그러던 어느 시점에 六氣가 지나치게 무거워지면서 짜부라들자 새로운 차원, 즉 3차원이 만들어졌다. 한마디로 4차원의 힘에 저항을 받는 폐쇄閉鎖 시공간이 생겨난 것이다.

이때 4차원의 四象은 六氣를 타고 3차원에 스며들어 4力이 된다. 그리고 3차원의 폐쇄성에 의해 4力은 어쩔 수 없이 결합을 하게 된다. 다소 엉성한 형태로의 결합, 이것이 물질이다.

그러다 까마득한 세월을 보낸 뒤에 4力은 온전한 결합에 성공하게 되니, 이것이 바로 생명이다. 생명은 곧 힘의 완성인 셈이다.

그런데 생명에도 그 질적 차이는 현저하게 된다. 그것을 영력이라 하여 1天에서 9天으로 나눈다. – 이 부분은 「8장」에서 자세히 다루게 된다. –

어떻게 영력靈力이란 것에 의해 생명의 등급이 나뉘게 된 것일까?

그것은 知·情·意·識 각각의 수준과 협조 관계에 기인한다. 특히 知의 점수가 중요하다. 이 부분이 뛰어나면 대체로 영력이 높게 나온다.

知란 선천적으로 타고나는 것도 있지만 후천적인 요인도 무시할 수 없다. 아무리 좋은 知를 타고났어도 후천적으로 습득하는 정보량이 부족하면 좋은 기능을 할 수 없다. 그래서 識에 집중하는 것이다.

어려서부터 지겹도록 공부하는 이유가 바로 識에 있다. 識이 좋을수록 그만큼 知에 유리하게 작용하기 때문이다. 허나 선천적 知가 떨어지면 아무리 풍부한 識도 한계는 있기 마련이다. 그래서 「말로 배워 되로 풀어먹는다」는 속어도 나오게 된다.

어쨌든 識은 知에 다다익선일 것이다. 그런데 識을 쌓으려면 意의 도움 없이는 안 된다. 意가 약하면 識이라는 정보의 탑을 꾸준히 쌓아 나갈 수 없다. 그래서 知는 意의 힘을 북돋기 위해 「~을 해야만 하는 당위성」을 줄기차게 주입시킨다. 그래야만 意가 힘을 내는데, 문제는 사람에 따라 그 힘이 천차만별이라는 것이다. 작심삼일作心三日도 있지만 면면부단

綿綿不斷이나 용왕매진勇往邁進, 주경야독晝耕夜獨도 나오는 것이다.

어떤 이는 知에서 그런 신호조차도 보내지 않는다. 이렇게 되면 거의 폐인 수준이랄까. 아마 십중팔구는 노숙자나 비렁뱅이가 될 팔자일 것이다.

이처럼 영력靈力에는 知가 차지하는 비중이 크다. 사실 동물에서 인간으로의 진화도 知에 있지 않던가. 그런데 이런 知의 앞길을 가로막는 장애물이 있다. 그것은 바로 情이다.

情이 4念의 선두에 서면 知의 판단력은 다소 흐려지게 된다. 그래서 어려서부터 늘 情을 제어하는 방법을 교육받는다. 가정의 서열과 사회의 질서, 나라의 안녕을 위해 개인의 情을 자제해야 함을 수없이 배우게 된다. 그럼에도 情은 불쑥불쑥 튀어나와 4念을 진두지휘한다.

얼마나 情의 폐해가 컸으면 知性人이라는 말까지 나왔겠는가. 말 그대로 知가 4念을 이끄는 사람이다.

情의 폐해를 열거하자면 한도 끝도 없다. 사실 인류사에 드리운 숱한 죄악은 그 뿌리를 情에 두고 있다. 전쟁이란 것도 모두가 情의 심사가 뒤틀려서 비롯한 것이다. 이놈이 우쭐하고 싶은 마음에 천하는 혼란에 휩싸이고 민중은 고통에 신음하게 된다.

물론 역사를 보면 情은 제 얼굴을 그대로 드러내지 않는다. 늘 知를 꼭두각시로 내세워서 자신의 뜻을 관철시킨다. 그래야지 마각馬脚을 숨김과 동시에 명분을 세울 수 있다.

그런데 情이 리더가 되는 것이 늘 문제만 되는 것은 아니다. 예술가에게 있어서는 이보다 더 좋은 구조는 없다. 풍부한 情은 온갖 창조로 이어지는 동인動因이 되어 줄 것이다. 수행자에게 있어서도 情은 수행의 목표를 확고히 해주는 지남차가 되어줄 수 있다.

흔히 수행의 궁극을 永生으로 알고 있다. 하지만 永生에서 한 발짝 더

들어가야 그 끝이 나온다. 그곳이 바로 열반涅槃이다. 열반은 情의 완성을 일컫는다. 따라서 수행자는 情을 통해 열반에 대해 발원하고, 이것을 동력으로 삼아 正道로 나아갈 수 있다.

이런 거창한 것이 아니어도 情은 사람과 사람의 관계를 따뜻하고 아름답게 이어 줄 것이다. 가족 간이나 연인 사이에 情이 없는 경우를 생각하면 끔찍하다.

이처럼 물질에서는 조용히 자리만 지키고 있던 情(중력)이 생명으로 옮겨와서는 좌충우돌하며 종횡무진하고 있다. 그 영향력이 얼마나 컸으면 남의 말을 듣기 싫어하는 意도 情 앞에서는 꼼짝을 못한다. 知가 그렇게 논리적으로 설득해도 마지못해 움직이는 척만 하던 意가, 情이 무슨 말만 하려면 금세 눈치를 채고 즉각 행동으로 반응한다. 이런 意의 과잉충성 때문에 세상에는 사건사고가 끊이지 않고 있다.

얼마 전 신문에서 라면 한 그릇 때문에 비행기 승무원을 폭행한 대기업 임원에 대한 기사를 읽은 적이 있다. 이유야 어쨌든 과시하고 싶은 情의 비위를 못 맞춰준 데에 따른 意의 돌발성 반응이다. 만일 知의 힘이 情의 절반이라도 됐더라면 그날의 불상사는 막을 수 있었을 것이다.

이렇듯 물질에서 쥐죽은 듯 고요히 머물던 情은 생명에서는 제 세상인 듯 살판이 난다. 세상에 아무리 뛰어난 知性人이 있더라도, 知가 情이 지니는 권력의 50%를 넘기 힘든 것이 현실이니 말이다.

통계를 보면 일반 사람들은 情이 60~80%의 권력을 쥐고 있다. 情이 90% 이상의 영향력을 발휘하며 독재를 하는 사람들도 간간이 보이는데, 이런 경우는 짐승의 환생으로 보면 크게 다르지 않을 것이다. 어떤 사리 판단도 없이 즉흥적이면서 자신의 본능에 충실한 사람, 사회가 지닌 시한폭탄인 셈이다.

아무튼 知와 情은 자웅을 겨루고 있고, 意는 그 눈치를 살랑살랑 보면서 대개 情쪽에 충성을 한다. 그리고 識은 그들의 힘겨루기에 관심을 끊고 그저 제 할 일만 한다. 意가 동력을 넣어주면 그만큼만 자신의 일을 한다. 어찌 보면 識이 뱃속은 제일 편할 것이다.

이렇게 知·情·意·識 4念은 생명이라는 한울타리에 갇혀 서로 아웅다웅하며 공생하고 있다. 그 모습이야 어찌 됐든 물질에서 못다 이룬 힘의 통일을 이들은 이루었다.

이들 4念이 합심하여 노력한다면 太一로의 복귀도 가능할 것이다. 수많은 생명들이 중도에 낙엽이 되어 쓸쓸히 떨어져 나가겠지만 그래도 그중 몇몇은 위대한 복귀를 이루어 창조의 열매를 맺지 않겠는가.

제5절. 하도·낙서와 열역학 제2법칙

1. 수학적 열쇠와 대칭성 깨짐

지금껏 힘의 통일에 주안을 두고 살펴봤다. 이제부터는 좀 더 여유를 가지고 인류의 미래에 대해 생각해 보자. 백 년 천 년 뒤의 세상이 아닌, 이왕이면 우주의 멸망까지 시간을 확대해 보는 것이다. 그 시나리오를 통해 한 번쯤 인생무상人生無常을 느껴보는 것도 나쁘진 않을 것이다.

앞서 일관되게 전개된 四象의 작용은 대칭을 배경에 깔고 있었다. 太極이라 불리는 대칭은 우주를 설계하는 대원칙이었다. 대칭이 될 때만 비로소 힘의 균형이 이루어지고, 그래야만 질서를 잡아 뭔가를 창출해낼 수 있다. 그래서 四象 가운데 和造를 높이 쳤던 것이다.

대칭은 과학자들이 신비에 싸인 우주를 파헤치는 도구였다. 그 대칭을 보다 정교히 다듬기 위해 동원된 것이 수학이다. 수학이 없이 임의로 대칭을 잡아서는 오류투성이가 될 것이다.

수학을 통한 정확한 대칭은 잘 깎여진 일종의 열쇠이다. 그 열쇠를 어둡고 혼미한 우주 속으로 밀어 넣으면 꼭꼭 닫힌 어둠의 장막이 걷히고 그 실체가 드러난다. 새로운 정보에 의해 인간의 의식은 부쩍 자라나고 존재의 가치는 커지게 된다.

과학자들이 얼마나 수학적 열쇠에 집착하는지를 잘 보여주는 일례가 폴 디락(Paul Dirac)[65]이 남긴 다음의 말이다.

Paul Dirac 1902~1984

"신은 세상을 창조할 때 아름다운 수학을 사용했다.(God used beautiful mathematics in creating the world)"

디락은 자신이 만든 수학적 열쇠를 너무나 사랑한 나머지 세상 사람들이 그것을 조롱해도 뜻을 굽히지 않았다. 그는 대칭으로 정교하게 잘 만들어진 방정식은 분명 열쇠라고 믿었다. 그래서 그는 陰의 에너지로 채워진 바다를 예언했고, 그것은 세월이 흐른 뒤 반물질의 발견으로 입증되었다.

디락만 수학적 열쇠에 집착한 것이 아니다. 뉴턴 이후 과학자들은 앞다투어 열쇠공이 되려 했다. 그들은 수학으로 정교하게 열쇠를 깎아 그 성능을 수도 없이 실험하였다. 그러다가 작동되는 열쇠가 발견되기라도 하면 노벨상을 수여하며 전 세계가 축제 분위기에 휩싸였다. 이런 상황이 오늘날까지 반복되며 이어지고 있다.

그런데 과학자들의 열쇠 사랑에 찬물을 끼얹는 변수가 나타났다. 그것은 수학적 대칭을 깨면서 나타난 약력이란 놈이다. 중력이나 전력, 강력이 대칭에 잘 들어맞는 것에 비하면 약력은 삐딱선을 탄다. 툭하면 대칭의 공식에 어긋나는 행동을 하는 것이다.

우리는 이미 四象에 대해 배웠기에 약력의 돌발 행동이 낯설지가 않다. 약력은 散解에서 나온 놈으로, 흐트러뜨려 부수려는 힘이다. 부순다는

65) Paul Dirac(1902~1984). 영국의 이론물리학자. 1933년 슈뢰딩거와 함께 「원자 이론의 새로운 형식의 발견」으로 노벨 물리학상을 받았다. 그는 디락 방정식을 통해 상대론적 양자역학의 체계를 세웠다.

것은 균형을 무너뜨려 와해시키는 것을 말한다. 그렇기에 선천적으로 대칭과는 거리가 생길 수밖에 없다.

반면에 강력은 꽉 짜인 힘이다. 일모의 쿼크도 빠져나가지 못하도록 포위망을 단단히 조이고 있고, 그렇기에 대칭과는 친숙하게 된다. 중력은 고요한 평등의 힘인지라 대칭성이 따라오게 되고, 전력은 그 자체로 균형의 힘이므로 말할 필요도 없다.

이런 四象의 근본 메커니즘을 모르는 과학자들에게 약력의 배신은 커다란 충격이었다. 약력의 좌우 대칭성을 끄집어내어 과학계에 찬물을 끼얹은 이는 중국계 이론물리학자인 양전닝(楊振寧)과 리정따오(李政道)이다. 그들은 1956년 5월, 다른 힘들과 달리 약력의 좌우 대칭성이 깨져 있음을 밝혀냈다. 그 덕으로 이들은 1957년 35세와 31세의 어린 나이에 노벨 물리학상을 수상하게 된다.

이들의 연구는 대칭을 신봉하는 과학자들을 혼돈으로 몰아넣었다. 지금껏 대칭의 열쇠만을 제작해 오던 그들인지라 약력의 좌우 대칭성 깨짐은 충격이면서도 실의失意였다. 파울리가 "신이 왼손잡이였다니!…" 하며 탄식하던 말은 당시 과학자들의 심정을 잘 대변해 준다.

과학자들은 쉽게 자신들의 믿음을 포기하지 않았다. 그들은 약력의 좌우 대칭 깨짐을 어떡하든 神의 사소한 실수로 돌리고 싶었다. 그래서 단순히 좌우 대칭에서 멈추지 않고 물질을 통째로 반물질로 바꾸는 실험을 모색했다. 이것을 CP변환[66]이라 한다.

이들은 중성미자를 가지고 실험했고, 반중성미자가 여전히 대칭성을 지니고 있음을 확인했다. 이로써 약력의 좌우 대칭성 깨짐을 돌연변이로 몰을 수 있었다. 다시금 과학자들이 공통적으로 추구하는 대칭의 열쇠

66) 물질을 반물질로 바꾸는 것을 C, 좌우를 바꾸는 것을 P라 한다.

를 거머쥘 수 있게 된 것이다.

하지만 이런 기쁨이 채 10년도 가지 못했다. 1964년 피치(Val Fitch)와 크로닌(James Cronin)은 케이온[67] 붕괴 과정을 통해 CP 대칭성이 일부나마 깨진다는 사실을 입증했다. 그 덕에 이들은 1980년에 노벨 물리학상을 타게 된다.

이 실험은 물질과 반물질의 대칭이 100%가 아니라는 사실을 보여준 것이어서 그 충격이 컸다. CP 대칭성이 깨진 정도가 극미하긴 하지만 100%라는 신념에 금이 갔기에 가히 혁명적인 사건이었다. 과학자들은 대칭 열쇠에 대한 믿음이 흔들릴 수밖에 없었고 더 큰 혼돈 속으로 빠져들었다.

오늘날까지도 왜 우주가 미세하나마 대칭의 원칙을 어기고 있는지를 풀지 못하고 있다. 이 점에 대해 동양철학은 먼 옛적부터 그 해답을 제시하고 있다. 그것이 바로 **河圖**(하도)와 **洛書**(낙서)이다.

2. 하도와 낙서의 원리

동양철학은 익히 알듯이 **太極**을 모태로 한다. **太極**은 절묘한 대칭을 구조로 삼는다. **太極** 운동을 세분한 **五行**이나 **六氣** 또한 대칭에 있어서는 추호의 어긋남도 없다. **陰陽**과 **生剋**의 대칭이 한 몸에서 이루어지면서 숱한 변화를 조장해 나간다.

그런데 이런 **太極**에 대칭성의 깨짐이 발생한다. 마치 돌연변이처럼 기존 질서를 깨면서 등장한 새로운 힘, 그것이 바로 **河圖**(하도)와 **洛書**(낙서)이다. 우리는 **河圖**와 **洛書**를 통해서 왜 우주는 일부나마 대칭을 깨게 됐는

67) 케이온(kaon) 또는 케이 중간자(K meson)라고 한다.

지 이해할 수 있다. 먼저 河圖를 살펴보자.

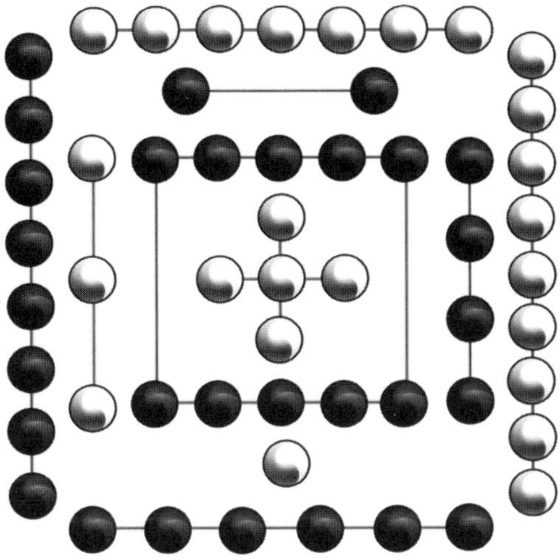

언뜻 보면 이상의 도상은 단순히 바둑알을 늘어놓은 것처럼 보일 것이다. 하지만 그 數와 배치를 잘 살펴보면 그 속에 놀라운 이치가 숨겨 있다. 동쪽엔 3甲과 8乙이, 남쪽엔 2丁과 7丙이, 서쪽엔 4辛과 9庚이, 북쪽엔 1壬과 6癸가 있고 중앙엔 5戊와 10己가 있다. – 참고로 天干에 붙는 數는 陰數와 陽數를 구별해서 붙이게 된다. –

기운들이 제 위치를 찾아 고수하는 형국임을 알 수 있다. 시계 방향으로 유유히 돌면서 서로의 기운들을 북돋아 주는 구조이다. 그래서 相生圖라고도 한다. 木火土金水 五行은 내부에서 陰陽의 대칭을 이루고, 외부에선 木·金과 水·火의 대칭을 이룬다. 어떤 변화가 일어나도 이런 河圖의 대칭성은 확고하게 지켜지고 있다.

만일 河圖의 원리로 세상이 창조됐다면 어땠을까?

과학자들은 약력의 비딱선이나 CP 대칭성 깨짐 같은 것을 신경 쓰지 않아도 될 것이다. 우주는 어느 것 하나 기울지 않고 똑바로 대칭을 이루면서 안정적으로 변화해 나갈 것이다.

하지만 현실은 河圖를 가만히 내버려 두지 않는다. 어느 시점에 균열이 생기게 된다. 그것은 火와 金의 위치가 바뀌면서 비롯한다. 이것을 金火交易이라 하는데, 가히 천지개벽에 빗댈만한 혁명이다.

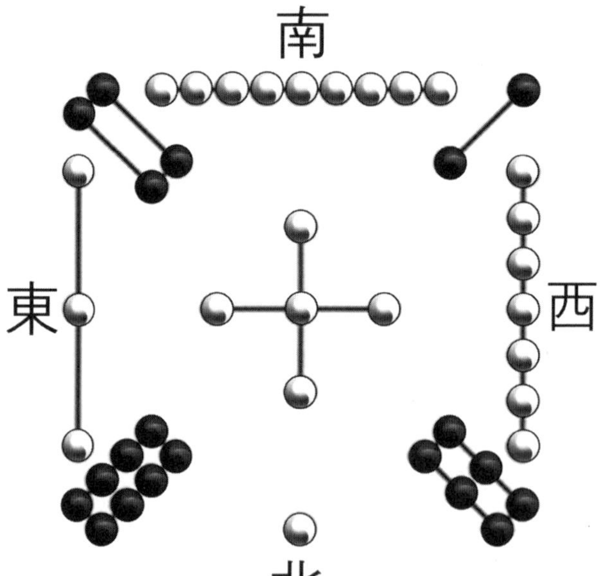

火의 단계에선, 흩어지는 기운을 수렴하여 원운동을 지속하기 위해 金火交易이 불가피하다. 쉽게 말해 살기 위해 火·金의 자리를 바꾼 것으로, 이로 인해 원운동은 완성하고 새로운 창조의 전기를 마련하게 된다. 이렇게 金火交易으로 새롭게 개편된 질서를 洛書라고 한다.

洛書를 보면 河圖에 비해 다소 어질러져 있는 모양새다. 대충 봐도 어수선하고 대칭성도 깨져 보인다. 도대체 어떤 점이 뒤틀어진 것일까?

첫 번째, 눈에 들어오는 것은 방위가 河圖의 4방에서 洛書의 8방으로 바뀌었다는 것이다. 여기서 4방8방이라는 말이 유래되기도 했다.

河圖와 洛書의 4방8방은 4각형과 8각형으로 생각하면 오산이다. 실상에서는 원운동을 제외하고는 어떤 것도 생각할 수 없다. 4각이란 원의 성향이 각을 이루고 있다는 뜻이다. 다시 말해, 어떤 질서 내에서 독특한 성향이 잠재되어 있음을 상징하는 것이다.

여기서 모종의 붕괴가 일어나면서 변화가 발생하면 洛書의 8방이 되는데, 이는 곧 각이 없는 활발한 원운동을 뜻한다. 지정至靜한 河圖가 심동甚動한 洛書로 바뀌는 것, 이것이 4방8방이 지닌 의미이다.

河圖에 발생한 모종의 붕괴란 金火交易을 말한다. 2·7火와 4·9金의 자리가 바뀜으로써 河圖가 洛書로 변했다. 위치의 역전이 지닌 의미는 생각보다 크다. 이것은 서로 다른 성향의 기운들이 섞임으로써 또 다른 변화와 질서를 유발한다는 뜻이 된다. 학습이나 상부상조가 이루어짐으로써 질서의 창조에 한 발 더 다가서게 되는 것이다.

두 번째, 洛書엔 10土가 보이지 않는다. 10土가 없어짐으로써 數理의 총합은 45가 된다. 10土가 없이 5土 혼자서 고군분투하고 있는 형국, 이것을 九宮八風 운동이라 한다. 中宮의 5土가 땀을 뻘뻘 흘리며 8방의 기운을 돌리고 있는 다소 위태로운 형국이다.

만일 10土가 있었더라면 이런 위기는 금세 가라앉게 될 것이다. 허나 그렇게 되면 다시 기운은 안정되어 河圖가 되고, 그만큼 변화의 기세는 줄어들 것이다.

洛書의 위태로움은 변화의 불길을 세차게 당기기 위한 어쩔 수 없는 선택이다. 이는 일종의 모험이며 도박이다. 위험을 무릅쓰고 신세계를 향해 돌진하는 탐험가의 기개가 물씬 느껴진다. 허나 洛書의 구조는 심히 불안정하여 결과적으로 실패의 확률이 높다. 대개 저렇게 허덕거리며 기운을 돌리다가 붕괴하여 소멸되기 일쑤이다.

쉽게 돌연변이를 떠올리면 된다. 생명은 끊임없이 돌연변이를 일으켜 새로운 변화를 모색한다. 암세포도 그런 와중에 나온 것이다. 하지만 대부분 現 질서의 붕괴로 이어져 참혹한 결과로 끝난다.

그러나 천 번 만 번의 시도 끝에 돌연변이가 기존 질서보다 진보된 것임이 밝혀진다면 이는 새로운 혁명이 될 것이다. 진화의 불씨가 당겨지는 것이다.

만일 洛書의 위태로움을 꺼려 河圖에만 머무른다면 진화는 기대할 수 없다. 흔히 사회에서 접하는 「안정이냐 변화냐?」의 슬로건처럼 河圖와 洛書는 서로 다른 방향성을 띠고 있다.

그런데 우주는 그 두 마리 토끼를 모두 취하는 방향으로 설정됐다. 河圖와 洛書가 대칭을 이루면서 한 덩어리로 숨을 쉬며 운행하는 것이다. 이것이 太極이 지닌 율려성律呂性이다.

세 번째, 洛書의 기운 총합은 45이고 河圖의 기운 총합은 55로 비딱하게 되어 있다. 만일 이처럼 기운의 편중이 河圖로 쏠려 있다면 우주는 결국 안정된 쪽으로 향하게 될 것이다. 안정? 이것은 무질서하게 된 상태를 말한다. 과학에서는 엔트로피(entropy)[68]라 한다. 엔트로피가 올라가면 열평형이 일어나 무질서하게 되는데, 이것이 안정된 것이다.

가령 성냥개비를 쌓아 탑을 세웠을 때, 이것은 질서이지만 불안한 형국

68) 엔트로피는 확률적인 의미를 지니는, 무질서도에 대한 개념이다. 자연계의 물질은 변화 과정상 원래의 상태로 되돌릴 수 없게 된다. 우주에 존재하는 에너지의 총량은 변하지 않지만 그 에너지의 방향은 엔트로피가 증가하는 쪽으로 향하게 된다.

이다. 이 탑이 무너져 무질서하게 되면 비로소 안정된다. 우주 또한 마찬가지이다. 지금 구축된 질서는 언제 무너질지 모르는 불안정한 상태이다. 허나 무너져 무질서하게 돼버리면 비로소 안정된다. 안정이란 변화의 기미가 줄어들어 현재의 상태가 오래도록 지속되는 것을 말한다.

정말 큰 일이다. 河圖가 洛書를 주도한다는 것은 우주의 종말을 고하는 것이기 때문이다. 과학자들이 열역학 제2법칙을 들어 우주의 종말을 예측하는 것도 같은 맥락이다.

그런데 여기서 과학자들이 아직까지 눈치채지 못한 것이 있다. 그것은 河圖와 洛書의 역전현상이다. 河圖가 洛書로 붕괴했듯이, 洛書가 다시 河圖로 변신하는 것이다. 두 놈이 서로의 위치를 교환하며 한 덩어리가 되어 둥글어 가는 것, 이것이 바로 창조의 설계도이다.

河圖에서 金火交易이 되어 洛書가 됐다. 洛書는 그 구조상 河圖로 돌아갈 수 없다. 무수한 변화를 일으키다가 결국 열평형의 상태가 되어 너저분하게 흩어질 운명이다.

그런데 洛書가 힘이 빠져 붕괴되려 할 때 놀라운 기적이 스멀스멀 올라온다. 그것은 잠자고 있던 河圖의 응집력이 洛書에 배어들어 오는 것이다. 이렇게 되면 洛書의 중앙에 10土가 자리하고 역전된 火와 金은 제자리로 돌아오면서 河圖가 된다. 동시에 팽창된 기운은 다시금 수렴되면서 질서의 향연이 펼쳐지게 된다.

왜 洛書 속에서 河圖가 피어오른 것인가?

그것은 洛書와 河圖는 본래부터 한 몸이기 때문이다. 그 둘은 떼어낼 수 없는 동전의 양면 같은 것이다. 한 놈이 활동하면 다른 한 놈은 뒤로 물러나 조용히 수면을 취하고 있을 뿐이다. 그러다 적당한 때에 깨어나서 위치를 교환하며 무대에 등장한다.

따라서 洛書의 45數와 河圖의 55數는 불균형이라기보다는 이들의 근본 속성을 뜻한다 하겠다. 힘이 수축 쪽으로 기울어지면 河圖의 55, 팽창 쪽으로 치우치면 洛書의 45가 된다. 여기서 이들이 주고받는 공은 5% 정도이고, 이것이 표면화된 것이 관측 가능한 물질의 세계이다. – 우주가 임계팽창률[69]에 가까운 비율로 출발해서 여태까지도 그 비율을 유지할 수 있는 이유가 바로 하도와 낙서의 근본 원리에 있다. –

현재 우리 우주는 河圖와 洛書 가운데 어느 쪽이 지배하고 있을까?

그건 洛書이다. 그래서 관측을 하면 우주는 팽창하고 있다. 열역학 제2법칙에 잘 맞아떨어지는 것이다.

하지만 이대로 영원히 洛書의 설계대로 이어지는 것은 아니다. 팽창에 팽창을 거듭하다가 정말로 질서가 붕괴될 것 같으면 河圖가 깨어난다. 그럼으로써 다시금 수축을 하게 되고 우주는 새로운 국면을 맞이하게 될 것이다. – 이 부분에 대해서는 이미 원초블랙홀 이론을 통해 설명하였다. –

물론 어쩌다 河圖가 늦게 깨어나는 바람에 洛書의 속도에 브레이크를 걸지 못하는 경우가 있다. 이런 경우는 블랙홀들이 증발하게 되면서 우주는 완전한 열평형의 상태가 돼버린다.

하지만 최후를 맞이한 블랙홀들은 새로운 우주의 씨알이 된다. 수천억 개의 블랙홀들이 洛書에서 최후를 맞이할 때, 河圖에서는 이것들을 응집하기 위한 천문학적인 수축력이 발휘되고, 결국 자체 인력을 감당하지 못하고 일시에 터져버리는 일이 발생한다. 바로 빅뱅이 돼버리는 것이다. 이렇게 되면 우주의 무대는 새로운 時空으로 빨려 들어가고, 블랙홀 수만큼 새로운 우주가 탄생하게 될 것이다.

---

69) 수축하는 우주 모형과 팽창하는 우주 모형의 경계를 구분하는 비율. 빅뱅 1초 후에 우리 우주의 팽창률이 1000억 분의 1만 더 작았더라도 현재 크기에 이르기 전에 팽창이 역전되어 수축했을 것이다.

이러한 천지개벽이 수없이 발생해도 열역학 제1법칙은 지켜진다. **河圖** 55와 **洛書** 45의 총합 100은 변함이 없다. 또한 이 모든 것들의 질량 총합은 0이다. 질량이 0인 이유는 여태까지 만들어지고 생성된 것은 단 하나도 없기 때문이다. 그냥 空에서 일어난 한바탕 꿈이었던 것이다.

중요 용어 해설	
有	실체가 분명히 존재함. 無가 아니면 성립되는 모든 것.
無	실체가 없음. 有가 아니면 성립되는 모든 것.
空	非有非無이면서 有是無是인 제3의 존재 형태. 실존의 異名
환유幻有	有라는 것이 독립적으로 존재할 수 없음을 일컫는 말.
존재存在	有力에 의해 생겨나는 모든 것을 총칭함. 有를 포괄하는 개념.
분별分別	만물이 단절된 것으로 보는 폐쇄적 시각. 닫힌 관점.
정보情報	有力과 無力의 방향성. 幻有를 일으키는 설계도.
실존實存	왜곡되지 않고 참되게 존재하는 상태. 有·無에 자유로운 경지.

제6절. 八卦論

八卦에 대한 언급은《書經/고명편顧命篇》에서 처음으로 찾아볼 수 있다. 「하도전河圖傳」에서 말하기를, "복희씨가 천하에 왕 노릇 할 때 용마가 河水에 나타났는데, 그 무늬를 관측하여 八卦를 그렸다. 伏羲王天下龍馬出河遂則其文以畵八卦" 하였다.

八卦는 전국시대 이래로 이것에 관해 논하는 서적만 무려 3천여 종에 이를 정도로 그 영향이 지대하였다. 하지만 대부분 학문적이라기보다는 방술이나 점술의 신비적 요소가 컸다.

천체 변화를 관측하여 八卦를 그렸다는 설도 있지만, 사실 八卦는 四象처럼 일종의 象語로 봐야 마땅하다. 四象의 상하 구조가 상중하로 바뀌었고 그래서 모두 여덟 가지 경우의 수가 나오게 된다.

언어란 것은 단순할수록 활용도가 높다. 하지만 문제는 그렇게 되면 표현의 한계가 있기 마련이다. 따라서 표현에 지장이 없으면서 가장 단순한 구조를 찾는 것이 언어를 만드는 원칙이다.

이런 의미에서 봤을 때 四象은 단순성에 적합하다. 우주의 대들보에 딱 들어맞는 구조이다. 하지만 여기서 좀 더 활발한 변화가 발생하면 四象

만 가지고는 이것을 표현하기가 어렵게 된다. 언어가 현상을 따라가지 못하게 되는 것이다. 그래서 언어를 늘릴 필요가 있고 여기서 비롯한 것이 八卦이다.

八卦는, 四象에서 분열되어 나온 변화를 가늠하는 잣대가 된다. 만일 이것보다 더 복잡한 변화가 발생한다면 64괘나 九變易[70]을 쓰면 될 것이다.

참고로 九變易 이후는 易의 의미가 퇴색된다. 언어란 것이 너무 복잡해지면 활용도가 떨어지기 때문이다. 그래서 易은 兩爻에서 시작하여 四象과 八卦를 거치고 다시 64괘와 九變易에 이르러 그 끝을 맺는다.

우리는 四象이 얼마나 중요한 존재인지 배웠다. 흔히 '易을 통한다'는 말들을 하는데, 사실 64괘나 九變易을 익힌다고 易에 달통할 수 있는 것은 아니다. 四象과 精氣神 삼극을 깨우쳐야 비로소 易을 통한 것이다.

여기에 덧붙여 有와 無를 通하면 법안을 갖추게 된다. 空을 보는 눈이 떠지는 것이다. 여기서 더 나아가 有無가 합일된 하나(太一)를 보게 되면 大覺이다. 성불을 이룬 것이다.

정리하면 하나를 통하면 大覺, 둘을 통하면 格物(이치통), 셋과 넷을 통하면 成易이다. 하나 둘 셋 넷에 모든 通은 다 담겨 있다. 그렇기에 본고에서 다루는 八卦論은 아쉽지만 通에는 못 미친다. 더군다나 64괘나 九變易은 더욱 거리가 벌어지게 되고, 그래서 이것들은 術의 영역에 들어가게 된다.

術 가운데는 그래도 제법 道의 언저리에 있는 고급 術일 것이다. 우주 변화를 이해하고 활용하는 데에는 적잖은 공효가 있을 테니 말이다. 이런 의미로 八卦를 바라봐야 한다.

70) 필자가 八卦를 상중하로 결합해서 만든 易. 아홉 개의 爻를 쓰게 되고, 총 512개의 괘상이 나오게 된다.

1. 八卦의 생성

四象에서 八卦가 비롯하였다는 설은 실로 고금을 막론하고 폭넓게 받아들여지고 있다. 《易/계사전繫辭傳》에 이르기를 "역유태극易有太極 시생양의是生兩儀 양의생사상兩儀生四象 사상생팔괘四象生八卦"라 하였다. 四象에서 八卦가 생성되었음을 단적으로 언급하고 있다.

<table>
<tr><td>坤</td><td>艮</td><td>坎</td><td>巽</td><td>震</td><td>離</td><td>兌</td><td>乾</td></tr>
<tr><td colspan="2">太陰</td><td colspan="2">少陽</td><td colspan="2">少陰</td><td colspan="2">太陽</td></tr>
<tr><td colspan="4">一陰</td><td colspan="4">一陽</td></tr>
<tr><td colspan="8">太 極</td></tr>
</table>

伏羲八卦圖

이상의 복희 八卦圖는 太極에서 一陰과 一陽이 生하고, 다시 陰陽에서 四象, 그리고 四象에서 八卦가 나오게 됐음을 도식으로 보여주고 있다. 우리는 앞서 기존에 횡행하는 四象의 오류를 짚어 봤다. 2차원 평면의 세계에서나 통용되는 四象을 가지고 수천 년 동안 마치 신줏단지처럼 신봉하고 있으니 참으로 안타까운 일이다.

논리학에 보면 '권위에 대한 오류'란 것이 있다. 이름깨나 있는 인물이 언급한 것이 세월을 묵으면서 권위가 생기고, 그러다 보면 부정할 수 없는 진리처럼 여겨지는 잘못된 관행을 꼬집은 것이다. 바로 복희 八卦의 예가 그렇다. 八卦의 생성은 五行과 더불어 총체적으로 봐야 한다. 그래야만 그 출생의 비밀이 풀리고 또한 象語로서의 구실도 하게 된다.

다음은 필자가 그린 八卦 生成圖이다. 일찍이 이와 비슷한 八卦圖가 없었기에 멋쩍지만 필자의 법명法名를 붙이게 되었다

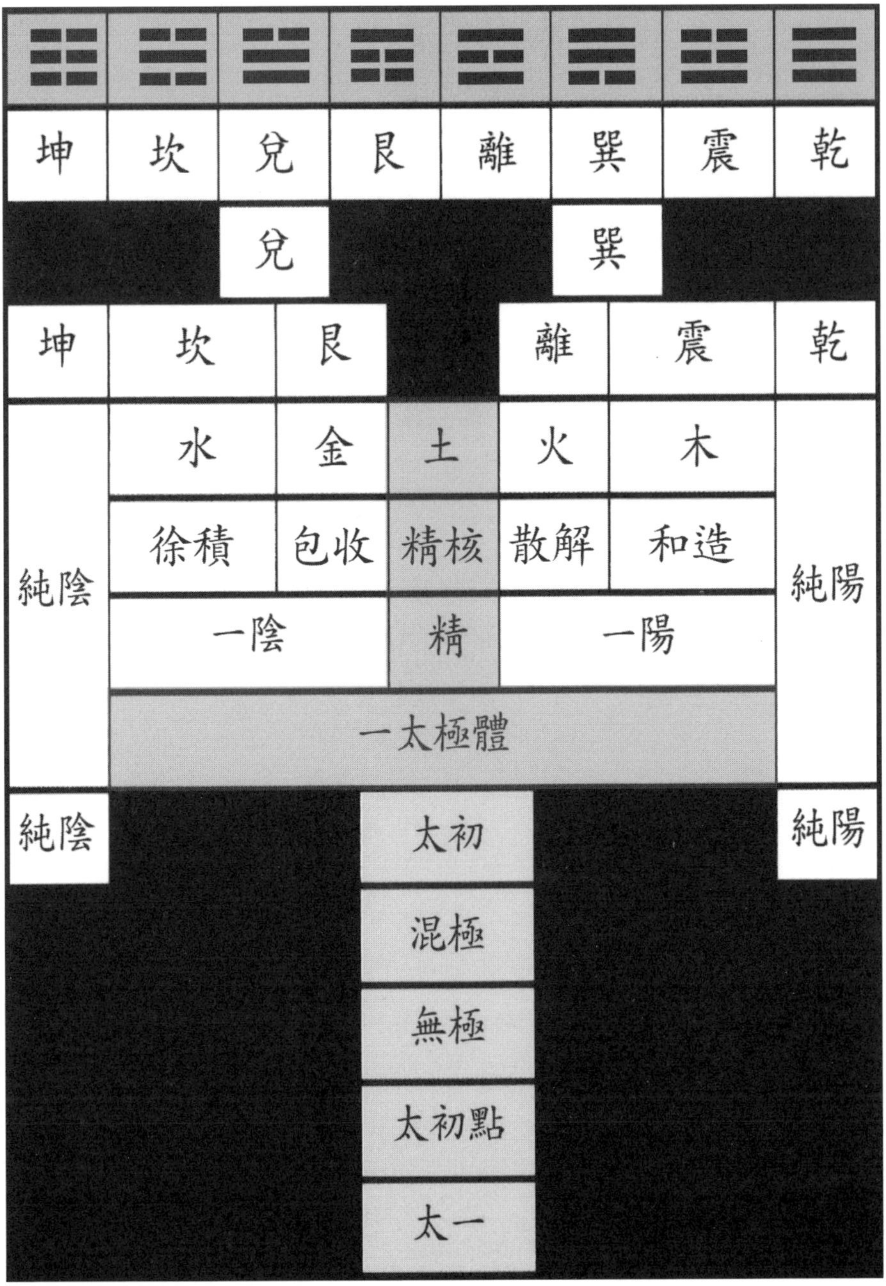
坤
坎
兌
艮
離
巽
震
乾
兌
巽
坤
坎
艮
離
震
乾
水
金
土
火
木
徐積
包收
精核
散解
和造
純陰
純陽
一陰
精
一陽
一太極體
純陰
純陽
太初
混極
無極
太初點
太一

檀裔八卦圖

복희 八卦와 단에 八卦의 가장 큰 차이점은 精의 有無에 있다. 일찍이 당나라의 공영달孔穎達은 "四象이란 것은 金木水火이다.-四象者謂金木水火-" 라 하여 四象에서 五行이 비롯하였다고 주장한 바 있다. 하지만 土에 대해서는 구체적인 언급을 피하고 말았다. 그 이유가 바로 精의 부재에 있다. 精을 모르면 파동만 있고 입자는 없는 꼴이 돼버린다. 우주가 애초부터 생성될 수가 없다.

복희씨로부터 내려오는 중국의 우주관은 陰陽을 중심으로 한 이원론적 太極이고, 필자의 우주관은 精氣神 삼극을 골자로 한 三太極이다. 엄밀히 말하면 우리 겨레의 전통 우주관을 필자가 되살려 놓은 것이다. 陰陽太極은 우주의 원원한 원리는 될 수 있지만 그 구체적 변화 원리를 구명할 수는 없다. 오직 三數之理인 三太極이어야만 삼라만상의 무궁한 변화의 세계를 재단하고 그 속성을 밝혀 인간의 인식으로 끌어올 수 있다.

2. 八卦의 의미

八卦의 爻는 상중하 3行으로 되어 있다. 爻의 유래를 살펴보면, 첫째 남녀의 생식기 모양을 본떴다는 설, 둘째 거북점을 칠 때 등껍질의 갈라진 모양을 보고 그렸다는 설, 셋째 시초점蓍草占을 칠 때 시초蓍草의 들쭉날쭉한 모양을 취했다는 설이 있다.

그 유래가 어찌 됐던 爻가 陰陽을 상징한다는 것은 분명한 사실이다. 쉽게 언어에서의 자음과 모음으로 보면 된다. 상반된 두 爻를 여러 조합으로 엮어 일종의 언어를 형성한 것이다.

본고에서는 八卦 낱낱의 성질을 살피고 이로써 64괘와 九變易을 이해하는 단초로 삼고자 한다.

(1) 乾卦 

乾卦는 모두 陽爻만으로 구성된 象으로, 그 근원은 태역太易 단계에서 비롯된 純陽에 있다. 純陽이란 精과 氣가 어우러짐에 精이 不及하여 動性 일변도의 성질을 띤 기운을 말한다.

이것은 마치 휘발유에 성냥불을 댕기는 형국이다. 삽시간에 외부로 분출하며 거대한 폭발을 일으킬 것이다. 그 기세가 매우 강렬하여 주변을 초토화시킬 수도 있는 위험천만한 형세이다.

하지만 그 위세가 오래갈 것 같지는 않다. 乾卦엔 지속적으로 동력을 유발하는 기운 체계가 없기 때문이다. 따라서 그 기세가 웅장한 것은 맞지만 일시적 폭발에 불과하다. 기운은 빠른 속도로 분산될 것이고, 결국 그 잔재도 찾아보기 어려울 만큼 허공 속으로 흩어질 것이다.

乾은 하늘을 닮아 원원한 기운이지만, 그 속성이 極과 極을 달리는 바 강력하면서도 위태로운 기운이라 하겠다.

三位皆陽 專膨唯散 至窮極也 初中之乾 使變益强 長短交叉 然而 處末之乾 必歸危也 乾走兩極 大雄之象 觀以親序父 對數一 比事稱卽天也

三位가 모두 陽이어서 오로지 팽창하고 흩어져 궁극에 이른다. 初中의 乾은 변화를 더욱 강성하게 하여 장단이 교차하나, 말기에 처한 乾은 위태로움을 조장한다. 乾은 양극을 달리는 천하영웅의 象이다. 親序로써 살피면 父에 해당하고, 數에 대응하면 一이고, 사물에 비유하면 하늘이다.

(2) 坤卦 ☷

坤卦란 모두 陰爻만으로 구성된 象으로, 그 근원은 태역太易 단계에서 비롯한 純陰에 있다. 純陰이란 精과 氣가 어우러짐에 있어서 精이 太過하여 靜性 일변도의 성질을 띤 기운을 말한다.

이것은 마치 무저갱無低坑처럼 그 깊이를 알 수 없는 象이다. 모든 기운이 서서히 가라앉기만 할 뿐 그 끝이 보이지 않는다. 그러다 보니 천지 만물을 모두 담고도 남음이 있다. 마치 자식을 품은 어머니의 마음처럼 삼라만상의 바탕이 되어 주는 훈훈한 기운이다.

하지만 나쁘게 보면 잘 타오르는 변화의 불길에 찬물을 끼얹는 형국이 될 수도 있다. 坤卦에 나타난 지순至順·지정至靜함이 주변의 활기에 손상을 주어 맥을 끊어놓을 수 있기 때문이다.

따라서 坤卦는 자신의 위치를 잘 지키는 것이 중요하다. 그곳은 바로 천하의 가장 낮은 곳이 될 것이다. 그런 곳에서 만물이 무럭무럭 잘 자랄 수 있도록 바탕과 거름이 돼주는 것, 이것이 坤卦의 타고난 천명天命일 것이다.

사람으로 치자면 坤卦는 聖人의 象이다. 만일 수행자라면 반드시 이 卦象을 지녀야 한다. 다만 제구실을 못하는 坤卦는 우유부단하고 흐리멍텅하게 될 터이니 각별히 주의해야 할 것이다.

三位皆陰 專凝唯靜 至窮容也 初中之坤 無衝則合 然而 使變益弱也 處末之坤 成或滅也 坤容至大 聖賢之象 觀以親序母 對數二 比事稱即地也

三位가 모두 陰이어서 오로지 응축하고 고요히 가라앉아 포용의 궁극에 이른다. 初中의 坤은 충돌이 없어 화합하지만 변화를 더욱 약하게 할 수 있다.

말기에 처한 坤은 변화를 완성하거나 혹은 소멸한다. 坤의 德은 지대하여 가히 聖賢의 象이다. 親序로써 살피면 母에 해당하고, 數에 대응하면 二이고, 사물에 비유하면 땅이다.

(3) 坎卦 ☵

坎卦는 상위와 하위는 陰爻, 중위는 陽爻로 구성된 象으로, 五行 상의 水와 유사한 성질을 지니고 있다.

坎卦는 고요한 가운데 일보씩 전진하는 정중지동靜中之動의 변화이다. 上下를 둘러싼 陰氣로 인해 변화의 속도가 다소 느린 감은 있지만 중앙에 위치한 陽氣의 반발력에 의해 변화가 멈추지 않는다. 앞으로 나아가긴 하되 마치 돌다리를 두드리는 것 같은 신중함이 물씬 배어 있는 형국이다.

따라서 이런 坎卦의 외유내강外柔內剛한 기운은 포용력과 통솔력을 겸비하여 지도자로서 부상하게 할 것이다. 다만 그 행보가 느려 실기失期할 가능성이 있으니, 자신의 취약점을 보완할 인재를 얻거나 튼튼한 구조를 짜는 데에 그 성패가 달려 있다 하겠다.

上下位陰 中位陽 則靜中之動也 初中之坎 愼重而緩 處末之坎 治而成也 外柔內剛 君王之象 觀以親序長女 對數四 比事稱卽水也

上下位는 陰이고 中位는 陽이어서 고요한 가운데 動한다. 初中의 坎은 신중하고 느리나 말기에 처한 坎은 다스려 이루게 한다. 외유내강의 성품으로 군왕의 象이다. 親序로써 살피면 長女에 해당하고, 數에 대응하면 四이고, 사물에 비유하면 물이다.

(4) 離卦 ☲

離卦는 上下位는 陽爻, 中位는 陰爻로 구성된 象으로, 五行 상의 火와 유사한 성질을 지니고 있다.

離卦는 활발한 변화 가운데 적절히 제어를 하는 동중지정動中之靜의 형국이다. 上下를 둘러싼 陽爻로 인해 기운이 파동을 치며 세차게 퍼져나간다. 자칫 분열로 치달을 수 있지만 中位의 陰爻가 적절히 제어를 하면서 陽氣의 太過를 면한다. 그래서 乾처럼 팽창의 궁극으로 나아가지 않고 왕성한 변화를 지속적으로 수행할 수 있다.

坎卦에 비해 신중함이 떨어지지만 보다 활발한 변화를 조장할 수 있다. 허나 변화의 끝에 처해서는 자제력에 약간의 결함이 있을 수 있다는 사실에 유념해야 한다.

離卦를 人事에 적용하면 가히 대장군에 비유할 수 있다. 그 기풍이 당당하고 활달한 가운데 신중함과 자제력을 겸비하고 있은즉, 실로 대군大軍을 통솔할 수 있다. 그러나 君子의 象과는 다소 거리가 있기에, 항상 덕망을 쌓기에 소홀함이 없어야 할 것이다.

지도자의 입장에서 본다면 離卦를 지닌 인물을 얻는 것은 출중한 장수를 얻는 격이다. 지도자가 義를 저버리지 않는 한 배신할 여지도 상대적으로 적다. 허나 離卦는 남의 말에 귀 기울일 줄 아는 겸손함과 온화한 덕망을 쌓기에 소홀함이 없어야 중도에 좌절함이 없이 승승장구할 수 있을 것이다.

上下位陽 中位陰 則動中之靜也 初中之離 其勢均等 處末之離 小亂以急 旺進知停 將軍之象 觀以親序長男 對數三 比事稱火也

上下位는 陽이고 中位는 陰이어서 動하는 가운데 고요하다. 初中의 離는 그 세력이 균등하고 말기의 離는 성급하여 다소 어지럽다. 왕성히 나아가며 멈출 줄을 알기에 장군의 象이다. 親序로써 살피면 長男에 해당하고, 數에 대응하면 三이고, 사물에 비유하여 불이다.

(5) 震卦 ☳

震卦는 上位와 中位는 陰爻, 下位는 陽爻로 구성된 象으로, 五行 상의 木과 유사한 성질을 지니고 있다.

震卦는 일면으론 변화의 추세가 고요하게 가라앉은 듯하지만 언제 어디서 강렬한 반발이 터져 나올지 알 수 없는 형국이다. 上中位의 陰爻는 끊임없이 아래로 내려가려 하고, 下位의 陽爻는 이런 陰爻에 반발하여 불시에 터져 나오게 된다. 온 힘을 모아 일순간에 반발하기 때문에 그 기세는 乾을 능가할 정도로 거대하다. 다만 그 폭발성이 오래도록 지속되지 못하고 산발적인 분출에서 멈춘다.

만일 변화상에서 震卦가 포착된다면, 이는 예기치 못한 변화가 순간적으로 발생하는 위기를 예시한다. 현재 진행되는 변화가 순조롭게 보일지라도, 언제 어디서 돌발사태가 일어날지 모르는 위태로운 형세이다.

이런 예측불허의 폭발성 때문에 震卦는 八卦 가운데 가장 위험한 卦象으로 통한다. 한 번의 폭발로도 전체 질서의 붕괴로 이어질 수 있는 가공할 위력을 지니고 있는 바, 변화상에 震卦가 포착된다면 필히 그 추진력을 낮추고 내부 점검에 각별히 신경써야 한다.

震卦를 人事에 적용하면, 지혜와 모략을 겸비한 명참모에 빗댈 수 있다. 두뇌의 회전이 비상하여 사물과 변화를 분석하는 능력이 상대적으로 탁월한 까닭이다. 석학이나 참모에게는 震卦의 기운이 다다익선일 것이나, 자칫 사사로움에 빠져 모사꾼이나 사기꾼으로 전락할 가능성도 있다. 따라서 震卦에 따라붙는 반발, 혁명, 원한, 애증, 是非…등의 대립적 기운에 휘말리지 말고 냉정하게 사리판단을 하는 지혜가 반드시 필요하다 하겠다.

上中位陰 下位陽 則忍中之反也 其變始終 突爆莫測 難得收成也 然而 可刺其髓 慧明 軍師之象 觀以親序少男 對數五 比事稱雷也

上中位는 陰이고 下位는 陽인즉, 인내하는 가운데 반발한다. 그 변화가 돌발적으로 이루어져 예측불허하며, 그래서 거두어 이루기가 어렵다. 그러나 그 정수를 찔러 지혜가 밝아진즉 軍師의 象이다. 親序로써 살피면 小男에 해당하고, 數에 대응하면 五이고, 사물에 비유하면 우레이다.

(6) 艮卦 

艮卦는 上位는 陽爻, 中位와 下位는 陰爻로 구성된 象으로서, 五行 상의 金과 유사한 성질을 지니고 있다.

艮卦는 가히 '不動의 變'이라 할 수 있다. 陰爻는 모두 아래로 내려갔고, 上位에는 오직 陽爻만 남아 있은즉 상호 기운 간에 충돌이 일어날 일이 없다. 그저 고요한 가운데 아주 느리게 변화가 진행되는 안정된 형국이라 하겠다.

艮卦를 시간의 추이에 따라 논한다면 적잖은 해석상의 차이가 발생한다. 변화의 초반이나 중반에 포착된 艮卦는 변화의 맥을 꺾어 침체하게 한다. '시작이 반'이라는 말과 정반대의 상황이 발생한다. 그러나 변화의 후반에 포착된 艮卦는, 그 개념이 완전히 뒤바뀌어, 변화를 완성하는 결과를 가져온다. 간방艮方에서 열매를 맺는다는 '성어간방成於艮方'이라는 말도 이래서 나온 것이다.

艮卦는 八卦 중에서 가장 특징이 없는 卦象으로서, 특징이 없는 것이 특징이라 할 수 있다. 매사에 발 벗고 나서는 일도 없고, 그렇다고 묵묵한 가운데 꾀를 낼 능력도 없다. 또한 사람을 다스릴 처지도 못 되는 바, 그저 변함없이 듬직하고 충직한 마음뿐이다.

艮卦는 그 기운이 순박하고 믿음직하지만 달리 보면 우둔하면서 쓸데없이 고집이 세다는 비판을 받을 수 있다. 艮卦는 학문이나 상업, 정치, 예술… 등의 각 분야에 있어서 재능이 다소 떨어질 수 있지만 의로운 주인을 만나 충직한 보좌를 하면 빛을 발할 수 있다. 아니면 본래의 소박한 성품을 살려 일심으로 공부한다면 실로 坤化되어 한 경계를 넘을 수도 있을 것이다.

中下位陰 上位陽 則靜重之固也 陰陽歸原 萬事亨通 然而 初中之艮 其勢不及使變停滯 處末之艮 得意之作也 一心不變 忠臣之象 觀以親序中女 對數六 比事稱山也

中下位는 陰이고 上位는 陽이어서 고요하고 무겁게 굳어 있다. 陰陽이 제 위치로 돌아가니 만사가 형통한다. 그러나 初中의 艮은 그 세력이 불급하여 변화를 정체되게 하고 末期에 처한 艮은 成事의 뜻을 이룬다. 마음이 변하지 않아 가히 충신의 象이다. 親序로써 살피면 中女에 해당하고, 數에 대응하면 六이고, 사물에 비유하여 山이다.

(7) 兌卦 ☱

兌卦는 上位는 陰爻, 中位와 下位는 陽爻로 구성된 象으로서, 五行 상엔 이것과 비슷한 성질의 기운을 찾아볼 수 없다. 兌卦는 뒤에 나올 巽卦와 함께 坎·艮·震·離의 변화가 교차하는 과정에서 비롯한 것으로, 그 성질을 논한다면 '소극적 변화의 요동'이라 정리할 수 있다.

兌卦는 上位에 있는 陰爻의 기세가 불급하여 中位에 있는 陽爻를 제대로 자극하지 못한다. 마치 폭탄을 점화할 만한 외부의 충격이 부족한 형국이며, 그렇기에 산발적 요동에서 그치고 만다. 이는 마치 대지 위에 고여 있는 호수가 더 이상 밑으로 파고들지 못하고 잔잔한 물결만을 출렁이는 것에 비유할 수 있다. 그런즉 변화상에서 이러한 兌卦가 포착된다면 사소한 변화가 빈번하게 일어날 것을 예시한다 하겠다. 큰 난국은 아니지만 성가시고 귀찮은 형국이 아닐 수 없다.

兌卦를 인성에 적용하면 풍부한 감성이 특징으로 떠오른다. 잔잔한 호숫가에 일렁이는 물결처럼 감성이 여리면서 섬세하다. 그래서 예술적 재능이 풍부하게 된다. 또한 타인의 심정을 잘 헤아릴 수 있어 오해를 종식하고 인정이 넘치는 관계를 조성할 수 있다.

다만 너무 자잘한 것에 집착하는 경향이 있어서 신경이 예민하고, 사소한 일에도 상처받기 쉽다. 대국적 일에는 적합하지 않지만 측은지심惻隱之心이 있는 선량한 기운이라 할 수 있다. 보는 시각을 넓히고 대범한 마음을 키운다면 兌卦가 지닌 풍부한 감성은 커다란 장점이 될 것이다.

中下位陽 上位陰 則鼓邊之搖也 些變頻發 初中之兌 爲變之障 處末之兌 遺未完也 其性多情 纖細而繁易也 卓表心變 藝人之象 觀以親序少女 對數八

比事稱澤也

中下位는 陽이고 上位는 陰이어서 거죽만 두드리는 동요이다. 사소한 변화만 빈번히 일어난다. 初中의 兌는 변화에 장애가 되고 末期에 처한 兌는 未完을 남긴다. 그 성질이 情이 많고 섬세하며 자주 바뀐다. 마음의 변화를 표현하는 데 탁월하여 藝人의 象이다. 親序로써 살피면 小女에 해당하고, 數에 대응하면 八이고, 사물에 비유하면 연못이다.

(8) 巽卦 

巽卦는 上位와 中位는 陽爻, 下位는 陰爻로 구성된 象으로, 五行 상에는 兌卦와 마찬가지로 비슷한 기운을 찾을 수 없다. 巽卦 또한 坎·艮·震·離가 교차하는 과정에서 비롯한 것으로, 그 성질을 논한다면 '과장성 변화'로 정리할 수 있다.

巽卦는 언뜻 보면 대단한 변화가 일어나는 것처럼 보이지만 실상은 겉보기에 못 미치기 일쑤이다. 한마디로 虛風인 것이다.

巽卦는 陰陽이 모두 제자리를 찾고는 있지만, 득세하는 陽이 上位와 中位에서 들떠 있는 형국이라 할 수 있다. 다시 말해 陰은 이미 제자리를 찾아 下位로 내려갔기에 더 이상 위쪽의 陽을 자극할 수 없고, 그래서 陽이 외부에서 겉돌고 있는 것이다.

만일 巽卦가 艮卦와 같이 陽이 불급하다면 고요히 정중靜重하게 되겠지만, 陽이 득세하고 있는 바 그렇게 될 수는 없다. 또한 震卦처럼 陰의 압박을 받는다면야 거세게 動하여 보겠지만, 陰이 下位로 내려갔기에 더는 자극을 받을 수 없다. 그래서 공중에 떠서 실속도 없이 맴돌고만 있는 형국이 된 것이다.

그런즉 巽卦가 변화상에서 포착되면 이는 무언가 대단한 사건이 일어날 듯하지만 결국은 별수 없는 '허풍적 기세'로 끝나고 만다.

巽卦를 인성에 비유하면, 한마디로 주위가 산만하면서 익살스럽기도 하고, 입담이 좋고 과시성이 강한 사람이라 하겠다. 이런 사람은 震卦처럼 두뇌가 명석한 것도 아니고, 그렇다고 坎卦와 같은 신중함이 있는 것도 아니다. 兌卦와는 감정이 풍부하다는 면에서 비슷하지만 兌卦처럼 사소한 일에 예민하게 굴지는 않는다. 오히려 너무 무심하여 오해를 사는 일도 있을 수 있다. 巽卦는 이런 모나지 않은 성격 때문에 주위에 사람들이 많이 꼬이는 편이다.

요컨대, 巽卦는 활달하면서도 대의에 민감하고, 불의에 발끈하는 영웅적 기질을 지녔다. 그래서 인망人望을 얻고 변화의 바람을 일으키기에 적합하다. 다만 행동이 너무 앞서는 경향이 있어 신중함에 각별히 유념해야 할 것이다.

上中位陽 下位陰 則虛風之勢也 初中之巽 善裝現大 處末之巽 歸衆平也 其性誇急而笑樂 風人之象 觀以親序中男 對數七 比事稱風也

上中位는 陽이고 下位는 陰이어서 허풍의 기세이다. 初中의 巽은 포장을 잘하여 그럴듯하게 보이지만 末期에 처한 巽은 평범으로 돌아가게 한다. 그 성질이 과장되고 성급하고 웃기고 즐거운 바, 실로 바람 든 사람의 象이다. 親序로써 살피면 中男에 해당하고, 數에 대응하면 七이고, 사물에 비유하면 바람이다.

3. 八卦의 數

八卦를 칭할 때 흔히 一乾天, 二兌澤, 三離火, 四震雷, 五巽風, 六坎水, 七艮山, 八坤地라 한다. 그런데 八卦 각각에 붙여진 數는 어떤 원리로 지정된 것이며, 또한 이것이 변화의 원리나 성질을 파악하는데 실제로 적용할 수 있는가 하는 의문이 있을 수 있다.

사실 八卦數는 數 자체일 뿐 변화의 원리와 성질을 파악하는 數理의 차원이 아니다. 五行數는 자연적으로 발생한 數理 체계여서 원리를 규명하는 데에 적용할 수 있지만, 八卦數는 단순한 명명에 지나지 않는다.

그렇다고 기존에 사용하는 八卦數가 제대로 이루어져 있다는 것은 아니다. 이것은 복희의 八卦圖에 번호를 매긴 것에 불과하다. 다시 말해 八卦를 팔방에 배치한 후 乾에서 시작해 坤에 이르는 과정에 순서를 정한 것이다.

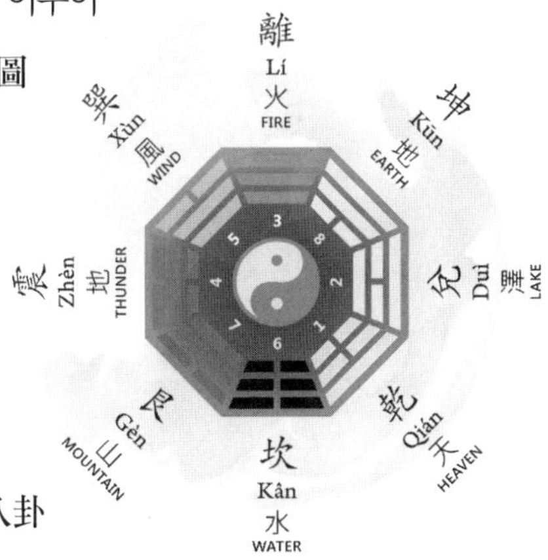

하지만 이런 식으로 두루뭉술하게 八卦數를 정하는 건 바람직하지 않다. 정확한 근거에 의해 고유수를 붙여야 하고, 그래야만 八卦 낱낱의 성질뿐만 아니라 뒤에 나올 天地局運法을 이해하는 데도 도움이 된다.

그렇다면 과연 무엇을 기준으로 八卦의 고유수를 정해야 할까?

답은 간단하다. 八卦의 생성과정을 소급하고 시간의 추이와 기운의 특성을 고려하여 설정하면 된다.

八卦 중에서 가장 처음으로 등장한 卦象은 太易의 단계에 모습을 보이기 시작한 純陰(坤)과 純陽(乾)이다. 그런데 이것들은 거의 동시에 소산

된 것이어서 그 선후를 매길 수 없다. 그러나 數理 자체에 陰陽의 구분이 있는 바 乾을 1, 坤을 2라 할 수 있다.

그다음으로 생성된 卦象은 坎과 離의 근간이 된 太陰과 太陽을 들 수 있다. 乾과 坤처럼 陰陽으로 구분하면 離는 3, 坎은 4가 된다. 그리고 다음으로 생성된 것이 震과 艮의 근간이 된 少陽과 少陰이다. 이것들도 동시에 성립된 것으로 보고 陰陽으로 구분하면 震은 5, 艮은 6이 된다.

이렇게 형성된 乾·坤·離·坎·震·艮이 상호 교차하며 발생한 것이 巽과 兌이다. 이들 또한 陰陽의 성질에 맞게 數를 대응한즉 巽이 7, 兌가 8이 된다. 정리하면, 一乾天, 二坤地, 三離火, 四坎水, 五震雷, 六艮山, 七巽風, 八兌澤이 된다.

八卦數			
一乾天	二坤地	三離火	四坎水
五震雷	六艮山	七巽風	八兌澤

整理

零性無 不可生有 故 稱太一數 應謂零一者也 表以圖象⊙也 ○是零 其中•是一 ○則可永 •則可作 然而 其體無始無終也

零의 성질은 無이기에 有를 생겨나게 할 수 없다. 그러므로 太一數를 가리켜 마땅히 '零과 一'이라고 해야 한다. 圖象으로써 표현하면 ⊙이다. ○은 零이고 그 중앙에 있는 '•'은 一이다. ○이므로 가히 영원할 수 있고, '•'이므로 능히 만들어낼 수 있다. 그러나 그 실체는 비롯함도 마침도 없다.

精氣神出於太一 其三和變 則設以象 繪以形也 觀況以數 一生三 三生萬物 是謂三數之理也

精氣神이 太一에서 나오고, 이 셋이 어우러져 변화한즉 象으로써 설계하고 形으로써 그리게 된다. 數로써 상황을 살피면 하나에서 셋이 나오고, 셋이 만물을 이루었다. 이것을 일러 三數之理라 한다.

三合一二 四五同出 故 三生五也 五是五行 各有對數 是謂五行數也 水本坤極 則一 至中極體 生火 則二 木金生 以一太極體 木陽 則三 金陰則四 土近於五軸 以居中運邊 則五也

三이 一과 二와 합하니 四와 五가 함께 출현한다. 고로 三에서 五가 나온다. 五는 五行이며 각각에 數가 대응되는데, 이것을 일러 五行數라 한다. 水는 坤極을 기원으로 한즉 一이고, 中極體에 이르러 火가 비롯한즉 二이고, 木과 金이 一太極體에 의해 생겨나니 木은 陽이어서 三이고, 金은 陰이어서 四이다. 土는 가운데 거하며 주변을 돌리기에 五軸에 대응되니 五이다.

五軸以前 稱一二三四五 謂生數 五軸以後 稱六七八九十 謂成數也 稱無配一三五七九 謂陽數或天數 稱有配二四六八十 謂陰數或地數也 添五行而分 則一六水 二七火 三八木 四九金 五十土 再分以天干 則一壬水 六癸水 三甲木 八乙木 二丁火 七丙火 四辛金 九庚金 五戊土 十己土 是謂天干數也

五軸 이전의 一二三四五를 가리켜 生數라 하고, 五軸 이후의 六七八九十을 가리켜 成數라 한다. 짝이 없는 一三五七九를 陽數 혹은 天數라 하고, 짝이 있는 二四六八十을 陰數 혹은 地數라 한다. 여기에 五行을 덧붙여 가르면 一六水, 二七火, 三八木, 四九金, 五十土이고, 다시 天干으로 가르면 一壬水, 六

癸水, 三甲木, 八乙木, 二丁火, 七丙火, 四辛金, 九庚金, 五戊土, 十己土이며, 이것을 일러 天干數라 한다.

一二三四變 以五軸 成六七八九 九是變極 故 回歸一也 轉又轉至窮 通十出十一 是爲形也 新生十軸是象形之境 別稱十空或戊空也 一生三 三生五 五生象 十生形 天地開闢也

一二三四가 五軸에 의해 변하면 六七八九가 이루어진다. 여기서 九는 변화의 끝이다. 고로 다시 一로 돌아가게 된다. 돌고 또 돌다 궁극에 이르면 十을 통해 十一이 나오게 되는데 이것이 形이다. 새롭게 비롯한 十軸은 象과 形의 경계이고, 달리 十空 혹은 戊空이라 부른다. 하나에서 셋이 나오고, 셋에서 다섯이 나와 象을 이루고, 열에서 形이 나와 천지가 化生되었다.

五行運則 必有其迹 以觀八卦 可料動靜 故 八卦可爲變之根性也 其數 一乾天 二坤地 三離火 四坎水 五震雷 六艮山 七巽風 八兌澤也 光衝出狀 五行亦繪八卦 三極作變 以五行 成其作 以八卦 人間能捕象 而擴其智也

五行이 운행한즉 반드시 자취가 있게 마련인데, 이것이 곧 八卦이다. 八卦를 살펴 변화의 動靜을 헤아릴 수 있다. 그러므로 八卦는 가히 변화의 근본 성질이라 할 수 있다. 그 고유수는 一乾天, 二坤地, 三離火, 四坎水, 五震雷, 六艮山, 七巽風, 八兌澤이다. 빛이 부딪치면 형상을 드러내듯 五行 역시 八卦를 그려낸다. 精氣神 三極이 五行으로써 변화를 일으키고 八卦로써 작품을 이루니 인간이 능히 象을 포착하여 그 지혜를 확장할 수 있다.

4. 八卦의 국운법

八卦를 팔방에 배치하게 되면 모두 40,320가지 경우의 수가 있게 된다. 이것은 4차원에서의 운행과 정보 조작에 사용되는 술법이어서 3차원과는 거리가 있다 할 것이다. 하지만 과학이 고도로 발달한다면 八卦의 국운법局運法을 통해 氣를 동력으로 삼아 정보를 조작하고, 이로써 시공간을 자유롭게 활용하는 문명으로 도약하게 될 것이다.

현재까지 나타난 국운법[71]의 종류는 모두 세 가지가 있다. 첫째가 伏羲八卦, 둘째가 文王八卦, 셋째가 正易八卦인데, 이것을 시대의 추이에 따라 각각 '先天八卦', '後天八卦', '未來八卦'라고 한다.

이상의 세 국운법은 天局과 地運을 살펴 시대를 해석하는 데에 쓰여졌다. 가령, 伏羲八卦는 세상의 질서가 똑바로 잡힌 경우를 염두에 두고 그렸고, 文王八卦는 相剋이 우세하는 대립적 세상을 八卦에 옮겨 놓았다. 또한 조선 말기의 역학자 김일부는 자신이 생각하는 이상 세계관을 나름 소신껏 국운법에 담아 놓았다.

하지만 이들이 作卦한 국운법이 반드시 사실에 부합하는 것은 아니다. 伏羲八卦나 文王八卦는 오랜 세월을 묵다 보니 꽤나 권위가 생겨났지만, 그렇다고 해서 진실에 꼭 들어맞는 것은 아니다.

三界聖文		
天界上之任定局	地界上之任定運	人界上之任定刻

71) 天局과 地運을 살펴 시대를 관하는 作卦法. 漢代의 象數學에서 주로 논의된 것인데, 특히 주희(朱熹)가 [易學啓蒙]에서 오늘날과 같은 모습으로 발전시켰다.

(1) 天地正位圖

伏羲八卦를 달리 先天八卦라 하는데, 여기서 先天을 '과거의 세상'으로 이해해서는 안 된다. 또한 文王八卦의 後天 역시 '미래의 세상'으로 봐서는 안 된다. 사실 伏羲八卦와 같이 구성된 세상은 과거에 존재한 적이 없다. 이는 세간에서 先·後天의 개념을 잘못 이해한 데에 기인한다.

先天이란 천지의 본래 모습인 天地正位를 말한다. 다시 말해 변화가 일어나기 직전의 순간을 가정하여 八卦를 배치해 놓은 것이다. 기운과 기운이 뒤섞이기 전의 본래 위치이며, 그래서 八卦局運法의 기본 방위라 할 수 있다. 이것을 정확히 표현하면 天地正位圖가 된다.

伏羲八卦는 시대 상황을 논한 것이 아니라 바로 天地正位를 표현하고 있다. 八卦를 八方에 배치함에 가장 적합한 자리를 찾아 作卦한 것이다.

伏羲八卦를 보면 正北과 正南에 坤과 乾이, 正東과 正西에 離와 坎이 각각 자리하고 있다. 그리고 東北, 東南, 西南, 西北에 震·兌·巽·艮이 각각 위치하고 있다.

여기서 坤을 正北에 배치한 것은 陰氣가 득세하는 방위이기 때문이다. 陰極인 坤에 가장 잘 어울리는 자리이다. 또한 乾은 陽氣가 득세하는 正南에 배치하여 陽極을 표시하고 있다. 그리고 離는 陽氣가 솟아나는 正東에, 坎은 陰氣가 서리는 正西에 배치하고, 나머지 八卦들 또한 나름대로의 원리하에 각각의 방위에 자리하고 있다.

그런데 과연 伏羲八卦의 배치는 정확하게 天地正位를 표현하고 있는 것인가?

여기서 乾·坤·坎·離의 배치는 한눈에 봐도 별다른 문제가 보이지 않는다. 東北方의 震이나 西北方의 艮역시 제 위치를 잘 찾아갔다. 문제는 東南方의 兌와 西南方의 巽이다. 陽氣의 바람을 일으키는 巽은 東南方에, 陰氣를 촉촉이 뿌리는 兌는 西南方에 위치해야 마땅하다. 따라서 伏羲八卦의 兌와 巽의 위치를 바꾸어야만 비로소 天地正位가 성립될 수 있다.

檀裔天地正位圖

(2) 天地運行圖

天地正位圖에서의 八卦란 원론적인 것으로, 실제 변화를 논한 것은 아니다. 그저 변화가 시작하기 전, 八卦가 제 본연의 위치에 있을 때를 가정하여 그린 것이다.

그런데 만일 天地正位圖에서 실제 변화가 발생하면 어떤 식으로 전개될까? 그것은 아마 八卦의 원운동이 될 것이다. 다시 말해 八卦의 기운이 흘러가기에 가장 적합한 구조로 이루어질 것이며, 이때의 作卦를 일러 天地運行圖라 한다.

天地運行圖에 대한 언급은 고금을 통해 없었지만 그 의미는 지대하다. 왜냐하면 天地局運法을 통하기 위해서는 필수적으로 알아야 하는 것이 바로 天地正位圖와 天地運行圖인 까닭이다. 이것을 이해하지 못하고는 무려 40,320 종류에 달하는 天地局運法을 활용할 수 없다. 그런즉 天地運行圖는 天地正位圖와 아울러 天地局運法 상의 기본 방위라 할 수 있다.

이제부터는 현실을 벗어나 고차원의 運氣法으로 승화되는 바 이에 따른 자세한 설명은 생략한다. 이제까지 설명한 것과 또한 앞으로 서술할 내용들을 참고하면 능히 각자의 힘으로 天地運行의 묘리를 터득할 수 있을 것이다. 참고로 이 법을 푸는 열쇠는 坎과 離의 위치 설정에 있으니, 이 점을 숙지하여 궁구해 보기 바란다.

檀裔天地運行圖

(3) 天地現位圖

文王八卦를 달리 後天八卦라 하는데, 사실 天地正位圖를 제외한 모든 八卦局運法이 後天八卦라 할 수 있다. 後天이란 앞으로 전개될 변화를 총칭한다. 다만 어떻게 作卦해야 보다 정확하게 변화를 예측할 수 있느냐의 차이는 있다.

後天八卦를 제대로 활용하기 위해서는 현 시대상을 논하는 天地現位圖를 갖춰야 한다. 그래야만 현상을 토대로 미래의 변화를 보다 정확히 예측할 수 있다. 文王八卦가 바로 여기에 해당한다.

그런데 文王八卦를 살펴보면 여기저기 허점이 보인다. 복희팔괘는 兌·巽의 역위易位를 제외하곤 모두 정확하게 표현돼 있지만, 文王八卦는 乾과 坤, 그리고 艮의 위치가 벗어남으로써 오류의 폭이 제법 크다 하겠다.

檀裔天地現位圖

(4) 天地後正圖

天地後正圖란 미래에 펼쳐질 천지의 운세를 일컫는 것으로, 일종의 예언이라 할 수 있다. 이것을 시도한 것으로는 김일부[72]의 正易八卦가 있다. 이것은 앞으로 다가올 세상에 적용되는 천지의 局運을 作卦한 것이다. 그래서 세간에 적잖은 오해를 일으켰고, 심지어 몇몇 신흥종교가 내세우는 개벽설의 근거로 활용되기도 했다.

正易八卦를 보면 乾이 正北, 坤이 正南에, 離가 西南, 坎이 東北에 각각 배치되어 있다. 이는 先天八卦에 비해 乾坤의 위치가 바뀐 것으로, 正北에 있어야 할 坤이 正南에, 正南에 있어야 할 乾이 正北에 위치해 있다. 일설에 따르면 김일부는 자신이 作卦한 正易을 보고 천지의 이치를 다 섭렵했다며 감격에 겨운 눈물을 흘렸다고도 한다.

허나 그의 正易은 이래저래 미흡한 점이 눈에 띈다. 가령 乾의 좌우 방향에는 離가, 坤의 좌우 방향에는 坎이 각각 위치해야 하는데 그의 正易은 그렇지가 않다. 이상 세계라 한다면 마땅히 乾과 離, 坤과 坎을 붙여 놔야 한다. 여기서 離는 東北, 坎은 西南에 배치해야 더욱 온전한 형태의 局運이 성립된다. 만일 정신 완성에 주안을 둔다면 離와 坎을 西北과 東南에 각각 배치하고 좌향으로 회전시키면 된다. 결론적으로, 김일부가 乾坤을 역위易位한 것은 실로 대단한 탁견이나, 坎·離의 배치에

72) 金恒(1826~1898). [正易]을 저술한 논산 출신의 학자로, 본관은 光山, 字는 道心, 호는 一夫이다.

있어서는 핵심을 빗나가고 말았다.

그의 正易을 곡해하면 마치 지축이 서는 것처럼 비춰질 수도 있겠다. 허나 이렇게 되면 기운의 흐름이 편중되거나 끊기면서 아수라장이 되고 만다. 세상의 완성은 고사하고 오히려 지옥의 불구덩이로 치닫게 되는 것이다. 대저 비딱한 것에서 생장염장生長斂藏의 조화가 창출되는 이치를 다시 한 번 되새겨야 할 대목이다.

다음은 필자가 作卦한 正易과 眞易이다. 전자는 相生과 造化의 세상을 주제로 作卦했고, 후자는 영력의 증진과 道通 문화에 주안을 두어 作卦했다.

우리가 어떤 사물을 표현할 때 각자의 생각이 다를 수 있는 것처럼 八卦局運法 또한 마찬가지다. 필자의 局運法은 필자의 견해를 표현하는 일종의 象語인바 이것에 특별한 권위을 부여할 필요는 없다. 독자들 또한 나름의 局運法을 作卦해 보는 것도 좋을 것이다.

檀裔正易八卦

檀裔眞易八卦

5. 周易의 이해와 구변역

《周易》은 동양의 문화를 광범위하게 이끌어 온 문헌으로 철학, 문학, 사학史學, 의학, 병학兵學, 자연과학 및 사회과학 전반에 걸쳐 그 영향이 지대하였다. 실로 《사고전서四庫全書》에서 말한 "易의 道는 광대하여 포용하지 않는 것이 없다. 易道廣大無所不包"라는 표현에 걸맞다 하겠다.

《周易》은 [易經]과 [易傳]으로 구성되어 있고, 그중 [易經]은 달리 [本經]이라고도 한다. 이는 은나라에서 西周 말년에 이르기까지의 천문, 지리, 악률樂律, 병법, 산술算術, 의술, 종교… 등의 총결이라 할 수 있다.

《周易》의 작자에 대해서는 四聖의 합저合著라 하는데, 복희가 八卦를 그리고 문왕이 괘사卦辭를 作하고, 주공이 효사爻辭를 저술하고, 여기에 공자가 [易傳]을 덧붙여 이루어지게 됐다고 전해 온다. 여하튼 중국 문화와 나아가 동양 문화 전반에 끼친 易의 영향은 실로 사무전례史無前例하다 할 것이다.

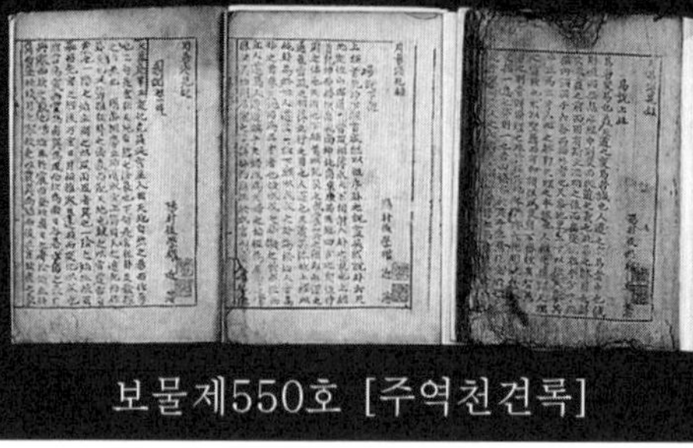

보물제550호 [주역천견록]

《周易》의 자의字義에 대해서는 두 가지 설이 있다. 첫째는 한나라 정현鄭玄이 주장한 것으로, '周'자를 '두루/널리'라는 의미로 해석한 것이다. 정현의 주장에 따르면 《周易》은 곧 삼라만상에 예외 없이 적용되는 변화의 원리가 된다.

둘째는 '周'자를 시대의 명칭으로 보는 것이다.《周禮》에 이르기를, "일찍이 세 가지 易이 있었으니 첫 번째가 「연산역連山易」이고, 두 번째가 「귀장역歸藏易」, 그리고 세 번째가 「周易」이다. 嘗三易之法一曰連山 二曰歸藏三曰周易" 하였다. 고대의 易書로《周易》이외에《연산역連山易》과《귀장역歸藏易》이 더 있었다는 것이다.

《연산역連山易》은 신농씨神農氏 시대의 易으로 달리 하역夏易이라고도 한다. 신농씨는 처음으로 농사를 가르쳤던 성인으로 훗날 염제炎帝가 되어 山氏로 부르게 된다.《연산역連山易》은 이때의 이름을 본뜬 것으로 보이는데, 아쉽게도 夏나라의 멸망과 더불어 유실되고 말았다. 黃帝의 易으로 알려진《귀장역歸藏易》은 坤卦를 중심으로 作卦하여 은조정강殷朝政綱으로 삼았던 것인데, 이 또한 유실되어 찾아볼 수 없다.

'易'의 자의字義에도 몇 가지 설이 있다. 그 첫째는 석척설蜥蜴說로서 易을 도마뱀을 나타내는 상형 문자로 보는 것이다. 도마뱀은 하루에도 열두번씩이나 그 體色을 바꾸는 바, 易이란 이렇게 변화무쌍한 것을 의미한다는 것이다.

둘째는 日月說로서 易을 日과 月의 회의문자로 보는 것이다. 日은 陽을, 月은 陰을 각각 상징하는 바, 易이란 곧 陰陽이 소장消長하는 원리를 담고 있다는 것이다.

셋째는 자의설字義說로서 易을 글자 자체에 내포된 의미로 파악하는 것이다. 易이란 글자에는 간이簡易, 변역變易, 불역不易의 의미가 숨어 있다.

이 중에서 간이簡易란, 천지자연의 변화가 매우 복잡한 것처럼 보이지만 그 본질은 매우 단순하다는 것이다. 흔히 쓰는 '이치는 쉬운 것이다'라는 말과 부합한다.

변역變易이란 세상만사 변하지 않는 것이 없는 바, 易이란 곧 변화 자체를 뜻한다는 것이고, 불역不易이란 이런 변화 가운데 변하지 않는 원리가 있으니 그것이 바로 易이라는 것이다.

이렇게 易의 자의字義에 내포된 세 가지 의미를 종합해 보면, '복잡한 변화[變易]속에 변하지 않는 원리[不易]를 찾아내어 쉽게 그 변화를 파악한다[簡易]'는 의미가 된다.

그렇다면 쉬워야만 하는 易이 공자가 위편삼절韋編三絶 하도록 어려운 까닭은 무엇인가?

그것은 易을 언어로 보지 않았기 때문이다. 점술이나 방술을 비롯한 신비적 대상으로 다루기에 모호해질 수밖에 없는 것이다.

卦象을 푸는 방식도 문제이다. 64괘를 象語로 본다면 마땅히 八卦의 조합으로 인식해야 한다. 하지만 각각의 爻에 初爻, 二爻, 三爻, 四爻, 五爻, 上爻라는 이름을 붙이고 이들 여섯 개의 爻가 결합하여 64괘를 이룬 것으로 본다.

해석의 방법은 더욱 가관이다. 二爻와 五爻, 三爻와 四爻, 初爻와 上爻를 각각 엮어서 해석하기도 하고, 初爻와 上爻를 제외한 나머지 爻들 중 二爻, 三爻, 四爻를 한데 묶고, 다시 三爻, 四爻, 五爻를 한데 묶어 해석하기도 한다.

이 외에도 여러 가지 방법이 즐비하나, 이는 64괘가 象語라는 사실을 망각한 데에 따른 어쩔 수 없는 결과이다. 마땅히 六爻의 결합이 아닌 上下에 위치한 八卦의 조합으로 봐야 한다.

64괘의 명칭도 문제이다. 64괘 하나하나 고유의 명칭을 가지고 있는데, 이것 역시 象語라는 사실을 간과한 데에 기인한다. 가령 坤이 上位에 있고 震이 下位에 있는 卦象을 복復이라 한다. 하지만 앞서 누누이 말했듯

易은 고정적이지 않고 늘 변화무쌍하며 역동적이다. 이런 종잡을 수 없는 변화의 흐름에 단적으로 이름을 붙인다는 것은 맞지 않다. 그저 八卦의 이름을 붙여 坤震卦라 부르는 것이 합당하다. 坤震卦를 복復이라 부르면 그 범위가 한정되어 다양한 변화에 적절히 대처할 수 없다.

더군다나 64괘보다 훨씬 복잡한 九變易에 이르면 손을 댈 수조차 없을 것이다. 따라서 기존 [易書]에 나오는 64괘의 명칭은 모조리 잊어버리고 오직 八卦로써 명칭하는 것이 사리에 맞을 것이다.

쓰지 못하는 易은 이치가 아니며, 이치가 아닌즉 점술이나 방술에 지나지 않는다. 易은 쉬워야 한다. 천지의 설계도는 단순한 것에서 시작하며, 그 단순함에 잣대를 들이댄 것이 바로 易이다. 머지않아 우리의 후손들이 초등학교 과정에서 구구단을 익히듯 易을 배우는 시절이 도래하기를 기대해 본다.

제6장

五運六氣論

제1절. 五運의 작용

五行은 一進一退하며 파동으로 운행하는데, 여기서 갈라져 나온 것이 甲乙丙丁戊己庚辛壬癸의 天干이다. 天干은 기운끼리 對化[73]를 이루며 또 다시 파동을 이루게 되는데, 이런 변화를 총체적으로 연구하는 것이 五運論이다.

五運에서 가장 근간이 되는 1차적 변화는 甲己土, 乙庚金, 丙辛水, 丁壬木, 戊癸火이다. 이것을 토대로 하여 무수한 변화가 갈라져 나오게 된다. 따라서 본고에서는 五運의 시발점이 되는 이상의 변화를 위주로 살펴보고자 한다.

五行相交而對化 則變出 以授受 是謂五運也 其本軸爲 甲己土 乙庚金 丙辛水 丁壬木 戊癸火也 陽凸接陰凹 以禦離運行也

五行이 상호 교차하고 對化한즉 기운을 주고받음으로써 변화를 일으키는데 이것을 五運이라 한다. 그 근본 축이 甲己土 乙庚金 丙辛水 丁壬木 戊癸火이

73) 상반되는 기운끼리 하나의 축을 이루며 균형과 견제를 이루는 변화 원리. 對化가 없이는 변화를 지속적으로 이루어나갈 수 없다.

다. 陽의 철(凸)이 陰의 요(凹)에 교차하여 이로써 흩어짐을 막고 돌면서 나아간다.

甲己土運

木氣는 水生木이기에 水氣 속에 내재한 陽氣를 얼마만큼 제대로 흡수하느냐에 따라서 그 득세 정도가 결정된다. 水에서 넘어오는 기운의 상태에 따라 木의 운명이 갈리게 되는 것이다.

그렇기에 木氣는 水 속의 陽氣를 자극하여 제대로 動하게 하기 위해 土氣의 힘을 빌리게 된다. 土氣만이 유일하게 水氣를 제어할 수 있기 때문이다. 그래서 土氣의 힘을 甲木이 己土의 對化를 받아서 끌어 쓰게 되는데, 이것이 곧 甲己土運이다.

乙庚金運

木氣란 水氣 속에 내재한 陽氣가 잠룡지정潛龍之靜의 준비를 마치고 水氣의 응고 작용에 반발해 뚫고 나오는, 아주 탄력적이며 세찬 기운이다. 木氣는 그 힘이 종적으로 뻗치기에 외곽을 둘러싸주는 힘이 없다면 얼마 가지 못해 분산되어 火氣로 변할 것이다. 다행히도 金氣가 木氣의 외곽을 에워싸면서 종적 운동을 지속케 하는 역할을 해준다. 지하수나 석유를 뽑아 올릴 때 긴 관이 필요하듯 金氣가 그런 역할을 수행함으로써 木氣는 힘차게 도약할 수 있다.

이렇듯 필요한 양의 金氣를 乙木이 庚金의 對化를 받아 끌어 쓰게 되는데, 이것이 곧 乙庚金運이다. 乙庚金運은 木氣의 종적 운동을 지속케 하는 역할 외에도 金火交易이 원활히 이루어지도록 그 배경을 준비하는 역할도 한다.

丙辛水運

丙火가 辛金과 對化하는 것은 金火交易을 뜻한다. 火氣는 수렴할 수 있는 수축력을 지니고 있지 않다. 한바탕 분열의 춤을 추고 허공에 먼지처럼 사라지는 것이 火氣의 운명이다.

그런데 이렇게 되면 변화는 종결되고 질서는 소멸하게 된다. 이런 비운을 막기 위해서는 흩어지는 火氣를 다시금 수습해야 하는데, 이런 일을 丙火가 辛金의 對化를 받아 수행하게 된다. 辛金이 火氣를 제어할 때 水氣가 발생하며 승명昇明이 일어나니, 이것이 곧 丙辛水運이다.

丁壬木運

쇠하여지던 丁火에 강력한 壬水가 對化한즉, 火의 분열 기운이 水氣의 응고 작용을 받아 집중하게 된다. 이는 火氣의 운동 반경이 좁혀짐으로써 木氣의 종적 운동이 싹튼 것으로, 이것이 곧 丁壬木運이다.

이제 火氣는 팽창 일변도로 치닫던 지난날의 火氣가 아니다. 木氣로 인해 적당한 제동도 걸 수 있게 됐으니, 훗날 수렴으로 선회할 수 있는 단초를 마련하게 된 것이다.

戊癸火運

土가 水氣에 내재한 陽氣(君火)를 動하게 하기 위해서는 단순히 精의 인력引力만으로는 부족하다. 필히 陽氣를 자극할 수 있는 동력(열)이 있어야 하는데, 戊土가 癸水의 對化를 받아 火氣를 끌어오게 된다.

癸水는 알다시피 君火를 내장하고 있는 水氣이고, 적당한 때에 그 君火를 탈출시켜야 五行의 질서가 유지될 수 있다. 그런데 癸水 자체의 힘만으로는 君火의 탈출을 조장할 수 없다. 그래서 土氣의 힘을 필요로 하고, 이에 戊土가 개입해 火氣를 끌어오게 되니, 이것이 곧 戊癸火運이다.

整理

甲要土力 以土能刺水中陽也 甲木得土 以對己土 是謂甲己土運也 己對甲則其性不變 以隨甲之要土也

甲은 土의 힘을 필요로 하는데, 그 이유는 土가 능히 水 속의 陽氣를 자극할 수 있기 때문이다. 甲木이 己土와 對化로써 土를 얻으니, 이것을 일러 甲己土運이라 한다. 己는 甲과 對化한즉 甲이 土를 필요로 하는 것에 따라서 그 성질이 변하지 않는다.

乙要金力 以金能成廓 使乙可縱運也 乙木得金 以對庚金 是謂乙庚金運也 庚對乙 則其性不變 以隨乙之要金也

乙은 金의 힘을 필요로 하는데, 그 이유는 金이 능히 외곽을 이루어 乙의 종적 운동을 가능하게 하기 때문이다. 乙木이 庚金과 對化로써 金을 얻으니, 이것을 일러 乙庚金運이라 한다. 庚은 乙과 對化한즉 乙이 金을 필요로 하는 것에 따라서 그 성질이 변하지 않는다.

丙要水力 以水助金火交易 而可昇明也 丙火得水 以對辛金 是謂丙辛水運也 辛要水力 以水能凝金中陽也 辛金對丙火 則引水 以反撥也

丙은 水의 힘을 필요로 하는데, 그 이유는 水가 金火交易을 돕고 昇明을 가능하게 하기 때문이다. 丙火가 辛金과 對化로써 水를 얻으니, 이것을 일러 丙辛水運이라 한다. 辛은 水의 힘을 필요로 하는데, 그 이유는 水가 능히 金 속의

陽氣를 응축할 수 있기 때문이다. 辛金은 丙火와 對化한즉 반발에 의해 水를 끌어오게 된다.

丁要木力 以木能招金 可收運也 丁火得木 以對壬水 是謂丁壬木運也 壬水對丁火 則丁退爲木 以壬之剋 壬可內藏木氣也

丁은 木의 힘을 필요로 하는데, 그 이유는 木이 되어야 능히 金을 불러와 수렴운동이 가능해지기 때문이다. 丁火가 壬水와 對化로써 木을 얻으니, 이것을 일러 丁壬木運이라 한다. 壬水가 丁火와 對化한즉 丁이 壬의 相剋 때문에 후퇴하여 木이 되고, 이로써 壬은 가히 木氣를 내장할 수 있게 된다.

戊要火力 以火能刺水中陽 可開運也 戊土用火 以對癸水 是謂戊癸火運也 癸要火力 以火能刺水中陽 一陽始生也 故 癸水得火 以對戊土也

戊는 火의 힘을 필요로 하는데, 그 이유는 火가 능히 水 속의 陽氣를 자극하여 그것이 탈출하는 것을 가능하게 하기 때문이다. 戊土가 癸水와 對化로써 火를 쓰게 되니, 이것을 일러 戊癸火運이라 한다. 癸는 火의 힘을 필요로 하는데, 그 이유는 火가 능히 水 속의 陽氣를 자극해 一陽을 시생할 수 있기 때문이다. 그러므로 癸水가 戊土와 對化하여 火를 얻는다.

제2절. 六氣의 생성과 명명

우주변화의 근본 원리는 파동을 치며 운행하는 **五運**에 있다. 하지만 **五運**은 고도의 질서를 구축하기에는 역부족한 면이 있다. **五運**은 **對化**의 두 축으로써 구조를 짜는데, 이것만으로는 정교하고 안정된 질서를 구축할 수 없다. 쉽게 두 개의 다리를 지니고 있는 상(床)을 생각하면 된다. 질서가 잡히려면 적어도 다리가 세 개는 돼야 한다. 이런 측면에서 **五運**의 **對化**는 여실히 그 한계를 드러낸다.

궁즉통窮卽通이라 했던가. 창조를 향한 원원한 흐름은 **五運**에 칼질을 해대기 시작했다. 얼마의 세월이 흘렀는지는 알 수 없지만 결국 **五運**의 **對化**를 훌쩍 뛰어넘는 구조가 나오게 되었다.

그것은 변화의 중심에서 다소 느긋하게 지내던 **土**가 보다 적극적으로 기운들 사이로 개입하면서 비롯하였다. **土**가 현장 깊숙이 들어가 두 개의 기운을 직접 컨트롤하는 상황이 발생되니, 이것을 일러 **三合**이라 한다. 그렇게 고대하던 세 축이 구축됐고 이에 따라 전체 기운의 수가 12

개로 늘어나게 되니 이름하여 六氣이다.

六氣는 12개의 파동을 이루며 보다 정교한 질서를 구축하게 된다. 이것을 12地支라고 부르는데, 子陽水, 丑陰土, 寅陽木, 卯陰木, 辰陽土, 巳陰火, 午陽火, 未陰土, 申陽金, 酉陰金, 戌陽土, 亥陰水이다.

亥水	+	未土	+	卯木	=	木
寅木	+	戌土	+	午火	=	火
巳火	+	丑土	+	酉金	=	金
申金	+	辰土	+	子水	=	水

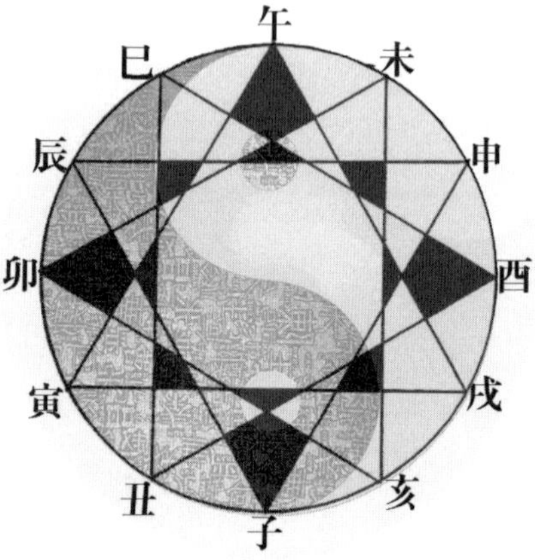

地支의 三合

整理

造大軸 構小軸 又添四方 能至窮極 可期變結也 爲成此意 先得三合 以土介於兩氣間 而引抱之也 是以 添土於五行 是爲六氣也 以用兩土 可成益高構 循久濃强 則能出形 又可化生也 以陰陽分 是爲子丑寅卯辰巳午未申酉戌亥也

大軸을 세우고 小軸을 걸고 다시 사방으로 더해 나감에 능히 궁극에 이르러 변화의 결실이 이루어진다. 이렇게 하기 위해서는 먼저 三合을 이루어야 하는

데, 土가 두 개의 氣 사이에 개입해 그들을 끌어안음으로써 가능해진다. 이런 까닭에 五行에 土가 첨가되었으니 이것이 六氣이다. 두 개의 土를 써서 더욱 높은 구조를 이루고, 순환을 오래도록 하며 농축을 강화할 수 있다. 이로써 능히 形을 창출하고, 또한 생명을 化生하게 된다. 陰陽으로 가르니 子丑寅卯辰巳午未申酉戌亥이다.

亥未卯相面 亥中風木 其色近於木 寅戌午相面 皆陽午强 其色近於火 巳丑酉相面 酉入巳位 爲金火交易 其色近於金 申辰子相面 皆陰子强 其色近於水也

亥未卯가 상면하니 亥 가운데 風木이 있어 그 흐름이 木性에 가깝게 된다. 寅戌午가 상면하니 모두 陽인데다 午가 강하여 그 흐름이 火性에 가깝게 된다. 巳丑酉가 상면하니 酉가 金火交易을 위해 巳의 자리에 들어가니 그 흐름이 金性에 가깝게 된다. 申辰子가 상면하니 모두 陰인데다 子가 강하여 그 흐름이 水에 가깝게 된다.

亥子丑 水局也 亥陰水 風木內養 豚專食睡 外靜內育 則曰亥也 子陽水 內藏君火 鼠生陰地 其動似陽 則曰子也 丑陰土 一陽始生 牛性安靜 一擊强動 則曰丑也

亥子丑은 水局이다. 亥는 陰水이며, 風木을 속에서 기른다. 돼지는 오로지 먹고 자기만 하며 겉으로는 조용하며 안으로 살찌운즉 亥라 칭한다. 子는 陽水이며, 君火를 내장한다. 쥐는 음지에서 살면서 그 움직임이 양기를 닮은즉 子라 칭한다. 丑은 陰土이며, 一陽을 始生한다. 소의 성질이 고요히 안정하나 일격에 강하게 動한즉 丑이라 칭한다.

寅卯辰 木局也 寅陽木 反起强跳 虎性爆發 强速跳獵 則曰寅也 卯陰木 繪線柔跳 卽性柔弱 頻驚跳跳 則曰卯也 辰陽土 金火交易 龍居天地 水火交叉 則曰辰也

寅卯辰은 木局이다. 寅은 陽木이며, 반발하며 강하게 튀어 오른다. 범의 성질은 폭발적이고 강하게 뛰어올라 사냥한즉 寅이라 칭한다. 卯는 陰木이며, 선을 그리며 부드럽게 오른다. 토끼의 성질은 유약하면서 자주 놀라 껑충껑충 뛰는즉 卯라 칭한다. 辰은 陽土이며, 金火交易을 한다. 용은 천지에 거하며 水火를 교차한즉 辰이라 칭한다.

巳午未 火局也 巳陰火 縱衰爆裂 蛇出長舌 頻刺四方 則曰巳也 午陽火 分列至極 馬動極旺 狂走四方 則曰午也 未陰土 一陰始生 羊鬪激烈 本性柔順 則曰未也

巳午未는 火局이다. 巳는 陰火이며, 종적 운동이 쇠함에 폭발적으로 찢어진다. 뱀은 긴 혀를 날름거리며 빈번히 사방을 찌른즉 巳라 칭한다. 午는 陽火이며, 나누어 펼침에 궁극에 이른다. 말은 움직임이 극히 왕성하고 광분하여 사방을 달리는즉 午라 칭한다. 未는 陰土이며, 一陰을 始生한다. 양羊은 다툴 때는 격렬하나 본성은 유순한즉 未라 칭한다.

申酉戌 金局也 申陽金 火氣包藏 猿垂四肢 抱兒靜坐 則曰申也 酉陰金 陽氣收濃 鷄加熱腹 抱卵邁進 則曰酉也 戌陽土 象形轉移 犬居於畜人之 則曰戌也

申酉戌은 金局이다. 申은 陽金이며, 火氣를 포장한다. 원숭이가 사지를 늘어뜨리고 아기를 안고 고요히 앉아 있은즉 申이라 칭한다. 酉는 陰金이며, 陽氣를 거두어 농축한다. 닭은 배를 따뜻하게 하여 열심히 알을 품는즉 酉라 칭한다. 戌은 陽土이며, 象과 形을 바꾼다. 개는 짐승과 인간의 사이에 머무른즉 戌이라 칭한다.

地支得方 則皆八 是謂八風也 子在正北 丑寅在東北 卯在正東 辰巳在東南 午在正南 未申在西南 酉在正西 戌亥在西北也 土位間宮 調御八氣之過不及 能成造化 爲宇宙變之用也 此表變出 運則現 停則藏也

地支가 방위를 얻은즉 모두 여덟 개인데, 이것을 일러 八風이라 한다. 子는 正北에 있고, 丑과 寅은 東北에 있고, 卯는 正東에 있고, 辰과 巳는 東南에 있고, 午는 正南에 있고, 未와 申은 西南에 있고, 酉는 正西에 있고, 戌과 亥는 西北에 있다. 土가 間宮에 위치하며 八氣의 과불급을 조절하여 능히 조화를 이루니 우주변화의 쓰임을 이룬다. 이것은 변화의 창출을 의미하며, 움직인즉 드러나고 멈춘즉 감춰진다.

六氣置八方 起風變出也 爲本之自化 支撑以三合 得力以木火 運作以對化 前轉後轉而裏轉 繪太極也 不休邁進 得其意 天地開闢也

六氣가 八方에 배치되어 바람을 일으키니 변화가 나온다. 自化를 本으로 삼고 三合으로써 지탱하고, 木火로써 힘을 얻어 對化로써 운행하며 지으니, 앞으로 돌고 뒤로 돌고 속으로 돌면서 太極을 그린다. 쉬지 않고 나아가 그 뜻을 얻으니 天地가 開闢한다.

제3절. 三陰三陽 운동

五行이 對化하여 五運 운동을 전개하는 것에 비해 六氣는 三合을 이루며 변화하는데, 그 운동이 마치 太極이 출렁이는 것처럼 一進一退의 파동을 띤다. 三陰과 三陽을 번갈아 가며 고도의 질서를 향해 나아가는데, 이런 六氣의 변화를 일러 三陰三陽 운동[74]이라 한다.

巳亥－－厥陰－－風木
子午－－少陰－－君火
丑未－－太陰－－濕土

寅申－－少陽－－相火
卯酉－－陽明－－燥金
辰戌－－太陽－－寒水

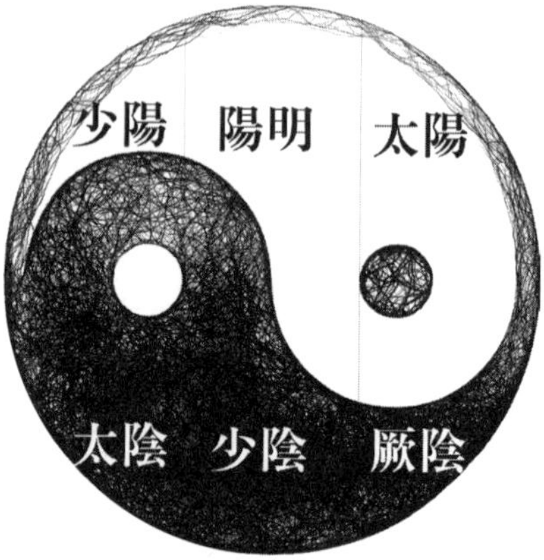

74) [黃帝內經]에 수록된 음양의 변화 원리. 우주 변화와 인체의 생명 현상을 다룬다.

地支相對 則成太極 分以三陰三陽 故 稱三陰三陽運動也 厥陰 少陰 太陰 少陽 陽明 太陽 爲陰陽之得勢 表外性也 風木 君火 濕土 相火 燥金 寒水 爲陰陽之交叉 表其內性也

地支가 서로 對化하며 太極을 이루고 三陰과 三陽으로 나뉜즉 三陰三陽 운동이라 칭한다. 厥陰, 少陰, 太陰과 少陽, 陽明, 太陽은 陰陽의 득세로써 외적 성질을 나타낸다. 風木, 君火, 濕土와 相火, 燥金, 寒水는 陰陽의 교차로써 그 내적 성질을 나타낸다.

1. 三陰運動

(1) 巳亥—厥陰—風木

亥水가 巳火와 對化한즉 水剋火하여 火를 에워싼 형국이다. 巳火가 亥水의 힘에 눌려 잔뜩 움츠리게 되니 곧 木氣의 化生이다.

巳火는 陰火여서 약한 火氣인데 비해, 亥水는 陰水여서 강력한 水氣이다. 고로 巳火는 亥水의 힘에 눌려 움츠러들게 되니 이것이 곧 木氣로의 후퇴이다. 巳亥의 축軸은 亥水에 있는데 아직은 陰이 득세하지 못하고 있은즉 이를 궐음厥陰이라 한다.

巳亥는 바깥으로는 亥水가 巳火를 포위하고 있는 궐음의 형국이나, 안으로는 巳火의 반발력이 기승을 부려 전체 성향이 木性을 띠게 된다. 巳火의 반발력은 亥水를 물리칠 정도의 힘엔 못 미치고 단지 산발적 소동에 불과한지라, 이것을 이름하여 風木이라 한다.

亥對巳 則巳萎退木 以水剋 故 外厥陰內風木也

亥가 巳와 對化한즉 巳는 水의 相剋을 받아 위축되어 木으로 후퇴한다. 고로 외적으로는 厥陰이고 내적으로는 風木이 된다.

(2) 子午—小陰—君火

子水가 午火와 對化한즉, 陽水인 子水는 그 힘이 약하지만 陽火인 午火는 강성하여 水剋火가 사실상 불가능하게 된다. 子午軸의 중심인 子水의 영역이 少陰인 연유로 午火를 간신히 포위하기는 하나, 이는 실로 언제 허물어질지 모르는 불안한 형국이 아닐 수 없다.

午火는 때가 이르지 않아 그 힘의 과시를 참고 있지만, 언제라도 子水의 벽을 뚫고 나올 힘이 비축되어 있다. 이렇게 음곽陰廓 속에서 힘을 기르고 탈출의 시기를 엿보고 있는 午火를 君火라 한다.

亥水에 사로잡힌 巳火는 아무리 요동쳐도 결코 陰의 세력권에서 빠져나올 수 없다. 그야말로 風木의 수준에 맴돌고 있다. 허나 午火는 君火이기에 조건만 맞으면 폭탄이 터지듯 껍질을 뚫고 그 모습을 드러낼 것이다. 그런데 외부 세계로 나오면 상황은 달라진다. 음곽 속에선 君火였지만 밖에서는 그저 평범한 陽氣에 지나지 않는다. 부드럽고 여리게 종적운동을 하는 木氣의 태동胎動이다.

子對午 則不成水剋火 以午是陽火 其力衝天 能壓陽水也 備陰廓 而甚不安 故外少陰內君火也

子가 午와 對化한즉 水剋火가 이루어지지 않는데, 이는 午가 陽火여서 그 힘이 충천하고 능히 陽水를 제압하기 때문이다. 陰의 외곽은 갖추었지만 몹시 불안한 형국으로, 외적으로는 少陰이고 내적으로는 君火이다.

(3) 丑未—太陰—濕土

陰土인 丑土가 陰土인 未土와 對化한즉, 丑未軸을 太陰에 걸면서 土의 성질을 그대로 유지한다. 太陰은 陰의 세력이 강성하여 극즉반極卽返으로 一陽을 始生할 수 있는 여건이 조성된다. 君火를 수렴하여 감싸기 위해 陰氣를 잔뜩 머금고 있어 습토濕土의 내성을 지니게 된다.

丑未軸의 두드러진 특징은 陰에서 陽으로, 陽에서 陰으로 넘어가는 과도기에 위치한다는 것이다. 丑未軸은 陰에서 少陽을 生하고, 陽에서 궐음厥陰을 生하는 경계에 위치하고 있어 실로 격변의 전환점이라 할 수 있다.

丑對未 則引火於未 以擊水廓 一陽始生也 故 外太陰內濕土也

丑이 未와 對化한즉 未에서 火를 끌어오고, 이로써 水의 외곽을 때려 一陽을 시생하게 한다. 고로 외적으로는 太陰이고 내적으로는 濕土이다.

2. 三陽運動

(1) 寅申—小陽—相火

少陽의 영역에 위치하고 있는 寅申軸은 申金의 위치에서 기승을 부리고 있는 相火로 인해 아직도 완전한 수렴을 이루지 못하고 있는 형국이다.

相火는 과도기에 나타나는 열량으로, 이것이 극성하면 金의 수렴작용에 차질이 빚어져 결국 六氣는 총체적 부실에 처하게 된다.

하지만 적당한 양의 相火는 변화를 더욱 촉진하는 자극으로 다가설 것이다. 다시 말해 相火의 독성을 빼기 위한 金氣의 단결이 이루어짐으로써 六氣는 더욱 내실을 기하는 방향으로 흘러가게 된다. 따라서 寅申軸은 외적으로는 少陽이나 내적으로는 相火가 된다.

寅對申 居於少陽 以陰陽之叉 有餘熱也 是爲相火 其多益裂 歸短壽也

寅이 申과 對化함에 少陽에 거하게 되는데, 陰陽의 교차에 의해 남은 열량이 있게 된다. 이것을 相火라 한다. 相火가 많을수록 더욱 분열되고 수명이 짧아지게 된다.

(2) 卯酉—陽明—燥金

卯酉軸에 이르러서는 강력한 陰金인 酉金에 의해 相火는 모조리 체포되어 수렴된다. 이것은 火氣의 실제적인 종말을 의미하는 것으로, 습기를 찾아보기 어려운즉 조금燥金이라 한다.

卯酉軸의 외면적 영역은 少陽에 비해 한층 陽性이 왕성해진 곳으로, 조금燥金의 영향을 받아 주변의 탁기가 시야에서 사라지니 陽明이라 한다. 卯酉軸은 火局을 완전히 정리하여 水局의 門을 열 준비를 하는 단계라 할 것이다.

卯對酉 則酉終收火 而待水運 故 外陽明內燥金也

卯가 酉와 對化한즉 酉는 火氣를 거두는 것을 마치고 水의 運을 기다린다. 고로 외적으로는 陽明이고 내적으로는 燥金이다.

(3) 辰戌—太陽—寒水

앞선 卯酉軸에서는 相火를 수습하여 묶어 놓는 데 성공했다. 그런데 辰戌軸에 이르러서는 체포된 기운에 더욱 강력한 압박을 가하게 된다. 그것이 한계치를 넘게 되면 象界에 더 이상 존재할 수 없다. 象界에 대한 저항값이 높아져서 생겨난 것, 그것이 바로 形이다. 形이란 질량을 지닌 물질을 총칭한다.

辰戌軸이 위치한 太陽은 기운을 극한도로 분산하여 종국終局에 처하게 한다. 象界에서의 소멸은 곧 形의 창출을 의미한다. 그래서 덩어리를 이룬다는 뜻으로 한수寒水라 한다.

그런데 辰戌의 단계에서 무조건 形이 창출되는 것은 아니다. 辰戌이 形을 창출하지 못할 때에는 卯酉軸에서 체포한 陽氣를 통일시켜 陽核을 형성한다. 다시 말해, 辰戌軸은 변화가 종결되지 않고 다시금 순환할 수 있는 지속성과 동력을 심어 주는데, 이것이 두 번째 역할인 陽核 형성이다. 陽核이 형성돼야만 순환이 가능해지고, 순환이 돼야 변화가 지속적으로 이루어져서 마침내 形을 창출할 수 있게 된다.

辰對戌 則戌造形 故 外太陽內寒水也

辰이 戌과 對化한즉 戌이 形을 빚기 때문에 외적으로는 太陽이고 내적으로는 寒水이다.

3. 동력 방출 운동

모든 작용은 예외 없이 동력을 필요로 한다. 木火金水의 모든 영역에서 저마다의 목적을 성취하기 위해서는 반드시 동력이 뒷받침돼야 한다. 동력이란 말 그대로 움직이는 힘으로서, 파동의 크기와 지속성을 말한다.

동력을 五行에서 찾는다면 바로 木氣와 火氣이다. 金氣와 水氣 또한 나름대로 동력을 구비하고 있지만, 그 성향이 오히려 동력을 잠시 멈추고 미래를 대비하는 쪽으로 흐른다. 따라서 가히 동력을 얻기 위해서는 반드시 木과 火의 성질을 띠어야 한다.

이것은 木火金水의 모든 영역엔 木과 火가 자리해야 한다는 뜻이기도 하다. 만일 그렇지 못하면 그 동력이 역부족하여 五行 질서에 차질이 불가피하게 된다. 어느 유행가 가사처럼 못다 핀 꽃 한 송이가 되어 중도에 시들고 말 것이다.

그렇다면 木火金水 영역의 기저에는 과연 木과 火가 잠재하고 있는지 살펴보자.

亥六水 + 巳二火 = 八木
子一水 + 午七火 = 八木
寅三木 + 申九金 = (十)二火
卯八木 + 酉四金 = (十)二火

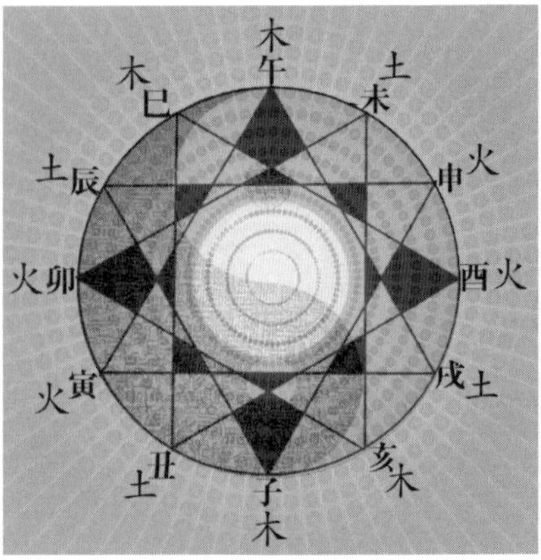

動力放出運動

十二地支는 상호 對化를 이루며 작용을 전개하는데, 數理로써 그 성질을 살피면 이상의 도표와 같은 결과를 얻을 수 있다.

여기서 알 수 있는 것은 바로 辰戌丑未를 제외한 木火金水는 모두 동력인 木과 火를 근저에 깔고 있다는 사실이다. 그리고 木局과 金局에서는 火동력이 소모되는데, 이는 火局과 水局에 비해 木局과 金局이 더 많은 동력을 필요로 하기 때문이다. 火局과 水局은 동류同類인 木局과 金局에서 시발되므로 동력의 큰 손실은 없다. 하지만 木局과 金局은 반대 성질의 水局과 火局에서 상쟁相爭하며 비롯하는 바, 어쩔 수 없이 강한 동력을 필요로 하게 된다.

六氣求望形出生化 爲成其意 必至循極也 當費動力 得其以對化 是謂木火運動也 亥對巳 其數合 八木也 子對午 其數合 八木也 寅對申 其數合 二火也 卯對酉 其數合 二火也

六氣는 形을 창출하고 생명을 化生하는 데에 그 뜻이 있는데, 반드시 순환의 끝에 이르러야 그 결실을 이룬다. 마땅히 동력을 소비하게 되고 그것을 對化를 통해 얻게 되는데, 이것을 일러 木火운동이라 한다. 亥가 巳와 대응함에 그 수의 합이 八木이고, 子가 午와 대응함에 그 수의 합이 八木이고, 寅이 申과 대응함에 그 수의 합이 二火이고, 卯가 酉와 대응함에 그 수의 합이 二火이다.

제4절. 形의 창조 원리

六氣는 五運과 마찬가지로 對化를 통해 질서를 유지하며 변화한다. 그런데 六氣는 五運에 비해 두 개의 土를 더 가지고 있어, 對化 작용 외에도 자체적인 운동을 전개할 수 있다. 이것이 六氣의 自化運動[75]이다.

六氣의 自化運動은 五運에 비해 안정되어 보다 복잡하고 정교한 질서를 창출할 수 있다. 그렇다 보니 변화가 멈추지 않고 극한도로 치닫는 경우가 종종 발생하게 된다. 물론 극히 일부지만 브레이크 없는 가속도로 인해 象界의 극한점까지 도달하는데, 이때 놀라운 변화가 일어나게 된다. 기존의 象質과는 전혀 다른 제3의 질료가 생겨나는 것이다.

이것의 특징을 보면 첫째 象質과 힘의 방향이 역전되어 있고, 둘째 象質에 저항을 받아 그 구조가 폐쇄되어 있다. 이로써 질량이란 특이한 상태로 존재하게 되는데, 이것이 바로 形(물질)이다.

3차원 形界에서 보는 물질은 너무나 보편적이고 당연한 질료지만 시야를 4차원 象界로 돌리면 물질만큼 낯설고 괴상한 것은 없다.

75) 본고에 나오는 六氣의 自化에 관한 용어는 혼란을 피하기 위해 기존의 동양철학과 한의학에서 사용하는 명칭을 그대로 사용했다. 하지만 그 해석과 용도에 있어서는 기존의 것과 상당 부분 달리한다.

대저 존재하는 모든 것들은 모종의 힘이 특정한 정보로써 이합집산을 하면서 이루어진다. 3차원의 물질 또한 예외는 아니다. 그런데 물질은 힘과 정보가 너무 응축되다 보니 폐쇄성이 커졌다. 자신만의 정보에 갇혀 웬만해선 다른 정보와 교류하지 않는다. 그래서 질량이라는 덩어리를 이루면서 계속해서 그 속에 갇혀 지낸다.

폐쇄성! 이것이 물질이라는 독특한 질료를 만들어 냈고, 이것들로 인해 세상은 마치 有로 이루어진 것 같은 착각을 불러일으키게 한다.

우주를 입자성과 파동성으로 분리하여 바라보는 것, 이것이 有의 시각이다. 입자와 파동이 중첩되는 소립자의 세계를 보고 이상하게 생각되는 것도 有의 편견 때문이다. 그래서 모든 수행은 有의 시각을 버리는 데에서 시작한다. 有는 곧 피조물의 상징인 까닭이다.

만물을 힘(정보)의 관점에서 바라보면 有의 폐쇄성은 줄어들고 어느덧 삼라만상은 하나로 연결된다. 그리고 그 연결의 원리와 속성에 대한 깊은 이해가 있게 되면 일각一覺을 하게 된다. 더 나아가 우주의 힘과 하나가 되어 입멸과 창조의 춤사위에 직접 관여하게 되면 곧 대각大覺이다.

이렇듯 有에 대한 올바른 접근은 깨달음의 근간이 된다. 본고에서 有의 창출 과정을 자세히 다루고자 하는 이유가 여기에 있다.

六氣益進 成象之秩 行至窮極 能出形 而化生也 有觀其理者 是爲自化運動 六氣之本運也

六氣는 세차게 나아가 象界의 질서를 이루고, 운행하여 궁극에 이르면 능히 形을 창출하고 생명을 化生한다. 그 이치를 다룬 것이 自化運動으로, 六氣 운동의 근간을 이룬다.

亥水의 自化運動

亥는 방위로는 六水이고 변화로는 三木이다. 외적으로는 水氣지만 내적으로는 厥陰木으로서, 아직은 陰의 세력을 뚫고 나갈 힘이 불급하다.

그러나 내부의 木性을 더욱 발전시켜 君火로 키워낸다면 가히 음권陰圈을 탈출할 수 있는 바, 이것이 亥水에서 子水로 전환하는 이유이다.

數理로써 살펴보면, 六水 + 三木 = 九金이다. 九金은 수렴 작용이 끝나지 않고 계속되는 것을 상징하는데, 여기서 더 수축해야만 陽核인 君火를 빚어낼 수 있다.

亥方是六水 變三木 亥中風木 其力只搖 不能脫廓也 觀以數理 六水加三木 則九金 進一縮 可成君火也

亥의 방위는 六水이고 변화는 三木이다. 亥의 가운데는 風木이 있는데 그 힘이 단지 요동만 하여 능히 외곽을 탈출할 수 없다. 數理로써 보면 六水에 三木을 더하여 九金이 된다. 한 차례 더 수축해야 가히 君火를 이룰 수 있다.

子水의 自化運動

子는 방위로는 一水이고 변화로는 二火이다. 외적으로는 水氣지만 내적으로는 君火의 성질을 겸유하고 있다. 그래서 子는 외적으로는 靜하려는 水요, 내적으로는 水中에 잠재하며 탈출을 엿보는 火이다. 子水는 음권陰圈을 탈출할 역량을 갖춘 君火를 내재하고 있어 一陽 始生의 목적을 이룰 수 있다.

數理로써 살펴보면, 一水 + 二火 = 三木이다. 三木이란 動하려는 성향을 상징한다. 子水에 이르러서야 비로소 動할 만반의 준비를 끝마치게 된다.

子方是一水 變二火 子中君火 其力衝天 待脫廓之時也 觀以數理 一水加二火 則三木 得木之爆 能|陰廓 一陽始生也

子의 방위는 一水이고 변화는 二火이다. 子의 가운데는 君火가 있는데, 그 힘이 충천하여 외곽을 탈출할 때를 기다린다. 數理로써 보면 一水에 二火를 더하여 三木이 된다. 木의 폭발성을 얻으면 능히 陰廓을 뚫어 一陽을 시생하게 된다.

丑土의 自化運動

丑은 방위로는 十土이고 변화로는 五土이다. 그래서 外土와 內土의 성질을 겸유하고 있다.

數理로써 살펴보면, 十土 + 五土 = 十·五土이다. 十이란 변화의 궁극인 九를 넘어선 것으로, 한 사이클의 종결을 의미한다. 그리고 五는 새로운 기운을 잉태하는 변화의 축이 된다. 따라서 丑土는 亥子水局의 종결과 寅卯木局의 새로운 시작이 교차하는 변화의 종시점終始點이 된다.

丑方是十土 變五土 其意刺陽 脫廓以反心也 觀以數理 十土加五土 則十土與五土 前者發芽 後者養之也

丑의 방위는 十土이고 변화는 五土이다. 그 뜻은 君火를 자극해 陰廓을 뚫고 탈출하게 하는 데에 있다. 數理로써 보면 十土에 五土를 더하여 十土와 五土가 된다. 전자는 싹을 틔우고 후자는 기른다.

寅木의 自化運動

木局의 시발점인 寅은 방위로는 三木이고 변화로는 二火이다. 외적으로는 木이나 내적으로는 相火의 성질을 겸유하고 있다.

數理로써 살펴보면 三木 + 二火 = 五土로서, 이것은 寅木의 생성이 丑土의 바탕에서 비롯되는 것을 의미한다. 아직은 기운이 엉겨붙지 않은 地中木의 상태에 해당한다.

寅方是三木 變二火 能脫陰廓 其力爆跳也 觀以數理 三木加二火 則五土 是意得土助 而居地中木也

寅의 방위는 三木이고 변화는 二火이다. 능히 陰廓을 탈출하여 그 힘이 폭발적으로 뛰어오른다. 數理로써 보면 三木에 二火를 더하여 五土이다. 이것은 土의 도움을 얻어 地中木의 상태에 머무르는 것을 뜻한다.

卯木의 自化運動

卯는 방위로는 八木이며 변화로는 四金이다. 外木과 內金의 성질을 겸유하고 있는 卯木은 金의 수렴 작용에 의해 그 기운이 寅木에 비해 좀 더 덩어리를 이루게 된다. 다시 말해 地中木의 단계를 벗어나 金의 수렴 작용을 받으며 기운의 취합이 더욱 왕성해진다.

數理로써 살펴보면, 八木 + 四金 = 十二로, 十土와 二火로 그 성질이 대변된다. 여기서 十土는 寅木 때의 土性이 저변에 잠재하였음을 뜻한다. 그리고 二火란 卯木이 火氣로 발전하려는 성향을 상징한다.

卯方是八木 變四金 專爲縱運 以金成外廓也 觀以數理 八木加四金 則十土與二火 播金火交易 以土 備縱橫交叉 以火也

卯의 방위는 八木이고 변화는 四金이다. 金이 외곽을 싸주기 때문에 오로지 종적 운동만 한다. 數理로써 보면 八木에 四金을 더하여 十土와 二火가 된다. 土로 인하여 金火交易이 씨 뿌려지고 火로 인해 종횡의 교차가 준비된다.

辰土의 自化運動

辰은 방위로는 五土이며 변화로는 一水이다. 外土와 內水의 성질을 겸유하고 있다. 數理로써 살펴보면, 五土 + 一水 = 六水이다. 辰土는 水의 강한 응고성이 있어 卯에서 이루어진 기운 덩어리를 더욱 공고하게 하는 작용을 한다.

辰方是五土 變一水 可御火裂 備旋回向陰也 觀以數理 五土加一水 則六水 是爲强陰 故 能成呂也

辰의 방위는 五土이고 변화는 一水이다. 가히 火의 분열을 제어하여 陰으로 선회하도록 준비한다. 數理로써 보면, 五土에 一水를 더하여 六水가 된다. 이것은 강력한 陰이기에 능히 呂力을 이룬다.

巳火의 自化運動

辰에서의 기운은 金氣의 對化와 자체적 自化에 의해 어느 정도 뭉쳐진 상태이다. 그러나 문제는 巳에서부터 시작한다. 巳火는 外火와 內木의 성질을 겸유하고 있어, 외적으로는 火의 분열과 팽창이 전개되고 내적으로는 風木의 동요와 반발이 시작된다. 그러므로 辰까지 형성된 기운의 덩어리가 巳에서는 흐트러지게 된다.

數理로써 살펴보면, 二火 + 八木 = 十土이다. 이것은 巳火가 十土인 未土의 영향을 받아 金火交易(금화교역)이 본격화됨을 의미한다.

巳方是二火 變八木 其性爆裂以似木 故 難收也 觀以數理 二火加八木 則十土是意生死之交也

巳의 방위는 二火이고 변화는 八木이다. 그 성질이 木氣를 닮아 폭발적으로 분열하기 때문에 수습하기 어렵다. 數理로써 보면 二火에 八木을 더하여 十土가 된다. 이것은 생사의 갈림을 의미한다.

午火의 自化運動

巳를 거쳐 午에 이르면 火氣의 분열과 팽창은 더욱 강성해져서 궁극에 달한다. 午火는 外火인 동시에 內火로서, 방위상으로도 火이며 변화상으로도 火이다. 따라서 火氣가 가장 강력한 단계라 할 수 있다. 그러므로 午火의 단계를 잘 견디고 金局으로 넘어가는 것이 관건이다.

數理로써 살펴보면, 七火 + 七火 = 十四이다. 十四란 十土가 개입하여 金火交易을 이루는 것을 상징한다. 火局에 내재하던 金氣는 火氣가 수그러드는 틈을 타고 서서히 외부로 표출된다.

午方是七火 亦變七火 至分列之極 然而 無難收 以無木性也 觀以數理 七火加七火 則十土與四金 十土助旋回至金也

午의 방위는 七火인데 변화도 역시 七火이다. 분열의 끝에 이르나 木性이 없어 수습에 어렵지 않다. 數理로써 보면, 七火에 七火를 더하여 十土와 四金이 된다. 十土가 金으로 선회하도록 돕고 있는 형국이다.

未土의 自化運動

未는 방위도 변화도 모두 十土로서, 해체와 순환을 판가름하는 경계이다. 午火의 강력한 해체력을 金火交易을 통해 제대로 수습한다면 변화는 지속되겠지만, 그렇지 못하고 실패하면 순환을 통한 변화는 여기서 종결되고 만다.

그런즉 午火를 거쳐 未土에 이르게 되면, 여기서 변화가 종결될지 아니면 지속될지가 결정된다. 이것이 곧 未의 五行數인 十이 내포하는 의미이며, 數理 상의 '十土 + 十土 = 二十土'가 상징하는 바이다.

五運六氣의 數理論에서 '十 이상의 數'[76]가 없다는 점을 감안하면 二十이란 해체의 十과 순환의 十이 교차하는 象으로 봐야 마땅하다. 따라서 未土란 변화의 生과 死가 결판나는 궁극적 교차점이라 할 수 있다.

未方是十土 亦變十土 終陽生陰也 觀以數理 十土加十土 則十土與十土 前者引火 後者生陰也

未의 방위는 十土이고 변화도 역시 十土이다. 陽을 끝내고 陰을 生한다. 數理로써 보면, 十土에 十土를 더하여 十土와 十土가 된다. 전자는 火氣를 끌어당기고 후자는 陰을 비롯하게 한다.

---

76) 陰陽五行의 數理는 1에서 시작하여 10에서 종결한다. 그래서 우주의 근본 구조를 다룰 때는 1~10으로써 한다. 象界(神界)나 영력을 논할 때 10數 이내에서 하는 이유가 여기에 있다. 허나 기운의 세세한 변화 과정이나 形界의 이치를 다룰 때는 그 범위를 넘어 자유롭게 數를 활용한다.

申金의 自化運動

未에서 해체되지 않고 변화가 지속하게 되면 金局인 申에 이르게 된다. 申은 外金과 內火의 성질을 겸유하며, 방위상으로는 金이지만 변화상으로는 相火이다. 이곳의 방위가 西方이기에 申의 外金·內火란 곧 金氣가 火氣를 체포한 것을 뜻한다.

數理로써 살펴보면, 九金 + 七火 = 十六이다. 十土의 중재로써 火氣를 체포하였고, 이때 六水가 개입했음을 알 수 있다. 이로써 申은 火氣를 수습하고 수렴收斂으로 나아가게 된다.

申方是九金 變七火 外金內火也 觀以數理 九金加七火 則十土與六水 受火於土 得力於水也

申의 방위는 九金이고 변화는 七火이다. 외적으로는 金이고 내적으로는 火이다. 數理로써 보면, 九金에 七火를 더하여 十土와 六水가 된다. 土에게서 火를 건네받고 水에서 힘을 얻는다.

酉金의 自化運動

酉는 外金과 內金의 성향을 띠는 바, 방위상으로도 金이요 변화상으로도 金이다. 여기서 변화상의 金을 조금燥金이라 하는데, 이는 분열의 火氣를 완전히 체포한 것을 뜻한다.

數理로써 살펴보면, 四金 + 九金 = 十三이다. 여기서의 十土는 戌空으로 향하려는 성질, 三木은 戌土를 거쳐 巳火로 향하려는 성질을 각각 상징한다. 여기서 三木은 金氣에 체포된 火氣가 風木으로 후퇴하는 것을 뜻한다. 어쨌든 酉에서의 기운이 戌空으로 향하느냐 아니면 戌土로 향하느냐에 따라 形의 창조 여하가 판가름나게 된다.

酉方是四金 變九金 內外專金 濃縮火氣 培養陽氣也 觀以數理 四金加九金 則十土與三木 至濃之極 化生形質 或成風木 而至水局也

酉의 방위는 四金이고 변화는 九金이다. 내외적으로 오로지 金이어서 火氣를 농축하고 陽氣를 배양한다. 數理로써 보면, 四金에 九金을 더하여 十土와 三木이 된다. 농축의 끝에 이르러 形을 창출하거나 혹은 風木을 이루어 水局으로 넘어간다.

戌土의 自化運動

戌에는 두 가지 작용이 있는데 그 하나는 일반적으로 土가 지니고 있는 중재성仲裁性이고, 다른 하나는 象界와 形界를 교차하는 초차원성超次元性이다. 前者를 戌土, 後者를 戌空이라 한다.

이 兩者가 형성되는 비율을 억지로라도 가정하면, 戌空이 열릴 확률은 수천조 분의 1에 불과할 것이다. 허나 광대무변한 4차원 시공간과 도처에 즐비한 六氣를 고려하면 戌空의 발생 빈도를 무시할 수 없다.

戌은 外土와 內水의 성질을 겸유하며, 방위상으로는 土이지만 변화상으로는 水이다. 酉에서 중정重靜해진 기운에 또 한 번 水의 응고 작용을 가하게 되는데, 여기서 기운의 운명이 판가름나게 된다. 거의 대부분은 亥水로 넘어가지만 어쩌다 한 번 기적처럼 戌空이 뚫려 形을 창출하게 된다. 물질의 근간을 이루는 소립자가 만들어지는 것이다.

數理로써 살펴보면, 五土 + 六水 = 十一이다. 이는 十土를 거쳐 '하나'

를 만들어 내는 것을 상징한다. 이 '하나'가 亥水 속에 내재한 風木일 수도 있고 혹은 차원을 달리하는 形일 수도 있다.

따라서 戌이란 가히 천지 창조의 문호라 할 수 있다. 천지는 戌을 통해 그 形을 이루고, 사람은 戌을 통해 고차원 세계를 엿볼 수 있게 된다. 그러니 戌은 창조의 도통의 문고리라 할 수 있다.

戌方是五土 變六水 加一擊於酉裏陽極 則消於象界 出於形界也 而多數之氣至於水局 前者謂戌空 後者謂戌土也 觀以數理 五土加六水 則十土與一水 水意一擊 故 越十境吐一也 其一相合 成萬物也

戌의 방위는 五土이고 변화는 六水이다. 酉 속에서 궁극에 이른 陽氣에 일격을 가한즉 象界에서 소멸되고 形界에서 나타난다. 허나 대부분은 水局으로 넘어간다. 前者를 戌空, 後者를 戌土라 한다. 數理로써 보면, 五土에 六水를 더하여 十土와 一水가 된다. 水는 일격을 뜻한다. 고로 十의 경계를 넘어 하나를 토해낸다. 그 하나가 서로 어우러져 만물을 이룬다.

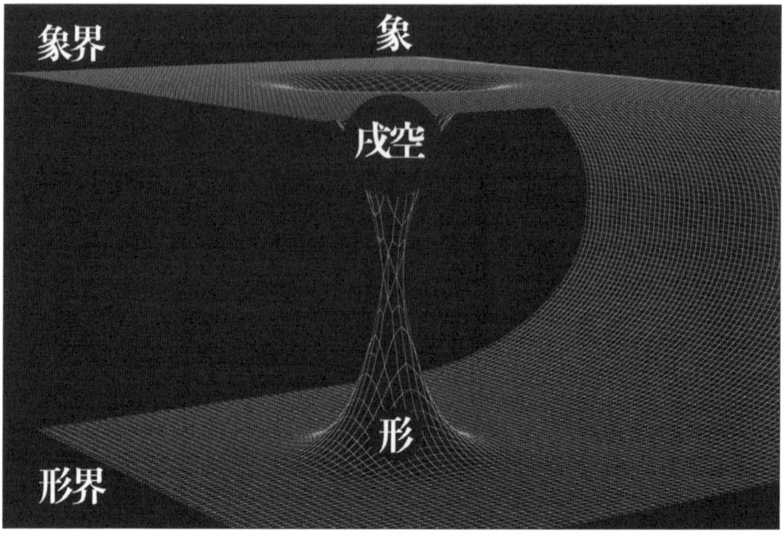

지금까지 六氣의 自化運動을 통해 象界에서 물질이 생성되는 메커니즘에 대해 살펴봤다. 정리하면, 물질이란 4차원에서 重靜된 六氣가 극한점에 다다라 戌空을 통해 3차원으로 전이轉移한 폐쇄 정보를 일컫는다. 4차원의 질서에 비춰볼 때 그 힘의 방향이 역전되어 있기에, 이것을 대차항수라고도 한다. 대차항수를 띤 폐쇄 정보들, 이것들이 뭉쳐져서 우리가 살고 있는 3차원 우주를 빚어내고 있다.

그렇다면 이런 폐쇄된 정보의 종류는 얼마나 될까? 또한 이것들은 어떤 원리로 상호 결합하여 물질이라는 더 큰 폐쇄 정보를 만들어내는 것일까?

가령, 그림을 그릴 때 물감을 적절히 혼합하여 색감을 표현한다. 마찬가지로 우주를 빚으려면 물감에 해당하는 기본적인 재료가 있어야 한다. 그런 재료로서 소립자를 떠올리기 쉬운데, 이것들은 자신들만의 고유한 정보가 부족하해 물감으로서의 기능을 충족하기 어렵다. 가령 집을 지으려면 여러 가지 모양의 벽돌이 필요한데, 이것들을 잘게 부숴 모래와 시멘트로 환원하면 벽돌 고유의 특성이 사라지고 마는 것과 같은 맥락이다.

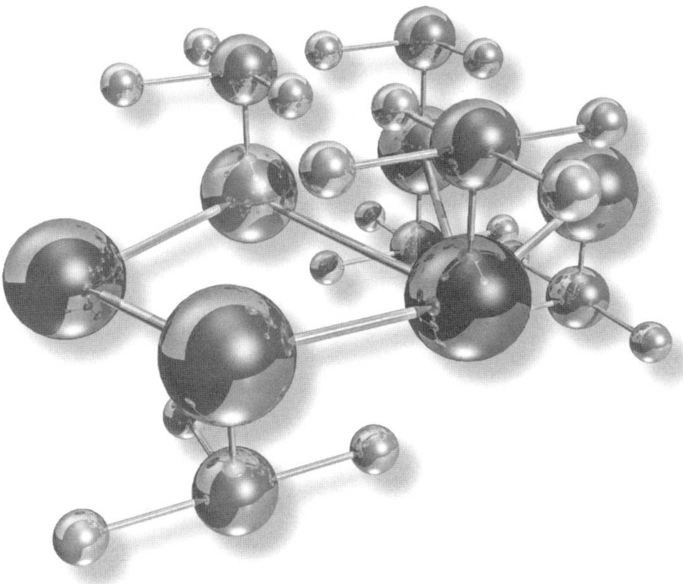

따라서 만물을 창출하기 위해서는 벽돌처럼 최소의 형태를 띠면서 고유의 정보 코드를 지니고 있는 요소, 즉 원자(原子atom)가 필요하다. 벽돌을 쌓아 집을 짓듯, 소립자가 뭉쳐진 원자여야만 이것들을 결합해 우주 만물을 빚어낼 수 있다.

이처럼 물질의 성질과 구조, 조성, 변화… 등을 연구하여 창조의 실체를 밝히려는 학문이 화학(化學chemistry)이다.

앞서 물질을 有로 봐서는 안 된다는 점을 누차 강조했는데, 바로 그 시작점이 원자이다. 원자를 쪼개 소립자로 분해하면, 양자역학에 등장하는 초차원적 현상들로 인해 물질로 보기가 애매해진다. 하지만 원자부터는 고유한 특성이 생겨나면서 물질의 기본 입자처럼 보여진다. 그러면서 자연스럽게 「물질=有」라는 인식이 굳어지게 된다.

우리는 오감을 통해 들어온 정보를 뇌에서 재처리하여 각자의 우주를 그리며 살아가고 있다. 그렇게 만들어진 우주가 인간들끼리는 비슷한 형태를 공유하지만 그것에 대한 해석과 평가, 느낌은 천차만별이다.

우리가 자신만의 우주를 창출하기 위해서는 외계의 정보를 있는 그대로 받아들여서는 안 된다. 그렇게 되면 우리의 눈에 비춰지는 우주는 흑백으로 된 평면의 그림책이 돼버릴 것이다. 또한 청각에 잡힌 음파는 어느 것이 높고 낮은 것인지 알 수 없고, 후각에 들어온 냄새는 어느 것이 향기이고 악취인지 가를 수 없고, 미각에 붙은 자극은 어느 것이 맛있고 맛없는지 판단할 수 없게 될 것이다. 왜냐, 애초부터 그런 구분 따위는 존재하지 않았기 때문이다.

인간은 생존과 풍요로운 삶을 위해 뇌 속에서 존재하지도 않는 세상을 창조하고 있다. 빛의 파장에 따라 色을 입히고, 소리의 높낮이와 청탁을 따져 音을 정하고, 바람에 묻어오는 입자를 일일이 분석해 香을 나누고, 혀에 묻어오는 자극을 구분해 맛의 등급을 매기고 있다. 이것은 비유하자면 모래와 시멘트를 가지고 벽돌을 만드는 과정이랄까. 규격화된 벽돌이어야만 집을 지을 수 있듯, 인간은 오감 각각의 고유 정보를 만들어냄으로써 자신만의 세상을 창조하고 있다.

그렇다면 이제 나의 우주에서 벗어나 객관의 우주로 나와 보자. 그리고 물질의 근간이 되는 원자들, 이것들의 정체가 과연 무엇인지 궁구해 보자.

원자란 앞서 말했지만 우주를 만들기 위한 물감이며 벽돌이다. 정확히 표현하면, 「물질을 만들 수 있는 정보의 최소 단위」가 된다. 우리가 뇌 속에서 오감을 규격화하듯, 우주는 창조를 위해 정보를 규격화할 필요가 있고, 이렇게 해서 가공된 것이 원자이다.

우리가 인식할 수 있는 色만 해도 수백만 종류가 넘는다고 한다. 하지만 그렇다고 해서 물감을 수백만 개나 갖출 필요는 없다. 기본적인 것들만 있으면 이것들을 혼합하여 얼마든지 色을 표현할 수 있기 때문이다. 마찬가지로 우주에 존재하는 물질의 모습은 헤아릴 수 없이 많지만 기본적인 정보 코드, 즉 원자만 있으면 충분하다. 이것들을 결합하면 웬만한 것들은 다 만들어낼 수 있다.

정리하면, 육기의 自化운동에서 발생한 돌연변이, 그것이 成空을 뚫고 뛰쳐나와 폐쇄 정보를 흩뿌리게 되고 이 과정에 생겨난 것들이 소립자들이다. 그런데 소립자만 가지고는 곧바로 우주를 만들어 낼 수 없다. 그래서 소립자끼리 결합하여 원자를 만들어 벽돌로 쓰게 되었다. 멘델레예프(Dmitri Mendeleyev)와 몇몇 화학자들은 그 벽돌에 원소라는 이름을 붙여 하나의 표로 정리해 놓았다. 이것이 주기율표(periodic table)이다.

원소(元素element)란 원자를 종류별로 구분한 것으로, 일정한 원자번호를 갖는 불변의 최소 물질을 말한다. 지금까지 밝혀진 원소의 수는 109개이며, 이 가운데 자연계에서 발견된 것은 90개 정도가 된다. 우주를 빚는 데에 많지도 적지도 않은 알맞은 수이다.

요컨대 물질의 최소 단위를 이루는 원자, 이것은 특정한 힘의 메커니즘을 지니고 있는 정보이다. 이것들이 결합하여 마법을 펼치면 온갖 물질들이 줄지어 나온다. 허나 원자들이 만들어내는 물질 역시 정보의 연장선상에 있다. 다만 그것들이 지닌 정보의 폐쇄성이 강해서 얼핏 보면 정보처럼 보이지 않는다는 것 뿐이다.

정보에 정보를 무수히 더하고 곱해도 결과는 정보로밖에 나올 수 없다. 그래서 원자라는 최소 정보가 만든 우주 삼라만상은 有가 아닌 非有非無한 정보로써 이루어져 있다.

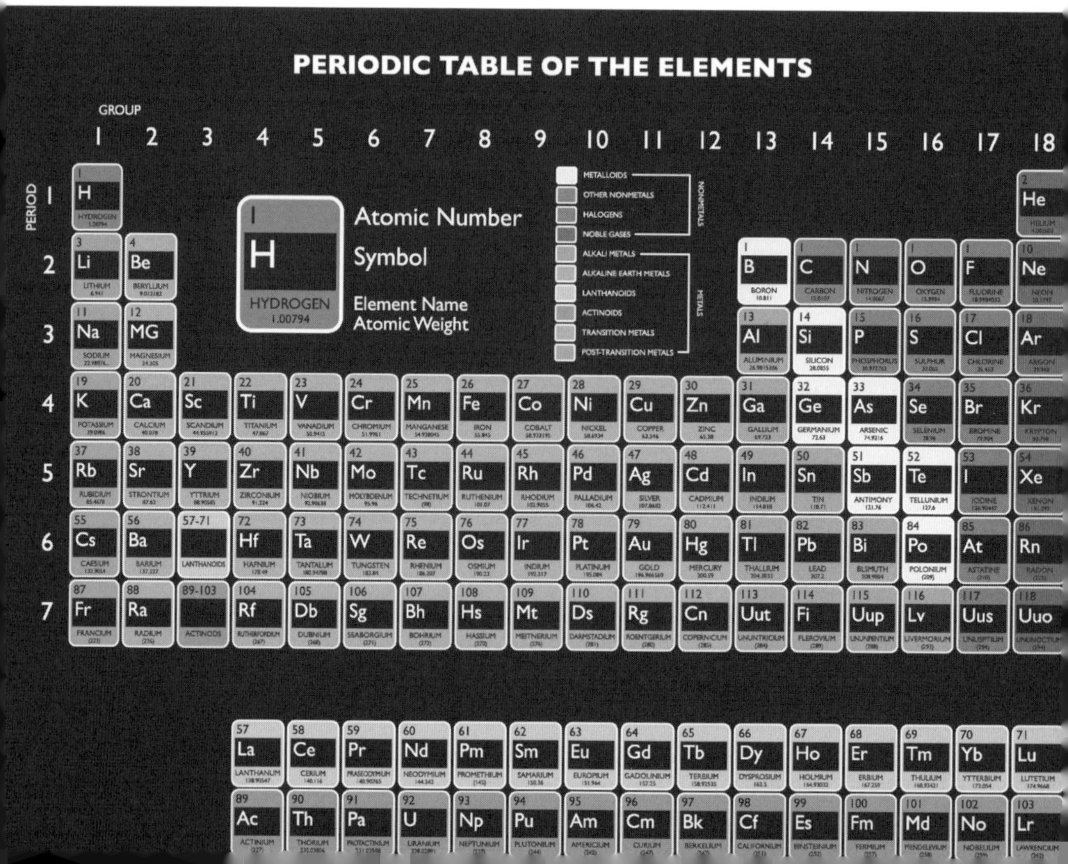

제5절. 土化作用論

象界는 五運六氣로써 변화하고 질서를 이루는 세계이다. 우리가 사는 形界와 동떨어진 세계에 이토록 긴 페이지를 할애하는 것은 바로 이곳이 물질의 근원이면서도 설계도인 까닭이다. 빛과 그림자의 관계라고나 할까. 象界의 이치를 궁구해야만 우리는 3차원 세계를 보다 정확히 이해할 수 있다.

우주를 바라보는 눈, 그것이 바뀌면 세상이 바뀐다. 우물 속과 같은 비좁은 時空에서 벗어나 광대무변한 세상을 그릴 수 있게 된다. 그리고 그런 열린 세상은 폐쇄된 정신을 한껏 열어젖혀 절대의 세계로 안내할 것이다. 그곳엔 영생과 열반이라는 두 개의 가치가 숨어 있다. 그 두 열매를 따기 위해 우리는 여태껏 象界의 질서를 더듬고 있는 것이다.

象界, 그곳의 변화는 五運六氣로 정리된다. 그리고 五運과 六氣의 운동엔 土가 깊숙이 관여하고 있다. 土는 기운의 불급不及과 태과太過를 조절하고 金火交易으로써 순환을 지속케 한다. 이로써 변화는 면면히 이어지고 질서는 구축된다. 木火金水를 잡아 돌리며 時空에 온갖 그림을 펼쳐놓는 土, 그것의 작용을 보다 자세히 살펴보자.

丑土一陽始生 辰土金火交易 未土一陰始生 戌土象形轉移 是爲土之司 曰土化作用也

丑土는 一陽을 시생하고 辰土는 金火를 교역하고 未土는 一陰을 시생하고 戌土는 象形을 전이轉移하는데, 이것이 土가 맡은 소임으로 土化作用이라 한다.

1. 土의 數理

	丑 未	辰 戌
外向	十土	五土
內向	五土	十土

辰戌丑未 네 개의 土가 맡고 있는 역할은 각기 다르지만 크게 두 가지 성향으로 구분할 수 있다. 그것은 변화를 주도하는 土와 통일을 지향하는 土이다. 전자는 궁극에 달한 기운을 극즉반極卽返으로 돌려 변화가 지속적으로 이루어지게 하는 土로서, 丑土와 未土가 각각 여기에 해당한다. 그리고 후자는 기운 상호 간의 연결을 도와주는 土로서, 辰土와 戌土가 각각 여기에 해당한다.

陰局에서 陽局, 陽局에서 陰局으로 전향轉向을 매개하는 丑未土에 비해 陰局에서 陰局, 陽局에서 陽局으로의 전진前進을 주도하는 辰戌土의 비중은 다소 떨어진다 하겠다. 그래서 丑未土를 十土, 辰戌土를 五土라 한다.

그러나 이것은 외적인 면에서의 數理이지 내면을 중심으로 한다면 오히려 辰戌이 十土, 丑未가 五土가 된다. 土가 이렇게 내외적으로 상호 다른 성질을 겸유하는 것은 土 자체에 지닌 조화와 중재성에 기인한다. 대칭을 이루며 상반되는 성질을 공유해야만 土가 지닌 본래의 역할을 제대로 수행할 수 있다.

그렇다면 土에 數理가 구체적으로 어떻게 대응되는지 살펴보자.

먼저 외적인 면을 고려할 때, 辰戌丑未 네 개의 土 가운데 가장 큰 역할을 맡고 있는 土는 未土이다. 未土는 분열과 팽창의 궁극에 달하여 해체로 치닫는 火氣를 金火交易으로써 수습하여, 변화가 지속적으로 전개되게 하는 막중한 역할을 맡고 있다.

그다음으로는 丑土를 들 수 있는데, 이는 陰이 득세하는 水局에서 내장된 陽氣를 자극하여 一陽이 시생할 수 있도록 방조幇助하는 역할을 한다. 그래서 未土에는 못 미치지만 다른 土에 비해서는 동력의 소비가 크다. 쉽게 산고産苦를 위한 동력으로 보면 되는데, 어쨌든 이런 연유로 丑土는 十土가 된다.

극과 극을 넘나드는 丑未土에 비해 辰土와 戌土는 같은 선상에서 변화의 진전을 매개하는 역할만 할 뿐이다. 이 중에서도 특히 辰土의 비중이 떨어진다. 물론 金火交易이 이루어질 수 있도록 배경을 조성하는 역할을 하긴 하지만, 戌土가 떠맡고 있는 陽核 형성이나 形의 창출에 비해 다소 못 미치는 것이 사실이다. 어쨌든 辰戌土는 외적으로는 丑未土에 비해 그 역할이 떨어지는 바, 이를 五土라 한다.

그러나 내적으로 기준을 바꾸면 오히려 辰戌土가 十土, 丑未土가 五土가 된다. 왜냐하면 극히 작은 확률이지만 戌土가 차원을 교차하며 形을 창출하기 때문이다. 戌空이 뚫리면서 六氣의 순환은 깨지는 반면에 새로운 창조물을 얻게 된다. 이런 戌土의 놀라운 변화로 말미암아 대화축對化軸인 辰土와 함께 十土라 한다. 반면에 丑未土는 象界에서만 일률적으로 이루어지는 작용에 불과하여 五土가 된다.

丑未居陰陽之叉 其數十也 辰戌居陰陽同線 能成變環 其數五也

丑未는 陰陽의 교차에 위치하는데 그 數는 十이고, 辰戌은 陰陽의 동선에 위치하며 능히 변화의 고리를 이루는데 그 數는 五이다.

2. 土의 삼원운동과 오원운동

五運이 六氣가 되면서 土의 기능이 대폭 강화된다. 두 배로 늘어난 土는 八方의 기운 속으로 깊이 침투하여 전보다 단단한 질서를 구축한다. 이로써 더 세찬 변화를 조장할 수 있고 그만큼 창조의 범위도 넓어지게 된다. 바로 고도의 질서가 가능하게 된 것이다.

土는 일반적으로 三元運動을 주력으로 삼는다. 이것은 '氣-土-氣'의 구조로서, 子丑寅, 卯辰巳, 午未申, 酉戌亥가 된다.

그런데 三元運動에서는 축을 형성하는 辰戌丑未가 방위상으로 기울어져 배치된다. 여기서 寅申의 相火가 발생하고, 아울러 분열과 팽창의 성향을 더욱 왕성하게 한다.

相火는 활발한 변화를 촉진하지만 그 결과는 발전 혹은 후퇴가 공존하게 된다. 분명 부작용이 있지만 그렇다고 相火를 없앤다면 안정이 이루어지는 만큼 창조는 멀어지게 된다. 相火를 인체에 적용하면, 성장과 노화를 촉진하고 다양한 질병의 원인이 된다. 스트레스나 활성산소를 비롯해 암 같은 돌연변이도 相火와 연관성이 깊다. 이처럼 相火는 무병장수에 걸림돌이지만 생명의 진화를 위해서 꼭 필요한 요소이다.

아무튼 土는 三元運動으로써 두 개의 기운 사이에 대들보를 세우고 이로써 보다 정교한 질서를 구축하게 된다. 여기서 멈추지 않고 土는 생장生長과 염장斂藏으로 기운의 흐름을 갈라 陰陽運動도 병행한다. 寅卯辰巳午와 申酉戌亥子로 짝을 이루어 변화하는 것으로, 이를 五元運動이라 한다. 五元運動은 丑未를 기준으로 기운의 운행을 양등분하고, 모든 초점을 火局에서 金局으로의 전환에 두었다는 점이 이채롭다. 이는 당면한 과제인 분열의 火氣를 수습하는 데에 丑未가 총력을 기울이는 것을 뜻한다.

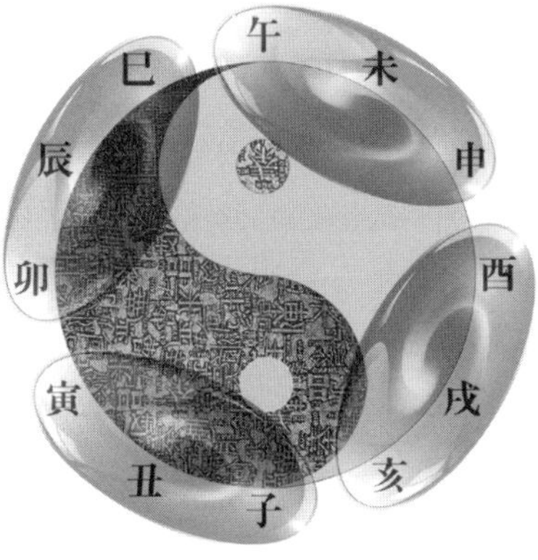

三元運動

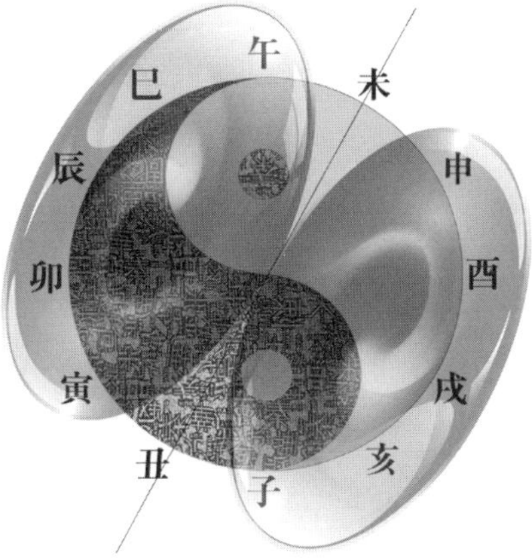

五元運動

土化作用의 대간은 딱 여기까지이다. 그런데 문제는 이런 土의 운동에 지나친 해석을 가하면서 발생한다. 三元運動과 五元運動에 선천과 후천이라는 타이틀을 걸고 그 사이에 개벽의 선을 긋는 묘한 흐름이 생겨난 것이다. 三元運動의 相火를 선천의 온갖 모순을 발생하는 동인動因으로 규정하고, 아울러 지축의 경사를 여기다 갖다 붙인다. 그리고 五元運動에 의해 丑未의 축이 바로 서게 되면 이것을 지축의 정립이라 하고 새로운 후천 세상의 개천開闢이라는 것이다.

이것이 김일부의 正易에 편승하고 아울러 탄허스님을 비롯한 숱한 신흥종교의 개벽철학으로 번지면서 왜곡이 급물살을 타게 되었다. 시한부 종말론이 개벽설로 둔갑하여 온갖 사회악을 조장하게 되니, 진리의 왜곡이 가져오는 병폐가 심히 크다 할 것이다.

土의 三元·五元 운동은 形而上인 象界의 이치를 논한 것이다. 이것을 그대로 形界에 끌어오는 것도 문제지만, 설상가상으로 지축에 갖다 붙이는 것은 심한 억지이다. 지축은 지금처럼 비뚤어져야만 생장염장生長斂藏의 순환 마디가 생겨 생명이 살기에 알맞은 환경이 조성된다. 지축의 정립은 지구 생명체에 파멸을 가져올 뿐이다.

요컨대 土는 三元運動으로써 질서의 구조를 잡고 五元運動으로써 律呂를 이룬다. 이로써 六氣는 고도의 질서를 구축하고, 이것이 궁극에 이르러 戌空을 뚫고 形을 창출하게 된다. 천지창조의 설계도는 이때부터 본격적으로 만들어지기 시작한 것이다.

氣對精對氣 其機安定 可循久也 子丑寅 卯辰巳 午未申 酉戌亥 是謂三元運動也 分以陰陽 寅卯辰巳午對申酉戌亥子也 以丑未軸 展行律呂 是謂五元運動也

氣와 精과 氣의 틀은 안정되어 가히 순환이 오래가게 된다. 子丑寅, 卯辰巳, 午未申, 酉戌亥을 이루니 이것을 일러 三元運動이라 한다. 陰陽으로 나누면 寅卯辰巳午와 申酉戌亥子가 되는데, 丑未 축을 중심으로 이루어지는 율려 운동을 五元運動이라 한다.

3. 土의 금화교역

土의 역할 중에서 무시할 수 없는 것이 未土의 金火交易이다. 金火交易이 없이는 五運六氣 자체가 성립될 수 없는 까닭이다.

金火交易에 관해서 직설적으로 언급한 문헌은 현존하지 않는다. 다만하도河圖와 낙서洛書에서 四九金과 二七火의 위치가 뒤바뀐 것을 통해 金火交易을 짐작할 뿐이다. 따라서 하도와 낙서만으로는 金火交易의 실상을 온전히 이해하기 어렵다.

그런데 다행히도 金火交易의 원리를 구체적으로 담고 있는 것이 현존하고 있다. 그것은 어린이들 사이에서 널리 즐겨하는 공기놀이이다. 金火交

易은 공기놀이를 통해 그 원리를 소상히 보여준다. 소실될 우려가 있는 문헌 대신 민간의 놀이를 택해 계승하게 한 선현先賢의 지혜를 엿볼 수 있는 대목이다.

공기놀이는 다섯 가지의 공기가 서로 엮어지며 작용하는 원리를 담고 있다. 여기서의 공기란 글자 그대로 空氣를 말한다. 텅 빈 성질의 기운, 즉 象界에서의 木火土金水를 가리킨다.

그러면 구체적으로 공기놀이에 담긴 土化作用을 살펴보자.

土의 引力性

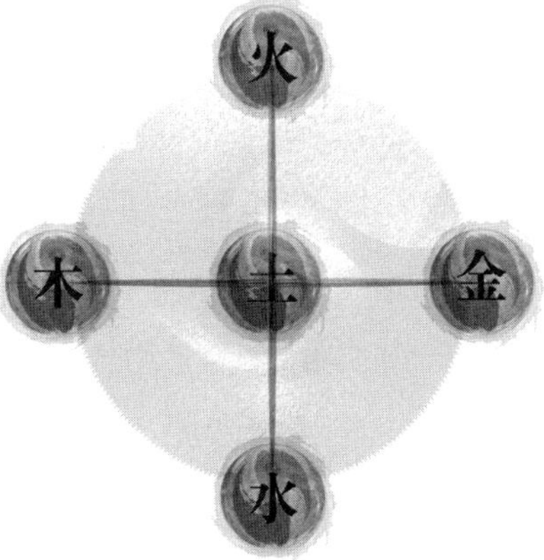

이상은 木火金水 각각의 영역에 土가 미치는 원리를 설명하고 있다. 공기놀이를 할 때 중앙의 돌(土)을 반복해서 공중에 던지면서 나머지 돌들을 하나씩 잡는 것은 土가 모든 기운에 관여하고 있다는 사실을 표현한다. 이때의 土는 기운들이 흩어지지 않게 묶어 놓는 역할을 한다. 土의 가장 기본적 작용인 인력引力이다.

丑土와 辰土의 仲裁性

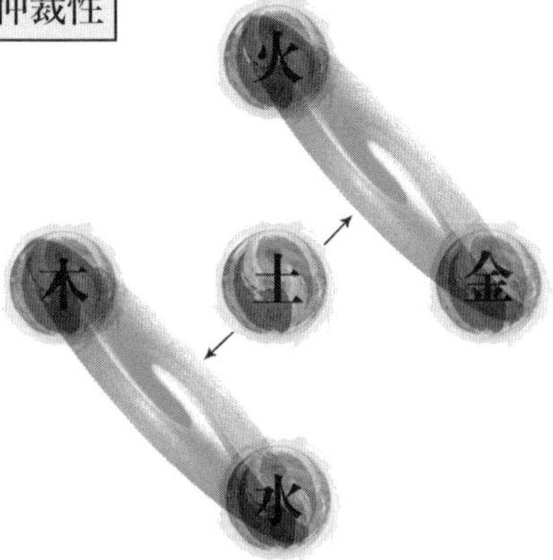

이상은 두 기운 사이에서 중재와 조화를 관장하는 丑土와 辰土의 원리를 보여준다. 공기놀이에서 중앙의 돌(土)을 중심으로 두 개의 돌을 묶어서 취하는 것은 곧 기운과 기운을 중재하여 그 흐름에 차질이 없게 하는 土의 중재성과 조화성을 나타낸다.

未土의 金火交易

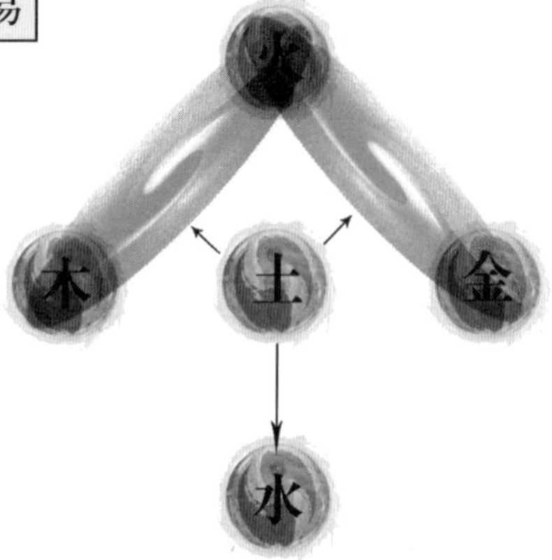

이상은 세 기운에 한꺼번에 미치는 土의 작용을 보여주는 것으로, 이것이 곧 金火交易이다. 木의 말기에 金이 배치되고, 궁극에 달한 火氣의 분

열과 팽창을 수습해 수렴으로 선회하게 하는 未土의 작용이다.

세간에는 金火交易을 논함에 火局의 초반기에 金氣가 잠재하는 것으로 알고 있지만 이는 사실과 다르다. 왜냐하면 火剋金의 원리에서 알 수 있듯, 火가 득세하고 있을 때는 결코 金氣의 접근을 용납하지 않기 때문이다. 그래서 金氣의 잠입은 對化를 통해 木局의 말기에 시작하게 된다. 그리고 火가 득세하면 金은 잠룡이 되어 때를 기다린다.

이렇게 세 기운, 즉 木·火·金에 한꺼번에 미치는 土의 작용을 일컬어 金火交易이라 한다. 공기놀이에서 중앙의 돌을 중심으로 세 개의 돌을 한꺼번에 취하는 것이 바로 金火交易의 비밀을 보여주고 있다.

戌土의 形化作用

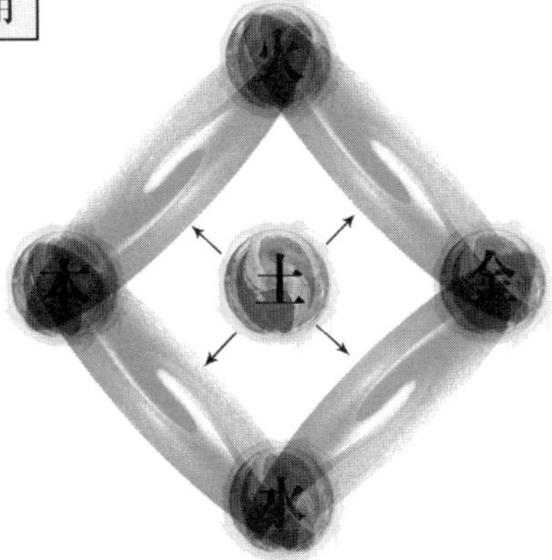

이상은 모든 기운을 통일하여 眞空을 형성하는 戌土의 形化 작용을 보여준다. 공기놀이에서 중앙의 돌을 중심으로 네 개의 돌을 한꺼번에 취하는 것은 水木火金의 총체적 변화가 궁극에 달하여 戌空이 열리며 形이 창출되는 원리를 담고 있다.

土의 損益決算

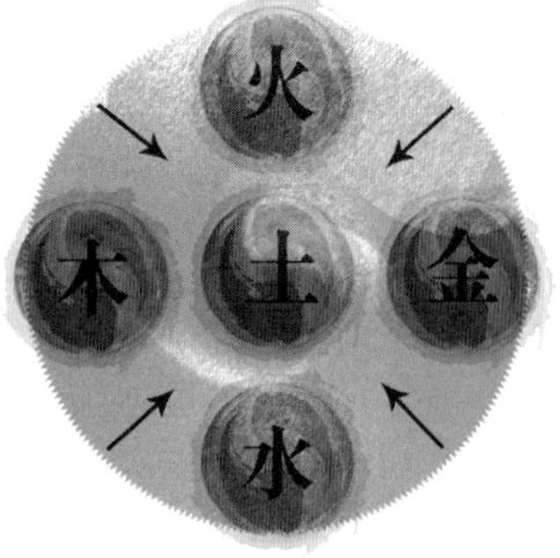

공기놀이는 다섯 개의 돌을 던지고 손등으로 받아 낚아채는 개수에 의해 승부가 결정된다. 이것은 기운의 순환이 끝났을 때 어느 정도의 손익이 있었는지를 검토하는 과정이다. 土가 제 역할을 잘하여 손실을 줄이고 이익을 얻었는지를 꼼꼼히 따져 다음 순환의 자료로 삼게 된다. 여기서의 손익은 相火에서 잃어버리는 기운과 戊土에서 벌어들이는 陽核의 질을 각각 뜻한다. 이로써 변화를 종결짓고 새로운 창조를 향해 다시금 순환하게 된다.

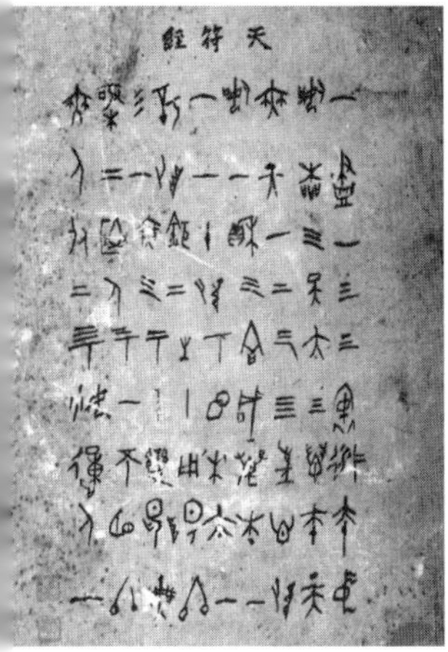

天符經

一始無始一
析三極無盡本
天一一地一二人一三
一積十鉅無匱化
三天二三地二三人二
三大三合六生七八九
運三四成環五十
一妙衍萬往萬來用變不動本
本心本太陽昂明人中天地一
一終無終一

一은 만물의 시작이나, 실상은 시작이 없는 것이 一이니라.

一을 쪼개 보면 작용이 다른 셋으로 나뉘는데, 그 근본은 변함이 없다.

기[氣/天]라는 一이 그중 하나요, 정[精/地]이라는 一이 그중 둘이요, 신[神/人]이라는 一이 그중 셋이다.

一이 精氣神 三極 작용을 하여 만물을 수없이 불려 나감에 그 변화는 다함이 없도다.

精氣神이 공간[天]에 陰陽으로 작용하고, 精氣神이 터전[地]에 陰陽으로 작용하고, 精氣神이 생명[人]에 陰陽으로 작용하여,

이렇게 精氣神의 작용이 커지고 서로 합쳐 나가서 물질[六]을 이루고 결국 인간[九]을 창조하기에 이르렀다.

또한 精氣神이 三[生長成]과 四[生長斂藏]의 마디로 운행하며 순환의 도수인 五와 十을 이루니, 상대계가 영원토록 변화무쌍하게 되었다.

一이란 이렇게 묘하게 넘쳐 흘러 만물을 생성하고 또한 만물의 귀의처가 되는구나.

인간의 본심은 태양과 같이 밝고 밝아, 사람 가운데에 우주가 있으니 사람이 곧 하느님이도다.

一은 만물의 끝이나, 실상은 끝이 없는 것이 一이니라.

【註】

* [一始無始一]: 천지창조가 太一에서 생겨났지만 실상은 천지창조란 있지 않다는 뜻이다. 幻有의 관점에서 보면 천지창조가 있었기에 지금의 내가 존재한다. 하지만 眞有의 관점에서 보면 太一의 상태에서 조금의 변화도 없이 그냥 그대로 존재하고 있을 뿐이다. 즉, 一始란 幻有의 입장에서, 無始一은 眞有의 입장에서 각각 바라본 것이다. 衆生과 覺者가 바라보는 상대관과 절대관을 동시에 표현하며 참된 진리의 모습을 가르치고 있다.

* [析三極無盡本]: 太一은 元氣와 元精의 통일장인 元神으로 이루어져 있는데, 이것이 붕괴되면서 精氣神 三極이 솟아난다. 析三極이란 太一을 쪼개 보면 – 실제로는 쪼갤 수 없지만 – 精氣神 三極의 작용이라는 말이고, 無盡本이란 精氣神이 아무리 작용하고 변화해도 근본이 太一임에는 변함이 없다는 뜻이다.

* [天一一地一二人一三]: 사방팔방으로 끊임없이 퍼져 나가는 氣를 天에, 둥글게 맺혀 형체를 만드는 精을 地에, 정보를 취합해 幻有를 그려내는 神을 人에 각각 비유하였다. 精氣神 三極, 이것이 천부경의 비밀을 푸는 열쇠이다. 본문에서 공통적으로 나오는 一은 太一을 가리키며, 그 뒤의 一二三은 단순히 순서를 세는 숫자이다. 즉, 공통된 一은 앞의 '析三極無盡本'에 연결되는 것으로, 精氣神의 근본은 太一이라는 三位

一體를 설명한다. 정리하면, 「三極이란, 氣라는 太一이 그중 하나요, 精이라는 太一이 그중 둘이요, 神이라는 太一이 그중 셋이다」는 뜻이다.

* [三天二三地二三人二]: 여기서의 天地人은 앞에서의 精氣神을 가리키는 것이 아니다. 天은 공간을, 地는 터전을, 人은 생명을 각각 상징한다. 앞의 공통된 三은 精氣神을, 뒤의 二는 陰陽 작용을 각각 가리킨다. 즉 精氣神 三極이 陰陽의 원리로써 공간[天]과 터전[地]과 생명[人]에 두루두루 작용해 변화를 일으키는 현상, 천지창조의 과정을 설명하고 있다.

* [三大三合六生七八九]: 三이란 精氣神 三極을, 大란 그 작용이 점점 확대되는 것을, 合이란 精氣神 상호 간에 어우러지고 교합하는 현상을 각각 뜻한다. 그리고 六이란 물질을 상징하는데, 이는 象界에서 戍空을 통해 形과 物이 생겨난 것을 뜻한다. 그리고 계속해서 여러 가지의 물질[七]과 생명체[八]가 생겨나고, 이윽고 스스로 太一에 복귀할 수 있는 최고의 영물인 인간[九]이 생겨난 것을 설명하고 있다. 여기서 九란 더 이상의 수가 없는 분열의 궁극점으로, 스스로 原始返本할 수 있는 고등 생명체를 말한다.

* [運三四成環五十]: 세간에 十이 七로 알려져 있는데, 이는 十의 誤記이다.

* [本心本太陽昻明]: 결론을 유도하는 구절로서, 인간의 무궁한 가치를 논하고 있다. 本心이란 法性을, 태양이란 法光을 각각 뜻한다. 인간 본연의 마음은 진리를 닮아 무한한 광명이 빛나고 있음을 설명하고 있다.

* [人中天地一]: 인간의 본심에는 온 우주[天地]가 들어 있는 것인 바, 인간이 곧 하느님[一]이라는 뜻이다. 이 구절이 천부경의 결론이며 弘益人間의 사상이 나오게 된 배경이다.

* [一終無終一]: 앞의 一始無始一과 같은 뜻이다. 太一이 삼라만상의 귀의처이나, 眞有의 입장에서 보면 만물의 본모습이 太一인 바, 太一에 귀의할 하등의 것이 없다는 뜻이다. 삼라만상이 본래 부처라는 말과 같은 맥락이다.

제7장

E=대차항수

E=대차항수에 대한 고찰

필자는 앞서 「E=대차항수」에 대해 논한 바 있다. 매우 단순한 명제지만 우주를 바라보는 시각을 근본적으로 바꿔주는 데에 그 의미가 있다 할 것이다. 「E=대차항수」에는 다섯 가지 원칙이 있다. 본 장章에서는 이 5대 원칙을 가지고 물리 현상을 다루고자 한다.

혹자는 왜 하필 책의 제목인 [大道에 이르는 書]에 맞지 않게 수시로 이론물리학이 등장하느냐고 반문할 수도 있겠다. 그런데 道란 것은 形而下인 현실과 동떨어져 있지 않다. 다시 말해 道란 산속에 홀로 거하며 추상적인 관념 속에서 터득할 수 있는 차원의 것이 아니다.

물론 석가와 같이 타고난 성인은 예외겠지만, 그렇지 않은 대부분의 수행자들은 현실과 호흡하며 그 속에서 이치를 하나둘씩 터득해 나갈 때 비로소 道의 대간을 잡을 수 있다. 이것이 본서에서 과학의 끈을 놓지 않는 이유이다. 화광동진和光同塵이라는 道家의 말을 곱씹어 볼 필요가 있다.

요컨대 세상을 정보로 봐야 한다. 정보를 동양철학에서는 理라 한다. 理는 실존實存의 한 단면이며, 非有非無한 제3의 존재 형태이다. 이것이 운동하면 氣가 되고, 氣가 폐쇄되면 에너지(물질)가 된다.

정보로써 세상을 보는 관점, 이것이 「E=대차항수」이다. 이것은 삼라만상의 변화와 운동 원리를 근원적으로 풀어 주는 열쇠가 되어 줄 것이다.

「E=대차항수」의 5대 원리
제1법칙: 3차원은 4차원에 대한 저항값에서 비롯된다. - [창조의 법칙] -
제2법칙: 에너지(질량•속도)에 비례하여 대차항수는 가감加減된다. - [존재의 법칙] -
제3법칙: 대차항수끼리는 빼지지 않고 더해지며, 큰 쪽을 따라간다. - [질서의 법칙] -
제4법칙: 모든 운동은 대차항수에서 벗어나는 쪽으로 향한다. - [변화의 법칙] -
제5법칙: 어떤 界에 포함되는 다른 界가 받는 대차항수는 감소한다. - [생명의 법칙] -

제1법칙

대차항수란 「4차원의 질서에 역행함으로써 발생하는 저항 에너지의 값」을 말한다. 3차원의 모든 것은 '4차원의 저항을 받는 힘의 결집'이라는 뜻이다. 가령 2차원 면面을 만든다고 가정하자. 그러려면 초강력 프레스로 뭔가를 납작하게 눌러야 한다. – 물론 이런다고 해서 2차원을 만들 수 있는 것은 아니다. – 2차원은 3차원과 다른 방향으로 힘이 가해지기에, 이렇게 해서 만들어진 면은 3차원의 질서에 역행하게 된다. 3차원에 대한 저항값, 즉 대차항수로써 이루어지게 된다.

마찬가지로 3차원이 형성되려면 4차원의 질서와 역행해야 하고, 그래서 크든 작든 대차항수를 지니게 된다. 이것이 「3차원은 4차원에 대한 저항값에서 비롯되었다」는 [E=대차항수/제1법칙]이다. 일명 창조의 법칙이다.

제2법칙

직경 100km가 되는 프레스로 백두산을 통째로 누른다고 가정하자. 백두산의 높고 낮음에 따라 압박을 받는 수위가 제각기 다를 것이다. 정상은 가장 센 압력을 받는 반면 평지는 가장 약한 압력을 받게 된다. 이처럼 3차원의 모든 것은 4차원에 대한 저항값을 받는 정도가 제각기 다르게 되는데, 이것이 「에너지(질량•속도)에 비례해서 대차항수는 가감加減된다」는 [E=대차항수/제2법칙]이다. 일명 존재의 법칙이다.

제3법칙

대차항수는 4차원에 대한 저항값이고, 이것의 실체는 정보이다. 정보는 언제나 그 성질에 따라 서로 더해질 수 있다. 다만 대차항수끼리 부딪혀

분해되지 않는 한 정보가 줄어드는 법은 없다. 그리고 이런 때엔 늘 대차항수가 큰 쪽의 영향을 받게 된다. 대차항수가 0인 빛이 태양의 대차항수에 이끌려 궤도를 수정하는 것도 그렇고, 태양의 대차항수에 이끌려 행성들이 공전을 하는 것도 같은 이유이다. 이것이 「대차항수끼리는 빼지지 않고 더해지며, 큰 쪽을 따라간다」는 [E=대차항수/제3법칙]이다. 일명 질서의 법칙이다.

제4법칙

프레스에 눌린 2차원 면面은 저항에서 벗어나 3차원으로 돌아가려고 한다. 하지만 2차원이라는 감옥에 갇혀 옴짝달싹 못 하는 형편이다. 상황이 이렇더라도 2차원 내의 모든 것들은 본능적으로 저항값을 줄여 3차원으로 회귀하려 한다. 마찬가지로 3차원의 모든 것들은 각기 지니고 있는 대차항수를 0으로 만들려는 쪽으로 운동을 하게 된다. 이것이 「모든 운동은 대차항수에서 벗어나는 쪽으로 향한다」는 [E=대차항수/제4법칙]이다. 일명 변화의 법칙이다.

제5법칙

프레스에 눌린 백두산은 봉우리의 높낮이에 따라 저항값이 각기 다르다. 이때 높은 봉우리의 옆에 있는 작은 봉우리는 저항값을 상대적으로 적게 받는다. 이처럼 대차항수가 높은 계界 내의 존재들은 상대적으로 대차항수가 감소하고, 이런 이유로 계界 내부로 향하려는 움직임이 생긴다. 중력을 비롯한 뭉치는 힘들이 여기서 왔고, 또한 생명체가 행성이라는 거대한 대차항수 속에서 터전을 가꿀 수 있는 이유도 여기에 있다. 이것이 「어떤 界에 포함되는 다른 界가 받는 대차항수는 감소한다」는 [E=대차항수/제5법칙]이다. 일명 생명의 법칙이다.

제1절. 물질의 실체

우리에게 가장 친근한 것이 있다면 그것은 단연코 물질일 것이다. 사방팔방 모든 것이 물질로 채워져 있으니 말이다.

그런데 사실 물질이 무엇인가에 대한 정확한 답을 내리기란 쉽지 않다. 과학이 눈부시게 발달한 오늘날에도 정확히 물질이 뭐라고 단정할 수 있는 사람은 없다. 그만큼 물질은 쉬우면서도 어려운 존재이다.

흔히 물질하면 소립자가 뭉쳐서 이루어진 질량 덩어리를 생각한다. 아니면 아인슈타인의 말마따나 일종의 에너지로 보기도 한다. 그런데 물질은 생각만큼 단순하지가 않다. 물질의 근간을 이루는 소립자의 세계로 눈을 돌리면 기이한 일들이 끊임없이 벌어지기 때문이다.

그 가운데 가장 곤혹스런 것은 소립자들이 입자성과 파동성을 동시에 띠고 있다는 것이다. 거시세계에서는 도저히 받아들일 수 없는 기막힌 물리 현상이다.

입자성粒子性이란 말 그대로 뭉쳐서 덩어리를 이루려는 성질이다. 따라서 이런 입자성이 없다면 우주는 지금의 형상을 유지하지 못했을 것이다. 이에 반해 파동성波動性이란 물결처럼 파동을 일으키며 퍼져 나가는 성질을 말한다. 파동은 특정한 힘이 매질을 통해 전달되면서 발생하는 연쇄 반응 현상이다. 따라서 입자성과는 전혀 다른 성질의 것이다.

가령 돌멩이를 보면 전적으로 입자성만 보인다. 만일 돌멩이가 파동성을 띠려면 물결처럼 파동을 일으키면서 퍼져 나가야 한다. 물론 그렇게 되기 위해서는 돌멩이의 주변엔 매질이 가득 차 있어야 한다. 다시 말해 매질의 움직임을 설명하기 위한 파장, 진폭, 진동수, 주기 같은 물리량이 전제돼야 한다. 따라서 물결처럼 퍼져 나가면서 동시에 단단하게 뭉쳐 있는 돌멩이는 현실적으로 존재하기 어렵다. 돌멩이는 종전처럼 그냥 입자로써 이해하는 것이 간명하다. 입자는 질량과 위치, 에너지와 운동량 등으로 비교적 간단히 설명할 수 있다.

이처럼 입자성과 파동성은 흑黑과 백白처럼 뚜렷하게 대비되는 성질의 것인데, 소립자의 세계에선 동전의 양면처럼 두 성질이 늘 함께 나타난다. 그래서 물질에 대한 의구심이 더욱 커질 수밖에 없다.

이 문제를 풀려면 우주를 바라보는 시각을 근본적으로 바꿔야 한다. 그렇지 않고는 미시세계와 거시세계를 이원적二元的으로 가르는 수고를 해야 한다. 오늘날 양자역학이 다루는 미시세계가 낯설게만 다가오는 것도 그런 이원적 사고에 기인한다. 그렇다면 소립자의 세계에서 일어나는 신비한 현상들은 거시세계와 어떤 연관이 있을까? 다시 말해 양자역학에서 얻는 지식으로써 거시세계의 물질을 설명할 수 있을까?

그 토대를 마련한 이는 드브로이(L.V.de Broglie, 1892~1987)이다. 그는 전자나 양성자와 같은 작은 입자들이 파동성도 함께 지니고 있다는 물질파 이론을 창안했다. 1924년 [양자에 대한 연구]라는 박사 학위 논문에서 이처럼 주장했고, 이것은 1927년 11월에 영국의 톰슨(G.P.Thomson, 1892~1971)이 전자의 회절 사진을 찍는 데 성공함으로써 밝혀졌다. 이 덕

에 드브로이는 1929년 노벨 물리학상을 수상하게 되었다.

여기서 당시 과학자들의 사고에 일대 전환을 가져오게 된다. 전자를 비롯한 소립자의 세계를 입자가 아닌 파동으로 다루는 방법을 고안하게 된 것이다. 과학자들은 전자를 파동으로 다루면 양자화된 물리량을 다룰 수 있을 것으로 생각했고, 여기에 착안해 슈뢰딩거는 전자의 상태를 나타내는 파동함수를 구하는 슈뢰딩거 방정식을 만들게 되었다. – $i\hbar\frac{\partial|\psi\rangle}{\partial t} = \hat{H}|\psi\rangle$ –

이후 양자역학은 급속도로 발달하게 되고, 이것은 과학뿐만 아니라 철학의 영역에도 지대한 영향을 끼치게 된다. 물질을 입자들의 단순한 결합으로만 알고 있던 사람들은 물질이 파동성도 함께 띤다는 사실을 앎으로써 존재에 대한 심각한 고민에 빠질 수밖에 없었다. 여기서 「물질이란 과연 어떤 존재인가?」라는 근원적 물음이 다시 떠오르게 되었다.

그렇다면 현재 시점에서 물질은 과연 어떻게 해석되고 있는가?

과학의 각 분야마다 약간씩 다른 접근을 할 수 있을 것이다. 하지만 여기에 대한 답을 풀기 위해서는 왜 소립자들이 입자와 파동의 성질을 동시에 띠고 있는지에 대한 설명이 전제돼야 한다. 이것이 해결되지 않고는 물질에 대한 정확한 정의를 내릴 수 없다.

질문을 하나 던지겠다. 물질은 有인가?

이것은 본서의 앞부분에서 심도 있게 다루었던 주제이다. 기억을 되살려 답을 궁구해 보자. 만일 답이 정확히 떠오르지 않는다면 [1장~2장]을 다시 정독해 보고 본고를 계속해서 읽는 것이 좋을 것이다.

답은 '물질은 有가 아니다'이다. 그렇다면 물질은 無인가? 당연히 無도 될 수 없다.

우리는 본능적으로 세상 만물을 有가 아니면 無라는 식으로 생각한다. 너무나 당연해서 이것에 대해 의심을 품는 사람은 없다. 일찍이 싯다르타 정도만 여기에 의심을 품고 그 답을 찾았을 뿐이다. 그는 이 이치를 후세에 남겼고 그것은 空이라는 모호한 형태의 설명으로 남아 있다. 그 空을 붙들고 한평생 궁구하는 수행자들이 수도 없이 많았지만 그것이 뜻하는 바를 정확히 아는 사람은 드물었다. 색즉시공色卽是空 공즉시색空卽是色이라는 반야심경의 문구를 끊임없이 들여다보면서도 단지 추상적으로 지레짐작할 뿐이었다.

空이란 쉽게 말해 有도 아니고 無도 아닌 제3의 존재 형태이다. 삼라만상 모든 것은 有가 될 수 없다. 有란 것은 일찍이 존재한 적도 없고 존재할 수도 없다. 有가 존재한다고 말하는 것은, 가령 오이를 한 개 들고는 이것이 짧다고 말하는 것과 다름없다. 오이 하나만으로는 짧은 것이 성립될 수 없다. 오이가 짧다고 하려면 그것보다 긴 무언가가 옆에 붙어 있어야 한다. 마찬가지로 有가 성립되려면 그것과 대비되는 無가 동시에 존재해야 한다.

필자가 이렇게 말하면 독자들은 동전처럼 有인 앞면과 無인 뒷면이 공존하는 형태를 떠올릴 것이다. 그런데 실상 有와 無가 존재하는 형태는 동전의 양면처럼 앞뒤로 되어 있는 것이 아니다. 앞뒤 면의 有·無는 같이 붙어 있는 것처럼 보이지만 여전히 따로 떨어져 있다. 有가 성립되려면 有 속에 無가 함께 녹아 있어야 한다. 한 몸이 되어 떨어질 수 없는 상태, 有가 無이고 無가 有인 상태가 돼야 동시 존재하는 것이다. 이것이 空이다.

그래서 空은 有도 아니고 無도 아닌 非有非無한 존재다. 이것은 바꿔 말하면 有와 無를 동시에 만족하는 놈이다. 이것이 실존實存이다. 삼라만상 모든 것은 오로지 空으로만 이루어져 있다.

有란 空이 有力에 의해 있는 것처럼 보이는 현상이다. 이것을 정보라 한다. 정보가 고착되면서 입자성이 생긴다. 그리고 정보가 굳어지기 전의 상태는 파동으로 존재한다. 온 우주가 空이라는 한 덩어리로 이루어졌기에 따로 매질을 찾을 필요도 없다. 파동은 언제 어디서나 존재하게 된다.

정리하면 물질이란 空의 정보화이다. 바꿔 말하면 정보화된 空이다. 입자성이 강하여 무게(weight)와 촉감이 느껴지는 것이며, 그 이면의 파동성은 여전히 잠재되어 있다.

물질을 쪼개 미시세계로 가면 현재의 폐쇄 정보가 줄어들면서 파동성이 커진다. 더 쪼개면 입자성은 모호해지고 파동성이 더욱 강하게 드러난다. 삼라만상 모든 것이 空이기에 입자와 파동을 동시에 만족한다. 다만 현 상태에 어느 성질이 더 강하게 드러나는가 하는 점에서 구별을 이룰뿐이다.

물질, 그것은 「空의 정보화」로 정리할 수 있다.

정보(情報)	
정의	非有非無한 空이 방향성(의도성)을 띠고 있는 상태(힘).
속성	정보의 특성에 따라 차원은 갈라지고 삼라만상은 제각기 다른 모습으로 펼쳐진다. 정보가 맺혀지지 않아 머무는 시간이 짧고 간간이 점멸하게 되면 5차원이 된다. – 이때의 질료를 空質이라 한다. – 정보가 개방되어 그것의 授受에 자유롭고 일정 시간 동안 교류하게 되면 4차원이 된다. – 이때의 질료를 象質이라 한다. – 정보가 폐쇄되어 그것의 授受에 부자연스럽고 일정 시간 동안 갇혀 있게 되면 3차원이 된다. – 이때의 질료를 物質이라 한다. –

제2절. 원자란 어떻게 만들어졌는가?

더 이상 쪼갤 수 없는 물질의 최소 알갱이를 원자라 한다. 원자론에 대한 주장은 1808년 영국의 돌턴(John Dalton, 1766~1844)의 《화학의 신세계》라는 책을 통해 처음으로 알려지게 됐다. 하지만 당시에는 원자의 실체를 확인할 방법이 없어서 수많은 가설 중의 하나로만 여겨졌다.

그 뒤에 마하(Ernst Mach, 1838~1916)를 비롯한 여러 과학자들의 반대를 받기도 했지만 아보가드로(Amedeo Avogadro, 1776~1856)나 칸니차로(Stanislao Cannizzaro, 1826~1910), 볼츠만(Ludwig Boltzmann, 1844~1906) 등에 의해 원자론은 점점 설득력 있는 이론으로 자리매김하게 되었다.

그러다가 1905년, 스위스 베른 소재의 특허사무소 서기로 근무하던 아인슈타인이 브라운 운동(Brownian motion)에 관한 논문을 발표한다. 브라운 운동이란 액체 위에 떠 있는 미세한 입자들의 불규칙한 운동으로, 이것을 설명하기 위해 그는 원자와 분자의 존재를 가정한 정교한 이론을 전개하였고 이로써 대세는 원자론을 인정하는 분위기로 바뀌게 되었다. 그리고 1911년, 마침내 러더퍼드(Ernest Rutherford,1871~1937)가 원자핵을 발견하게 됨으로써 원자론에 대한 논쟁은 종식을 고하게 되었다.

우리는 눈으로 원자를 보는 세상에 살고 있다. 원자뿐만 아니라 그것보다 더 작은 알갱이인 쿼크도 관찰하고 있다. 그렇기에 원자란 개념은 너무나 자연스럽게 받아들여지고 있다. 원자는 비유하자면 일종의 모래나 자갈 같은 것으로, 이것이 쌓여 분자라는 벽돌이 만들어지고 다시 분자들이 쌓여 물질이라는 집이 세워지게 된다.

그렇다면 어떻게 해서 원자라는 것이 생겨난 것일까? 왜 원자는 양성자와 중성자, 그리고 전자라는 세 갈래로 이루어져 있을까? 또한 양성자와 중성자는 찰떡궁합처럼 중심에 붙어 있는 이유는 무얼까?

우리가 사는 3차원 세상은 「3차원은 4차원에 대한 저항값에서 비롯되었다」는 [E=대차항수/제1법칙]으로 요약할 수 있다. 이렇게 보면 대차항수對次抗數가 곧 물질인 셈이다.

그런데 4차원에서 대차항수가 생겨난다는 것은 五運六氣 운동이 망가진 것을 의미한다. 쉽게 말해, 배가 자체 무게를 이기지 못하고 침몰하는 것을 떠올리면 된다. 열린 4차원의 세계에서 가볍게 운동하던 기운이 점점 중정重靜하게 되다가 더 이상 견딜 수 없는 지경이 되면 3차원으로 침몰하게 된다. 수면 아래로 침몰된 배, 이것이 물질이다.

수면 아래 잠긴 배는 그 깊이에 따라 수압이라는 저항을 받게 되듯, 물질은 그 에너지 값만큼 저항을 받게 된다. 그래서 「E=대차항수」가 성립한다. 그리고 배의 모양이 유지되는 것처럼 3차원의 물질엔 4차원의 설계도가 고스란히 남아 있게 된다. 그림자는 빛과 정반대의 성향을 띠지만 그 형상만은 빛을 닮아 있는 것과 같은 이치이다.

그렇다면 우리는 원자를 구성하는 소립자들을 4차원의 질서에서 찾을 수 있지 않을까? 五運六氣 운동에 그 답이 있다.

五運六氣 운동의 중심엔 뭇 기운을 주재하는 土가 있다. 그것이 육중하게 굳어버리게 된 것이 중성자이다. 陰과 陽의 성질이 없기에 중성을 띠게 되는데, 土가 지닌 조화와 중재성은 대폭으로 퇴색되고 인력引力만 남아 있게 된다. 그리고 五運六氣 운동을 보면 기운이 농축된 양핵[君火]이란 것이 있는데, 그것이 양성자가 되어 중성자 옆에 달싹 붙어 있게 된다. 이것 역시 상당 부분 굳어져서 4차원의 제모습을 적잖게 잃어버렸다.

이제 남은 것은 五運六氣 운동의 외곽을 수놓던 木火金水의 기운이다. 이것들은 전자가 되어 양성자와 중성자의 주변을 구름처럼 가득 에워싸게 된다. 이렇게 해서 형성된 것이 원자이다.

원자만 해도 꽤 입자성에 근접해 보인다. 무게 중심이 파동성보다 입자성에 기울어져 있다. 그런데 이들은 왜 결합을 통해 덩치를 불려 나가게 된 것일까?

앞서 3차원 우주는 대차항수의 소산이라고 설명했다. 저항을 받는 것들은 본능적으로 저항을 덜 받는 쪽으로 움직이려 한다. 여기서 3차원 우주의 모든 물리법칙이 비롯한다. 대차항수에 역행하는 쪽으로 힘이 흐르게 되고, 여기서 모든 물리의 세계가 펼쳐진다.

원자는 그 자체로 질량을 띠면서 그만큼 대차항수에 짓눌려 있다. 여기서 탈출하기 위해서는 변신을 꾀해야 하는데 두 가지 방법이 있다. 하나는 덩치를 불려서 그 속에 꼭꼭 숨는 것이다. 북극의 펭귄들이 추위를 이기기 위해 집단으로 뭉쳐서 체온을 유지하는 것처럼 원자들은 상호 결합하여 덩어리를 이루게 된다.

이렇게 되면 질량이 증가되면서 전체 대차항수는 높아지지만, 그 속의 각각의 구성 요소에 미치는 값은 줄어든다. 이것은 특정한 계界 내에서의 대차항수 값이 상쇄되는 원리를 설명한다. – '계(界)'란 대차항수가 물체의 운동에 영향을 미치는 범위까지를 말한다. –

지구 속에서 사는 인간들이 만일 지구가 받는 대차항수 값을 그대로 짊어진다면 도저히 살 수 없을 것이다. 이미 지구가 그 짐을 짊어졌기에 그 안의 인간들은 마음 편히 살 수 있다. 마찬가지로 일정한 계界 내의 구성 요소들은 집단이 만들어낸 대차항수 값으로부터 자유로울 수 있다. 이것은 「어떤 界에 포함되는 다른 界가 받는 대차항수는 감소한다」는 [E=대차항수/제5법칙]에 따른 것이다. 이것에 의해 원자들은 결합하게 되고 물질을 이루게 된다.

그리고 대차항수로부터 자유롭기 위해서 또 다른 방향이 있다. 그것은 현재의 질서를 붕괴하고 탈출하는 것이다. 질량을 줄이면 그만큼 저항값은 줄어들어 탈출에 유리하게 된다. 하지만 관건은 강한핵력과 전자기력의 포위망을 뚫는 것이다. 그래서 그 힘을 능가하는 탈출 속도를 내게 된다. 전자들이 빠른 속도로 핵자의 주위를 에워싸고 있는 것도 일종의 탈출하려는 움직임이다.

정리하면 에너지는 저항값을 줄이기 위해 뭉치는 방향과 흩어지는 방향의 두 갈래로 진행되고, 여기서 有力(입자성)과 無力(파동성)이라는 우주의 근본 힘이 발생하게 된다. 이것은 「모든 운동은 대차항수에서 벗어나는 쪽으로 향한다」는 [E=대차항수/제4법칙]에 따른 것이다. – 有力의 입자성엔 [E=대차항수 제4, 제5법칙]이 공통으로 적용된다. –

4차원 象界	3차원 形界
土(精核)	중성자neutron
陽核(君火)	양성자proton
氣運(木火金水)	전자electron

제3절. 질량이란 무엇인가?

질량이란 말 그대로 물질의 양이다. 이것의 총량은 임의로 쪼개거나 나누지 않는 한 장소에 따라 바뀌지 않는다. 질량은 어느 무엇의 무게를 느끼게 하고 뭔가 실감 나게 만들어 준다. 그래서 결과적으로 有로 느껴지게 한다. 有가 아니라면 결코 이런 무게를 만들어낼 수 없을 것이기 때문이다. – 무게란 중력장에 의해 어떤 물체에 가해지는 힘이다. –

꿈속을 떠올려 보라. 꿈속에서 바위에 깔렸다고 가정하면 그 바위가 솜털처럼 가볍게 느껴질까? 그렇지 않다는 것은 숱한 경험을 통해 잘 알고 있을 것이다. 놀랍게도 꿈속에서도 무게는 그대로 전달된다.

그렇다면 우리는 여기서 한 가지 의문을 가져볼 수 있다. 어째서 상상의 세계인데도 有처럼 무게를 지니고 있는가 하는 점이다.

잠시 시간을 갖고 그 점에 대해 심도 있게 생각해 보기 바란다.

자, 충분히 생각해 봤는가?

꿈속에서 돌멩이의 무게가 느껴지는 것은 정보가 그렇게 설정됐기 때문이다. 질량만큼 무게가 느껴지도록 정보가 처리되어 있고, 그래서 돌멩이가 무겁게 느껴지게 된다.

현실로 돌아와서 돌멩이를 한 개 들어 보자. 이것은 꿈속의 돌멩이와는 확연히 다르다. 하지만 그 실상은 조금도 다르지 않다. 현실의 돌멩이 역시 정보가 일으키는 환유幻有의 연장선상에 있기 때문이다.

돌멩이는 자체에 내재된 질량의 정보를 손에 전달하여 그 무게를 느끼게 한다. 손에 느껴지는 무게는 실제 어떤 有가 있어서 그런 것이 아니라 정보가 일으키는 힘과 교류함으로써 형성된 것이다.

정보라는 말이 상당히 낯설게 느껴질 것이다. 쉽게 性理學에서 골자로 다루는 理란 것이 좀 더 구체화한 것으로 보면 된다. 당시 학자들은 氣가 전제되지 않은 理를 이해하기 어려웠다. - 물론 과학이 고도로 발달한 오늘날에도 마찬가지지만 말이다. - 그래서 理와 氣의 투쟁은 숱한 분파를 이루면서 끊임없는 논쟁의 불씨가 되어 왔다.

理란 어떤 물질적 요소가 없어도 성립된다. 왜냐하면 앞서 말했듯 존재하는 것은 非有非無한 空이기 때문이다. 空이 어떤 성향을 지니고 있으면 그것이 理이다. 그리고 理를 쉽게 표현해서 정보라 한다.

理는 精과 氣로써 현현顯現하여 4차원 象界를 이루고, 이것이 저항을 받아 폐쇄되면 形界라는 3차원 時空으로 가라앉는다. 따라서 3차원에 있는 소위 말하는 물질이란 것들은 그 실체가 理라는 정보들이다. 정확히 말하면 폐쇄된 정보들이다. 그래서 질량이란 폐쇄 정보이며, 정확히 말하면 대차항수對次抗數 자체가 된다.

요컨대 象界이건 形界이건 존재하는 모든 것은 예외 없이 정보이다. 정보가 느슨한 상태로 있으면 파동으로써 인식하고, 정보가 보다 단단한 형태로 있으면 입자로써 인식하게 된다.

앞서 말한 돌멩이가 지닌 무게는 실제로 그런 무게를 이루는 질량이 있는 것이 아니다. 돌멩이엔 그만큼의 무게를 느끼게 하는 정보가 있을 뿐 그 외엔 아무것도 없다. 이런 정보들이 상호 접촉하면서 힘이나 무게 따위를 꾸며내는 것이다.

사실 소립자의 세계를 보면 어떤 것도 얌전히 있는 것이 없다. 순간적으로 입자들이 생겨나고 사라지는 것이 다반사이고, 이때마다 질량이나 전하량에 영향을 준다. 따라서 소립자의 질량을 거론하려면 이런 변수를 고려해 양자역학적 효과로 인한 값을 보정해 줘야 한다. 그만큼 질량이라고 꼭 집어 말할 수 있는 것은 없다.

五運六氣 운동을 보면, 균형을 잘 이루고 있을 때는 木火金水의 기운이 순조롭게 순환하고 있다. 그러다 외부에 충돌이 발생하면 六氣는 응축하며 질서를 보호하려 한다. 이때 질량이 생겨난다. 정확히 말하면 입자성과 폐쇄성이 동시에 생겨나는 것이다. – 4차원의 질량은 3차원의 질량에 비해 힘의 방향이 다르고, 정보의 수수에 자유롭다는 차이가 있다. –

표준모형에서도 마찬가지이다. 대칭을 이루고 있으면 질량을 갖기 어렵다. 대칭은 그저 어떤 에너지들의 균형된 조합일 뿐이다. 한쪽으로 치우치지 않고 서로 평형을 이루게 되면 폐쇄성이 가시화되지 않아 질량을 느끼기 힘들다.

그렇다면 어떤 과정을 통해 질량이 생겨나게 되는 것일까? 그건 비교적 간단하다. 대칭이 깨지면 응축하여 저항값이 높아지고, 이것은 질량이란 것으로 드러난다. 쉽게 말해 운동의 방향성이 한쪽으로 일정하게 쏠려야지만 질량이 생겨나게 된다. 분산되면 대차항수 값이 줄어들고 집중되면 대차항수 값이 올라가는 이치이다.

표준모형에서 말하는 힉스 입자란 이런 메커니즘에 의해 질량이 발생하고 남게 되는 입자이다. 즉 힉스 입자가 질량을 준 것이 아니라 '자발 대칭성 깨짐'[77]에 의해 질량이 생겨나고, 이때 그 증거로서 남게 되는 것이 힉스 입자이다. 그래서 물리학자들은 이것을 발견함으로써 질량이 생겨나는 메커니즘이 입증된다고 믿고 있는 것이다.

그렇다면 '자발 대칭성 깨짐' 현상은 어떻게 발생하게 되는가?

늘 그렇듯 **象界**에서의 **五運六氣** 운동을 보면 그 답이 보인다. **五運六氣** 운동의 메커니즘은 **對化**이다. 상반되는 기운끼리 힘을 주고받으며 균형을 이루면서 변화한다. 물론 **六氣** 운동은 이런 **對化**에 **三合**까지 추가하여 더욱 고도의 질서를 구축하고 있다.

그런데 이들 **五運六氣** 운동에서 커다란 위기의 순간이 있다. 그것은 분열의 **火氣**이다. **火剋金**에서 알 수 있듯 이것을 **金氣**가 저 혼자 힘으로 수렴하기엔 역부족이다. 그래서 **金火交易**이란 것이 등장한다. **火氣**로 바뀌기 전에 미리 **金氣**를 배치해 위기의 순간에 대비하는 것이다. 쉽게 화재 예방 프로젝트로 봐도 무방하다.

이것은 마치 현악기의 줄을 퉁기는 것과 같은 위치 이동에 따른 진동을 유발한다. **金**에 있는 줄을 당겨 **火**로 가져오면서 전체 기운상에 진동이 발생한다. 이 진동에 의해 일시적으로 기운의 대칭성이 깨지고, 이런 비상사태에서는 **火剋金**이라는 공식이 그대로 적용되지 않는다. 혼란한 틈을 타서 **金氣**는 **火氣**를 수습하여 응축하고 또다시 대칭을 이루면서 순환을 한다.

---

77) 자발 대칭성 깨짐(spontaneous symmetry breaking)은 이론상에는 대칭이 있으나 현실에서는 그 대칭의 일부가 깨진다는 것이다. 여기서 대칭을 깨는 힉스 입자가 필요해지게 된다.

이것이 金火交易의 메커니즘이다. 여기서 알 수 있는 것은 기운의 위치를 바꿈으로써 진동이 일어나고, 그 진동에 의해 대칭이 깨진다는 사실이다. 그리고 비상사태를 수습하기 위해 더욱 응축하는 쪽의 힘이 생겨난다. 질량의 탄생이다.

이처럼 五運六氣 운동에서 발생하는 金火交易을 '자발 대칭성 깨짐'에 적용하면 굳게 닫혀 있던 자물쇠가 하나둘씩 풀리게 된다.

먼저 '자발 대칭성 깨짐'은 우연히 일어나는 것이 아니라 순환을 위해 발생하는 우주의 보편적 원리라는 사실이다. 과학에서 우연이란 말은 어울리지 않는다.

그리고 대칭성이 깨지면서 발생한 진동은 파동역학에 따라 새로운 입자들의 발생으로 볼 수 있고, 이것들이 한쪽 방향으로 힘이 쏠리면서 질량을 부여하게 된다. 金의 응축에 의해 질량이 생겨나는 것이다.

그렇다면 힉스 입자의 역할은 무엇인가?

그것은 五運六氣 운동의 相火에서 찾을 수 있다. 相火란 金火交易이 이루어지고 남게 되는 열량을 말한다. 相火가 있음으로써 金火交易이 이루어졌음을 알게 되듯, 마찬가지로 힉스 입자가 남게 됨으로써 '자발 대칭성 깨짐'이 발생해 질량이 부여됐음을 알게 된다. 그리고 相火의 범위가 정해져 있지 않듯 힉스 입자의 질량 또한 정확히 정해져 있지 않다. 다만 꽤 큰 폭으로 범위가 설정되어 있을 뿐이다.

그렇다면 어떤 원리로 象界의 金火交易이 이곳 소립자의 세계에 적용된 것인가?

이 점에 대해서는 앞서 설명한 바 있다. 중정重靜된 六氣의 발이 形界로 깊게 들어오면서 대칭성이 깨지게 된 것이다. 잔잔한 호수에 날아들어온 돌멩이, 이것이 힉스 입자이다. 이것에 의해 대칭성이 깨지면서 소립자들이

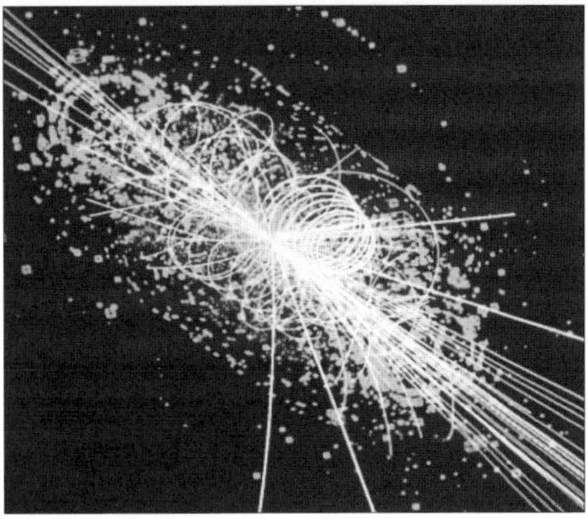

균형을 잃고 한쪽에 쏠려 질량이 생겨나게 된다. 힉스 입자는 애초부터 스핀(방향)이 없기에 어느 쪽으로도 붙지 않는다. 그리고 잠시 뒤 정신을 차리면서 힉스 입자는 무수한 소립자로 갈라져 운명을 고하게 된다. 相火가 흩어져 소멸하는 것처럼 말이다.

질량의 창조, 그것은 천지창조의 과정을 보여준다. 하지만 有란 것이 존재하지 않기에 천지창조는 없다. 뭔가 묵직한 느낌이 나는 정보들로 이루어진 세계가 잠시 그려져 머무르고 있는 것, 이것이 천지창조의 실상이다.

질량으로 이루어진 세계, 그것은 4차원에 저항을 받아 생겨난 폐쇄된 정보덩어리이다. 이것을 가리켜 석가는 고해苦海라고 표현했다. 태어나는 순간 대차항수라는 감옥에 갇힌 꼴이 되니 그의 말대로 고해일 것이다.

우리의 육신은 철저히 폐쇄성에 지배당하고 있다. 하지만 정신만은 그 연원을 4차원에 두고 있다. 온몸의 세포 하나하나가 폐쇄적 정보를 뇌리에 심어 넣을지라도 정신을 바짝 차려 그런 정보에 휘둘려서는 안 된다. 세뇌당한 폐쇄적 정보를 말끔히 씻고 대차항수가 0이 되는 길을 걸어야 한다. 이것이 道이다.

그래서 모든 것이 열리면 하나로 이어지고 우주심이 저절로 싹튼다. 여기서 영생이고 열반이고 하는 절대 가치가 생겨난다. 道는 멀리 있는 것이 아니다. 물질이면 어쩔 수 없이 지닌 대차항수에서 벗어나는 데에 있다.

우리가 과학에서 얻는 가장 중요한 가치는 우리의 견식을 확장시킨다는 데에 있다. 힉스 입자의 발견이 어떤 금전적 이익으로 산출되지는 않지만 우주를 바라보는 우리의 눈을 보다 정교하고 근원적으로 틔워준다그래서 전 세계 과학자들이 열광하며 그 진행 상황을 지켜보고 있는 것이다.

그런데 사실 과학이 지닌 한계를 뛰어넘기 위해서는 초점을 대차항수에 맞춰야 한다. 이것은 삼라만상을, 정보가 만들어낸 힘의 수수授受로 보는 시각이다. 고전물리학에서 현대물리학, 그리고 더 진보하여 정보물리학으로 발전한다면 인류 문명은 필히 그 열매를 맺게 될 것이다.

아무튼 有가 아닌 空으로 볼 줄 알 때 비로소 우주의 신비가 한꺼풀씩 벗겨져 결국 인간의 지성 앞에 무릎을 꿇게 될 것이다. 다시 한 번 생각해 보라. 아직도 질량이 有로 보이는가?

물질(物質, matter)	
정의1	4차원의 질서에 역행하여 폐쇄성을 띤 3차원의 존재 형태.
정의2	대차항수를 지니고 있는 모든 것.
정의3	질량이나 에너지로 표현될 수 있는 모든 것.
정의4	폐쇄성이 커서 마치 有처럼 보이는 정보 덩어리.

제4절. 빛의 이중성과 광속

물질 가운데 가장 눈에 띄는 것은 무엇일까? 그것은 아마 빛일 것이다. 가장 빠른 속도로 달리면서 만물을 드러내는 빛이야말로 신비롭고 경외로운 존재가 아닐 수 없다. 이런 점을 생각하면 고대인들이 태양을 찬양하고 숭배했던 것은 어쩌면 당연한 결과였는지도 모른다.

빛에 대한 연구가 본격화된 것은 17세기에 이르러서다. 당시의 과학자들은 빛을 파동으로 보았다. 특히 호이겐스(Christiaan Huygens, 1629~1695)는 빛의 파동성을 이용해 간섭과 회절을 설명하려 했다. 하지만 뉴턴은 빛이란 눈에 보이지 않는 작은 입자가 흘러가는 것이라고 여겼다. 당시에 뉴턴은 과학계의 대부와 같은 존재였기에 그의 권위에 눌려 빛의 파동설은 허리를 펴지 못했다.

하지만 시간은 뉴턴의 편이 아니었다. 19세기에 이르자 영국의 토마스 영(Thomas Young, 1773~1829)과 프랑스의 프레넬(Augustin Jean Fresnel, 1788~1827)이 파동이론으로 빛의 간섭과 회절 현상을 설명하는 데에 성공하였다. 좀 늦은 감은 있지만 호이겐스의 꿈을 대신 이뤄준 것이라 하겠다.

이뿐만 아니라 19세기 말에는 영국의 맥스웰(James Clerk Maxwell, 1831~1879)과 독일의 헤르츠(Heinrich Rudolf Hertz, 1857~1894)가 빛이 전자기파의 일종이라는 사실을 실험을 통해 밝혀냈다. 이렇게 되자 뉴턴으로 대표되던 빛의 입자설은 가파르게 추락하였고 빛의 파동설이 정설로서 새롭게 부각하게 되었다.

하지만 게임은 여기서 끝나지 않았다. 빛에 대한 과학자들의 실험은 계속되었고 톰슨(Thomson, Joseph John)이 광전효과를 연구하는 과정에서 빛의 입자성을 발견하게 되었다. 광전효과란 물질에 가시광선이나 자외선과 같은 전자기파를 비췄을 때 전자가 튀어 나오는 현상을 말한다. 이렇게 튀어나온 전자를 광전자라고 하는데, 이것이 입증되자 다시금 빛의 입자설이 되살아나기 시작했다. 그러다가 여기에 쐐기를 박는 자가 나타났으니 그가 바로 아인슈타인이다.

1905년 아인슈타인은 광전효과를 설명하는 논문을 발표한다. 그는 빛을, 진동수에 플랑크 상수를 곱한 양量의 에너지를 지니고 있는 알갱이로 보았다. 이 빛 알갱이를 아인슈타인은 광양자(light quantum)라 불렀는데, 이것은 빛이 불연속적인 에너지를 가지는 입자라는 것을 보여준다. 아인슈타인은 이 논문으로 1921년 노벨상을 수상한다.

이렇게 되자 빛의 입자설은 유력한 이론으로서 다시금 급부상했다. 하지만 그렇다고 해서 빛의 파동설이 고개를 숙인 것은 아니다. 여전히 빛의 파동설은 확고한 위치를 지니고 있었다.

그렇다면 참으로 이상한 일이 발생한 것이다. 빛이 파동성과 입자성을 동시에 만족한다는 얘기가 되는데, 이는 우리가 사는 거시세계에서는 도저히 받아들이기 곤란한 얘기이다. 마치 자신을 낳아 준 어머니가 둘이라는 말처럼 해괴하기 짝이 없는 얘기이다.

우리는 앞서 왜 파동과 입자를 동시에 만족하는지에 대해 살펴봤다. 그래서 빛의 이중성(duality)에 대해서는 생략하기로 하고 그 속도에 대해서만 좀 더 살펴보기로 하자.

익히 알듯이 빛보다 빠른 것은 없다고 한다. 그래서 특수상대성이론에서 광속은 우주 상수로 활용된다. 만일 이것이 틀리게 된다면 세상엔 일대 혼란이 일어날 것이다. GPS를 비롯한 숱한 관측 장비들의 시간을 다시 조정해야 하는 수고스러움뿐만 아니라, 여태껏 우리가 보아 온 우주를 근원부터 다시 따져 봐야 한다는 정신적 공황에 휩싸일 것이다.

그런데 이런 놀라운 일이 실제로 발생했다는 발표가 있었다. 지난 2011년 9월, 유럽입자물리학연구소(CERN)에서 중성미자(neutrino)라는 입자가 빛보다 빠르게 움직였다는 관측 결과를 내놓은 것이다. 중성미자는 전기적으로 중성이고 질량이 거의 없는데, 전자 혹은 그와 비슷한 뮤온, 타우온 같은 입자들과 짝을 이루어 약력에 반응하는 입자이다.

하지만 이 발표는 불과 몇 달 뒤에 헤프닝으로 끝나고 말았다. 관측상의 오류가 있었다는 것이다. 인류가 빛보다 빠른 물질을 찾는 데에 얼마나 큰 관심이 있는지를 보여주는 사례라 하겠다.

그렇다면 과연 빛보다 빠른 물질이 실제로 존재할까?

이 점에 대해 아인슈타인은 [$E=mc^2$][78]의 간단한 공식을 통해 설명한다. 속도가 빨라져서 광속에 가까워지면 질량이 무한대로 늘어나기 때문에 결코 빛의 속도보다 빨라질 수 없다는 것이다.

---

78) $m = \frac{m_0}{\sqrt{1-v^2/c^2}}$ m_0는 정지한 관성계에서 측정한 질량이고, m은 상대적으로 v의 속도로 운동하고 있는 관성계에서 측정한 질량이다. 속도가 광속에 비해 매우 느리면 근호 속의 값이 1에 가깝게 되어 질량은 평소와 같은 값으로 측정된다. 하지만 속도가 광속에 가까워지면 에너지가 질량으로 변하면서 질량이 크게 증가하게 된다. 여기서 [$E=mc^2$]이 나오게 된다.

道學의 관점에서 봐도 아인슈타인의 주장은 타당하다. 빛보다 빠른 것은 존재하지 않는다. 다만 왜 그런 것인지에 대한 설명에 있어서만 차이를 보인다.

「에너지(질량•속도)에 비례하여 대차항수는 가감加減된다」는 [E=대차항수/제2법칙]의 관점에서 보면 저항값이 가장 적은 것이 가장 빠르게 된다. 저항값은 질량으로 나타난다. 따라서 질량이 0인 놈이 제일 빠르게 된다. 질량을 가진 물체는 세상에서 가장 큰 에너지로 추진력을 삼아도 빛보다 빨라질 수 없다. 에너지를 가해 만들어내는 속도는 억지로 저항값을 키워서 만들어내는 것이기 때문이다.

현재까지 밝혀진 바로는 광자(photon)의 질량은 0이다. 따라서 이것보다 빠른 것은 존재할 수 없다. 다른 소립자가 질량이 0이라면 빛의 속도와 동등하게 될 것이다. 만일 먼 훗날 빛보다 빠른 것이 발견된다면 두 가지 가정이 성립된다. 빛은 기존에 알고 있었던 것처럼 질량이 0이 아니었거나, 지난번처럼 관측상의 오류가 있게 될 것이다.

요컨대, 과학이 아무리 발달해도 추진체 개발을 통한 속도엔 한계가 있을 수밖에 없다. 인류가 우주 속으로 더 깊이 들어가기 위해서는 대차항수를 줄이는 방법부터 연구해야 한다. 미시세계의 운동 메커니즘을 거시세계로 끌어와야 하며, 그래야만 물질이 만든 폐쇄적 장벽을 넘어 時空을 보다 자유롭게 활용할 수 있게 될 것이다.

제5절. 광속불변의 법칙과 특수상대성이론

상대적 관점은 인류 문명이 시작되면서부터 싹텄다. 특히 부富의 분배 문제에서 더욱 그랬다. 부자와 가난뱅이라는 개념은 어느 한쪽만 있어서는 성립될 수 없다. 이 두 개념은 상호 비교함으로써 성립되는 상대적 명제이다.

이런 생각을 물리 쪽으로 옮기면 어떻게 될까?

한강 고수부지에는 늘 산책하는 사람들로 넘쳐난다. 그들은 부지런히 걷거나 뛰면서 장소를 이동한다. 그런데 그들이 움직이고 있다는 것을 어떻게 알 수 있을까?

그것은 주변의 경관이 바뀜으로써 알 수 있다.

그렇다면 걷는 주체만 남겨 놓고 온 우주가 사라졌다면 어떻게 될까?

허공에 떠서 두 다리를 아무리 휘저어도 앞으로 나아가는 것인지 알 길이 없게 될 것이다. 이동이란 것은 두 물체 간의 상대적 위치가 변화함으로써 발생하는 것이기 때문이다.

이런 상대적 생각은 갈릴레오 갈릴레이(Galileo Galilei, 1564~1642)가 1632년에 출판한 「두 체계에 관한 대화」라는 책에 잘 나타나 있다. 그는 수면 아래에 잠긴 갑판 안에서는 배의 움직임을 잘 알 수 없다는 사실에 기초하여 상대성 원리를 정리했다. 누구나 알 수 있는 단순한 생각 같지만 이것은 훗날 뉴턴역학으로 이어지게 된다.

뉴턴역학에 따르면 속도는 늘 상대적이다. 관측자에 따라서 그 값이 다르게 되고 더하거나 빼는 것도 가능하다. 정지한 사람에게는 말을 타고 달리는 사람이 빠르게 느껴지지만 기차를 타고 있는 사람에게는 전혀 그렇지가 않다. 관측자의 위치와 상태에 따라서 속도는 상대적으로 변하게 된다.

그런데 이런 당연한 상식이 깨지는 놀라운 사건이 발생한다. 미국의 마이컬슨(Albert Abraham Michelson, 1852~1931)과 몰리(Edward Williams Morley, 1838~1923)는 실험을 통해 빛의 속도가 지구의 공전 속도에 영향을 받지 않고 자신의 본래 속도를 그대로 유지하고 있다는 사실을 밝혀냈다. 이것은 이제껏 믿고 있던 갈릴레오의 상대론이나 뉴턴의 역학을 뒤집어버리는 충격적 사건이 아닐 수 없었다.

광속이 불변한다는 사실이 알려지자 과학자들은 이것을 어떻게 이해해야 할지 난감하게 되었다. 당시만 해도 실험이 잘못된 것으로 생각하는 과학자들도 많았을 정도니 그 충격의 크기를 짐작할 만하다.

부연 설명하자면, 시속 100km로 달리는 열차에서 등속으로 날아가는 빛을 측정하면 광속에서 열차의 속도 100km를 빼주는 것이 상식이다. 그런데 여전히 광속은 제 속도에서 변화가 없다.

과학자들은 저마다 왜 이런 도깨비 같은 현상이 발생하는지에 대한 해석을 붙이기 시작했다. 하지만 어느 누구도 정확하게 답을 내리는 사람은 없었다.

그러던 중 과학계의 주류에서 동떨어진 곳에서 뜻밖의 인물이 나온다. 그는 스위스 베른 주재의 특허 사무소에 근무하던 26살의 한 서기이다. 아인슈타인이라 불리는 이 청년은 1905년 광속불변에 대한 그의 생각을 정리하여 특수상대성이론은 내놓았다.

그는 곤란에 처해 있는 상대성 원리와 빛의 속도를 위해 과감하게 물리량을 희생시킨다는 발상을 하였고, 이것을 정리하여 내놓은 것이 특수상대성이론(special theory of relativity)이다.

당시에 부정할 수 없는 두 가지 사실은, 모든 관성계에서는 같은 물리법칙이 성립한다는 사실과 빛의 속도가 일정하다는 것이다. 이 두 가지는 동시에 만족할 수 없다. 어느 한쪽의 손을 들어줘야만 한다. 하지만 200여 년 간 뉴턴역학에 젖어 있던 과학자들은 후자의 손을 들어주기에 대단히 불편해 했다.

이들이 주저하고 있는 사이에 아인슈타인은 재빠르게 빛의 손을 들어줬다. 그는 빛의 속도를 위해 과감하게 물리량을 버렸다. 이것은 관측자에 따라 측정한 물리량이 다르게 된다는 것을 의미한다. 여기에는 시간과 질량도 포함된다.

이렇게 되면 뉴턴역학으로 알고 있던 기계론적 세계관은 일시에 무너지고 만다. 측정자의 관점에 따라서 세상의 모든 것은 다르게 존재하게 된다. 이것이 특수상대성이론이다.

하늘과 땅이 분리되었던 시절, 뉴턴이 등장하여 그 하늘과 땅을 하나로 이었다. 그래서 여태껏 인류사상 가장 큰 업적을 이룬 사람으로 예수, 공자, 석가를 물리치고 당당히 뉴턴이 손꼽힌다. 그런 뉴턴의 세계관을 송두리째 뒤집어버리는 혁명이 무명의 한 과학자의 손에서 일어난 것이다.

자 그러면 이제 道學의 관점에서 광속이 불변하는 이치를 살펴보자. 앞서 예를 들었듯이 달리는 기차에서 등속으로 날아가는 광속을 측정하면 기차의 속도를 빼주어야 마땅하다. 하지만 광속은 변함이 없게 나온다. 이것은 기차라는 관측 지점에서 어떤 물리량의 변화가 생겼다는 것을 말한다. 그것은 시간이 느리게 간 것이 된다. 그래야만 광속이 일정하게 된다.

그렇다면 왜 달리는 기차 안의 시간이 느리게 가는 것일까?

아쉽지만 이 점에 대한 근원적 해석은 어디에도 없다. 과학은 그저 나타난 현상을 수학적 잣대로 분석하여 공식화公式化 할 뿐이다.

그렇다면 道學에서의 해석은 어떨까?

이것 역시 「E=대차항수」로써 설명이 가능하다. 사실 우리가 아는 시간이란 것은 존재하지 않는다. 어떤 사건이 순서대로 나열되는 현상을 인간의 편리에 따라 시간이라 정한 것뿐이다.

시간이란 사건이 발생하는 순차이다. 우리가 임의로 달리기 속도를 조절할 수 있는 것처럼 사건의 순서도 마찬가지다. 물이 빠르게 흐르다가 경사가 완만하면 느리게 되고, 그러다가 수로가 막히면 한 곳에 고여 정체된다. 이처럼 사건이란 수시로 변할 수 있다. 다시 말해 시간이 늘어나고 줄어드는 것은 지극히 자연스러운 현상이다.

우리는 앞서 존재하는 모든 것은 대차항수라고 배웠다. 대차항수란 저항값이다. 저항이란 것은 마치 물속을 걷는 것처럼 행동에 제약을 가하는 방해물이다. 따라서 저항을 받으면 그만큼 행동은 더뎌지게 된다. 행동이 더뎌지면 시간도 그만큼 천천히 흐른다.

기차는 달린다. 달리는 만큼 저항값은 높아지고 시간은 천천히 흐르게 된다. 따라서 그런 상태에서 창밖으로 등속운동을 하는 빛을 보면 그 속도가 일정하게 보이게 된다. 즉 대차항수에 의해 관측자의 시간이 느려짐으로써 광속이 일정하게 보이는 것이다.

그렇다면 달리는 기차에서 라이트를 켜면 어떨까? 빛의 속도에 기차의 속도를 더한 속도가 나와야 할 것이다. 하지만 기차 안에서 측정하나 기차 밖에서 측정하나 광속은 일정하게 나온다. 이런 경우는 특수상대성이론으로도 속 시원히 설명되지 못한다.

쌍둥이 패러독스(twins paradox)를 살펴보자. 쌍둥이 형이 빛에 가까운 속도로 우주여행을 하고 지구에 돌아와 보니 동생이 많이 늙어 있다는 얘기이다. 그런데 왜 한쪽만 늙었는지에 대한 의구심을 갖게 한다. 상대적 관점에서 보면 형의 우주선이 멈추고 반대로 동생이 있는 지구가 빛에 가까운 속도로 여행했다가 돌아온 것이 되기 때문이다.

이런 패러독스를 과학자들은 로렌츠 변환식을 가지고 설명한다. 알고 보면 패러독스가 아니라는 것인데, 그 설명이 그렇게 명료하지가 못하다. 더군다나 쌍둥이 패러독스에서 형이 돌아오지 않고 직선으로 날아가 버렸을 때는 더 큰 모순에 빠진다. 상대적 관점에서 둘 다 움직인 것이 되기 때문이다.

이상의 패러독스를 「E=대차항수」로 보면 답은 간단해진다. 두 형제 모두 우주라는 같은 계界 내에 있다. 이것이 전제이고, 여기서 형이 속도를 높임으로써 대차항수 값이 높아졌다. 형의 대차항수 값이 높아질 때 동생은 평상시 그대로이다. 여기에 상대적 관점은 적용되지 않는다. 따라서 높은 대차항수를 받는 형의 시간이 느리게 가는 것이 당연하다. 형이 직선으로 우주 끝까지 날아가 버리던, 아니면 중도에 방향을 틀어 지구로 돌아오던 관계없다. 시간이 늘어나는 쪽은 형이 된다.

「E=대차항수」의 관점에선 패러독스가 존재하지 않는다. 상대적 관점보다 앞서는 것이 대차항수이기 때문이다. 그래서 빛이 어떤 매질에 의해 그 속도가 느려지던 어느 방향으로 꺾이던 상관 없이 모든 물리 현상에 모순이 없게 된다. 시간의 문제는 빛이 아닌 대차항수에 있는 까닭이다.

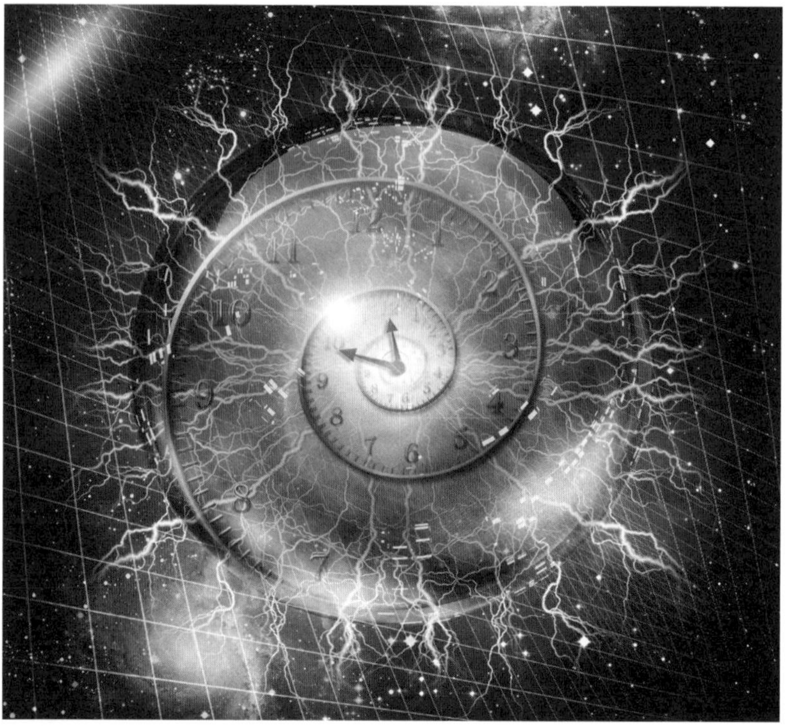

제6절. 일반상대성이론과 휘어진 공간

앞서 질량에 대해 알아봤다. 그런데 사실 질량을 정확히 재는 것은 어렵다. 단지 우회적으로 접근하는 방법이 있을 뿐이다. 그 하나는 뉴턴의 운동법칙 「F=ma」를 이용하는 것이다. 이것은 관성의 크기를 측정해서 질량을 따지는 방법이다. 관성이란 물체가 지닌 운동 상태를 그대로 유지하려는 성질을 말한다. 이 성질을 측정하여 수량으로 표현한 것이 곧 관성질량이다.

또 다른 방법은 뉴턴의 만유인력을 이용하는 것이다. 무게를 재서 중력가속도로 나누면 되는데, 이것을 중력질량이라 한다. 관성질량과 중력질량은 상호 관련이 없다. 그럼에도 이상하게 두 값은 늘 같게 나온다. 이것을 등가원리라 한다.

갈릴레오는 피사의 사탑에서 낙하실험을 통해 가벼운 물체와 무거운 물체가 동시에 떨어진다는 사실을 밝혀냈다. 상식적으로 보면 질량이 높은 것이 먼저 떨어져야 한다. 그런데 실험 결과는 의외였다. 사실 마찰이 없는 진공 상태에서는 쇠공과 깃털이 동시에 떨어진다. 그 이유를 설명하는 것이 등가원리이다. 중력 질량과 관성 질량이 같기 때문이다.

어떤 물체에 작용하는 중력의 세기는 질량에 비례한다. 따라서 쇠공이 유리공보다 먼저 떨어져야 한다. 그런데 가속도는 질량에 반비례한다. 따라서 질량이 큰 쇠공은 가속도에서 손실을 보게 되고, 반면에 질량이 작은 유리공은 가속도에서 힘을 받게 된다. 그래서 결국 동시에 떨어진다. 이것은 중력 질량과 관성 질량이 같다는 사실을 알리는 매우 중요한 실험이다.

이 실험의 의미를 풀기 위해 고심한 과학자가 있다. 그가 바로 아인슈타인이다. 그는 중력질량과 관성질량이 같은 것은 우주 공간의 근본적인 속성에 기인한다고 생각했다. 그래서 찾아낸 것이 일반상대성 이론이다.

아인슈타인은, 등가원리를 적용하면 물체의 움직임을 중력장으로 나타낼 수 있다고 생각했다. 그는 중력장의 세기를 리만의 기하학을 이용하여 휘어진 시공간의 곡률로써 설명하려 했다. 1907년부터 이런 생각을 하기 시작했고 그후 8년간의 연구 끝에 혁명적인 이론을 내놓게 되었다. 이것이 바로 중력이라는 힘을 시공간의 기하학적 성질로 바꿔서 표현한 일반상대성이론이다.

미국의 물리학자 존 휠러(John Archibald Wheeler, 1911~2008)는 다음과 같은 말로 일반상대성이론을 간략히 설명하였다.

「물질은 공간의 곡률을 결정하고, 공간은 물질의 운동을 결정한다.」

존 휠러의 말은, 질량을 지니면 주변 공간이 휘게 되고, 이렇게 해서 휘인 공간을 따라 물질들이 운동한다는 것이다.

뉴턴은 지구가 태양 주위를 돌고 있는 것은, 지구와 태양 사이에 작용하는 중력 때문이라고 생각했다. 하지만 아인슈타인은 그 중력을 시공간의 휨으로 설명했다. 태양의 중력이 만든 휘어진 공간을 지구가 돌고 있는 것이라는 주장이다. 이제 누구의 주장이 옳은지는 실험만이 밝혀 줄 것이다.

그로부터 4년 뒤 1919년, 마침내 영국의 탐사대가 서아프리카에서 일식을 관찰함으로써 태양 주변을 지나가는 빛이 휜다는 사실을 관측하게 되었다. 아인슈타인이 승리한 것이다.

이 사실은 1919년 11월 6일 왕립천문학회와 왕립협회가 공동으로 주관한 학술회의에서 발표됐고, 그다음날 타임지는 뉴턴의 이론이 무너지고 새로운 세상이 도래했음을 보도했다. 인류사상 몇 안 되는 위대한 사건 중 하나로 기록된 것이다. '공간이 휜다'라는 사실은, 이전에 나온 시간이 상대적이라는 사실 못지않게 세상 사람들을 혼돈으로 몰아넣었다.

자, 그럼 **道學**에서 보는 일반상대성이론은 어떤가? **道學**에서도 공간이 휜 것으로 보는가? 이 점에 대해서 논해 보겠다.

먼저 공간이 휘어졌다는 것은 무슨 뜻일까? 평면이 휘어진 것은 쉽게 이해할 수 있다. 그것은 우리가 3차원 공간에 살고 있어서 2차원 평면을 내려다볼 수 있기 때문이다. 2차원 생물은 수학적 도식을 사용하지 않고는 공간이 휘어졌다는 사실을 인식할 수 없다. 3차원에 사는 우리들 역시 수학적 도식으로써 공간의 휨을 인식한다.

그런데 정말로 공간이 휜 것일까?

道學에서는 공간이 휘었다는 것을 인정하지 않는다. 그건 3차원 공간에 사는 인간들의 기준에서 그렇게 보이는 것뿐이다. 공간이란 휠 것도 휘지 않을 것도 없다. 공간은 그저 정보를 띠고 있는 힘들이 교류하고 있는 **場**일 뿐이다. 그 힘들이 교란을 일으켜서 운동 방향이 바뀌는 경우가 비일비재하고, 이런 힘의 교차를 잘못 이해하면 공간이 휜 것으로 여길 것이다.

가령 2차원 종이 위에 쇠공을 올려 놓으면 3차원으로 휘어진다. 그런데 2차원에서 보면 그 힘이 2차원 평면을 벗어나 어디론가 사라진 것으로 보인다. 수학적으로 분석해야 간신히 공간이 휘어졌다는 결론을 이끌어 낼 수 있다. 하지만 3차원에서 보면 공간이 휘어진 것이 아니라 그저 힘의 방향이 바뀐 것이다.

마찬가지로 3차원에서의 휜 공간을 4차원에서 내려다보면 힘의 교란으로만 보일 것이다. 높은 대차항수가 주변의 정보 체계를 교란하여 발생하는 자연스런 현상이다.

태양의 질량은 크다. 그만큼 대차항수 값이 높다. 심한 저항값은 주변에 영향을 주게 마련이다. 태양 주변에 있는 질량을 지닌 것들은 물론이고 빛에도 대차항수는 전달된다.

빛은 질량이 없기에 태양의 인력으로는 그것을 잡아당길 수 없다. 하지만 「대차항수끼리는 빼지지 않고 더해지며, 큰 쪽을 따라간다」는 [E=대차항수/제3법칙]에 의해 정보를 입힐 수는 있다. 폐쇄된 정보가 빛에 닿으면서 빛은 술에 취한 것처럼 휘청이게 된다. 저항값에 미미하게나마 영향을 받으면서 비틀거리게 되는데, 이것이 빛의 휨으로 보인다.

만일 공간이 휘었다면, 어떤 물체를 빛과 똑같은 지점에 통과시키면 같은 궤도를 지나야 할 것이다. 하지만 「E=대차항수」에 의하면 그 궤도는 물체가 지닌 질량에 따라, 또는 속도에 따라 다르게 나타나게 된다.

이것은 무엇을 말하는가? 공간이 휜 것이 아니라 정보가 교란된 것을 말한다. 결론적으로, 대차항수의 수수授受에 의한 교란을 공간이 휜 것으로 착각한 것이다.

2차원 종이 위에 쇠공이 올려졌다. 종이에 사는 생물들은 쇠공에 의해 휘어진 종이를 설명하기 위해 공간의 휨을 가정해야 한다. 그렇지 않고는 굽어진 종이를 설명할 수 없다. 그들은 이론적으로 쇠공의 질량에 의해 공간이 휜 것이라고 설명하면서도 실감은 안 된다. 그들의 모든 의식은 2차원으로 폐쇄됐기 때문이다.

그런데 3차원에서 쇠공에 의에 휜 종이를 보면 어떨까? 이건 앞서 말했듯이, 공간이 휜게 아니라 정상적인 모습이다. 이곳은 3차원이기에, 입체가 된 종이는 지극히 평범하고 당연한 현상이다.

그렇다면 아인슈타인이 언급한 공간의 휨은 어떨까? 실험을 통해 공간이 휘인 것이 판명 났다. 그런데 만일 4차원에서 그 실험을 보면 어떻게 보일까?

공간이 휜 것이 아니라 일상적인 현상으로 보일 것이다. 4차원은 時空이 열린 차원으로, 공간이 휜다는 말 자체가 성립되지 않는다. 수없이 많은 정보들의 이합집산과 무궁한 변화가 있을 뿐이다. 그래서 4차원적 입장에서는 공간이 휜 것이 아니다. 정보가 교란되며 굴절이 생겨난 것뿐이다.

그렇다면 어느 쪽 시각을 따를 것인가?

이론은 무조건 고차원의 것을 따라야 자연현상을 보다 정교하게 설명할 수 있다. 따라서 응당 4차원적 시각으로 우주를 바라봐야 한다. 그것은 정보로써 보는 것이다. 有도 아니고 無도 아닌 정보라는 것들이 펼쳐 놓는 힘力의 무대로 바라보는 것이다.

향후 과학이 더욱 진보하기 위해서는 '물질에서 정보로의 의식 전환'이 필요하다. 삼라만상 모든 것은 한마디로 정보 놀음이다. 물리 법칙 또한 정보이고 인간의 정신 또한 정보이다. 이 세상 어디에도 정보 아닌 것은 없다.

과학이 발달하면서 정보로 보는 관점이 높아지는 것은 다행한 일이지만 아직도 많은 부분에서 걸려 있다. 그 관점을 완전히 바꿔 주는 것이 「E=대차항수」이다.

뉴턴은 힘으로 우주를 풀었다. 그리고 아인슈타인은 時空으로 우주를 풀었다. 하지만 힘과 時空은 우주 변화 원리의 근원적 속성이 아니다. 그것은 표면에 드러난 현상의 일종일 뿐이다.

우주의 실체를 직시하려면 힘이나 時空보다 더 근원적인 「정보」에 대해 눈 떠야 한다. 정보로써 우주를 풀 때 비로소 모든 퍼즐이 하나로 맞춰지고, 인류는 보다 높은 문명권으로 진입하게 될 것이다.

뉴턴의 역학 → 아인슈타인의 상대성이론 → E=대차항수

제7절. 중력이란 무엇인가?

우주에는 네 가지 힘이 있다. 중력, 전자기력, 약한핵력, 강한핵력이 그것이다. 이것들이 각각 서적徐積, 화조和造, 산해散解, 포수包收에서 나왔다는 사실은 이미 밝혔다. 본고에서는 이들 가운데 거시세계에서 고군분투하고 있는 중력을 다뤄보고자 한다. 가장 친근하면서도 불가사의한 힘인 중력을 통해 존재의 실상에 한 발 더 다가서는 계기를 마련하고자 함이다.

중력이 세상에 드러난 것은 익히 알 듯 뉴턴의 공이 전적으로 크다. 확실한 얘기는 아니지만 뉴턴은 떨어지는 사과를 보고 신비로운 힘을 느꼈다고 한다. 수천 년 동안 어느 누구도 생각지 못했던 중력을 화두로 떠올린 것이다.

그리고 오랜 연구 끝에 뉴턴은 만유인력이라는 세상의 설계도를 펼쳐 들었다. 이와 동시에 베일 싸인 우주는 그 신비로운 자태를 활짝 드러내게 됐다. 인류는 뉴턴의 중력 이론에 의해 우주가 왜 지금처럼 운행하는지에 대한 답을 알게 되었다.

중력은 1687년에 「자연철학의 수학적 원리」를 통해 알려졌다. 그러고 보

뉴턴의 프린키피아

면 다른 세 가지 힘들에 비해 그 시작이 빠른 편이다.

온 세계의 스포트라이트를 받으며 등장한 중력일진대 아직까지도 그 힘이 베일에 싸여 있다는 사실이 놀랍기만 하다. 중력이 미치는 결과는 여실히 드러났지만 그 힘이 생겨나는 원리는 여전히 오리무중이다. 그저 이론적으로 막연하게 추론할 뿐이다.

사실 뉴턴은 중력의 발생 원리에 대해서는 무시해 버렸다. 하긴 이미 힘의 결과를 알았고, 이것을 통해 우주의 운동을 파악하는데 지장이 없게 됐으니 그럴 만도 하다. 하지만 힘의 발생 원리가 나오지 않으면 중력 이론은 미완성이다. 완전한 이론이 되기 위해서는 기원의 문제가 풀어져야 하고, 그래야만 보다 정교한 물리의 세계로 진입할 수 있게 된다.

이런 이유로 과학자들은, 당장에 필요한 것은 아니지만, 중력이 발생하는 원리에 대해 끊임없이 탐구하였다. 이들 중 한 명이 아인슈타인이다. 그는 중력을 설명하기 위해 리만의 기하학을 끌어다 썼다. 그래서 휘어진 공간이 등장하게 됐는데, 이는 중력을 공간이 지닌 곡률로써 표현한 것이다.

하지만 일반상대성이론으로 중력의 문제를 모두 해결한 것은 아니다. 아직까지 중력파가 관찰되고 있지 않기 때문이다. 중력에 의해 공간이 휜다면, 여기서 발생하는 중력파의 물결이 관측돼야 한다. 누군가 이것을 찾아낸다면 노벨상을 수상할 것이다. 그래서 적잖은 과학자들이 여기에 매달리고 있지만 아쉽게도 아직까지 이렇다 할 소식이 없다.

일반상대성이론 외에도 중력이 생겨나는 원리에 대한 가설은 많다. 그 가운데 중력자를 주고받으면서 중력이 생겨난다는 이론이 있다. 중력자란 중력장重力場의 양자로서 도입된 가상입자인데, 달리 중력양자라고도

한다. 이 이론에 따르면 모든 물체는 중력자를 상호 교환함으로써 중력이 생겨난다고 한다.

그런데 과연 그런 입자가 존재할까? 정말로 중력은 중력자를 주고받으면서 생겨나는 것인가?

중력자에 대한 세부 설명을 보면, 중력자는 광자처럼 질량이 없어야 하고 광속으로 움직인다. 그리고 스핀(spin)은 2를 띠고 전하와 색깔은 없다고 한다. 정말 이런 입자의 존재가 가능할까?

그렇다면 道學에서 바라보는 중력은 무엇인지 살펴보자.

'모든 길은 로마로 통한다'는 말처럼 모든 물리현상은 「E=대차항수」로 함축된다. 이렇게 말하면 道學이란 것이 꽤나 무책임하다는 느낌도 들 것이다. 그다지 현실적인 것 같지 않은 명제 하나를 가지고 모든 곳에 써먹으려 하니 말이다.

道學 자체가 형이상학形而上學이다. 물질을 초월한 고차원을 논하다 보니 간극이 생기는 것은 어쩔 수 없다. 너무 높은 곳에서 바라다 보면 상대적으로 단순할 수 있지만 전체 방향을 잡는 데는 유리하다. 따라서 세부적인 것들은 3차원에 정통한 과학자들이 수고를 할 일이다.

다만 그들에게, 또는 과학을 공부하는 일반인들에게 道學의 입장을 알려줄 뿐이다. 그럼으로써 그들의 사고가 보다 넓고 유연해졌으면 하는 바람이다. 정신을 옭아매는 대차항수를 줄여 영혼의 자유와 창조의 지혜를 샘솟게 하려는 것이다. 그러다 보면 이들 가운데 제2의 뉴턴이나 아인슈타인이 나오지 말라는 법도 없을 것이다.

어쨌든 道學에서의 중력은 「E=대차항수」이다. 저항값이란 것은 구체적으로 힘의 방향이다. 힘의 방향이 한쪽으로 치우치기에 저항값이 발생한다. 힘이 퍼지면 그만큼 저항값은 사라진다. 질량이란 힘이 한쪽으로 치

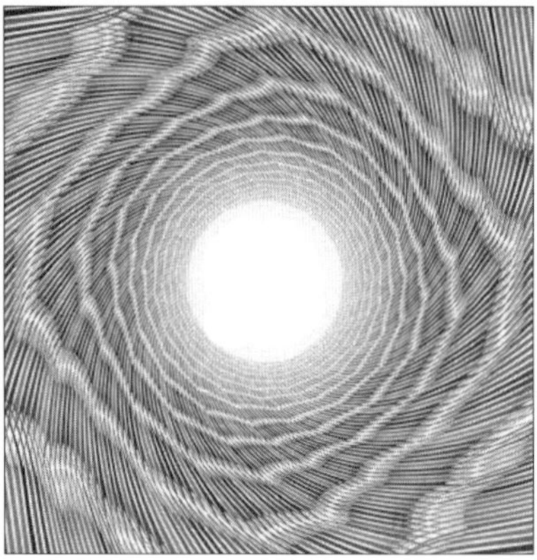

우치면서 발생된 저항값이다. 따라서 질량이 있다는 것은 편협된 힘이 존재한다는 것을 말한다. 이 편협된 힘이 곧 중력이다.

부연하면, 저항값은 정보의 편중을 말한다. 정보가 한쪽으로 쏠려 있는 것이 저항값이다. 이런 저항값은 3차원에서 보면 단순한 물리 현상이지만 4차원에서 바라보면 차원에 대한 저항값, 즉 폐쇄 정보이다. 4차원 象界에서의 五運六氣 운동이 깨지면서 중정重靜된 기운의 흐름이 조성되고, 이 기운이 한계점을 넘게 되면서부터 저항을 받게 된다. 4차원의 열린 성질과는 전혀 다른 폐쇄적 힘이 뒤덮게 되는데, 이것이 곧 질량이다. 이런 질량으로 이루어진 세상이 3차원 形界이다. 그렇기에 물질 주변엔 4차원의 흔적들이 즐비하게 되고, 이것들이 중력·전력·약력·강력의 네 가지 힘을 비롯한 온갖 물리 현상들이다.

그래서 우리가 사는 3차원 우주는 알고 보면 모두 정보의 장난이다. 폐쇄된 정보들이 4차원의 설계도에 따라 이합집산을 반복하고 있는 것이다. 형상이란 것도 정보가 응축하여 에너지나 입자의 상태를 띠고 있을 뿐이다. 이때 생겨나는 힘이 중력이고, 이것은 단적으로 폐쇄 상태를 보여준다. 폐쇄성이 클수록 중력은 세지고, 익히 알려진 것처럼 거리의 제곱에 반비례하게 된다.

그렇다면 중력은 왜 중심을 향해 흐르고, 또한 그 속도와 미치는 반경은 어디까지인가?

「E=대차항수/제4, 제5법칙」에 의해 힘의 방향은 물체의 중심으로 향한다. 저항값을 덜 받기 위해 주변의 대차항수를 방패막이로 삼으려 하면서 뭉치게 되고, 이런 와중에도 가장 깊숙한 곳으로 파고들려고 한다. 여기서 힘이 물체의 중심부로 쏠리게 된다.

이때 물체의 중심부로 향하는 힘이 미치는 범위는 우주 끝까지이다. 그 속도는 時空을 초월하여 무한대이다. 자신이 속한 계界의 중심점으로 향하는 힘들이 순간적으로 우주를 가득 메우게 된다.

그런데 대차항수 속에 숨어 대차항수로부터 자유로워지려는 것은 마치 갯벌에서 샤워하는 것처럼 우매한 일이다. 그래서 계界의 중심점으로부터 탈출하려는 힘도 덩달아 생겨난다. 이렇게 되면 한 점으로 모여드는 힘과 더불어 한 점에서 밖으로 뻗치는 힘이 동시에 나온다. 인력과 척력이 함께 발생하는 것이다.

여기서의 척력은 반입자(antiparticle)의 형태로 나온다. 인력은 드러난 힘이고 척력은 잠재된 힘이다. 마치 수면 위와 아래처럼 나뉘는데, 동시에 두 방향으로 힘이 뻗치게 된다. 수면 위의 인력과 수면 아래의 척력은 다른 물체와 접하게 되면 상호 다른 쪽과 손을 맞잡게 된다. A의 인력은 B의 척력과, A의 척력은 B의 인력과 상호 교류한다.

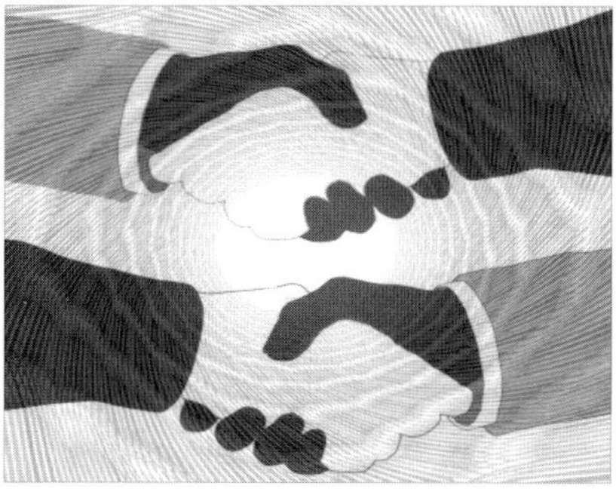

이렇게 되면 마치 두 사람이 양손을 뻗어 맞잡은 것처럼 된다. 그리곤 줄다리기를 벌인다. 이때 질량이 높은 A에게 B는 끌려 올 것이다. 다만 A의 한쪽 팔이 B 쪽을 향해 나아가게 되고, 이렇게 되면서 한쪽 방향으로 몸을 틀어 회전하게 된다. 이때 회전 속도가, B의 부족한 인력에 힘을 보태게 되면서 균형이 맞게 되고, 이 상태로 오랜 세월을 돌게 된다. 양손을 맞잡은 구조이기 때문에 행성의 질서는 오래도록 유지할 수 있다.

양손 구조가 아니면 행성들이 이렇게 오래도록 질서를 유지하기는 어렵다. 휘어진 공간을 굴러가는 것도 한계가 있고, 특히 중력자의 교환만으로 지금과 같은 균형을 유지할 수는 없다.

중력이란 대차항수와 그에 반발하는 두 힘이 빚어내는 현상으로 볼 수 있다. 어느 물체건 대차항수와 反대차항수가 공존하고 그 두 힘이 다른 물체와 교류하면서 인력과 회전이 생겨난다. 이것이 道學에서 보는 중력이 생겨나는 원리이다.

제8절. 암흑물질과 암흑에너지

뉴턴의 역학과 아인슈타인의 상대성이론, 그리고 소립자의 세계를 파헤친 양자역학을 통해 인류는 우주를 바라보는 시각을 근본적으로 바꿀 수 있었다. 그리고 계속해서 쏟아져 나오는 첨단 관측장비들에 힘입어 보다 정교하게 물리 현상을 다룰 수 있게 됐다.

1960년대에 이르러 미국에서는, 지금껏 세상에 알려지지 않은 물질에 대한 얘기가 조심스럽게 나오기 시작했다. 카네기연구소의 천문학자 베라 쿠퍼 루빈(Vera Cooper Rubin)은 우리 은하에 있는 나선팔의 회전속도를 측정하면서 거대한 질량이 숨어 있다는 사실을 알아냈다. 암흑물질(dark matter)이 전제되지 않고는 설명될 수 없는 물리현상이었다.

놀랍게도 이것의 질량은 우리 은하의 전체 질량보다 10배는 많았다. 이런 암흑물질을 우주로 확대하면 그 양이 어마어마하게 될 것이다.

암흑물질은 말 그대로 빛을 내지 않는다. 그리고 빛을 내는 물질과 반응하지 않는다. 오로지 수면 아래 잠겨 조용히 침묵하고 있을 뿐이다. 그래서 아직까지도 이것에 대한 직접적인 증거는 나오지 않고 있다.

암흑물질에 대한 생각은 여기에 적합한 입자를 디자인하게 했다. 그것이 바로 '약한 상호작용을 하는 무거운 입자', 즉 '윔프(WIMP)'이다. 윔프는 빛을 내지 않으며 전자기력도 없어야 한다. 오로지 약한핵력과 중력만 있어야 한다. 四象으로 치면 산해散解와 서적徐積만 있는 꼴이 된다.

강한 핵력이 작용하지 않는 것은 윔프의 질량이 거의 0에 가깝다는 것이고, 전자기력이 작용하지 않는 것은 윔프가 물리 현상에 개입을 하지 않는다는 말이다. 중력이 있는 것은 대차항수 값이 있다는 것인데, 이는 3차원에 폐쇄된 상태로 잠복한다는 얘기이다. 그러면서 약한핵력을 띠는 것은 대차항수로부터 자유로워지고 싶어하는 정보를 지니고 있다는 뜻이 된다.

이런 조건을 갖춘 윔프가 각광받는 이유는 또 있다. 차세대 표준 모형으로 손꼽는 초대칭 이론에도 잘 들어맞기 때문이다. 초대칭 이론이란 쉽게 말해, 자연계에 존재하는 기본 입자들에게 보이지 않는 짝이 있다는 이론이다. 그 짝이 매우 추상적이면서 고차원적이라서 초대칭이라고 한다. 당연히 입자의 세계이므로 4차원을 많이 닮아 있을 것이다. - 초대칭을 쉽게 太極의 陰·陽으로 봐도 무방하다. -

아무튼 암흑물질의 등장은 우주를 바라보는 눈을 보다 심층적으로 바꿨다. 이렇게 많은 질량들은 우주의 속도를 점점 늦추게 할 것이고 끝내 수축으로 선회하게 할 것으로 생각할 수밖에 없었다.

그런데 1998년 전혀 다른 관측 결과가 나왔다. 우주의 팽창 속도는 암흑물질에도 불구하고 오히려 점점 빨라지고 있다는 것이다. 이것을 인플레이션 이론(cosmic inflation)이라 한다. 우리말로는 급팽창 이론이라 하는데, 당시 관측결과를 믿을 수 없었던 과학자들은 수없이 많은 실험을 했고, 그럼에도 동일한 결과를 얻어야만 했다.

이렇게 되니 어쩔 수 없이 암흑물질보다 훨씬 큰 암흑에너지란 것이 등장하게 되었다. 우주를 팽창시키는 잠재된 힘이 초미의 관심사로 떠오른 것이다.

관측 결과에 따르면 오늘날의 우주는 70억 년 전의 우주보다 15%나 빨리 팽창하고 있다. 이것은 우주에 있는 질량을 훨씬 능가하는 에너지를 지니고 있다는 뜻이 된다. 브레이크가 듣지 않을 만큼의 가속도를 내고 있는 힘, 이것이 암흑에너지이다.

암흑에너지는 대략 우주의 73%를 차지하고, 23% 정도는 암흑물질이라 한다. 우리가 관측할 수 있는 일반 물질은 4%에 불과하다. 이 4%에서 성간 먼지나 기체들을 제외하면 태양이나 지구 같은 행성들은 0.4%에 지나지 않는다. 우리의 앎의 범위가 얼마나 협소한지를 보여주는 대목이다.

그렇다면 암흑물질과 암흑에너지를 어떻게 이해해야 할까?

道學에서 보는 암흑물질이란 대차항수에 의해 기절한 물질이다. 4차원에서 중정重靜된 六氣가 戌空을 통해 3차원으로 넘어올 때 대차항수의 충격을 받아 활동이 정지된 것들이다. 이것들은 정보 활동이 멈춰 있기에

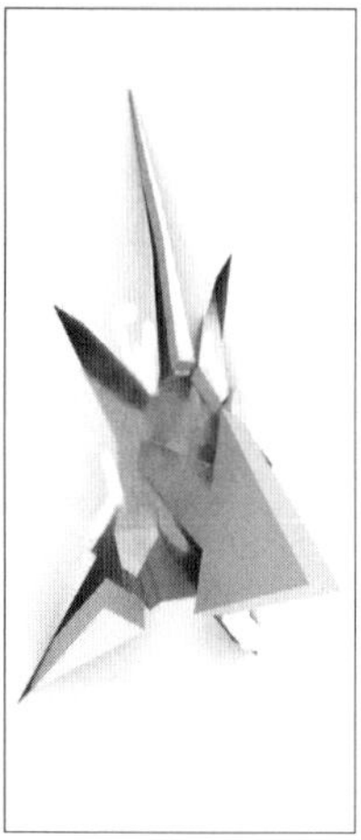

사실상 관측이 안 된다.

빅뱅의 상황으로 돌아가서 그 과정을 찬찬히 살펴보자. 4차원의 한 부분에서 극한의 에너지가 집중되면서 저항값이 높아지고 있다. 그리고 마침내 더 이상 견딜 수 없는 지경에 이르러 한 점(戊空)을 통해 터져 나오니 이것이 빅뱅이다.

빅뱅, 이것은 대차항수라는 감옥에 갇히는 순간이다. 이때 몇 가지 선택 상황이 발생한다. 감옥에 갇혀 잠자코 형기가 끝날 때까지 복역하느냐, 아니면 과감히 탈출을 시도하느냐이다. 후자의 경우엔 직접 탈출할지, 아니면 뒤에서 지원만 해 줄지의 선택에 놓이게 된다.

정리하면, ① 복역, ② 탈출 지원, ③ 직접 탈출의 세 가지 선택 상황에 놓이게 된다. 여기서 ①을 암흑물질, ②를 암흑에너지, ③을 물질이라 한다. ①과 ②는 잠복되어 있기에 측정이 안 된다. 관측하면 그냥 저항값만 있다. 우리는 가장 적극적으로 대차항수로부터 탈출을 시도하는 ③의 물질이란 것에 살고 있다.

물질은 다시 두 갈래 노선을 택한다. 잘게 분해되어 질량을 줄이고 이로써 저항값을 줄이는 방법과, 다른 계界 내에 들어가서 그 계를 방패로 삼아 저항값을 줄이는 방법이 있다. 물질은 이처럼 분해되거나 뭉치는 방향으로 갈라지게 되는데, 결국은 어느 쪽도 문제를 해결하지 못하고 다람쥐 쳇바퀴 돌듯 하게 된다. 분해된 놈은 다시 뭉치고, 뭉친 놈은 다시 흩어지게 되는 것이 이들의 운명이다.

아무튼 암흑물질과 암흑에너지는 대차항수에 대한 선택의 상황에서 갈라져 나온 힘의 방향이다. 그리고 앞장에서 설명했듯이, 이것들은 하도河圖와 낙서洛書의 원리에 따라 힘을 교차하며 한 덩어리로 둥굴러가게 된다.

제9절. 열역학 법칙과 엔트로피

수많은 물리법칙 가운데 근본이 되는 법칙 중 하나로「에너지 보존법칙」이 있다. 이것은 물체가 여러 형태로 바뀌어도 에너지의 총량은 항상 일정하게 유지된다는 이론이다. 여기에 착안하여 나온 것이 그 유명한 $E=mc^2$이다. 이때부터 질량까지 에너지에 포함하게 되었고, 따라서 정확히 말하면「에너지 질량 보존의 법칙」이 된다.

왜 에너지는 소멸하지 않고 보존되는 것일까? 우리가 사는 공간이 물샐 틈 없이 빽빽하게 차단되어 있어서 그런 것인가?

여기에 대한 의구심은 숱한 과학자들의 머리를 어지럽혔지만 아쉽게도 뾰족한 해답은 없다. 그저 철학적으로 막연하게 생각해 볼 뿐이다.

道學에서는 이것 역시「E=대차항수」로 푼다. 에너지라는 것은 저항값의 다른 표현이다. 저항을 받는 모든 것들이 상호 작용을 통해 변화해 나아간다. 그러면서 저항값을 서로 주고받게 되는데, 이때 자신의 저항값을 다른 물체에게 전달하기도 하고 다른 물체로부터 저항값을 받아 더 큰 저항값 속에 갇히기도 한다. 이런 일이 수없이 많이 발생해도 우리가 살고 있는 우주라는 하나의 계界 내에서의 저항값 총량은 변하지 않는다.

아틀라스가 하늘을 떠받치고 있다. 그는 너무 힘들어서 자세를 이리저리 바꾼다. 오른쪽 어깨가 심한 저항을 받자 자세를 틀어 왼쪽 어깨에 힘을 받게 한다. 그러다가 목 뒤의 승모근으로 힘을 쏠리게 한다. 이렇게 자세를 수시로 바꾸면서 저항값을 조정하지만 그가 받는 전체 저항값은 변하지 않는다. 이것이 「에너지 보존 법칙」이다.

그렇다면 에너지를 없애려면 어떻게 할까?

그 방법은 하나밖에 없다. 대차항수를 0으로 만들어서 4차원으로 탈출하는 것이다. 2차원에 갇힌 물체가 그곳의 시공간으로부터 자유로워지는 길은 3차원으로 나오는 수밖에 없는 것과 같은 이유이다.

3차원이면 당연히 생겨나는 저항값을 3차원 내에서 없앤다는 것은 불가능하다. 그래서 우리는 고차원을 향해 나아간다. 그 문호를 「E=대차항수」로 시작하는 것이다.

「에너지 보존 법칙」에 대해서 좀 더 알아보자.

「에너지 보존 법칙」은 열을 연구하면서 알려지게 됐다. 과학자들은 열을 일종의 에너지로 보고 그 에너지 총량이 보존된다는 사실을 알아냈다. 열역학의 근간이 되기에 일명 「열역학 제1법칙」이라고도 한다.

열은 높은 온도에서 낮은 온도로 흐른다. 그리고 운동에너지는 모두 열에너지로 바뀌는데, 열에너지는 이상하게도 일부만 운동에너지로 바뀐다. 이 부분은 아직까도 설명되지 않고 있다.

열이 낮은 쪽으로 간다는 것은 무엇을 의미할까?

햇볕에 의해 데워진 방 안의 공기는 활발히 움직인다. 그러다가 서서히 식어간다. 방 안의 공기는 대류가 줄어들면서 점점 싸늘하게 식어가고, 결국 고요한 상태가 된다.

온도가 높은 것은 물체를 이루는 분자나 원자들이 빠르게 운동하고 있는 상태이다. 반대로 온도가 낮은 것은 그것들이 느리게 운동하고 있는 상태이다. 열이 높은 온도에서 낮은 온도로 흐르는 것은 빠르게 운동하는 분자들과 느리게 운동하는 분자들이 서로 뒤섞이는 현상이다. 이렇게 되면 열이 높은 곳에서 낮은 곳으로 흐르는 것처럼 보이게 된다.

운동에너지와 열에너지 사이의 변환도 이런 식으로 설명할 수 있다. 운동에너지는 물체를 이루는 원자나 분자들이 한 방향으로 일정하게 흐르고 있을 때의 에너지를 말한다. 이에 반해 열에너지는 그것들의 운동 방향이 불규칙하게 흐트러져 있는 상태이다. 따라서 질서를 이루고 있는 운동에너지가 무질서한 열로 바뀌는 것은 자연스럽다. 이에 반해 무질서한 열에너지가 질서정연한 운동에너지로 바뀌는 것은 어렵다.

1865년 클라우지우스는「열역학 제2법칙」을 포괄적으로 설명하기 위해 엔트로피라고 부르는 새로운 물리량을 제시했다. 클라우지우스가 제안한 엔트로피(S)는 열량(Q)을 온도(T)로 나눈 값(S= Q/T)이다. 여기에 오스트리아의 물리학자 볼츠만이 확률적인 방법을 추가함으로써 물리학에 있어서 엔트로피에 대한 위상이 자리 잡게 되었다.

엔트로피는 쉽게 말해 열평형에 의한 '무질서도'를 말한다. 열은 항상 열평형으로 향하고, 그것은 엔트로피를 증가시키게 된다. 우주의 모든 물리법칙은 예외 없이 엔트로피를 증가시키는 방향으로 이루어진다.

왜 그런 것일까?

이것 역시「E=대차항수」로써 설명이 가능하다.

열이란 저항값에 대한 투쟁이다. 저항값을 벗어나기 위한 일종의 몸부림 같은 것이다. 하지만 속도가 높아지면서 더 큰 저항에 부딪히게 된다. 그래서 고요히 가라앉는 쪽으로 향한다. 온도가 내려가는 것이다.

대차항수는 늘 저항이 낮은 쪽으로 흐른다. 이는 마치 흙탕물을 가만히 놔두어야 고요히 가라앉는 것과 같다. 흙탕물이 더럽다고 휘저으면 더욱 더러워진다. 저항값에 의해 갑갑하다고 길길이 날뛰면 더 큰 저항에 부딪히게 되는 것이다. 그래서 만물은 안정된 쪽으로 진행한다. 이것이 「열역학 제2법칙」이다.

하지만 이것에 역행하는 움직임도 있다. [E=대차항수/제5법칙]에 의해 서로 뭉쳐서 대차항수를 나누어 가지려는 움직임이 있고, 여기서 하나의 공동체가 구성된다. 이것저것 덩어리를 지어 몸집을 불리는 것이다. 이렇게 해서 생겨난 것들이 물질의 세계이다. 지구라는 덩어리를 보면, 이 속에 사는 숱한 생명체들은 함께 지구의 대차항수를 나누어 짊어지며 살아가고 있다.

이 힘은 「열역학 제2법칙」에 반대되는 힘으로, 「反엔트로피의 법칙」이다. 이렇게 보면, 우주에는 해체와 질서를 향한 두 가지 힘이 한 쌍으로 공존한다. 미생물들이 뭉쳐서 지금과 같은 고등 생물을 만들어낸 것도 같은 이유이다.

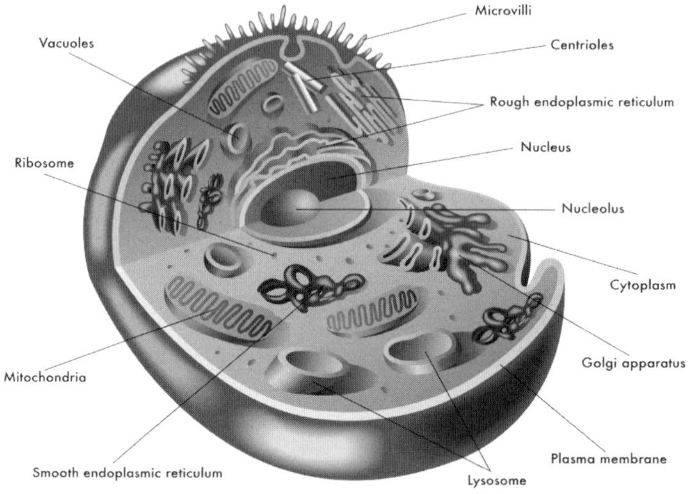

사실 인간의 몸이란 것도 미토콘드리아를 비롯한 수없이 많은 미생물들이 공동으로 경작하는 협동 농장이 아니던가. 생각이란 것도 사실상 그들이 공동으로 합의를 이끌어서 일으키는 것이고 말이다.

이들 미생물들이 육체라는 질서에 개입함으로써 대차항수는 증가한다. 하지만 그 계 안에서의 대차항수는 오히려 가벼워진다. 이렇게 대차항수를 줄이려는 움직임은 서로 다른 두 갈래로 나뉘어 흐른다.

정리하면 우주는 대차항수를 줄이려는 방향으로 나아간다. 이것이 「모든 운동은 대차항수에서 벗어나는 쪽으로 향한다」는 [E=대차항수/제4법칙]이다. 그 방법엔 두 갈래가 있다. 하나는 열평형을 이루어 고요히 안정되는 쪽이고, 다른 하나는 질서를 이루어 그 계界를 울타리로 삼아 내재하는 것이다. 전자는 무질서를, 후자는 질서를 이룬다.

그런데 이런 노력이 대차항수를 줄이는 데에 효과가 있을까?

불행히도 특별한 효과는 없다. 이리저리 변화를 모색해 봐도 3차원의 벽에 갇혀 있는 신세는 면할 길이 없다. 「에너지 보존 법칙」에서 알 수 있듯, 3차원의 저항은 그 범위가 3차원 내에 국한되고 마는 까닭이다.

그렇다면 어떻게 해야 대차항수를 0으로 만들어 4차원으로 넘어갈 수 있을까? 그 방법을 논하고 있는 것이 道學이다. 8장에서 상세히 다루고자 한다.

제10절. 양자역학

고전물리학에서는 자연을 수학으로 기술하였고, 이때 사용한 수학엔 별도의 해석이 필요치 않았다. 수학엔 어떤 관념이나 의견이 들어갈 여지가 없으며, 그렇기에 과학의 언어로서 적합하다. 만일 어떤 과학자가 수학을 이용해 과학 이론을 만들고, 여기에 다시 수학적 해석을 덧붙인다면 그 이론은 철저히 외면받게 될 것이다. 수학적 해석을 해야만 하는 이론은 그 자체로 복잡하고 불확실하다는 것을 반증하는 것이기 때문이다.

그런데 놀랍게도 수학적 해석을 붙여야만 성립되는 과학의 분야가 있다. 그것이 양자물리학이다. 양자물리학에 대한 해석은 오늘날까지 닐스 보어(Niels Bohr)를 주축으로 하는 코펜하겐 해석이 대세를 이루고 있다.

그런데 양자물리학의 성립에 기여를 한 과학자들조차 이런 해석을 꽤나 거북하게 여겨 왔다. 일례로 아인슈타인만 봐도 그렇다. 그는 슈뢰딩거가 生死를 동시 만족하는 고양이에 빗대 코펜하겐 해석을 비판했을 때, '신은 주사위 놀이를 하지 않는다'는 말을 하며 지지를 보내기도 했다.

코펜하겐 해석에 따르면 미시세계는 여러 상태가 중첩되어 있다가 측정 순간에 하나로 확정된다고 한다. 이것을 상태공존狀態共存이라 하는데, 거시세계에 적용하면 태양이나 달이 관측할 때만 존재하는 것이 된다. 관측하지 않으면 그것의 존재가 불투명하게 된다는 얘기이다.

그렇다면 양자물리학에서 주장하는 상태공존의 현상을 어떻게 이해해야 할까? 이것을 단지 미시세계에서 벌어지는 도깨비장난으로 치부하는 것이 옳을까?

도저히 납득할 수 없는 사실이다 보니 많은 과학자들이 여기에 설명을 덧붙이기 시작했다. 1972년에 휴 에버렛(Hugh Everett, 1930~1982)은 다중세상多重世上의 해석을 시도했다. 여러 세상이 공존하고 있고, 관측과 동시에 그 가운데 한 세상으로 확정된다는 것이다.

이것은 관측과 동시에 우주가 여러 방향으로 갈라지는 것을 의미한다. 슈뢰딩거의 고양이의 생사를 확인하는 순간, 고양이가 살아 있는 우주와 고양이가 죽어 있는 우주로 갈라지게 된다. 이 같은 다중우주론(multiverse theory)이 사실이라면 모든 생명체들이 시시각각 내리는 선택에 의해 우주는 이미 무한대의 수로 갈라져 있을 것이다.

이런 해석은 아무리 봐도 코펜하겐 해석보다도 더욱 기괴해 보인다. 하지만 1997년에 있었던 양자물리학 워크숍에서의 여론 조사에서 당당히 2위를 차지했다고 한다.

그런데 이런 골치 아픈 해석 외에 다른 방도는 없을까?

가장 간단하고 합리적인 해석은 당연히 확률로 보는 것이다. 슈뢰딩거의 고양이가 살아 있을 확률과 죽어 있을 확률은 각각 50%이다. 이것을 앙상블(ensemble) 해석이라 한다. 하지만 이런 해석은 집단을 통계적으로 이해하는 데는 도움이 되지만, 입자 하나하나의 상태를 수학적으로 기술하는 데에는 적합하지 못하다.

그래서 아인슈타인은 앙상블 이론에 '숨은 변수 이론'을 덧붙였다. 그 내용은 그렇게 거창한 것이 아니다. 입자의 상태를 결정하는 알 수 없는 변수가 있을 것이라는 주장이다. 과학이 발달하면 「국소성의 원리」[79]를 만족하는 변수를 찾아내서 코펜하겐 해석과 같은 괴상한 이론이 사라지게 될 것이라는 일종의 예언이다. 아인슈타인은 머지않은 장래에 양자물리학에서 주장하는 상태공존이나 확률적 잣대가 오류임이 밝혀지고 거시세계와 동일하게 결정론적으로 바뀌게 될 것으로 내다봤다.

그렇다면 누구의 주장이 옳은 것인가? 이것은 과학에서는 도저히 해결할 수 없는 것인가?

실험상으로는 코펜하겐 해석의 신뢰도가 높은 편이다. 하지만 왜 그렇게 해석할 수밖에 없는지에 대한 근거는 없다. 그래서 닐스 보어(Niels Bohr)는 실험 사실을 설명하는 것 이상의 것은 과학의 손을 떠났다고 공언했다. 철학자에게 물어보라는 것이다.

닐스 보어는 이렇게 철학자에게 바통을 넘겼지만 철학자들 역시 이 부분에 대한 해석은 손도 못 대고 있다. 그건 과학자들이 알아서 할 일이라고 여겼던지 어느 누구도 관여하려 하지 않았다. 기껏해야 동양철학이나 불교사상을 꺼내 들어 無爲나 空을 막연하게 들이대는 정도가 다였다.

그렇다면 이런 난제를 道學에서는 어떻게 바라보고 있는가?

우리가 살고 있는 3차원 세상의 모든 것을 정보로 보면 간단히 해결된다. 바로 「E=대차항수」로 보는 것이다.

세상을 有로 생각해서 입자로 해석하려 하면 더욱 미궁 속으로 빠진다. 왜냐? 애초부터 有란 것은 존재하지 않았기 때문이다. 非有非無한 정보의 세계만 펼쳐져 있고, 이것들이 힘을 교류하며 象과 形을 점멸하고 있을

79) '界의 상태에 관한 정보는 항상 그 界의 주위를 통해서만 매개될 수 있다'는 원칙. 양자얽힘 현상은 빛보다 빠르게 되어 「국소성의 원리」에 위배된다. 이에 아인슈타인은 이 원리를 만족하는 숨은 변수에 대한 이론을 생각하게 되었다.

뿐이다. 이처럼 「존재 =정보」의 시각으로 봐야지만 양자물리학의 세계를 심도 있게 이해할 수 있다.

일례로 양자역학의 뜨거운 감자인 이중슬릿 실험을 보자. 실험실에서 광자 한 개를 발사했을 때, 놀랍게도 두 개의 슬릿을 동시에 통과하는 현상이 나온다. 그런데 광자는 이론적으로 두 개로 나누어질 수 없다. 그래서 일부 과학자들은 광자가 공간을 가른다고 생각했다. 이런 사고에서 다중우주론多重宇宙論이 나왔다.

광자의 실체는 정보이다. 정보는 입자와 파동을 동시에 만족한다. 그래서 이중슬릿을 통과할 때 광자는 두 곳을 동시에 통과할 수 있다. 이 때의 광자는 '정보의 場'으로 존재한다. 다만 관찰이 가해지면 응축하여 입자의 모습을 갖춘다. 그래서 결과적으로 한 개의 슬릿만 통과하게 된다.

우리의 몸을 구성하는 양자들은 정보라는 특성에 의해 동시에 두 군데에 존재할 수 있지만, 양자들이 집합하여 응축된 몸은 두 군데로 갈라지지 않는다. 좀 어려운 얘기지만, 감상의 대상이 되면 양자는 갈라지지 않고 고정된다. 감상의 도구로써 결정되지 않은 상태에서만 時空을 초월하여 공존하게 된다. 따라서 거시세계에서의 다중우주는 성립될 수 없다.

빛을 예로 들어 보자. 로켓을 타고 빛의 반대 방향으로 초속 10만 km로 달린다. 이때 빛을 측정하면 당연히 광속은 30만km + 10만km가 될 것이다. 하지만 광속불변의 법칙에 따라 광속은 30만km로 일정하게 나온다. 특수상대성원리에 따르면 로켓의 시간까지 천천히 가기 때문에 40만km + 알파α 로 속도가 늘어나야 한다.

이런 상황에서 광속이 30만km가 되려면 이 경우엔 시간이 오히려 빠르게 흘러야 한다. 그래야만 광속을 일정하게 맞출 수 있게 된다. $E=mc^2$과 역행하는 결과가 나오게 된다. 왜 그런 것인가? – 이런 패러독스들 때문에

특수상대성이론에서는 등속 운동을 전제로 한다. –

이런 경우에도 로켓 내의 시간은 대차항수에 의해 느리게 간다. 그럼에도 빛의 속도가 일정하게 나오는 것은 관측 지점의 차이 때문이다. 질량이 0인 것들은 3차원과 4차원의 경계를 흐른다. 이것들은 3차원의 물질들과 정보를 수수授受하면서도 3차원의 界 내에 포함되지 않는다. 그래서 3차원 내에서 측정하게 되면 이곳의 물리 법칙과 딱 들어맞게 떨어지지 않는다.

광속은 3차원의 界를 넘어 있기에 이곳의 관측 범위를 벗어났고, 그래서 특정한 매질에 영향을 받지 않는 한 속도가 일정하게 나오게 된다. 그러면서도 3차원과의 경계를 흐르기에, 대차항수의 정보에 민감하게 반응하여 휘어지기도 하고 광자를 토해내기도 한다.

대차항수가 0은 아니지만 0에 가까운 놈들은 빛처럼 4차원적 성향을 다분히 지니게 된다. 그래서 이것들은 3차원으로 생각하기 어려운 성질을 보인다. 상태공존이나 불확정성의 원리, 양자전송 같은 얘기들이 나오는 이유가 바로 여기에 있다.

제반의 물리 현상은 측정 장소에 따라 답을 달리 한다. 현상이 일어나는 界 내에 있는지, 아니면 界 밖에 있는지에 따라 관측의 결과는 달라질 수밖에 없다. 사실 우리 우주도 그 경계 너머에서 관측한다면 빛의 속도는 매번 다르게 나올 것이다. 이 점을 우리는 전제로 깔고 미시세계와 거시세계를 바라봐야 한다.

이쯤 되면 독자들은 상당히 혼란스러워 할 것이다. 관측 지점에 따라 물리 현상이 답을 달리한다면 우주에 대한 이해는 더욱 요원해지기 때문이다.

그런데 이렇게 모호하고 어려워야 제대로 보는 것이다. 우주는 본래부터 돌멩이처럼 고정되어 있지 않고 정보의 이합집산으로 얽히고설켜 있기 때문이다. 하지만 존재의 실상이 아무리 복잡해도 공통분모는 있기 마련이다. 그것을 본서에서 「E=대차항수」로 함축하는 것이다.

아무튼 界를 수시로 바꿔가면서 관찰하는 것이 道學의 입장이다. 이런 道學의 관점은 과학의 입장에서 보면 비판받을 소지가 크다. 왜냐하면 과학은 우리가 현재 살고 있는 界 너머는 철저히 무시하기 때문이다. 우리와 상관없는 것들을 끌어와서 논점을 흐리는 것을 과학자들은 못마땅하게 여긴다. 4차원에서 광자를 보든, 아니면 우주 밖에서 광속을 측정하든… 그런 것들은 우리의 실생활에 아무런 의미가 없다고 그들은 말한다. 그래서 우주의 근원인 특이점 이전에 대한 연구조차 도외시하지 않던가.

이런 일련의 이유로 과학의 입장에서는 필자와 같은 고차원적 관점을 달갑게 여기지 않는다. 이런 비판적 시각은 과학자의 입장에선 지극히 자연스럽고 당연하다. 그래서 필자는 서두부터 「3차원의 界를 넘어서는 道學의 관점」이라는 점을 전제로 깔았던 것이다.

미시세계에서 벌어지는 신묘한 현상들을 정보의 이합집산離合集散으로 받아들이면 지극히 당연하게 보여진다. 누차 말하지만 관찰자가 3차원의 폐쇄된 입장을 고수하기에 그것들이 이상하게 보일 뿐이다.

폐쇄된 입장이란 有(입자)의 관점이다. 有로 보면 결코 안 된다. 有란 것은 여태껏 존재한 적이 없고 존재할 수도 없다. 그렇다고 과학자들에게 이런 有의 입장을 버리라는 말은 결코 아니다. 만일 그렇게 되면 과학 자체가 성립되지 않을 것이다. 다만 지금처럼 有의 입장만 견지堅持하지 말고 다각도로 우주를 바라보라는 것이다.

우주는 다양한 차원에 색다른 모습으로 존재할 수 있지만 변하지 않는 것은 「E=대차항수」에 의해 설계됐다는 사실이다. 「E=대차항수」, 이것은 우연이 아닌 필연이다.

삼라만상 모든 것은 정보이다. 정보에 친숙해질 때 인류는 空의 묘리를 터득하면서 초과학이라 일컫는 창조 과학의 문호를 열어젖히게 될 것이다. 창조 과학은 베일에 싸인 우주의 신비를 현실화하고, 특히 시공간을 자유로이 활용하여 우주일가를 이루게 할 것이다. 이것을 여는 열쇠가 바로 「E=대차항수」라는 간단한 공식에 있다.

문명의 완성은 조각났던 퍼즐이 한데 모이면서 비롯된다. 그 접착제가 「E=대차항수」이다. 「E=대차항수」를 통해 전개되는 과학은 조각 났던 제반의 물리현상들을 하나로 연결하여 전체상을 그려낼 것이다.

「E=대차항수」를 통해 정보로 보는 눈이 떠지는 순간 인간의 영성靈性에 불이 켜질 것이다. 그 불은 새로운 영성인류를 예고하는 등불이다.

영성인류가 사는 고차원 세상, 그것이 바로 정보 사회요 이상 사회이다.

理(정보)가 세상의 중심을 이루니 곧 在世理化이며, 이로써 모든 것이 제 구실을 하며 쓸모 있게 되니 用化世上이다.

「E=대차항수」

이것은 空의 문명을 여는 첫 단추가 될 것이다.

제8장

생명과 大道

제1절. 뇌와 의식

사람의 몸 가운데 가장 중요한 곳을 꼽는다면 당연히 뇌(brain)가 될 것이다. 주름이 잡힌 뇌를 펼치면 신문지 반 장 정도의 작은 면적에 지나지 않지만, 뇌의 극히 일부분이라도 손상된다면 생명을 잃든지 아니면 의식에 변화가 오면서 인생이 송두리째 바뀌게 될 것이다.

뇌는 엄마의 자궁 속에서 잉태되는 순간부터 자라나게 되는데, 단순히 뉴런(neuron/신경세포)의 수만 증가하는 것이 아니다. 시냅스(synapse)라는 미세한 가지가 촘촘히 뻗으며 네트워크를 이루고, 여기서 온갖 신호를 처리하며 지능이란 것이 싹트게 된다.

그래서 뇌를 연구하는 과학자들은 인간의 영혼을 천억 개의 뉴런과 천조 개의 시냅스의 연결망에서 찾기도 한다. 우리는 시시각각 떠오르는 생각을 이용해서 나름 주체적으로 사유하며 판단한다고 여기지만, 사실은 뇌가 만들어내는 일련의 정보 활동에 불과하다는 것이다

그렇다면 과연 우리의 영혼은 존재하지 않는 것인가?

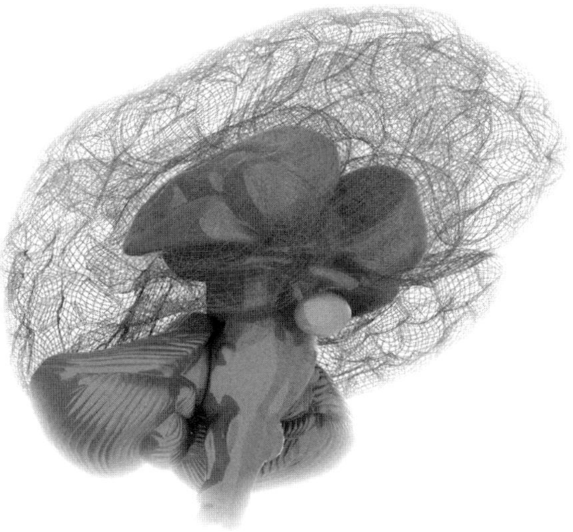

뇌과학자들의 물질론적 주장에 반대하려 해도 속속들이 보고되는 뇌에 관한 연구들은 영혼의 존재를 부정하는 쪽으로 일관되게 흐르고 있다. '나'라고 철석같이 믿고 있던 존재가 사실은 뇌에서 만들어지는 정보의 환영에 불과하다고 하면 여간 실망스런 일이 아닐 것이다.

인간의 뇌를 살펴보면 크게 세 부분으로 나뉘는데, 쉽게 3층짜리 주택을 떠올리면 된다. 1층은 뇌줄기(뇌간)와 소뇌로 구성된, 흔히 '파충류의 뇌'라고 알려진 곳이다. 호흡이나 심장 박동, 혈류와 같은 생명 유지에 꼭 필요한 기능을 주로 맡고 있다. 만일 우리의 뇌가 1층에서 멈췄다면 지금쯤 악어나 뱀처럼 음침하게 살아가고 있을 것이다.

그런데 다행히 1층 위에 중뇌라는 2층이 올려져 있다. 이곳은 파충류에게서는 찾아볼 수 없는 감정이란 것으로 가득 채워져 있다. 화를 내며 으르렁거리는 것은 기본이고, 웃거나 울 줄 아는 감정도 생산해 내는 신비로운 곳이다. 그뿐만 아니라 애정 표현도 다각도로 할 수 있게 함으로써 파충류와 구별되는 포유류만의 특성을 잘 표현해 주고 있다. 그래서 2층의 중뇌는 '포유류의 뇌', 혹은 '감정의 뇌'라고 부른다.

우리의 뇌가 2층에서 멈췄다면 어땠을까? 아마 십중팔구는 털북숭이 원숭이가 되어 나무 위를 펄펄 뛰어다니고 있을 것이다.

인간은 무슨 이유에서인지 2층짜리 주택에서 멈추지 않았다. 끊임없이 3층을 올리기 위해 진화했고 결국 대뇌 피질을 확장하여 전뇌(前腦/forebrain)를 만들어 냈다. 비로소 복잡한 사고와 창조 기능을 담당하는 고도의 두뇌를 갖추게 된 것이다. 그래서 전뇌를 가리켜 '이성의 뇌', 또는 '인간의 뇌'라고 한다.

이렇게 3층 주택에서 만들어내는 사고思考란 것은 신비롭고 오묘하기 짝이 없다. 사실 컴퓨터 수십만 대를 모아 한꺼번에 가동한들 그 정교함에 있어서는 인간의 의식을 따라오지 못한다. 이런 것을 보면 인간에게는 영혼이라는 고차원적 존재가 뇌 속에 따로 존재하는 것처럼 보인다.

하지만 앞서 말했듯이 현대의 뇌과학은 인정사정없이 영혼의 존재를 도륙내고 있다. 인간의 세세한 감성과 생각의 흐름마저 과학적으로 풀어냄으로써 우리의 영혼을 관념의 산물로 전락케 하고 있는 것이다.

최근 들어 대뇌 피질 중 전두엽의 앞부분에 위치한 전전두엽(prefrontal cortex)[80]이 주목을 끌고 있다. 어떤 일을 계획하고 결정하는 의식의 기능을 수행한다고 알려졌기 때문이다. 이곳에는 사람의 감정을 제어하는 세로토닌(serotonin)[81]계가 있는데, 여기에 장애가 발생하면 폭력적 성향이 두드러지게 된다. 반사회적 인격장애인 사이코패스의 대부분이 이곳의 질환에서 발생한다고 하니, 이런 것을 보면 마치 인간의 의식이 뇌에 전적으로 의존하는 것처럼 보인다.

---

80) 전두엽의 앞면에 위치한 곳으로, 이성적이고 논리적인 사고를 담당하는 부위로 알려져 있다.

81) 뇌의 시상하부 중추에 존재하는 신경전달물질 가운데 하나로 사람의 기분이나 사고에 영향을 준다고 한다.

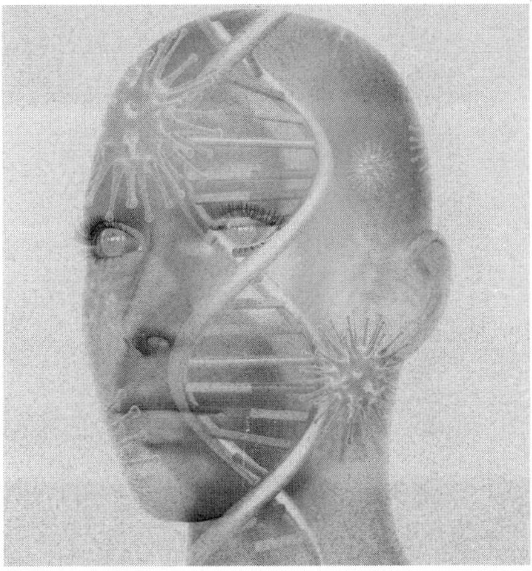

뇌와 인식의 상관관계에 대한 자료는 하루가 다르게 쏟아져 나오고, 이에 반비례하여 영혼이 설 자리는 점점 좁아지고 있다. 이대로 쭉 가다가는 유전자를 조작하듯 뇌를 조작하여 원하는 인간상을 만들어내는 시절이 올 지도 모른다. 가령, 수술대 위에서 뉴턴이나 아인슈타인 같은 천재도 만들고 고흐나 피카소처럼 뛰어난 예술가도 만들어낸다. 두려움이 없이 적진에 뛰어들 수 있는 전쟁 영웅도 만들고, 나아가 예수처럼 전 인류를 사랑하는 성인도 만들어낼 것이다.

드물게나마 고승들이 소신燒身 공양하여 등신불等身佛이 되려는 경우가 있는데, 이는 대단한 용기가 없이는 생각조차 할 수 없는 일이다. 산 채로 불태워지는 고통을 그 무엇에 비할 수 있겠는가. 그런데 뇌에서 특정 부위의 활동을 정지시키거나, 모르핀보다 백배나 강한 엔도르핀(endorphin)을 촉진하게 하면 간단히 이런 문제를 해결할 수 있다. 뇌 속에서 고통의 신호가 원천적으로 차단됨으로써 등신불이 되어 육체가 타들어 가도 거룩한 미소를 잃지 않을 것이고, 십자가에 못 박히더라도 환희에 잠긴 표정을 계속해서 유지할 수 있게 될 것이다.

뇌과학이 더욱 발달하면 우주의식이라 불리는 해탈심까지 넘보게 될지 모른다. 뇌를 조작하여, 형이상形而上에 머무르던 도통의 경지를 현실로 끌어내리는 것이다. 이렇게 되면 지금처럼 어렵게 道를 닦지 않고도 간단히 성불成佛에 이르러 세상의 모든 사람들이 부처가 되는 세상이 도래할 것이다.

유전자를 조작하여 무병장수하고 뇌를 조작하여 성인聖人이 되는 세상, 그런 세상이 정말로 실현 가능할까?

그런데 영혼이 실제로 존재하지 않는다면, 육신의 뇌腦를 조작하여 얻어지는 결과물은 그야말로 아침 햇살에 반짝 빛나다 사라지는 초로草露에 지나지 않는다. 영혼이란 물질이 만들어낸 일종의 신기루 같은 현상에 불과하게 됨으로써 자아의 정체성 문제와 함께 인간성 상실의 위기는 더욱 수렁에 빠져들 것이다.

하지만 그렇게 되더라도 없는 사실을 억지로 꾸며 영혼의 존재를 무턱대고 인정할 수는 없는 노릇이다. 인간의 정체성이나 상실감보다 더 중요한 것은 존재에 대한 진실이기 때문이다.

제2절. 생명과 영혼

그렇다면 과연 인간의 영혼은 존재하지 않는 것인가?

다행히 그렇지는 않다. 차원론에서 살펴봤듯이 고차원은 저차원을 포함하는 구조로 되어 있다. 다시 말해, 3차원은 4차원의 품을 떠나서는 존립할 수 없다. 이것이 뜻하는 바가 무엇일까?

바로 3차원의 모든 것들은 알게 모르게 4차원과 연결되어 있다는 얘기다. 이 가운데 대차항수가 높은 물질들은 4차원으로부터 거리가 다소 떨어져 있게 된다. 그래서 아무리 눈을 씻고 봐도 4차원적 오묘함은 찾아볼 수 없다. 쪼개고 쪼개서 대차항수를 줄여야만 간신히 4차원을 닮은 소립자들의 세계를 엿볼 수 있을 뿐이다.

하지만 생명은 잘게 쪼개지 않아도 언제나 4차원의 오묘함을 풍겨낸다. 의식에 따라 섬세하게 자율반응하는 것 자체가 일반 물질에서는 찾아볼 수 없는 생명만의 신비로움이다.

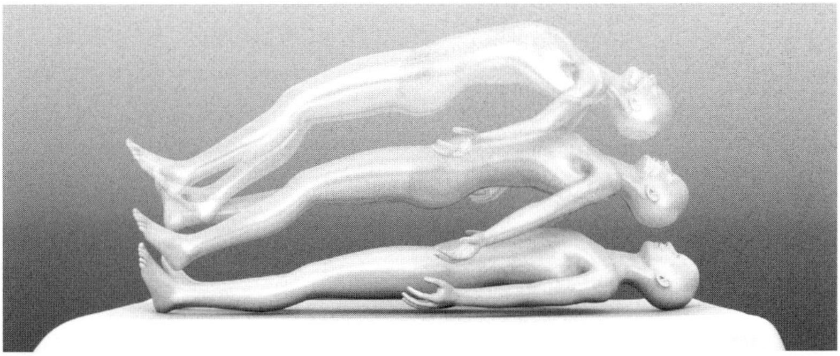

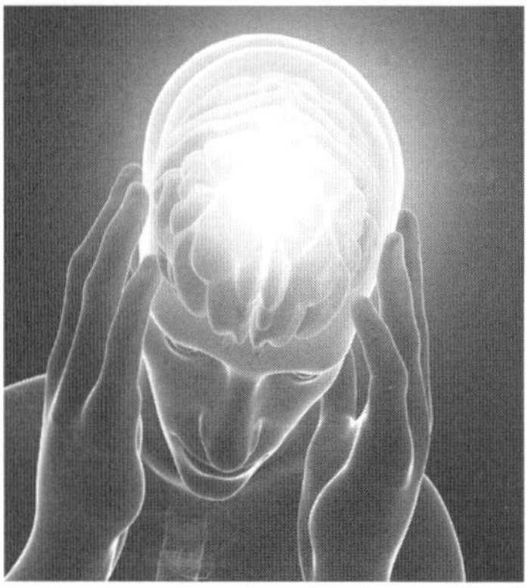

심장이 멈추면 뇌파가 사라지면서 뇌 기능은 정지한다. 이것이 의학적 죽음이다. 이 상태에서 뇌는 어떤 이미지도 그려낼 수 없고, 따라서 운 좋게 깨어나더라도 기억을 할 수 없다. 그런데 1970년대 이후 의학적 죽음에 해당하는 뇌사 상태에서 임사臨死체험을 했다는 사람들의 보고가 속속들이 알려지고 있다. 이것이 사실이라면 우리의 뇌와 마음은 별개가 되고, 그만큼 영혼의 존재는 독립적인 입지를 갖게 될 것이다.

물론 이 점에 대해 회의적인 목소리도 많다. 임사 상태 때에 정보가 뇌의 외곽에 남아 있다가 어느 순간 기억회로에 고정된다는 의견도 있고, 알 수 없는 뇌의 기능이 어딘가에 숨어 있을 것이라는 신중한 의견도 있다.

양자역학적으로 보다 정교하게 풀어낸 의견도 있다. 신경세포인 뉴런들 속에는 미세소관이라고 하는 원통 모양의 구조물이 있는데, 이것은 세포들 사이에 일어나는 정보들을 처리한다고 알려져 있다. 미세소관은 양자컴퓨터처럼 정보들을 다루는데, 이때 의식이 양자의 흐름을 따라 형성된다고 한다. 그래서 뇌사판정을 받은 뒤에도 양자얽힘(quantum entanglement)의 원리에 따라 일정 기간 공간에 존재하게 되고, 여기서 사후의 세계로 착각을 불러일으키게 됐다는 얘기이다.

하지만 시각장애인들이 뇌사상태에서 겪게 된 보고서들이 알려지면서 이런 양자론적 해석에도 빈틈이 보이게 됐다. 선천적 시각장애인은 빛에 대한 경험이 없기에 꿈속에서조차 암흑으로 지낸다. 그런 그들이 심장이 멈추면서 유체이탈이 되어 정상인들처럼 보고 듣게 되었다는 얘기는 현재의 과학으로는 설명할 수 없다. 게다가 그들이 유체이탈 상태에서 목격한 현상들이 실제였다는 사실까지 밝혀지면서 영혼에 대한 문제는 과학적 탐구의 대상으로 조심스럽게 부상하게 되었다.

우리의 뇌는 잘 고안된 고성능 컴퓨터이다. 양자컴퓨터보다 한층 더 발전한 정보컴퓨터이다. 양자의 세계를 계속해서 쪼개 들어가면 정보 코드가 나오는데, 바로 이것을 활용한 것이 우리의 뇌이다.

그런데 정보컴퓨터만 달랑 한 대 있어서는 그 기능을 충족하는 데에 부족하다. 고성능 뇌를 다룰 수 있는 주체가 있어야 하며, 그것이 바로 영혼이다. 뇌 속에 영혼이 깃들지 않거나 수준 낮은 영혼이 자리하면 정보컴퓨터는 제 기능을 할 수 없고, 결과적으로 사고 처리 능력이 떨어지게 된다.

영혼이란 단적으로 말해, 차원을 넘나들며 정보의 이합집산에 관여하는 정보 덩어리이다. 이것을 해괴하게 여길 필요는 없다. 생명의 코드인 DNA가 성교를 통해 후대로 이어져 내려가듯, 생명체에 깃든 영혼 또한 윤회를 통해 차원을 바꿔가면서 일정 기간 존속하게 된다.

되돌아보면 과학적 진실이라 믿던 사실은 계속해서 변해 왔다. 오늘 진리라고 믿던 사실이 내일 오류로 밝혀지고, 생각지도 못했던 것이 진리로 떠오르며 역사를 이끌어 왔다. 이렇듯 영혼에 대한 부정적 의견은 향후 신경과학이 급속도로 발전하면서 뒤바뀔 것이다. 뇌의 메커니즘이 보다 면밀히 밝혀지면 뇌 속에 자리한 영혼을 찾아낼 것이고, 인류는 지금까지 없었던 새로운 과학을 접하게 될 것이다.

4차원의 영혼을 다루는 과학, 그것은 뉴턴이나 아인슈타인이 세상을 바꾼 것보다 훨씬 더 큰 충격과 변화를 몰고 올 것이다. 영혼…, 그것이 현실로 드러나 과학적 탐구의 대상이 될 때, 인류는 고차원 세계에 눈 뜨고
아울러 삼라만상 모든 것을 정보로써 다루게 될 것이다.

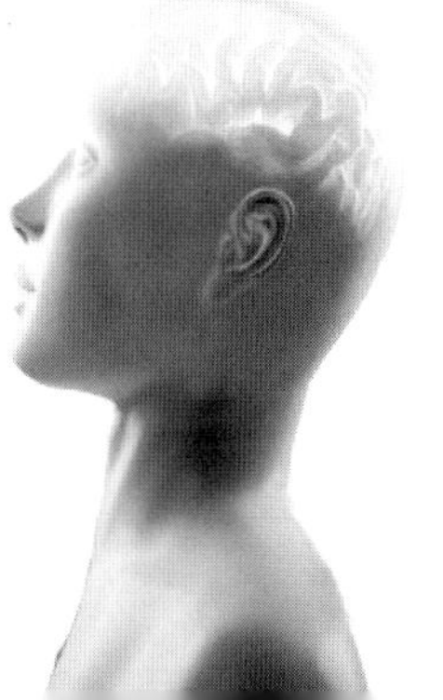

제3절. 생명 제국의 통치자

수십억 년을 거슬러 올라가 최초의 생명이 탄생하는 순간으로 가보자. 바로 이때부터 4차원과의 연결망은 시작됐다. 원시령이 원시생명에 결합하면서 기존에 없던 물질 현상이 생겨났다. 영혼이 특수한 조건의 물질에 결합하면서 비롯한 것, 이것이 생명生命이다. 그렇기에 생명이면 가릴 것 없이 모두 영혼을 머금고 있다.

영혼은 4차원과의 통로이며 이런 통로를 구비하고 있는 물질이 생명이다. 숨을 쉬지 않고는 살 수 없듯, 생명은 영혼을 통해 4차원의 氣를 끌어와 보이지 않는 얼숨(氣息/胎息)을 쉬며 살아간다.

그런데 인간의 몸을 자세히 들여다보면 놀랍게도 한두 개의 생명으로 이루어진 게 아니다. 세포라기보다는 독립적 생명체에 가까운 미토콘드리아의 수만 해도 무려 60조 개에 이르며, 이보다 훨씬 많은 수의 세균들이 체내 곳곳에 머무르고 있다. 따라서 이런 무수한 생명체들과 함께 살아가는 공동의 장으로서 우리의 몸을 바라봐야 한다.

그런데 인구가 너무 많다 보니 전체 생명체의 하모니가 필요하다. 서로들 제 목소리만 내다보면 질서가 깨지고 결국 우리의 몸은 오래 살지 못하고 요절하고 말 것이다. 그래서 모든 생명체들을 진두지휘할 대표가 필

요하게 된다. 다시 말해 거대한 생명의 제국을 통치할 지도자를 요망하게 되는데, 그 지도자가 바로 '자아'라고 하는 우리의 영혼이다.

무수한 생명체들이 모여 만드는 제국, 그것이 엄마의 뱃속에서 잉태되는 순간에 통치자는 낙점받게 된다. 주변을 떠돌던 영혼이 어떤 초자연적 힘에 이끌려 수정란과 합체되는 것이다. 만일 지도자가 적시에 찾아오지 않는다면 불임이 되고 만다. 운 좋게 임신이 되더라도 동물령이나 원시령이 들어오게 되면 지도자로서의 구실을 못하게 된다. 지적장애인으로 일생을 살아야 하고 그만큼 제국의 꿈은 허망하게 무너질 것이다.

어찌 됐든 우리는 4차원에서 이곳 3차원으로 넘어와 생명 제국의 지도자가 됐다. 차원을 바꾸면서까지 3차원으로 윤회한 데에는 그만한 이유가 있다. 먼저 제국의 지도자들은, 4차원에서 수명이 얼마 남지 않은 자신의 영혼이 3차원 물질의 폐쇄성에 의해 단단하게 조여짐으로써 수명이 연장되는 혜택을 입는다. 또한 3차원에서 험난한 세월을 보내면서 새로운 정보를 쌓고 마음을 수양할 수 있는 천금 같은 기회도 얻게 된다.

생명 제국(몸)의 입장에서는, 4차원으로부터 지도자를 모셔옴으로써 자신들이 세운 왕국이 질서를 잡아 오래도록 수명이 유지되는 혜택을 얻는다. 또한 제국의 지도자를 통해 자신들이 추구하는 공동의 가치를 창조하게 하여 대리만족을 얻는 효과도 있다. 이런 상호간의 혜택들이 지도자와 제국 간에 맺어지는 불가침의 조약이다.

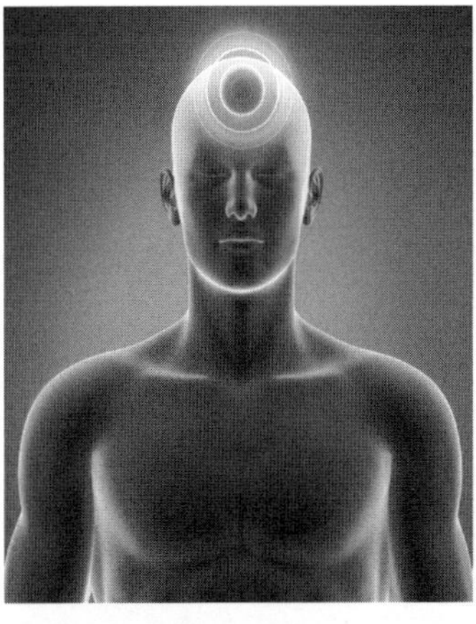

제국의 통치자가 거하는 보좌는 단연코 뇌이다. 우리가 잉태되는 순간 뇌에 찰싹 달라붙게 되고, 이때

부터 우리의 영혼은 뇌의 신경세포와 뒤엉켜 한 몸이 된다. 그와 동시에 영혼은 새로운 차원에서의 창조를 위해 전생의 모든 기억을 포맷하게 된다. 이것은 창조를 위한 비움인데, 정확히 말하면 차원이 역전되면서 벌어지는 자연적인 망각 현상이다. 어쨌든 우리의 영혼은 전생의 정보를 싹 비우면서 제국과 한 덩어리가 된다.

이렇게 비워진 자리는 부모로부터 물려받는 유전적 정보들로 채워진다. 따라서 제국 통치자의 인성은, 4차원에서 가지고 온 영혼의 성향에 부모의 유전적 성향이 더해져서 이루어지게 된다. – 원초블랙홀처럼 4차원에서 3차원으로 내던져진 우리의 영혼은 복귀의 시점까지 팽창(성장)과 수축(퇴화)을 번갈며 소우주로서의 일생을 살아가게 된다. –

통치자는 제국의 보좌에 일단 앉으면 죽기 전에는 이곳을 벗어날 수 없다. 뉴런과 시냅스에 뒤엉킴으로써 빠져나갈 방법이 없다. 뇌세포들이 죽기 전에는 굳게 닫힌 자물쇠는 열리지 않는다.

이 정도로 3차원 제국에 꽁꽁 묶이다 보니 태어나서 불과 몇 해를 넘기지 못하고 4차원에 대한 감각을 대부분 잃게 된다. 백회나 단전을 비롯한 여러 중요 기혈氣穴이 차단되는 것이다. 그러면서 3차원 물질에 대한 집착은 점점 깊어만 간다. 생명 제국의 통치에 너무 깊게 관여하다 보니, 다시 말해 백성들의 반응에 좌지우지되면서 사유와 결정을 내리다 보니 통치자 자신의 정체성 문제까지 발생하게 된다.

가령, 공놀이를 하다가 넘어져서 무릎이 까지면 백성들의 고통이 마치 자신의 고통마냥 아프게 다가온다. 간혹 백성들이 먹을 것이 없어 굶주리기라도 하면 통치자는 성난 늑대처럼 남의 것을 탐내는 마음이 마구 일어난다. 성장하면서는 성욕을 담당하는 생식기 파트의 백성들이 수시로 아우성치게 되는데, 이때마다 통치자는 심하게 흥분하며 동물적 본능을 표

출시킨다. 가끔씩 백성들의 요구가 도를 넘게 되면 통치자 또한 이성적 판단을 잃고 자칫 이런저런 물의를 일으키기도 한다.

제국의 백성들은 욕심이 많다. 단순한 소유욕을 넘어 다른 제국을 지배하기를 바란다. 이런 백성들의 심리는 과시욕이나 거만스런 표정으로 나타나기도 하고, 심할 경우 서슴없이 폭력으로 표출되기도 한다.

공부를 열심히 하는 심리에도 다른 제국에 대한 지배욕이 은근슬쩍 깔린다. 일을 열심히 하여 돈을 많이 벌려는 데에도 이런 지배 심리는 어김 없이 작동한다.

타인에 대한 지배욕을 道學에서는 원종原種이라 하는데, 재수 좋게 항룡亢龍의 기회를 얻게 되면 히틀러처럼 군중을 선동하여 세상의 모든 제국들을 정복하려고 광분하기도 한다. 그것이 여의치 않으면 이념이나 사상, 교리 따위로 다른 제국들을 홀려 발아래 묶어 놓으려고도 한다. 각자가 지닌 온갖 방법으로 주변 사람들을 제어·통제하려고 하면서 갈등과 대립이 싹트고, 여기서 상극相剋의 문화가 생겨났다.

이곳 3차원에 온 이유는 수명 연장과 정보 습득이라는 단 두 가지 청사진에 의함이다. 그런데 이렇게 생명 제국과 한 몸이 되다 보니 제국 백성들의 목소리에 휘둘리게 된다. 이런 점을 지적하며 정신 차리라는 가르침이 소위 말하는 인성 교육이다. 그것의 핵심은 역지사지易地思之에서 오는 상생相生이다. 상생에 대한 다각도의 표현들이 어렸을 적부터 귀에 못이 박히도록 듣는 바른 생활에 대한 지침들이다.

하지만 제국 백성들의 요구는 여간해선 줄어들지 않는다. 이것을 우리는 본능이라 부르는데, 죽기 전에는 완전히 떨구어낼 수 없다고 알아 왔다.

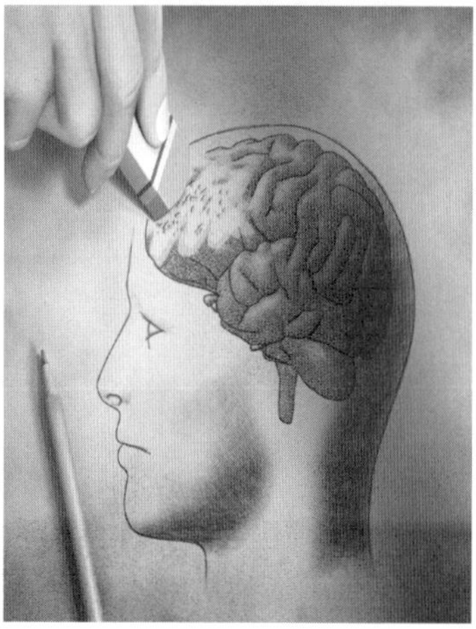

그런데 요즘 뇌과학이 발달하면서 상황이 많이 달라졌다. 제국의 백성들로부터 자유로워지는 길이 조금씩 열리고 있는 것이다.

지난 20여 년간 급속도로 발달한 뇌과학은 마음의 영역까지 읽어내고 있다. 외부의 자극에 의한 오감은 물론이고 사고의 구조와 감정의 변화까지 파헤치고 있다. 이렇게 되니 뇌세포를 조작하여 그들 백성들과의 언로를 차단하는 방법들이 하나둘씩 생겨나게 됐다.

어떤 사람은 우울증 치료를 위해 전전두엽의 일부를 살짝 잘라버렸더니 정말로 우울증이 감쪽같이 사라졌다. 또 어떤 사람은 해마[82]의 이상으로 공포심이 유발되기도 하고, 혹자는 측두엽의 질환 때문에 성격이 변하면서 없던 예술적 재능이 생겨나기도 했다. 특히 측두엽의 일부 영역은 성령 체험과 같은 신비로운 느낌을 만들어내는 것으로도 알려져 있다. 그리고 테스토스테론(testosterone)[83]과 같은 화학물질을 차단하자 놀랍게도 소유욕이 사라지면서 무소유의 의식 상태가 되기도 했다. – 최근에는 인간의 사고 패턴을 일부나마 수학적으로 기술하는 데에도 성공했다. –

연구에 따르면, 이런 식으로 인간이 일으키는 사고와 감정들을 뇌를 다루어 어느 정도 제어할 수 있다고 한다. 제국의 백성들과의 소통 회로를 조작함으로써 의식에 일대 변화를 가져오게 하는 것이다.

그렇다면 제국의 황제 노릇을 하면서 발생하는 스트레스를 일거에 없애

82) hippocampus. 관자엽의 안쪽, 변연계의 일부분에 위치해 있다. 해마는 학습과 기억 및 새로운 정보의 인식 등에 관여하는 것으로 알려져 있다.

83) 화학식은 $C_{19}H_{28}O_2$이며, 소나 말, 돼지와 같은 동물의 고환에서 추출되는 스테로이드계의 남성호르몬이다. 인간의 뇌에서도 분비되며, 이것이 질투심과 소유에 대한 인식을 유발하는 것으로 알려져 있다.

는 수술을 받으면 어떨까? 공포와 슬픔, 짜증과 같은 부정적 감정들을 송두리째 뽑아버리면 통치하는 데에 꽤나 편리할 것이다. 아니면 더 나아가 감정 자체를 없애서 부처의 해탈을 흉내 내 보는 것도 나쁘진 않을 것이다.

그런데 이게 근원적인 처방이 되는 것이 아니다. 제국의 수도에 꽉 들어차 있는 신경회로를 조작하여 그런 기분을 만들어낼 수 있지만, 그건 딱 3차원에서 살 때까지만 가능하다.

제국이 무너져서 4차원으로 빠져나오면 제국의 회로를 조작하여 만들어낸 감정들은 몽땅 사라지고 만다. 부처처럼 지냈어도, 그건 아득한 옛 추억처럼 멀게만 느껴지게 될 것이다. 진리에 대한 깨달음이 뒷받침되지 않는 감정은 잠시 스쳐 지나가는 신기루일 따름이다. 뇌의 조작을 통한 신묘한 경험을 가지고는 영혼의 구조를 근본적으로 바꿀 수 없다. 이런 이유로 수행에 있어서 초월적 의식보다 지혜의 확장을 더욱 높이 치는 것이다.

세상에는 초월을 운운하며 깨달음의 경지를 거론하는 道人들이 참으로 많다. 하지만 필자가 보기에 그들 중 극히 일부를 제외하고는 석학碩學들의 견식見識을 따라가지 못한다. 지식의 양에서 너무 많은 차이가 나다 보니 지혜에 있어서도 대체로 그들이 뛰어나다.

마음이 속세를 초월하여 피안에 머무른다 해도 머리 속이 비어 있으면 허사虛事이다. 생명 제국에서 분비되는 화학물질에 뒤섞여 느껴지는 초월의식은 죽음과 동시에 대부분 소멸될 것이기 때문이다. 하지만 정보를 조합하여 최상의 가치를 그려낼 줄 아는 지혜는 제국의 멸망에 상관 없이 그대로 지속된다.

따라서 구도자라면 산속에서 虛空을 공부하기 이전에 인류가 쌓아 온 지식부터 탐구하는 것이 옳을 것이다. 道人, 각자覺者, 선사仙師, 대사大師… 등의 허울 뿐인 굴레에 갇혀 화학물질로 샤워를 하며 지내기 보다는 下山하여 세상의 학문과 씨름해 보는 편이 낫지 않을까. 그러다 보면 부지불식중 수준 높은 견식見識을 갖추게 되고, 여기에 금상첨화로 空의 묘리를 더해 나간다면 가히 석가의 지혜를 증득하는 날도 기대해 볼 수 있을 것이다.

생명 제국과 그곳의 통치자! 이 둘이 한 덩어리로 묶여 한정된 시간을 보내고 있는 것이 인생이다. 더 나은 존재로의 진화를 위해 우리는 쉬지 않고 둥글어 가고 있다.

제4절. 섭생과 학습

밤하늘을 수놓는 반짝이는 별들, 그것들을 보면서 누구나 한 번쯤은 동화속 세상을 떠올려 봤을 것이다. 그런데 별들의 구성 성분이 수소와 탄소, 그리고 산소를 비롯한 몇몇 원소들의 혼합물로 이루어졌다는 사실을 알면 동경의 마음은 사라진다. 우리의 몸과 별로 다를 바가 없기 때문이다.

사실 우리의 몸은 별들의 부수러기가 뭉쳐져 무려 38억 년을 진화하여 만들어진 것이다. 대략 100조 개의 세포로 이루어진 몸뚱이는 별들보다 훨씬 복잡하고 오묘한 체계를 지니고 있다. 세포 속속들이 살고 있는 미생명체의 수까지 더한다면 제국 내에 살고 있는 백성 수가 무려 수백 조를 훌쩍 넘길 것이다.

이렇게 인구가 많음에도 별다른 마찰 없이 우리의 몸이 잘 유지되고 있는 것은 백성들의 희생 정신 때문이다. 제국 내의 생명체들은 공동의 청사진을 위해 희생을 불사한다. 자신이 제 역할을 못하면 곧바로 죽음을 선택하는데, 이것이 세포의 자살이라 알려진 세포사멸細胞死滅이다. 또한 중요 기능을 담당하는 것들, 예를 들어 심장이나 폐, 간 등은 평생 동안 쉬지 않고 중노동을 하면서도 불평 한마디 없다.

이처럼 생명 제국의 백성들은 오로지 공동의 번영과 가치를 위해 자신을 희생하고 있다. 아니 희생이라기보다는 존재의 의미와 가치의 창조를 즐기고 있는 것인지도 모른다. 따라서 제국을 잘 다스리기 위해서는 우선 제국의 백성들과 소통하면서 그들의 노고를 치하해야 한다. 이것을 섭생攝生이라 하는데, 여기서 심신心身의 건강이 따라붙게 된다. 그리고 남는 시간에 양질의 정보를 되도록 많이 습득하는 데에 힘쓰면 된다.

섭생과 정보습득, 이것이 일반적인 제국 통치자들이 염두에 둬야 할 일이다. 이것이 중요하다는 사실을 모르는 사람은 없지만, 그냥 피상적으로 아는 것보다 본질적으로 이해할 필요가 있다.

건강! 그냥 무턱대고 좋은 음식을 먹고 신체를 단련하는 것만으로는 부족하다. 자신의 백성들 소리에 늘 귀를 열어 놓는 것이 우선되어야 한다. 그리고 측은지심惻隱之心으로 그들을 바라보라. 목욕탕에서 때를 밀 때, 제국을 위해 기꺼이 한목숨을 바친 그들의 시체를 느끼면서 제국 전체의 백성들을 생각하라. 자신의 몸과 공명을 이루면서 그들의 소리를 들을 때, 비로소 참된 웰빙(well-being)이 시작된다. 道家에서 말하는 섭생이나 양생養生은 바로 이 범주를 벗어나지 않는다.

쉬지 않고 평생을 일하는 심장과 간장, 폐…들을 위해 가끔씩 등산을 하면서 깨끗한 공기도 보내 주고, 꾸준한 운동을 통해 체내에 쌓인 불순물도 청소해 주자.

가급적이면 위장에서 음식을 내려보내라고 신호를 보낼 때가 돼서야 밥을 먹고, 가끔 위장이 쉬도록 공복을 길게 유지해 주자. 음식을 먹을 때, 첫 음식을 오래도록 씹으면서 위장에게 준비할 시간을 주는 것도 잊지 말자. 그리고 음식을 음미하면서 그 느낌을 제국의 백성들에게 골고루 전해주자. 생존을 위해 마구 퍼먹는 식사

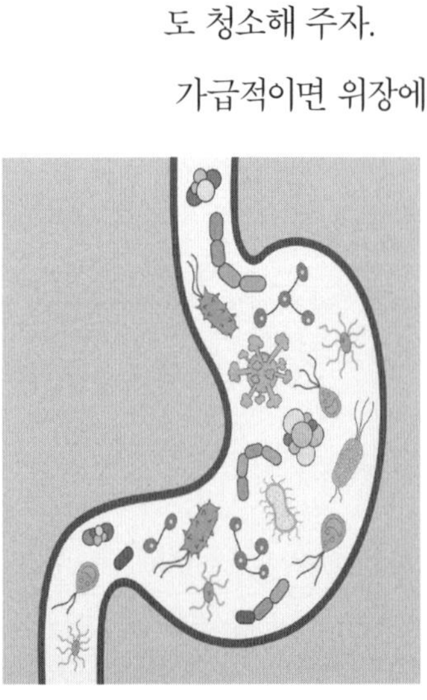

는 가급적 피하는 것이 좋다.

온종일 피곤에 지친 눈, 그저 잠만 잔다고 해서 그에게 할 도리를 다 한 것이 아니다. 눈이 하는 일을 대충 보면, 동공은 수축과 팽창을 수없이 반복하며 빛의 양을 조절하고 이 과정에 들어 온 빛은 각막과 수정체를 지나면서 초점이 맞춰진다.

그리고 다시 젤리 형태의 유리체를 지나 망막에 도달하는데, 이곳에서 빛은 1억2천만 개가 넘는 광수용체에 의해 전기신호로 바뀌어 뇌로 전달된다. 이 과정에 사용되는 에너지가 뇌의 전체 에너지 중 3분의 1을 차지한다고 하니 우리의 눈이 얼마나 많이 혹사당하는지 알 법도 하다. 그러니 종종 싱그런 자연과 파란 하늘도 보여주고, 가급적이면 아름다운 광경을 보게끔 배려해 주자.

무엇보다 이래저래 가장 혹사당하고 있는 우리의 뇌, 이곳의 백성들을 위해 가끔씩 명상을 하면서 스트레스를 씻어주자. 가능하면 氣수련을 통해 뇌 속으로 氣의 연결망을 만들어주는 것도 좋다. 물론 잘못 개설하면 기체氣滯나 주화朱火 같은 부작용이 생기니 주의를 게을리 해선 안된다.

이런 식으로 제국의 백성들을 챙기는 일이 무엇보다 우선해야 할 지도자의 도리이다. 싯다르타도 처음에는 이런 단순한 사실을 깨닫지 못했다. 제국을 혹사해야지만 깨달음을 얻는 줄 알고 고행苦行을 했지만, 결국 그렇지 않다는 사실을 알고 중도中道의 기치 아래 깨달음을 얻게 되었다.

다시 한 번 점검해 보자. 당신의 제국은 잘 다스려지고 있는가?

두 번째 점검할 일은 학습이다. 학습이란 죽어서 가지고 갈 것을 챙기는 일련의 수집 행위이다. 제국이 무너지면 돈도 권력도, 그 어떤 것도 손에 쥘 수 없다. 남는 것은 오로지 3차원 세계에서 얻은 정보뿐이다.

장사꾼의 손익은 장사가 끝나 봐야지만 알 수 있다. 마찬가지로 인생에 대한 평가는 죽어봐야 알 수 있다. 죽은 뒤에 남는 것, 그것은 정보뿐이다. 얼마나 많은 양질의 정보를 얻었느냐에 따라 3차원 인생 여정의 평가는 갈리게 된다.

그렇다면 정보만 잘 얻으면 죽어서 전개될 4차원의 삶에서 뭔가 도움이 되긴 할 것인가? 아는 것이 힘이라고 당연히 소정의 혜택이 주어진다. 하지만 갑자기 영력이 4천에서 5천으로 껑충 뛰어오르는 대박은 거의 없다. 영력 한 단계를 뛰어오르는 데 평균 만 년이 걸린다고 하지 않던가.

여기서 제국의 통치자들은 생각을 잘해야 한다. 정보 습득도 좋지만 이왕이면 영력을 무진장 올리는 것이 더 좋을 것이기 때문이다. 싯다르타처럼 영력의 궁극까지 올린다면야 금상첨화겠지만, 그것이 힘들다면 적어도 한두단계라도 뛰어넘을 청사진을 가져보는 것이다. 이런 꿈을 실현하는 방법을 총칭하여 수행이라 한다.

자, 그렇다면 어떻게 수행해야지만 효과가 부쩍부쩍 생겨날까?

간단하다. 영력이란 앞 장에서 일관되게 언급한 대차항수에 달려 있다. 쉽게 말해, 의식이 폐쇄될수록 영력이 낮아지고 열릴수록 높게 나온다. 공부를 아무리 많이 해도 자신만의 세계에 갇혀 지내면 영력이 그다지 높게 나오지 않는다.

사회에서 높은 자리에 있는 양반들을 보면 꽤나 목이 빳빳하고 어깨가 굳어 있다. 道를 많이 닦은 고승들도 道力에 갇혀 그런 경우가 꽤나 많다. 이렇게 되면 아무리 지위가 높아도 폐쇄적 의식에 갇혀 영력이 높게 나오지 않는다. 영력이란 '시공의 폭과 창조의 질'에 의해 좌우되는 까닭이다. 일단 시공時空이 좁아버리면 그곳에 아무리 멋진 창조를 이루어도 결과적으로 영력은 좋게 나올 수 없다.

그러니 두 번째인 창조의 질은 나중의 몫이고, 우선은 시공의 폭부터 넓히는 것이 급선무이다. 어떻게 하면 시공의 폭을 쭉쭉 늘릴 수 있을까?

답은 간단하다. 제국의 영역을 넓히는 것이다. 현재는 몸뚱이 안에 있는 백성들만을 통치하고 있다. 이것을 초월하여 천하제국을 통치하면 된다. 물론 히틀러처럼 무력으로 하는 건 금물이다. 그건 더욱 폐쇄성을 높여 역효과만 늘어날 뿐이다. 그렇다면 어떻게 하면 될까?

나의 제국 밖의 목소리에 귀를 기울여라. 관계를 이루어 소통을 하라는 것이다. 이것을 공명共鳴이라 한다. 외계와 끊임없이 공명을 하면서 나중에는 물아物我가 일체가 되는 경지, 다시 말해 내 제국 네 제국이 없는 상태가 되면 시공의 문제는 저절로 해결된다.

여기에 대한 가르침이 석가의 위빠사나(vipassana)이다. 위빠사나란 내 제국과 남의 제국의 경계를 허무는 것이다. 그래서 삼라만상을 다 담을 마음자리를 만들게 된다. 이렇게 된 마음을 해인海印이라 한다.

해인이 되면 커다란 시공을 얻게 된다. 제국을 통치하는 초대형 제국의 탄생이다. 그래서 이런 통치자를 일러 우주심宇宙心이라 하기도 한다.

말은 이렇게 쉽게 했지만 참으로 어렵고도 험한 길이다. 소홀히 할 수 없는 길이므로 따로 깊게 공부할 필요가 있다.

제5절. 거울뉴런과 해탈

석가의 위빠사나를 생명 과학적으로 풀어 보면 어떨까?

인간의 뇌에는 10조 개에 달하는 신경세포 뉴런이 있다. 그 가운데 거울뉴런(mirror neuron)이란 것이 있는데, 이것은 외부의 정보를 습득하고 모방하는 기능을 한다. 여기서 전 세대의 지능을 빠르게 학습하고 이어서 새로운 지능을 더함으로써 진화가 가능하게 된다.

인간을 다른 동물로부터 구별해 주는 이성理性을 거울뉴런에서 찾는 것도 이런 이유이다. 사실 원숭이들의 거울뉴런은 운동을 담당하는 뇌에만 국한되어 있어서, 남의 행동을 따라 하거나 단순한 공감을 일으키는 선에서 멈추고 만다. 그들의 거울뉴런이 인간처럼 여러 군데 분포하게 된다면 급속도로 진화하여 언젠가는 혹성탈출에 나오는 원숭이 제국을 이룩하게 될 것이다.

사실 고인류학(paleoanthropology)을 보면, 현세 인류는 수백 만년 동안 원시 그대로 존속하다가 4~5만 년 전부터 급속히 문명을 발전시키게 된다. 바로 이 시기에 거울뉴런의 시스템이 자리 잡게 됐다고 하니 그 연관성에 주목하지 않을 수 없다.

거울뉴런은 외부와 공명을 일으키는 특이한 현상을 불러온다. 가령 다른 사람이 팔을 다쳐 고통을 느끼면 거울뉴런에 의해, 이것을 보는 사람의 뇌신경에 동일한 고통의 증세가 생겨난다. 이때 피부조직에서 '그것은 가상의 고통이니 걱정하지 말라'는 신호를 보낸다. 그래서 다행스럽게 상상 속의 고통에서 멈춘다. 이와는 반대로 꿈속에서 실제와 같은 감각을 느끼는 것은 몸에서 '가상'이라는 신호를 보내주지 않기 때문이다.

인간의 피부조직은 몸의 바깥에 위치하며 운동을 통해 외부와 분별을 일으키고, 여기서 '나'라는 의식을 불러오게 한다. 만일에 분별의 신호를 보내주는 피부조직이 마비되면 거울뉴런에 의해 발생하는 공명현상은 현실이 된다. '나'의 경계를 알려주는 신호가 꺼지면서 남게 되는 것은 뉴런들뿐이다. 이렇게 되면 뉴런들이 상호 신호를 전달하며 사람들은 함께 느끼며 같은 정보를 공유하게 된다.

따라서 60억 인류의 피부세포를 잠시 쉬게 만들면 지구 상의 인간은 단 한 명만 남게 된다. 그것은 공통의 뉴런을 지니고 있는 인류라는 단 하나의 생명체이다. 이런 일을 전 우주로 확대한다면 그야말로 천상천하天上天下 유아독존唯我獨尊이 된다.

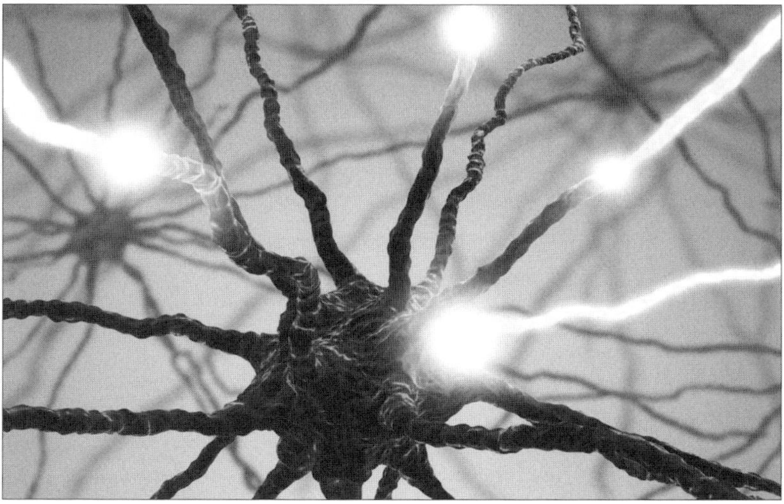

결국 '나'라고 하는 것은 몸에서 보낸 신호에 의해 구분된 것이 된다. 따라서 신호가 꺼지면 '나'는 곧 '우주'이다. 그렇다면 뉴런의 공명이 가상일까? 아니면 신체에서 보내는 신호가 가상일까?

깨달은 석가의 눈에는 신체에서 보내는 '나'에 대한 신호가 가상으로 보였다. 실제는 한 생명인 붓다인데, 신체를 둘러싼 세포들이 전송한 가상의 신호에 깜빡 넘어감으로써 피조물이 된 것이다.

과연 어느 쪽이 실제이고 가상인지는 깨달은 자만이 알 것이다. 아무튼 석가의 위빠사나는 피부의 신호를 무시하고 거울뉴런의 목소리에 귀 기울이는 데에서 시작한다. '나' 라는 구분을 넘어 외계와 공명하며 하나의 생명을 느낄 때, 비로소 분별을 종식하고 절대 진리로 복귀할 수 있다.

자, 당신의 해인海印은 어느 정도인가? 여전히 제국 안에 머물러 있는가? 그렇다면 아쉽게도 우물 정도의 범위에 불과할 것이다.

주변과 원만한 관계를 이루면서 공생의 가치를 잘 실현하고 있는가? 그렇다면 당신의 해인은 우물을 넘어 시냇물이 될 것이다. 만일 인류의 모든 생명 제국과 함께하는 의식을 지녔다면 적어도 강줄기 이상은 될 것이다. 더 나아가 우주 삼라만상과 하나가 되는 의식을 지녔다면 당신의 해인은 말 그대로 바다의 해인이 되어 만물을 가득 담게 될 것이다.

말은 이렇게 했지만 해인을 이룬다는 것은 결코 쉬운 일이 아니다. 그래서 해인만을 바라보다가는 두 번째 과제인 창조는 물 건너가고 만다. 해인의 길을 가면서 창조의 길도 함께 가는 편이 좋을 것이다.

창조란 한 마디로 '존재의 가치'를 말한다. '존재하는 의미를 가치로 표현하는 모든 것'이 창조이다.

제국이 존재하는 이유는 무엇인가? 먹고 마시면서 주어진 시간을 무탈하게 살다 죽는 것인가? 이렇게 단순하다면 가치가 결여되고 창조는 요원할 수밖에 없다.

제국이 존재하는 이유! 그것을 심각하게 찾아야 한다. 이유를 찾지 못하면 창조의 과제는 낙제점을 받게 될 것이다.

왜 존재하는가?

너무 어려우면 당신에게 재미와 기쁨, 보람과 행복을 가져다줄 그 무언가를 생각하라. 진정으로 하고 싶은 바를 찾는다면 제국의 존재 의미를 찾은 것이다. 이것을 원력願力이라 한다.

원력이란 내가 진실로 하고 싶은 것, 즉 창조에 대한 진심 어린 바람을 말한다. 그래서 원력을 세우고 원력을 향해 나아가면 창조는 부산물이 되어 생겨난다. 그리고 창조는 기쁨과 보람, 행복과 같은 가치를 선사하게 된다.

창조에는 그 대상이 정해져 있지 않다. 텃밭을 가꾸면서 농사의 재미에 흠뻑 빠져보는 것도 창조요, 기업을 일구어 세계 경영의 무대를 넘나드는 것도 창조이다. 어떤 것이 되었든지 가치를 수반하는 변화는 창조가 된다.

그런데 이 시점에서, 앞서 언급했던 시공의 무대가 중요하게 대두된다. 우물 안에서의 창조는 그만큼 가치가 퇴색하는 법이다. 대기업 총수가 세계를 무대로 거대한 창조를 하여도, 그 마음 씀씀이가 우물이면 창조 또한 우물안의 창조일 뿐이다. 농부가 앞마당에 조그만 텃밭을 가꾸면서 소박한 창조를 하여도, 그 마음이 자연과 공명하며 이웃과 함께하면 기업 총수보다 더 큰 창조를 이루고 있는 셈이다.

창조는 3차원에 드러나지만 그 배경이 되는 시공만은 보이지 않는 4차원에 드리워진다. 따라서 세계 곳곳을 누비며 거대한 창조를 일구어도 그 의식이 비좁으면 창조 또한 좁쌀이 되며, 조그만 텃밭을 가꾸며 소박하게 살아도 그 의식이 거대하면 창조 또한 광활한 대농장이 되는 것이다.
따라서 영력을 높이려면 시공과 창조라는 두 마리 토끼를 한꺼번에 잡는 것이 좋다. 이것을 차질 없이 잘하게 해주는 것이 좋은 수행이다.

수행이란 무엇인가?
그것은 앞서 말한 제국의 시공을 넓히고 창조로써 채워넣는 과정이다.
수행에서 얻어지는 것은 무엇인가?
그것은 영력의 향상이다.
간단히 지렁이와 개와 인간을 비교해 보면 영력이 왜 소중한지 알 수 있을 것이다. 영력은 총 아홉 단계로 나누어지고 그 간격은 지렁이와 개, 그리고 인간의 차이처럼 꽤나 크게 벌어진다. 그리고 영력의 궁극에 이르면 붓다와 같이 영생의 자리에 오르게 된다.

왜 영생이 가능해지는가?
생명 제국의 경계망이 완전히 허물어지면 나고 죽음이 없게 되는 까닭이다. '나'라고 생각하는 경계가 무너지면 생사를 초월해 저절로 영존하게 된다. 거울뉴런의 예처럼 '나'의 경계가 사라지고 우주와 한 생명이 되면 변화가 있을 뿐 죽음은 없게 된다. 생사生死 자체가 존재의 한 단면이 돼버리는 까닭이다.
이런 초월적 존재를 일러 空이라 한다. 空이 되어 입멸과 창조를 영원히 반복하는데, 다른 각도에서 보면 반복하는 것이 없이 늘 그대로이니 열반이라고도 한다. 영생과 열반, 이것이 道의 목적지이며 道를 통하려는 이유이다. 이 길은 꾸며낸 허상이 결코 아니다. 실존의 모습이 有도 아니고 無도 아닌 空이기에 가능하다.

당신이 거느리고 있는 생명 제국, 그것의 완성은 도통道通에 있다. 도통은 거울뉴런처럼 분별의 경계를 넘어서는 데에 있다. 완전히 넘어 온 우주와 한 생명으로 化한다면 당신은 삼라만상을 통치하는 지도자, 붓다이다.

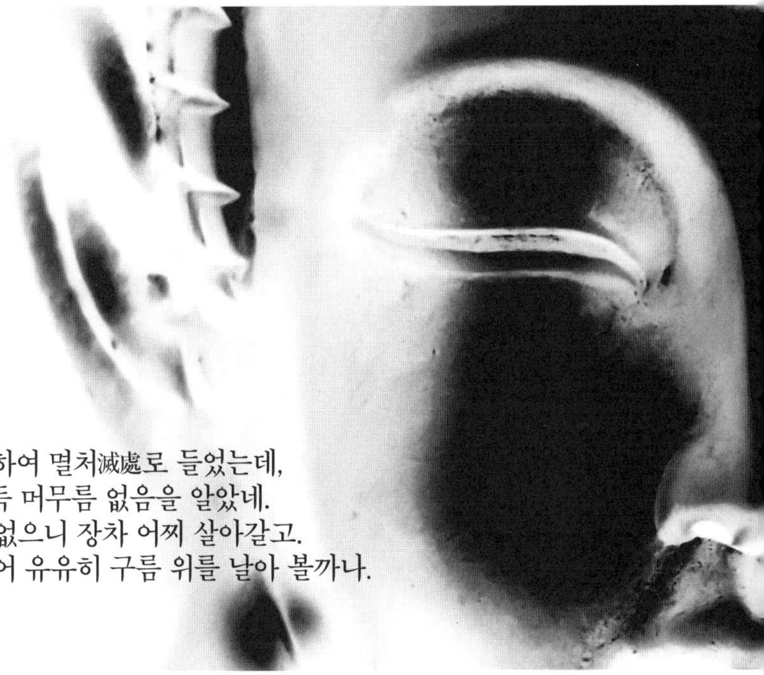

歸心滿滿入寂滅
一風忽覺無住居
已滅我者將奈生
爲一鶴幽飛雲上

돌아갈 마음 가득하여 멸처滅處로 들었는데,
불어온 바람에 문득 머무름 없음을 알았네.
나는 이미 사라져 없으니 장차 어찌 살아갈고.
한 마리 학이나 되어 유유히 구름 위를 날아 볼까나.

붓다의 無上正等覺
中道論
檀裔 金俊傑 著
k-books

함께 읽으면 좋은 k-books 서적